职业院校
教科研方法指南
及论文导写

方健华 曹鸿骅 等 著

南京师范大学出版社

图书在版编目(CIP)数据

职业院校教科研方法指南及论文导写 / 方健华等著
. 一南京：南京师范大学出版社，2020.9
ISBN 978-7-5651-4542-1

Ⅰ.①职… Ⅱ.①方… Ⅲ.①中等专业学校—教育科学—科学研究—研究方法 ②科学技术—论文—写作 Ⅳ.①G718.3 ②G301

中国版本图书馆 CIP 数据核字(2020)第 054455 号

书　　名	职业院校教科研方法指南及论文导写
作　　者	方健华　曹鸿骅　等
责任编辑	张岳全
出版发行	南京师范大学出版社
地　　址	江苏省南京市玄武区后宰门西村9号(邮编:210016)
电　　话	(025)83598919(总编办)　83598412(营销部)　83598009(邮购部)
网　　址	http://press.njnu.edu.cn
电子信箱	nspzbb@njnu.edu.cn
印　　刷	兴化印刷有限责任公司
开　　本	787毫米×1092毫米　1/16
印　　张	18
字　　数	364 千
版　　次	2020年9月第1版　2020年9月第1次印刷
书　　号	ISBN 978-7-5651-4542-1
定　　价	68.00 元

出 版 人　张志刚

南京师大版图书若有印装问题请与销售商调换
版权所有　侵犯必究

序

面向2035：我们需要怎样的职业教育科研和科研型教师

题记：比起任何特殊的科学理论来，对人类的价值观影响更大的恐怕还是科学研究的方法论。

——梅森

随着我国经济社会的发展和产业结构调整，新时代赋予了职业教育改革与发展新的要求。《国务院关于加快发展职业教育的决定》以及《国务院关于深化产教融合的若干意见》等若干文件与举措透露出一个强烈的职业教育改革信号：构建体系，调整结构，优化职业教育供给侧，坚持立德树人，创新人才培养模式，走内涵发展之路，深化职教课程与教学改革，努力提高人才培养质量，是当务之急。《国家教育现代化2035规划纲要》明确提出战略部署："到2035年，职业教育发展的主要指标达到国际先进水平，重在内涵发展与质量提升，全面实现区域职业教育现代化，建成学习型社会和人力资源强国。"总体上，适合的当前职业教育发展的战略目标：职业教育现代化达到更高水平；职业教育公平保障更加有力；职业教育体系机制更有活力；职业教育质量群众更加满意；职业教育服务经济更有成效。

当前我国职业教育基本的目标定位是实现现代化，最迫切的要求是创新教学理念、改革教学模式；最重要的任务是从外延发展走向内涵发展。如何提升职业教育教学内涵和质量，迫在眉睫，职业教育进入以高质量发展为主要任务的时期。为此，职业教育发展方式从注重数量规模向更加关注结构优化转变；发展重点从刚性保障向更加关注弹性供给转变；发展要求从注重达标考核向更加注重特色品牌转变；发展取向从注重学校建设向更加关注学生的成长转变；发展评价从注重水平高低向更加关注百姓满意度转变。

面向2035，我们需要怎样的职业教育科学研究呢？概言之，职业教育科研要为职业教育发展方式的转变做出贡献。职业教育教学与科研工作要围绕贯彻落实《国务院关于加快发展职业教育的决定》《国家职业教育改革实施方案》的战略部署、战略目标和工作方针,在以推进职业教育质量提升工程为抓手,实现职业教育现代化、全面实施职业素质教育、促进职业教育公平、提高职业教育质量、提升职业学校内涵等方面充分发挥作用,不断增强职业教育科研在职业教育发展与改革中的贡献度,为实现职业教育发展方式的转变、促进职业教育更好更快发展提供理念、智慧和方法支撑。

一是研究要指向于内涵与质量提升。由于内涵发展和教学质量提升涉及职业学校工作的方方面面,单一的课题研究的服务将会拓展为以课题研究为基础的多样化的职业教育研究服务,在职业学校发展规划、人才培养方案优化、学校管理质量提升、名师工作室建设、现代化专业群建设、课程与教学改革、校企合作、教学诊断与改进、现代学校制度建设(现代化示范学校建设,现代化优质特色学校建设)、现代化实训基地建设、智慧校园建设、现代学徒制试点等多个方面,形成多样化的甚至个性化的教学研究服务。二是研究要注重专业品质。首先,要关注当前职教教学实践的发展趋势。教学实践对品质(质量、内涵)的追求越来越高。其次,要提高职业教育教学研究的专业品质。相对于职业教育教学实践,职业教育教学研究本来就应具有更为专业的品质,但伴随着职业教育教学实践专业化品质的不断提升,必然要求职业教育教学研究具有更高的专业品质,才能有效引领和指导职业教育教学实践的发展。再次,要坚持教学与教研相结合的道路。职教科研引领教研,职教教研引领教学,职教教学支撑科研。职业教育教科研成果再通过培训、实践,推广应用,转化为教学生产力,实现教科研成果在实践中的有效检验和广泛应用,实现对教师专业发展的有力促进。三是研究要追求精致化。面对 2035 职业教育教研的进一步普及,职业院校教科研课题和教师个人研究课题的普遍增加,如何正确处理普及与提高的关系,以提高带普及,全面提高职业教学研究的整体水平,非常需要在研究的精致化上下功夫,要以"精品课题"来引领学校教科研和教师发展。四是研究要重视过程管理。不能满足于开始(开题)和结束(结题)的一次性服务,将立项指导、过程指导、成果指导和运用推广作为研究深化并有效影响实践的重要环节,强调职业教科研服务的过程性甚至是全程性,尤其是如何借鉴企业的"售后服务"概念,形成系列化、配套化的"研后"服务,对职业教育科研而言需要进行重要的制度创新和设计。其核心是职教教科研自身的发展方式需要转变。面向 2035,职业教育教科研自身首先需要全面提高内涵、质量和品格,首先需要全面形成特色、优势和品牌,需要全面提升职教教研管理、服务的能力和水平,才有"资格"和"资本"对职业教育教学实践进行所谓的"指导"和"引领"。从这个意义上说,职业教育教研也应该从"数量增长型"进入"质量提升型"的新阶段。

面向 2035,我们需要怎样的科研型教师队伍建设呢?只有成长了的老师,才会有成长了的学生。专业化教师队伍素质的整体提升是提高人才培养质量的决定性因素,切实提高教师素质是当前"加强基础能力建设"、保证现代学校教育发展的重要举措。而专业化教师队伍的打造的不二法门正是"教育科研"。专业化教师应该以成为科研型教师为专业发展的目标。教师不仅要能教书育人,还要能开展教育教学研究,能著书立说,凝练教学主张,形成教学风格,使教育教学研究成为教师的日常生活方式。一句话,做科研型教师,这已成为当前职业教育改革与发展对每一个职业院校教师的时代要求。科研型教师的成长与发展是复杂的过程,涉及的因素是多方面的。对其生命运动过程而言,显然是一个自然生长的过程,而对其以专业成长为核心的社会发展而言则是一个生命意义的重新建构过程,需要其用心努力而达成。换言之,科研型教师的成长,除了受有利的环境因素影响之外,关键在于还应具有一定的科研特质,正是这些科研特质的存在,才使他们从一般教师中脱颖而出,逐渐成长并发展为科研型教师。

曾有专家指出,做科研型教师有三个层次:第一个层次是前科学的,主要是总结提炼经验;第二个层次是科学的,能够形成教育理论和教育实践的对话,掌握一定的科学方法和技术;第三个层次是超科学的,能够站到哲学的文化的高度,审视教育问题。做科研型教师不仅仅要求教师在实践的层面上好课、教好学生,积累很多好的经验,还要求教师能运用一定的理论方法,对教育规律进行探索,对教育实践进行反思和总结。当然,还应该有一些教师登高凌顶,达到了第三个层次。严格意义上说,进入了科学的研究阶段,有了一定的理论自觉,熟练掌握了一定的研究方法和技术,才称得上真正的科研。教育科研是一种创造性认识活动,这种创造性认识活动的顺利开展,至少需要教师有三方面的先决条件,一是拥有强烈的科研愿望,二是要有一定的科研能力,三是掌握正确的科研方法。当前,大部分教师对开展教育科研意义的认识还是深刻的,开展科研的愿望也是强烈的,但许多教师在开始阶段由于缺乏一定的科研方法与能力方面的修养,而不得要领,不知从何下手,便渐渐失去了开展教育科研的热情和耐心,甚为可惜。

为此,一是教师要培养三种意识:问题意识、学理意识和方法意识;要培养三种习惯:思考的习惯、读书的习惯和研究的习惯。二是教师要坚持反思性实践。教师应成为反思者,首先把自己作为反思对象。科研型教师的专业发展在相当程度上始于教学反思,反思才会形成问题,不断反思才能形成问题意识。反思就是把自身作为思考的客体和对象,不断地追问、挑剔和批判自己已经形成的教学理念、教学行为、教学经验和教学成果,需要在貌似合理和正常的地方找出反常和问题。教师作为研究者需要双重积累:实践积累和理论积累,并需要在教学实践情境中实现二者的积极转换。基于教师自身的问题发现、问题分析和问题解决,需要开阔的视野和理论洞察力。"同伴互助"需要学习和读书,从而获得描述和分析的理论框架;"专业引领"需要学习和读书,形成批判力、解释力和建构力;教师自身的专业成长需要学习和读书,不断提供新思想、新认识、新视野。三是教师作为研究者必须坚持实践取向的研究,面向生动的教学实践,具有鲜活的经验和灵动的创造,教学活动永远是绿色的,生气盎然,生机勃勃,充满活力。要坚持基于经验而又超越经验的研究,基于实践而又超越实践的研究,关键是在"超越"二字上下功夫。要把自己的思考与阅读贯穿整个研究过程,使研究成为自己的思考、学习、行为三者之间相统一的,综合性、探索性、创造性的过程。而且,教师研究是一种基于自身教学经验,以自身教学实践为对象,改善自身教学理念和行为,提升教学自觉意识的教学实践研究。因此,以教师自身的亲身实践和亲历体验为重要基础,自身"在场"的现场性的研究,是不断地在教学中发现问题、分析问题和解决问题的一个个完整过程。

教师要成为科研型教师,必须具备丰富的教育教学实践性知识基础,扎实的学科专业本体性知识和理论基础,还必须具备深厚的职业教育学、职业教育课程与教学、心理学、班级管理学等方面的条件性知识与理论基础。此外,还必须具备扎实的职业教育教科研的理论与方法基础。研究方法是从已知到未知的桥梁。正如陶行知先生所指出,我们必须拿着现代文明的钥匙,才能继续不断地去开发现代文明的宝库,保证川流不息的现代化。这个钥匙便是活用的文字符号和追求进步的科学方法。现实生活中,有的教师辛辛苦苦教了一辈子书,也读了很多书,甚至"穷经皓首",但在教育学术领域里始终没有一点成就,更无有影响的学术建树。而有的教师在做好教育教学工作的同时,通过勤奋学习,年纪轻轻就在教科研工作中有所创造和建树,甚至"著作等身""声名远播"。对此,我们应该如何理解呢?个中原因固然很复杂,但其中有一点正如英国哲学家培根所说:"唯聪明者善于运用学问。"也就是我国古人所强调的"工欲善其事,必先利其器"的道理。要想在学术上有所造诣,要想在教育科研上有所成就,就得掌握并善于运用教科研方法,古今中外的著名学者、专家无不如此,大凡成功的名师、教育家的成功路径,概莫能外。爱因斯坦也说过,发展独立思考和独立判断的一般能力,应当始终放在首位,而不应当把获得专业知识放在首位。如果一个人掌握了他的学科的基础理论,并且学会了独立思考和工作,他必定会找到他自己的道路,而且比起那种主要以获得细节知识为其培训内容的人来,他一定会更好地适应进步和变化。笔者坚持认为,在人类科学史上,那些历久弥坚的方法与策略,无论在任何时代、任何领域都不会过时,也都不应被人们摒弃。郭沫若在《十批判·后记》中说,早在日本留学的十年期间,他就懂得了近代的科学研究方法,"尤其辩证唯物论给了我精神上的启蒙,我从学习着使用这个钥匙,才认真把人生和学问上的无门关参破了。我才认真明白了做人与做学问的意义"。华罗庚教授也曾指出:知识就是黄金,青年一代对知识的追求应该比捡金子要更"贪得无厌",但比捡现成的金子更重要的是要学会"点金术",也就是掌握知识的途径。

所谓的"钥匙""点金术",即掌握并善于运用学问、善于运用教育科研理论与方法。它有助于我们创造思维的发展和开拓精神的发扬,能使我们更为智慧。苏联著名生理学家巴甫洛夫曾指出:初期研究的障碍,主要在于缺乏研究方法。科学是随着研究法所获得的成就而前进的。因此,我们的头等重要的任务就是制定研究法。在今天,我们要成为一个科研型的智慧教师,提升专业素养,成长为教育专家和学者,掌握一定的教科研基本知识,扎实我们的科研素养基础,是必需的。

鉴于这样的认识,为了更好地服务于广大职业院校教师的专业发展,帮助更多的一线教师真正成为"教育研究者",同时,指导广大职业师范院校的教育类本科生及教育硕士生掌握职业院校教师教育科研的基本方法,掌握职业教育教科研报告、教育论文及学位论文等的写作要领,南京师范大学出版社组织出版了由本人及科研院所的部分教科研专家、教授编写的这本适用于职业师范类院校本科及教育硕士生的教材《职业教育教科研方法指南及论文导写》。方健华负责了全书的总体框架设计和总策划。写作分工为:方健华(序、第一章,参与第二至九章部分节内容的撰写),殷利(第二章、第五章),张宏(第六章),曹鸿骅(第三章、第四章、第七章、第八章),陈莉(第九章),方健华、曹鸿骅、陈莉对全书进行了统稿、校对。

本书的读者对象主要为职业师范类院校本科生及教育硕士生,广大职业院校校长、教师及科研工作者,也可以作为各级职业院校师资培训教材。与当下的许多鸿篇巨著相比,本书不免有些单薄,相当部分内容为笔者在南京师范大学和南京大学担任硕士生导师指导研究生时的讲稿改编,仅是对初涉职业教育科学研究者所必须掌握的科研理念与方法的浓缩,是对所有学术训练要素的提炼。但在本书写作过程中,我们力求理论联系实际,做到有观点,有论证,有例子,示范性和操作性较强。体现在内容的架构上,既注重了对职业院校教育科研意义、目的、要求、过程、方法、组织与实施等全方位的阐述与说明,又重点突出了"科研方法与论文导写"这一难点。当前,广大职业师范院校的研究生、教科研人员、职业院校一线的校长和教师,为了阐述自己的研究成果,或为了职称评定、取得学位,均需要写作和发表教科研报告或论文,而撰写研究报告与论文既是教育科研工作的重点,也是一个难点。因此,本书通过大量实例,深入浅出地重点介绍了研究报告与论文的基本结构,各类报告与论文的撰写特点与要求,以及报告、论文的修改与发表等内容,不仅给出了研究报告和论文的一般撰写方法与要求,更从研究报告和论文撰写的角度透视了教育研究的创新本质,是有志于教育科研的职业院校教师必备的参考书。为了充分体现操作性和示范性,每个章节均给出与内容相关的例文或案例,以供参考。行文力求流畅、通俗形象,力图既包含基本的方法与理念,又有具体的实践范例,甚至期望让读者阅读本书的过程本身就是一种教科研学术训练。

笔者不揣浅陋,试图编写出一本力忌空洞、不落俗套的教科研指导用书,以期给读者切实有效的指导和帮助。但限于笔者的学术水平和经验,同时限于时间,书中难免有粗疏和不当之处,欢迎读者指正。

本书的编辑出版,得到了南京师范大学出版社基础教育分社姜爱萍总编辑以及责任编辑张岳全先生的大力支持和悉心指导,在此表示衷心的感谢!同时,向书中标注出的及因为无法查考而未能标注出的所有引用案例、引文的作者,表示衷心的感谢,对他们的教育科研智慧表示由衷的敬意!

总之,正是定位于对职业院校一线教师的指导性与实践性,本书并没有追求艰深的理论,而是力求理论联系实际,且通俗易懂,以教师科研实践中遇到的实际问题为突破口,注重示范性和操作性,书中有大量例证,正是我们深刻体会到了职业教育前沿教师所遇到的困惑和关切。十三世纪神学大师安多尼曾说:"学问若不转向爱,有何价值?"笔者在读一些同事、朋友的论著、论文时,常常会受到感动,原因就在很多的研究起于爱,关注爱。这本书也正是基于我们对职业教育的热爱,对职业教育科研的热爱,我们想为职业院校老师们做一件有意义的事情。我真心期望献身于职业院校教育科研的年轻学人再多一些,科研型教师的队伍再庞大些,职业院校教育科研的前景将一定会更加美好。我更加期望,本书的读者们记住安多尼的话,在今后的教育科研实践中,把学问转向爱,那么,我们的职业教育改革与发展的前景也一定会更加美好!

是为序!

方健华

2019 年 9 月于金陵卢龙山庄

目录

序　面向 2035：我们需要怎样的职业教育科研和科研型教师　　1

第一章　做科研型职业院校教师，你准备好了吗　　1

第二章　从问题出发：职业教育教科研课题的选择与设计　　15
第一节　职业教育教科研课题的选题　　16
第二节　搜集、整理和分析研究资料　　25
第三节　职业教育教科研选题的方法与原则　　35
第四节　如何进行课题研究的构思与设计　　39

第三章　按计划实施：职业教育教科研课题研究的基本过程　　48
第一节　如何设计职业教育教科研课题研究实施方案　　48
第二节　职业教育教科研课题研究实施过程需要注意什么问题　　61
第三节　如何制订职业教育教科研课题研究阶段性工作计划　　65
第四节　职业教育教科研课题研究过程资料的积累应注意哪些问题　　69
第五节　怎样做好职业教育教科研课题研究的阶段性总结　　72

第四章　用规范管理：职业教育教科研课题申报、评审与鉴定　　75
第一节　如何进行职业教育教科研课题的立项申报　　76
第二节　如何进行职业教育教科研课题研究的自我管理　　81
第三节　如何进行职业教育教科研课题研究的过程评价与管理　　88
第四节　如何进行职业教育教科研课题研究的结题评审与鉴定　　95

第五章　善工先利器：职业教育教科研的常用方法及应用　　102
第一节　如何运用文献研究法　　103

第二节　如何运用教育观察法　　111
第三节　如何运用教育调查法　　121
第四节　如何运用个案研究法　　128
第五节　如何运用教育实验法　　134
第六节　如何运用行动研究法　　140
第七节　如何运用教育经验总结法　　146
第八节　如何运用教育叙事研究法　　149

第六章　展理性魅力：统计与评价在职业教育教科研中的应用　　154
第一节　如何运用教育统计法进行研究　　154
第二节　如何运用 SPSS 统计软件包进行教育统计分析　　168

第七章　让智慧共享：职业教育教科研成果的表述与交流　　184
第一节　职业教育教科研成果呈现的基本类型与要求有哪些　　184
第二节　如何进行职业教育教科研成果的表达与交流　　187
第三节　如何进行职业教育教科研成果的修改　　191
第四节　如何进行职业教育教科研成果的投稿、发表　　198
第五节　如何进行职业教育教科研成果的答辩　　200

第八章　凭事实说话：职业教育教科研报告的撰写　　206
第一节　怎样撰写课题开题报告　　207
第二节　怎样撰写课题研究工作报告　　225
第三节　怎样撰写课题研究中期成果汇报　　232
第四节　怎样撰写课题研究结题报告　　235

第九章　以道理服人：职业教育教科研论文的撰写　　250
第一节　怎样撰写教育随笔　　251
第二节　怎样撰写教育（教学）案例　　253
第三节　怎样撰写教育叙事　　259
第四节　怎样撰写一般教研论文　　264
第五节　怎样撰写学位（学术）论文　　270

本书参考文献　　278

第一章 做科研型职业院校教师，你准备好了吗

> ◇科学的灵感，决不是坐等可以等来的。如果说，科学上的发现有什么偶然的机遇的话，那么这种"偶然的机遇"只能给那些学有素养的人，给那些善于独立思考的人，给那些具有锲而不舍的精神的人，而不会给懒汉。
>
> ——华罗庚
>
> ◇在科学上重要的是研究出来的"东西"，不是研究者"个人"。
>
> ——居里夫人

【导读】

为适应我国经济社会发展、产业结构的调整对人才培养的新要求，《国务院关于加快发展现代职业教育的决定》明确提出了"构建职业教育新体系，创新培养模式，立德树人，全面提高技术技能型人才培养质量"要求，坚持立德树人的根本任务，坚持以促进就业为导向，坚持以服务发展为旨归，我国职业教育正从过去的"重外延扩张"走向"重内涵发展和质量提升"。伴随着职业院校课程与教学改革的不断深入，职业教育对广大职业院校教师的要求越来越高。科研兴校、科研兴师的战略已成为造就职业院校名师、名校长的有效方略。在今天，职业院校好教师的标准不仅是会教书，还要会教育科研，这样才能成为职业教育专家。现代职业院校的教师要实现由知识型向科研型转变，由过去的研究考试、应付考试转变到研究学生学法、教师教法上来。职业院校教师不但要懂得基本的职业教育教学理论，发现职业教育教学中的实际问题，还应善于选择最优方法，制定最佳方案，改进职业教育实践，解决实际问题，使职业教育教学过程更具科学性。同时，掌握职业教育科研的方法，提高职业教育科研的能力不仅是每个职业教育工作者有效完成职业教育教学任务的需要，也是提高自身素质，提升职业教育师资职业人格的需要。作为一名当代科研型优秀教师，要善于博采众家之长，借鉴他人经验，不断总结和提升，以改变自己的生活方式，逐步实现专业自主发展，充分体会到教师职业的真正价值与意义。

正如苏联教育家苏霍姆林斯基所言："如果你想让教师的劳动能够给教师带来乐趣，使天天上课不至于变成一种单调乏味的义务，那你就应当引导每一位教师走上从事研究这条幸福的道路上来"。"科研兴校""做研究型教师"是时代发展和职业院校教师专业发展的必然，也是职业教育质量提升、吸引力增强和实现可持续发展的需要。怎样才能成为一名科研型的优秀教师？

一、要正确认识职业教育教科研的价值意义、目标定位、基本阶段与原则

（一）对职业教育教科研的价值与意义的认识

职业院校教师要走上幸福的教科研之路，首先要破除虚无观念，充分认识到职业教育教科研的重要性和必要性。职业院校教育教学是极富创造性和学术性的实践活动，有许多问题需要教师去探索，去解决；而作为运用科学的理论和方法，有意识、有目的、有计划地对教育教学中的有关问题进行研究的教育科学研究，其目的与功能正是解决教育教学中的问题和矛盾，揭示教育的特征与本质，以利于科学地改进教学方法，提高职业院校教育教学质量。因此，职业院校教师的教育教学活动与职业教育教科研是相通的，有着必然的且密不可分的联系，职业教育教科研始终伴随着职业教育教学实践活动。其次，要打消畏难情绪，明确职业教育教科研的可行性。有相当比例的职业院校教师认为自己教育理论水平不高，科研能力差，加上职业院校教育、教学工作繁忙，无能力也无暇去搞研究，进而产生畏难情绪。实际上，职业院校教师具有开展教育科研得天独厚的条件：他们天天置身于生动的职业教育实践之中，扎根于职业教育科研的"沃土层"，面临着职业教育教学改革的"突破口"，有着专职科研人员无法实现的优势。所以，职业院校教师参与教育科研不是高不可攀，而是可行的，只要扎实研究，完全可能大有作为。第三，要消除功利思想，突出职业教育教科研的发展性。有很多教师狭隘地理解——搞教科研就是写教育论文。诚然，在教科研的过程中，撰写并发表论文是一种很自然的结果，但是由于评职称、评先进等方面对论文的要求越来越高，所以有些老师便把撰写论文等同于教科研，认为教科研是一种不失实惠的有名有利的活动，于是把教科研的重点放在了论文的撰写上，这是对教科研的曲解，也是当前职业教育教科研"浮夸""泡沫"现象的具体表现。职业教育教科研的价值不全在于发表几篇文章，其核心价值在于老师通过职业教育教科研转变观念，真正能够探索出一定的职业教育教学规律，提高教育教学能力，提升教师专业水平。第四，要打破分割观念，把握教科研结合的必然性。职业院校教科研的基本指向是：立足于解决职业院校的实际问题；提升职业院校教师教育教学水平；促进职业院校持续发展。职业院校教师开展教科研的基本特征是：以提高教学质量、解决实际问题为首

要目标；以研究过程与教育教学过程的结合为主要表现形式，在教育教学的过程中进行研究，在研究中进行教育教学；以老师对自己从事的实际工作进行持续反思为基本手段。它使教师的教育教学过程成为研究的过程，研究的成果又可以及时地运用于教育教学，教育科研和教育教学实践不是"两张皮"，而是合二为一的。第五，要克服形式主义，注重职业教育教科研的实效性。在职业教育教科研中，确实存在着形式主义现象，其表现形式就是只有教科研的外貌，没有教科研的实质；只有教科研的形态，没有教科研的实事求是的态度；只有课题的申报，没有问题的解决；只有教科研的口号，没有教科研的实际行动。结果是开头有个立项，中间无计划、无过程、无实施，最后拼凑一个研究报告，造成"开头轰，中间松，最后空"现象，由于相当部分职业院校教师教科研能力不够、路子方法不对等，使得大多数教科研流于经验总结的形式，具有盲目性和肤浅性，研究成果欠佳。

（二）对职业教育教科研目标的定位

所谓职业教育教科研，是以职业教育现象为研究对象，以发现和发展职业教育知识、职业教育理论为导向，以解决职业教育实践问题、推进职业教育发展为目的的一种特殊的认识活动。具有三个基本要素：客观教育事实，科学的教育理论和研究方法、技术。其根本宗旨是：揭示教育现象的本质，反映教育过程的规律，解决教育实践问题。

概括起来，职业教育研究具有系统性、有效性、可靠性、创新性、综合性、复杂性及周期长等特点。同时，从不同的角度，教育科研有不同的分类：从使用的研究方法分，有文献研究、描述研究、实验研究和行动研究等；从研究内容分，有基础理论研究，教育现状、教育发展研究和教育评价研究等；从研究目的分，有基础研究、应用研究和开发研究等；从研究对象的数量分，有个案研究、群组研究和整体研究等；从研究方法的性质分，有定性研究和定量研究等。而职业教育教科研的特点是以应用研究、微观研究、行动研究、校本研究为主，定性研究与定量研究相结合。既有用文字来描述教育现象或论证教育问题的研究，也有用数字、量度来描述教育现象或数量统计的方法来论证教育问题的研究。

在理解职业教育教科研的定位时，要正确把握教育科研与教学研究的关系。二者的区别：教育科研并不等同于教学研究，教研与科研是两码事。但长期以来，在人们的观念上，特别是一些教育行政机构，仅把组织职业院校教师分析教材、研究教法，组织教学经验的交流与推广，作为教育科研的主要方面，导致了相当多的所谓"教育科研"目标定位于单纯的、低层次的教育经验总结类的教学研讨上。其实，这两个概念无论是从研究的范围还是研究的目的等方面都有很大的区别。教学研究范畴狭窄，基本上是教育微观领域的问题，主要包括教材教法的研究、教学的组织管理及一般性的教学问题研究。而教育研究的研究范围广大，不仅涉及教育的微观，而且也涉及中观、宏观等问题，不仅研究教育内部的联系，而且涉及教育的外部联系，不仅研究教育的现状，还研究教育的历史、预测教育未来趋势等。教育科研是个上位概念。当然,二者也存在紧密的联系,正如任何科学研究都必须以经验、感性为基础一样,教育科研也不例外。一个好的教学研究成果,其经验性的结论中往往含有大量的客观规律性的东西,如果职业院校教师能从职业教育教科研的角度出发,加以进一步地总结、概括、提炼,上升到理论高度,就会具有一定的科学价值与意义。而且,很多成功的职业教育教科研经验证明:从职业教育课程教学研究到职业教育教科研是一条捷径。因为职业院校教师最为熟悉的是自己的教学工作,所以,从职业教育课程教学研究入手,目标定位于"以应用研究、微观研究、行动研究、校本研究为主的"职业教育教科研方向,这是从经验型教师向科研型教师转化的必由之路。

(三)对职业教育教科研基本阶段、程序与原则的把握

从问题到答案,是科学研究最基本的程序模式。其步骤通常表现为:① 提出问题,即把问题具体化;② 了解前人或他人对有关问题的研究状况及其取得的成果,还存在哪些问题和缺陷;③ 通过调查、实验等方法收集充分反映问题的事实材料;④ 对所占有的材料进行整理和分析;⑤ 从事实中概括出科学的结论,并加以检验。整个过程的简化图式如下图所示:

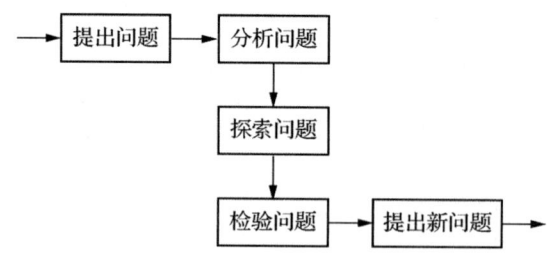

图 1-1 科学研究最基本的程序模式

科学研究的这些程序与步骤同样适合于职业教育科学研究。一个完整的职业教育教科研过程(即研究过程与工作过程),大致包括三个阶段十个步骤:① 前期准备阶段,包括选题、检索资料、设计研究方案和申请立项四个步骤;② 中期探索研究阶段,包括开题、收集和整理信息资料、分析研究并寻找答案三个步骤;③ 后期成果处理阶段,包括撰写研究报告、成果鉴定和成果推广三个步骤。由此可见,教育科学研究是一个相互联系、不断深入的运作过程。职业教育教科研的基本研究程序包括:课题的选择与论证,研究对象的选择,研究计划的制订,研究计划的实施,研究运行的控制,研究成果的表达、鉴定、发表(交流)与推广等。其中,需要认真把握的最基本阶段有以下几个。

1. 课题的选择与认证

选题,即提出问题与确定课题,这是教科研的起点。正如贝尔纳所说,课题的选择与形成是研究工作中最复杂的阶段。一般地,提出课题比解决课题更困难。选题是研究的战略起点。"知己知彼,百战不殆"。选定课题时,有必要对这个课题的所有情况进行全面的了解。了解该课题目前在国外、国内的研究情况,包括研究已取得的成果和存在的问题,了解这一课题所属的理论体系等等。对课题的全面了解,可以使我们在研究过程中少走弯路,确立研究的主攻方向。

对一个课题进行论证,主要是弄清如下几个问题:① 所要研究的问题是什么性质和类型的问题? ② 要研究的问题具有什么现实意义? 它的理论价值何在(即在理论上预计有哪些突破)? ③ 要研究的问题目前已有哪些研究成果和研究的方向是什么? ④ 要研究的问题所应具备的条件分析。

2. 查阅相关资料

课题确定后,需要认真查阅资料,了解前人和今人所做的与此课题相关的研究。从直接的、间接的、经验的和理论的等诸多方面查阅资料,检索文献,调查现状,尽可能详尽地占有文献资料。从严格意义上讲,查阅资料不只是一个阶段性工作,而应该贯穿于整个研究过程的始终,无论是在选题论证、实施研究过程中,还是在论文写作过程中,都离不开资料的查阅。

3. 形成研究假设

所谓研究假设,就是根据现有的科学理论、事实对所要研究的课题设想出一种或几种可能性的答案、结论。这应该是科学思维的结果。

例如,某职业学校进行的"整体优化教育"实验,其实验假设是:"在整体性观点指导下,运用综合性的方法,综合设计和组织教学过程,其教育教学效果可以高于目前一般教育教学工作所能达到的水平,并使全班每个学生在德智体美劳诸方面都得到最优化发展。"又如,某校承担的省教学改革重点课题"分层递进教学的研究与实践",它的研究假设是:根据对某市职业学校学生差异现状的研究,从某市职业学校个别化教学的现状与经验教训以及进行目标教学研究与实践所取得的经验的基础上,通过实施分层教学预计可以解决:① 使不同层次的学生学习效果得到整体性的提高;② 探索出一条符合某市实际需要的,在课堂教学中实施素质教育的有效途径;③ 有效地转变职业学校教师的教育观念,提高不同层次教师的整体教学水平和理论水平。

对于一个课题的研究假设,一般说来它应该为课题的研究提供或规定了研究方向和性质,对研究的结果做出了明确的预测,同时为设计研究方案提供了预见性的规定和框架。

4. 选择研究内容与方法

起初的研究设计需要考虑准备采用什么研究方法进行研究。一项具体的设计往往是以研究方法作为依据,什么样的研究方法派生什么样的研究设计。从宏观方面,选择研究方法可以从三个方面考虑①：一是要考虑研究的目的和内容，是否符合研究问题的性质，并能达到研究目的的方法；二是要考虑研究方法的可行性，研究者是否具有足够的时间与经费等资源，并能获得必要的支持与合作的方法；三是要考虑研究者本身的研究能力，研究者是否力所能及、能否胜任。研究方法是否适当，并不在于方法本身的好坏，而在于方法与研究目的、研究资源以及研究能力符合的程度。

要选择适当的研究方法，首先是要弄清所选的课题要研究些什么内容，研究内容确定了，研究方法也就容易确定了。研究内容实际上就是将研究假设所提出的问题进一步细化，使我们对假设有一个更具可操作性和比较具体的研究问题方向。

比如"分层递进教学研究与实践"这一课题，根据它的假设，我们可以进一步细化为7个比较具体问题加以研究：① 建立分层方法和措施，使之与学生学习效果形成最佳结构；② 探索分层递进教学和分层学习指导的模式，使之与学生的学习需求形成最佳结合点；③ 探索将学生学习差异资源转化为学习动力的可能性；④ 检验分层递进教学与学生能力形成的显著性；⑤ 分层递进教学对学生个性发展的作用；⑥ 分层递进教学与提高教师教学能力形成的显著性检验；⑦ 构建分层评价体系，使教学符合不同层次学生学习的要求。又如，课题"优化课堂教学结构，提高教学质量——课堂教学的时间、材料结构的研究"，它的研究假设是："通过对授课时间系统和教学材料系统的整体性设计优化，可以提高学生的学习效果"。在这个假设下，可以进一步地把问题细化为：① 根据阶段教学材料的内容特点和性质，如何设计课堂教学时间，使之符合学生的学习心理和生理需要，达到最佳的教学效果；② 根据阶段教学内容的特点和性质，设计教学的信息量，使学生的学习效果得到提高。对这两个问题还可以更进一步地细化。

研究的问题明确后，就可以选择具体的研究方法了。从具体方面来讲，影响选择研究方法的因素很多，一般可以从以下四个方面考虑。

（1）综合与分析。进入研究设计时，必须对研究主要是采用综合方法还是分析方法做出判断。综合法与分析法的区别在于：综合法持整体观，研究路线从整体到部分，研究面向事物的内部结构，目的通常是了解过程；分析法持成分观，研究路线从部分到整体，研究面向事物的外部结构，目的通常是了解结果。

比如，要研究职校生语文水平，如果用听说读写测验的综合成绩来代表语文水平，就是整体观。如果把语文水平分解成识字量、阅读速度、写作能力、语法知识、逻辑修辞等来考察，就是成分观。

（2）归纳与演绎。归纳法和演绎法代表了两种理想的研究思路，他们的区别在于归纳法以数据为出发点，事先没有现成的理论框架，研究假设是在研究过程中逐渐形成，最

---

① 吴明清.教育研究：基本观念与方法之分析[M].台北：五南图书出版股份有限公司，1991：254.

终成果是描述或提出假设。而演绎法则是以提出假设为前提,有理论框架,对研究结果有预示,需要对假设进行检验,最终成果是验证或构建理论。实际上,在教育科学研究中,归纳和演绎经常交替使用。

(3) 因素的控制程度。任何研究设计都要考虑对研究环境因素或变量的操纵和控制。有些研究方法对操纵和控制要求少一些,如实地观察、人种志研究、事后追溯研究等;有些研究方法要求对某些因素和条件进行严格的操纵和控制,如实验研究、抽样调查等。影响控制程度的因素主要有四个:研究范围的大小,对变量的控制程度,被试个体间的差异,研究者的主观态度。

(4) 数据的收集和分析。选择合适的研究方法还需要考虑数据/资料的性质和收集。无论是研究的思路(综合法还是分析法),研究的目标(描述性研究还是因果性研究),方案的设计(选择哪些变量,控制哪些变量)都表现在数据/资料的性质、方法和分析上。

综合以上各方面,才能合理选择研究方法。

比如,上面提到的课题"分层递进教学的研究与实践"可以采用:① 用调查研究法对有关问题的数据资料的收集;② 用实验研究法对投放的自变量所引起的效果进行研究;③ 用测验研究法对教学效果的数据资料进行收集;④ 用比较研究法对研究对象在实验前后的结果进行比较研究。

5. 制订研究计划

制订教科研计划,是教科研中的一个重要步骤。教科研计划的内涵有两种解释。狭义的教科研计划是指具体的研究设计方案,不同的教科研方法就有不同形式的研究计划。例如采用调查法进行研究就要制订具体的调查计划(设计方案);采用观察法进行研究就要制订具体的观察计划(设计方案);采用实验法进行研究就要制订具体的实验计划(设计方案)等等。一般意义的科研计划,是指如何进行课题研究的具体设想,是开始进行课题研究的工作框架。教科研计划是关于课题研究如何进行的基本思路和安排,也称为"开题论证报告"。制订教科研计划是保证课题研究顺利进行的必要措施;制订教科研计划是使研究课题具体化的中心环节;制订教科研计划是课题研究成果质量的重要保证;制订教科研计划有利于检查和自我检查;制订教科研计划有利于协作研究,是保证明确研究人员职责范围、内部协调、工作同步的必要条件。

课题研究计划的基本结构大体一致,一般包括:① 课题的界定与表述;② 研究的目的、意义;③ 研究内容的具体化表述;④ 研究的方法、途径;⑤ 研究对象和范围;⑥ 进展的步骤(阶段任务、目标)、进度;⑦ 成果的形式;⑧ 课题组成员分工;⑨ 经费预算。

6. 实施研究、形成结论

研究计划一旦形成,其后便是具体实施。在具体实施前,研究者要从理论上再检查设计方案是否科学严密,重要的概念是否界定,假设是否科学,研究的变量是否已具体化和可操作化,观察指标是否已全面、明确等。同时,做好课题组人员的培训和组织工作,使他们了解课题的意义,课题研究的基本思路、基本内容以及掌握本课题研究所必须的研究技术。对准备阶段成立的课题组,要根据研究目标确定包括理论研究、操作研究、资料管理、统计分析等部分组成的岗位负责制等;做好具体物质的准备:准备研究器材,设计记录的表格、测验的试卷等。

研究实施过程中,要根据研究计划,科学规范地开展研究活动,将研究任务落实到每一个研究人员。做好研究过程中的各项管理工作,重点做好资料数据的积累、整理和分析,及时反馈和交流研究情况。其中,课题资料的搜集是研究的基础,贯穿研究过程始终;资料管理是重点;资料应用是关键。

概括规律、形成结论是课题实施的重要组成部分,是撰写教科研论文的准备。概括规律要从事物发展的各个阶段的特点中去找出它的发展道路,找出贯穿在事物发展中的内部联系;或是从各个不同的事物、经验中找出共同的因果关系,研究这些事物和经验是怎样变化发展的;或者从许多不同的现象、事例、典型中找出共同的特点、共同的发展道路,或研究特殊事例、现象、典型的差异点,找出其所以不同的真正原因。概括规律一是要注意立论、推论和表述的科学性;二是要注意论点、论据和论述的逻辑性;三是要注意数据和文字表述的有机统一;四是要注意典型分析和一般分析的结合。

7. 研究成果的表述(撰写论文或研究报告)

课题研究的一个重要目的是将取得的研究成果应用于教学实践,以此来推动教育事业的发展。为此只有将研究成果表述出来,写成研究报告(或论文、案例、课件、著作等),才能在不同场合进行交流,达到成果推广应用的目的,提高教育的社会效益。课题研究的成果,是针对教学中某种现象而进行的研究探讨、调查试验和充分论证之后所得出的新的教育教学理念、方法、模式或手段,是研究结果的文字和影像记载。课题研究成果的表述,说明了研究什么、如何研究、取得哪些结果,这些结果有怎样的学术理论价值和社会实践价值。

课题研究成果的表述,是一个认真总结、缜密思考的过程。研究者必须针对课题研究的目标、内容、措施等,对获取的第一手资料进行定性分析和定量分析,通过思维加工,上升为理性,然后用语言文字加以反映,形成课题研究的报告。

一般课题研究成果应当包括理论成果和实践成果两个部分,其主要形式有课题研究报告、论文、著作、软件等,其他形式的研究成果还有案例集、调研报告、教学课件、教材、教学录像光盘、典型课例、课堂实录、学生优秀作品集、教学资源网站、教师个人博客、课题研究大事记等等。

8. 研究成果的鉴定、发表与交流

课题研究成果的创新性与应用性如何，需要经过成果评估和鉴定才能做出科学的价值判断。成果鉴定有助于研究成果的进一步修正和完善，也是研究成果转化的基础。教育科研成果最终应该服务于教育实践，推动教育实践的深化与改善。因此，一项创新的可操作的教科研成果，应该在转化过程中才能得到推广与应用。推广和应用主要是通过成果的公开交流与发表，包括各种会议的研讨交流和评比等。

职教教育科学研究原则是进行职业教育教科研活动必须遵循的基本准则和要求。它是职业教育教科研规律的反映和职业教育教科研实践经验的概括，是有效开展职业教育教科研的根本保证。这些原则，要贯穿于教育科学研究的整个过程，体现于每一环节之中。概括起来，职业教育教科研必须遵循的原则主要有：教育性原则、客观性原则、系统性原则、理论和实际相结合的原则、创新性原则、定性研究与定量研究相结合的原则，等等。

二、要正确理解当前职业教育教科研的研究范式与发展趋势

开展职业教育研究，总是基于一定的研究方法论和指导思想的。研究者在选择研究方法时，依据共同的理论框架和观点，并按照比较一致的研究程序进行研究活动，则可称他们的研究行为为一种研究范式。

在职业教育科学研究中，一般认为主要有两种研究范式：一种是模仿自然科学，强调适合于用数学工具分析的经验性的、可定量化观察或实验。其研究任务在于确定因果关系，并做出解释，称为科学主义的研究范式，或称定量的研究范式。另一种范式是从人文学科推衍而来的，注重整体和定性的信息以及说明方法，称为人本主义的研究范式，或称定性的研究范式。

属于科学主义研究范式的主要研究方法有教育实验法、定量观察法、教育测量法、教育统计法等。主要可采用的技术有抽样的技术、资料收集的技术（如问卷法、实验法）、数理统计的技术及测量的技术。属于人本主义研究范式的主要研究方法有民族志的研究法、实地调查法、参与性观察法、案例研究法、反思性研究法、追踪研究法、理论思辨研究法等。主要可采用的技术有访谈技术、观察技术、实物材料分析技术、摄像拍照技术以及比较、推理、诠释、调查、文献查阅、文字记录等。

科学主义研究范式与人文主义的研究范式是相互对立的，但又是相互融合与互补的。如表1-1所示，科学主义研究范式与人文主义的研究范式在哲学思想的取向，研究对象的选择，研究方法的使用及研究结果的表现方式上都各不相同。

表 1-1　科学主义与人文主义研究范式的差异

	人文主义研究范式	科学主义研究范式
资料的来源	自然情境	经过严密控制的情境
成果的表现形式	文字或图片	数据
对研究关注的方面	过程	结果
分析资料的方法	归纳分析	演绎分析
关心的基本事件	意义与理解	变量与操作
学术属性	社会学,历史学,人类学	心理学,经济学,物理学
目标	描述现实,提高认识	检验理论,证实事实
设计	灵活,一般可引申	有结构,正式,预定
具体技术或方法	观察,漫谈	实验,有组织的访谈
与被试的关系	热情接触,被试即朋友	疏远,被试即研究者
工具或手段	录音机等	项目表,问卷

目前,科学主义与人文主义传统正日趋走向融合,在职业教育科学研究上,呈现如下发展趋势:首先,现实的教学问题成为日益重要的研究课题。对教学和学习问题,由过去的主要侧重于实验室实验研究而转向在学校和实际的课堂中进行研究,所用的材料也是实际教学中的数学、阅读或自然科学材料。其次,研究人员日益重视教育成品或技术的研究,而不只是事物本身。近年来,研究者从教育实践的要求出发,不再仅仅关注"事物是什么",而是对"如何做"更有兴趣。如何管理课堂,如何防止学生的不良心理行为,如何提高学生的新闻市场能力等成为研究者关注的重要问题。再次,教师问题引起了研究者的关注。对教师问题的研究主要集中在教师的选拔问题,对教师的评价问题,在职教师的培训问题等方面。

此外,另有部分学者从近几十年世界教育理论研究的实践来分析,提出研究范式可以归纳为"学科中心研究范式"和"问题中心研究范式"的主张。具体讲,一种是学科中心研究范式。这种研究不太关注教育实践的发展实际,但非常重视学科自身建设,主要从学科的逻辑起点出发提出问题,层层展开,从哲学逻辑层面推理、演绎得出结论,有独特的话语体系,讲究结构的严谨和结论、观点的自洽性。另一种是问题中心研究范式。这种范式一般遵循问题发现——经验总结——理论提升的研究方法论。这种研究一般十分关注教育实践中比较重要的实际问题,长期跟踪,对于实践中解决这些问题的经验性方法进行比较深入的总结,在经验总结的基础上,比较多的采取多学科的研究方法,尤其注重采用数学模型、数理分析、调查实验等一些实证性研究手段,提出观点、结论和普适性、规律性的理论。从近几十年教育理论发展的实际情况来看,比较有理论价值、社会影响力和对实践有较大指导作用的是后一种研究范式。而中国教育研究恰恰在这种问题研究范式上存在着很大的缺陷和差距。这也是我们的教育研究提不出重大研究问题，不能开创新的研究领域，对于丰富的教育实践经验不能给予及时的总结和提升，得不出理论价值高、社会影响力强和实践指导作用大的成果的主要原因之一。

总而言之，职业教育教科研的发展趋势表现为：由封闭向开放转变，广泛吸收社会科学、自然科学、人文科学各个领域的最新成果，努力掌握新的科学方法，运用新的科学手段，对教育做多方位的综合性研究，以课题为纽带，形成跨部门、跨地区、跨学科的研究；由单向的教学方法改革的研究转向全面的综合的教学体系改革的研究；由微观研究向宏观（在教育体制、结构、规划与战略上的）的研究转变。

三、要具备科学的研究素养与思维方式

做一名科研型职业院校教师，需要具有强烈的职业教育教科研意识、职业教育教科研理论素养、职业教育教科研能力素养和职业教育教科研道德素养。这是科研型职业院校教师所共同具有的素养和特征。

（一）教科研意识——科研型教师的职业自觉

什么是教育科研意识？简单地讲，就是对教育活动规律性的一种有意识的追求和探索，是运用教科研理论发现教育问题、揭示教育规律的职业自觉。教育科研意识体现在三个方面：第一，体现为教师对教育事业的一种执着精神。教师只有以献身教育的热情和信念作为支撑才有可能具备自觉的科研意识和追求，才能自觉地、有意识地去探索教育活动的底蕴，也才可能会有创造性的工作表现。第二，教育科研意识的产生还需一定的教学实践经验和教育理论基础为条件。第三，体现为教育科研的眼光和智慧。如果一个教师惯于因循守旧，思想僵化，眼光迟钝，他就不可能产生探索的需要。如果一个教师不富于想象，不具备有创见的灵活的发散思维，不善于寻找有助于提高创造性的场景，不善于发现尚未解决的问题，那他也不可能产生探索的需要。只有思路开阔，眼光敏锐，敢于向假设挑战，具有综合能力和应用系统分析技术能力的教师，才可能具备清醒的教育科研意识。

职业教育教科研意识是职业院校教师的一种创造性心理素质，是职业院校教师的职业理想、职业道德、知识素质、能力个性的综合体现，是现代化师资的职业意识。要成为科研型教师，就不能满足于具备所谓"燃烧了自己，照亮了别人"的蜡烛精神，不能满足于只当一名教书匠，而要把教育教学工作当作教育科学研究工作，不断有所创造。要做中国的"苏霍姆林斯基"，既要做蜡烛，也要做太阳，在点燃学生智慧火花的同时，也展现出自己的光彩。

（二）教科研理论——科研型教师的专业素养

教科研理论是科研型教师必备的条件。科研型教师必须掌握职业教育学、职业心理学、职业教育心理学、学生发展心理学、职业教育管理学、职业学校管理学、职业教育课程教学理论等职业教育科研的基本理论，同时还要掌握观察法、调查法、实验法、行动研究法、个案法、经验总结法等教育科研的基本方法。另外还要掌握与教育科研相关的其他学科理论，如政治学、社会学、文化学、美学、人才学等相关理论。只有掌握教育科研理论，校长才能更好地指导教育科研实践，教师才能更好地投入教育科研实践，也才能在科研兴校的实践中造就科研型校长、科研型教师。

（三）教科研能力——科研型教师职业人格的核心

教科研能力是科研型教师必备的关键条件。对于职业院校教师来说，教育科研能力最主要的是教学研究能力，这也是职业院校教师进行教育科研的特点之一。教育科研能力主要有发现问题、选择课题的能力；收集整理资料的能力；理性加工的能力；文字表达能力及教育科研的组织管理能力。教师必须能独立选择确定科研课题，设计实验方案，并按方案组织实施进行实验研究；能及时收集整理实验资料，进行科学分析，得出正确结论；具有较强的文字表达能力，能亲自撰写专题论文、经验总结、调查报告和实验报告，并能组织其他教师开展研究，发挥教育科研管理的职能。

（四）教科研道德——科研型教师的师德新内涵

科学研究的目的在于认识、验证和发展真理。真理是老老实实的学问，不容许有任何虚假的成分。这就要求教师在教科研工作中严谨求实，严肃认真，实事求是。弄虚作假，粗心大意，华而不实是违背起码的教科研道德的。在科学研究中，从查阅资料、社会调查、科学实验、占有第一手资料，到进行逻辑分析、严密论证、科学抽象、成果鉴定，都要坚持脚踏实地，关心集体，顾全大局，团结协作，相互配合，尊重科学，崇尚真理，虚心求教，正直公允，严谨求实，坚决反对剽窃、抄袭、一稿多投、杜撰数据、伪造材料等一切违反科学精神的不道德行为。

（五）思维方式——科研型教师研究智慧的根本

要成为一名优秀的科研型教师，除了需要具有强烈的教育科研意识、教育科研理论素养、教育科研能力素养和教育科研道德素养之外，还需要更新思维方式。当前，世界范围内的以人类全部文化（包括知识、教育）为认识论基础的文化哲学的重点已从科学哲学转向文化哲学（关注人类深层次的价值问题），理性主义、科学主义时代已经结束，一个富有人文精神的大科学时代已经到来。由于人类思想的嬗变，要求我们具备全新的科学精神，确立全新的科学研究的思维方式。

所谓"思维方式"，是指人们用以把握、描述、理解和解释教学世界的概念框架的组合方式和运作方式。检视当前教育科学研究者的思维方式，不难发现，唯科学主义成为其研究的根本方向，实用化、精确化、控制化的思维方式成为现代教育科学研究的基本指导思想。唯科学主义的思维方式强调普遍性、客观性原则，还原的原则以及简化等原则，并基于如下假设：在相同的情境中人们共享相同的经验；普遍性比独特性更重要；通过祛除主观性和意识形态，客观性、价值中立是可以保证的；复杂性能够并应该从简单的原理和普遍的规律出发得以消解。

唯科学主义的思维方式在职业教育科学研究中具体表现为以下几个方面：① 客观主义思维方式。研究者将职业教育教学世界视为客观的世界，把职业教育教科研看作是一种客观的过程，具有客观的结构或固定的程式，可以从外部加以把握，无须参与其中，也不考虑教师的主体性以及职业教育教学实践的复杂多样性，缺乏对职业教育教学理论的人文关怀，未能考虑职业教育教学理论与应用策略的生成以及教师的存在状态，因而，只能消极地运用"学究"式思考来代替教师的立场，将具有个性化色彩的教师看作是被动消极的接受者。② 预定主义思维方式。研究者往往认为职业教育教学理论有一种先在的本质和固定的规则，其应用过程、途径、手段和结果都是客观存在、先在决定了的东西，过程的本质在过程之先。这种预定主义思维模式无视教育教学理论创新性、建构性等特点，以某种固定的、程式化的模式指导实践。③ 简化思维方式。一是将复杂多样的教育教学实践看作完全同质的、线形的、去情境化的"大写"实践。二是将教师、学生视为抽象化的存在、工具化存在。教师不是作为研究的主体存在，缺乏主体精神，缺乏批判、反思意识与能力。

在唯科学主义思维方式的规约下，研究者一方面热衷于对客观性、普遍性、确证性的片面追求，将注意力集中在教学的技术层面、操作层面，使得教育教学的人文价值、实践价值被消解，教育研究走向"理论自治"或"理论自证"的形而上的思辨状态，缺少形而下的实践关照和人文关怀。另一方面对教育理论和理论工作者出现盲从或漠视的倾向，导致教育研究陷入科学至上、技术至上的"陷阱"中，并日益呈现出技术化、教条化、庸俗化等倾向。应该说，这是导致教育科学研究滞后发展的根源所在。教育科学研究常常只是翻译、理解、消化约半个世纪前的科学概念和哲学流派，以至于人们怀疑其科学性。有学者概括出教育科学研究普遍存在的如下不足：① 偏重分析性研究，忽视整合性研究。研究者往往是从某一层面、维度入手，未能全面地、系统地考察教育问题。② 重"客位研究"，轻"主位研究"。一般是研究者的一种"独白式"的客位研究，拥有教育教学理论的建构、解释等理论话语。③ 注重静态性分析，忽略动态性研究。④ 重视"结构学"研究，忽视"现象学"考察，在一定程度上导致许多教育教学理论的搁置以及经验教学等"非理性教学实践"的盛行。以上种种，究其实质，是由教科研工作者的唯科学主义的思维方式所决定的。

唯科学主义的思维方式使得职业教育教科研的眼光局限于职业教育事实界和现象

界,导致职业教育意义、职业教育价值以及职业教育活动中透析出的生命哲理和生死智慧方面的探讨太少。尤其是功利主义使得职业教育教科研只把眼界局限于职业教育如何使人成功,如何把学生训练成技能人才,一味鼓励、强调职业教育为了"生计",而不被视为职业院校学生生活的一部分,从而左右了职业教育教科研的主题,甚至影响了职业教育研究者的人格,不少职业教育研究者急功近利,唯恐当世不显,缺少一种自救救人的情怀,使得职业教育教科研难免流于说教或流于功利,而不能成为智者的教化和德者的润泽。

  职业教育教科研需要职业院校教师确立将科学主义与人文主义相融合的科学人文主义的思维方式。即实现从一味地对"规律""规则"的探求转向关注"意义""策略"的生成;实现从单向型思维向多维型思维转变,从习惯性思维向创新性思维转变;实现从滞后型思维向前瞻型思维转变,从封闭型思维向开放型思维转变;实现由"简化思维"向"复杂思维"的转向;从客观化、旁观化的态度向情绪化、行动化的状态返回;从"主体—客体"的"旁观者思维""对象性思维"向"当局者思维""参与性思维"返回,实现教学理论应用研究思维方式的多元互补;实现由对规律、规则的探求转向关注教师教学策略、实践智慧的生成,单一走向多元。在此基础上,合理运用"主客位"研究、现象学研究、课堂"深描"研究、教学案例研究、教学行动研究等研究方法,不断深化和发展教育研究水平,为重新焕发出生命的活力、教学实践日趋理性化以及教师专业化发展创造条件。一句话,只有教师确立了科学人文主义的思维方式,才能将当前的职业教育科学研究思维科学定位于使职业教育科学构成关于"何为职业教育"的学问、"如何开展职业教育"的智慧以及"职业教育为何"的觉悟,从而实现在职业教育理念、职业教育实践和职业教育审美三大层次上的探索与提升。

第二章

从问题出发：职业教育教科研课题的选择与设计

> ◇发展独立思考和独立判断的一般能力，应当始终放在首位，而不应当把获得专业知识放在首位。如果一个人掌握了他的学科的基础理论，并且学会了独立地思考和工作，他必定会找到他自己的道路，而且比起那种主要以获得细节知识为其培训内容的人来，他一定会更好地适应进步和变化。
> ——爱因斯坦
>
> ◇提出一个问题往往比解决一个问题更重要，因为解决一个问题也许只是数学上的或实验上的技能而已。而提出一个新的问题、新的可能性，从新的角度去看旧的问题，都需要有创造性的想象力，而且标志着科学的真正进步。
> ——爱因斯坦

【导读】

课题研究始于问题。职业院校教师要进行教科研首先要有好的研究课题，这对开展教科研具有重要的意义。课题从何而来？怎样选择？这是人人都关心的。熟悉课题形成的来源和步骤，学会选择课题是每一个职业院校教师开展研究工作的起点。全面获得资料，选择典型又新颖的材料是开展研究工作的基本功，也是反映课题研究深度的关键所在。课题研究的构思与设计，确定行动的计划和方案，是课题顺利研究的保证措施，是课题具体化的中心环节，同时也便于检查和自我检查。

英国科学学的创始人贝尔纳认为，选择课题是科研的战略起点。爱因斯坦也曾指出："提出一个问题往往比解决一个问题更重要，因为解决一个问题也许只是一个数学上的或实验上的技能而已。而提出一个新的问题、新的可能性，从新的角度去看旧的问题，都需要有创造性的想象力，而且标志着科学的真正进步。"任何一个学科领域都有千百个问题要解决，但是要从实际出发，明确地提出一个对理论和实践有重要价值、有深远影响的问题，则是一个复杂而困难的工作。科学的历史证明，凡是有成就的科学家和技术专家，他们之所以能够获得成就，其首要原因就是选题得当。爱因斯坦一生中有许多伟大的成就，然而，自20世纪30年代提出"相对论"后，这位伟大的科学家再无重大的研究成果，究其原因就是他在选题上的失误。当时的爱因斯坦几乎耗尽了他后半生的精力研究"大统一理论"，试图通过"弱作用，磁场，强作用"的统一思维来简单地解释宇宙，进一步将当时已发现的四种相互作用统一到一个理论框架下,从而找到这四种相互作用产生的根源。爱因斯坦选择"统一场论"作为自己的研究课题,这个选题,一方面反映了爱因斯坦大胆的预见性,另一方面,却超越了当时科学发展的历史条件。时至今日,统一理论尚未得到验证,一些科学家认为曾经的统一场理论研究,完全有可能在问题研究的对象、方法、立场和角度的出发点等方面,一开始就错了。

实践证明,只有选对了课题,才能产生较好的科学研究成果。

第一节 职业教育教科研课题的选题

一、职业教育教科研选题及其意义

科研人员开展科学研究的第一步就是进行教科研选题,而选题的前提是善于发现问题。"问题"是人们认识活动中的"未知"与"已知"之间的连接点。职业教育教科研选题就是教师在实践过程中面对职业教育中的诸多问题,进行分析、思考,最终提出一个作为研究对象的过程。选题是一项发现性、科学性与实践性都很强的复杂劳动。选题包括两个方面的内容,即发现教育问题,提出教育问题;明确主攻方向,选定研究课题。比如如何通过校企合作培养人才的问题,如何开展中职生综合素质评价的问题,产教融合实训基地如何建设的问题,西方现代学徒制如何本土化的问题,如何通过名师工作室促进教师专业发展的问题等等。

教育科学研究的过程是不断提出问题和解决问题的过程。问题分为宏观层面、中观层面、微观层面。宏观层面主要研究社会政治经济文化等方面的要求及由此综合构成的社会整体发展的需求,涉及教育体制和教育结构的改革、教育思想的更新、办学思路的转换、现代管理方法的探索等,例如职业教育课程改革方案、终身教育的走向与发展研究等;中观层面主要研究如何把教育的总目标转化为各级各类学校的具体目标及学校内各项工作的目标,使不同级教育衔接,例如学校集团化办学的探索与实践等;微观层面主要研究如何把社会、文化、伦理道德及社会对个体发展的要求转化为个体身心诸方面的要求,微观的教育科研着眼于教育者与受教育者的相互关系,包括如何提高教育质量,激发个体需要,促进学生全面发展等各方面的研究,例如小组合作学习方法的研究等。职业院校教师研究的问题一般主要放在中观层面、微观层面。

职业教育教科研选题是教育科学研究的起点,是整个教育科研工作中具有战略意义的一步,是对科学研究全局有决定意义的一步,是整个教科研工作成败的关键所在。选题正确与否,决定了教科研方向正确与否,决定了教科研能取得什么样的成果以及成果的科学价值、社会价值和经济价值,同时也决定了教科研工作将采用的主要方法。无数事实表明,大到国家一级科学规划,小到科研单位或研究者个人的科学研究活动,要想取得较大的成功,除了人员素质和必要的物质条件外,选题正确与否是一个非常关键的因素。选题好,方向对,可以捷足先登,后来居上,突破一点,带动全盘;选题失当,方向有误,则可能心余力拙,久攻不克;或者事倍功半,得不偿失,甚至虚掷光阴,劳而无获。要想争取在教育科研工作上取得成功,一定要把选题提到相当高度来认真对待,务求选题恰当。

二、职业教育教科研课题的来源

(一) 从教育教学实际问题中选择课题

每一项教育科研都是从发现问题、提出问题开始的,而课题选择的基本原则之一就是从实际出发,从问题出发。因此我们可以从平常的教育教学实践中发现问题,确定研究的课题。

例如,某一职业学校语文老师经过调研后发现学校课外阅读资源非常丰富,但学生阅读兴趣低、阅读意识弱,调研还发现,这种情况在同类学校中较为普遍。怎样帮助职业学校学生认识到课外阅读的重要性,培养学生课外阅读兴趣,提高课外阅读效率,指导学生用最少的精力、最短的时间获得最佳的课外阅读效果,达到利用课外阅读提高语文素养的目的,使其课外阅读得到最优化指导,是目前迫切需要解决的问题。于是确定了"中职生课外阅读最优化指导策略的研究"作为研究课题。

课堂教学是教师工作的主阵地,是培养学生的主渠道,课题研究还可与课堂教学结合,这是一线教师从事教学研究的捷径。以课堂教学为重点,从教学实际亟须解决的问题中选择适合自己的研究课题,能不断提高自己的教学水平和研究能力。

例如,江苏省职业教育课程改革要求转变学生的学习方式,许多教师在课堂教学中尝试采用灵活多样的学习方式,合作学习成为实践的热点。但在实际操作中无效合作的情况非常严重,如何提高合作学习的有效性正是亟须解决的问题。于是,有教师确立了"合作学习在××专业(课程)教学中的有效性研究"的课题。

对于在教育科研上处于起步阶段的教师而言,建议从微观层次的微型课题研究着手。"微型课题研究"也称作微型科研,是为了解决日常教育教学过程中遇到的实际问题,即时梳理、筛选和提炼,使之成为一个课题,并展开扎实的研究。研究的着眼点主要关注于教育教学细节,研究内容是教育教学实践中碰到的真问题、实问题、小问题,研究的周期短,见效较快。微型课题研究以"小切口、短周期、重过程、有实效"为基本特征,以"问题即课题、对策即研究、收获即成果"为基本理念。开展微型课题研究,先要理解"微"和"型"的内涵。

"微型课题"之"微"主要体现在以下四个方面。内容"微":研究的内容主要是教育教学过程各个环节的有价值的细小问题;理论"微":不需要有多高深的理论做支撑,也不需要多前卫的理论做铺垫,只要能把自己研究的话题说透就行,让人觉得有道理即可;成本"微":研究涉及的范围小、人员少、过程简、周期短;观察"微":教师要带着课题意识去细微观察生活,捕捉小而有价值的问题。研究中观察要敏锐,思考要细致,记录要详细,研究要深入,努力探究解决问题的良策。

"微型课题"的"型"指要"成型"。首先,问题要"成型"。微型课题研究的是具体的小问题,但又不是一己的、个别的、即时解决的问题,而能由点及面,推而广之,成为某一"类型"的问题。例如"××知识点一题多解的研究",由于对象过于细小,属于个别问题,并且一堂课内可以解决,因此不能成为"微型课题"。其次,结果要"成型"。微型课题研究的成果除了用报告、论文的形式表达外,还可以用教育叙事、随笔、案例等形式表达。尽管后者比较自由,但也需要有一定的规范,要成型,要有聚焦的问题,要有对核心词的界定,要有研究经过、操作经验的叙述,要有体验或感悟的总结等。

基于问题的微型课题研究的选题可以从以下情境确定研究课题。

1. 特殊个案

个案研究曾经在教育领域非常流行,是具有针对性与有效性的一种实践研究方法。在我们的教育教学实践过程中,往往会遇到一些非常"特殊"的学生。家庭教育、学校教育的缺陷,造成了这些学生一些特殊的行为习惯,甚至是特殊的"癖好"。正因为这部分学生与同年龄段学生存在很大的差别,所以我们必须特别关注。

例如,有位教师遇到一个非常厌学、极端自我中心主义的男生。该生平时上课总是无所事事,不是东瞧瞧西望望,就是自顾自做些与上课无关的事。多次受到教师的严厉批评,该生要么无动于衷,要么对教师发脾气,一副目中无人的样子。根据这些情况,该教师详细了解了该生的家庭教育情况(与其家长多次交谈了解到,该生是独子,在家非常受宠爱,现在家长对他也无可奈何)、基础教育阶段情况,了解了他的性格特征、兴趣爱好、能力与个性倾向等,在此基础上,该教师选择了"极端自我中心主义学生的教育对策个案研究"作为微型课题开展研究。

2. 教学情境

处于教科研起步阶段的职业院校青年教师做研究,重点要解决的是教学过程中的实际问题。而这些有待解决的实际问题往往诞生于具体的教学场景之中。

例如某位计算机教师,在中职 C 语言程序设计教学中发现学生对抽象算法的理解难度较大,于是确立了课题"可视化教学策略在 C 语言排序算法教学中的应用探索",尝试采用可视化的教学策略开展教学实践,收到了很好的效果。

教学场景是问题的发源地,教师需要关注教学现场、教学现象,对其做深刻分析,挖掘其中有价值的问题。这就要求教师要树立较强的问题意识,对问题要有高度的敏感性。

3. 教师间交流

教师之间,特别是同一课程平行班的授课教师之间,以及同班不同课程的授课教师之间有关教育教学问题、经验的交流,也是微型课题的来源。通过与其他教师的交流,一些教师自身没有意识到的问题可能会在交流中被激发出来,成为微型课题的研究对象。另外,通过交流还可以了解其他教师的教育教学情况,将其和自身的教育教学情况做比较,同样会涌现一些问题。如通过和某教师的交流发现,相同内容的复习课,以教师为主体和以学生为主体的不同教学方式,在学生学习积极性和学习效果方面存在较大差异。

4. 学生课后生活

微型课题研究以教育教学实际问题为中心,也不排斥对学生课后生活中某些问题的研究。教师对学生课后生活的了解甚少,通过观察学生课后的言行,通过与学生交流,了解学生的课后生活,有时能帮助教师更好地解决教育教学中的某些问题。同时还可以挖掘一些教师意想不到的但有研究价值的问题。

(二)从热点、焦点话题中选择研究课题

教育科研的热点、焦点反映着教育教学改革的深化程度,一定时间内左右着教育科研的大方向、大趋势。热点、焦点问题的研究程度和研究成果,直接、间接地影响到教育教学改革和每个教育工作者。因此,职业院校教师都要关注这些热点和焦点问题。

1. 政策文件

及时学习各级政策性文件,有利于提高对当前研究重点和热点的敏感度。比如,《国家中长期教育改革和发展规划纲要(2010—2020年)》指出:"建立健全政策主导、行业指导、企业参与的办学机制,制定促进校企合作办学法规,推进校企合作制度化。"《现代职业教育体系建设规划(2012—2020年)》提出要"推进现代学徒制试点",并对现代学徒制的推进给出了具体的思路。《教育部2012年工作要点》指出,要开展现代学徒制试点。《教育部2014年工作要点》明确指出,要全面推进现代学徒制试点。2014年2月26日,国务院召开常务会议,部署加快发展现代职业教育,提出加强现代学徒制试点工作。从以上系列文件可以看出我国对于现代学徒制试点工作的重视程度。作为职业院校的教师,特别是教学行政和专业骨干教师,要及时关注政策文件,思想上提高认识,理论上加强学习,实践上先行一步,为深入研究打下扎实的基础。

2. 学术刊物

职业院校教师在阅读教育教学刊物的过程中,结合当前研究的焦点热点话题去思考,可以生发许多灵感,得到不少启迪。在借鉴他人成功做法的同时思考如何改进自己的教学工作,研究课题便有可能应运而生。在提倡创造性研究的同时,一线教师也可以进行一些重复性、验证性的课题研究,这同样是一种学习,一种提高。

根据2017年《人大复印报刊资料》转载和索引的文章归纳整理,当前职业教育研究的热点问题主要包括九个方面:一是职业教育基本理论——职业教育学的学科发展与教育公平、教育质量的研究,如职业教育学的学科立场与多元研究取向,职业教育公平观、质量观的建构;二是职业教育改革与发展——职业教育改革的方法论与职业教育创新研究,如职业教育改革的方法论、创新人才培养与职业教育创新体系建设;三是德育研究——职业院校德育实践困境与路径选择;四是职业教育科研——实证研究范式的推进;五是教育技术——互联网促进教育的深度变革,包括知识观的变革、学习方式的变革、教学模式的变革、"互联网＋"教育引发教育供给的变革;六是课程与教学——课程建构的变革与教学论研究的多元视域,如职业教育课程建构的变革、职业教育教学论研究的多元视域;七是教师教育——专业化发展与改革同步推进,如双师型教师专业化发展研究、国外教师教育的改革实践等;八是职业教育史研究——中外职业教育思想的现代诠释;九是比较职业教育——研究趋于理性,如现代学徒制、双元制、新加坡教学工厂等,都有本土化的需要,要追求中国式表达、江苏式表达。

3. 重要会议或研讨活动

由国家、省市级教育行政部门、教研机构或学术单位举办的会议往往会传递研究的重点或热点。

如2017年中国职业技术教育学会期刊编辑专业委员会年会经研讨,决定今后两年关注的研究选题关键词为:中高职衔接、校企合作、现代学徒制。

(三)从各级研究课题指南中选择课题

教育行政主管部门和教科研部门能及时准确地反映教育政策及教研动态,其提供的课题指南集中了众多专家、学者的意见,经过反复讨论、修改而拟定,概括了教育领域关注并迫切需要解决的理论问题和实践问题,具有填补以往研究空白或强化某一项问题研究的意义。因此还可以从国家、省、市、县各级教育行政或教科研机构确定的教育教学课题指南中确定自己要研究的课题方向。课题指南具有明确的导向性和可行性。职业院校教师根据课题指南,可从实际出发结合自己的研究基础和研究兴趣寻找优势和特长,从中确定选题,可以起到事半功倍的作用。

以《第三期江苏省职业教育教学改革研究课题指南》为例,该指南分为德育类、专业建设类、课程与教学类、职业培训类、教师专业发展类、综合类等类别。以"专业建设类"为例,包括以下七个研究方向:

——适应职业教育立交桥要求的某专业课程体系构建的研究;

——基于某一大类专业的现代学徒制试点实证研究;

——基于产业结构调整的专业动态建设机制研究;

——专业课程标准与职业标准对接的开发机制研究；

——传承与创新民间工艺、传统文化的专业建设研究；

——职业教育特色（新兴、骨干）专业建设的研究与实践；

——区域性（行业性）专业资源库建设研究。

其中以"基于某一大类专业的现代学徒制试点实证研究"为研究方向申报并获立项的部分研究课题见表2-1。

表2-1 以"基于某一大类专业的现代学徒制试点实证研究"为方向申报并获立项的部分课题

指南类别	指南提供的研究方向	课题名称
专业建设类	基于某一大类专业的现代学徒制试点实证研究	基于现代学徒制的汽车运用与维修专业人才培养的实践与研究——以"宝马BEST"项目为例
		现代学徒制本土化的实践研究——以江苏省通州中专机电与建筑专业为例
		基于互联网＋背景下的高职环艺专业"现代学徒制"教学模式研究
		基于现代学徒制的校企课程对接实践研究——以中职旅游服务与管理专业为例
		高职应用电子技术专业现代学徒制试点实证研究

现代学徒制作为我国职业教育界多年来的热点话题，成为众多研究者关注的焦点问题。其试点工作对于发展我国职业教育有着非同寻常的深远意义。上述课题根据指南提供的方向开展现代学徒制试点的研究，试点专业涵盖汽车运用与维修、机电、建筑、环境艺术、旅游服务与管理以及应用电子等；试点层次既有中职也有高职，高职层次既有五年制高职也有高中后高职；研究载体既有在已有现代学徒制项目的基础上进行深化和提升性研究，也有在研究过程中确立现代学徒制项目并开展实践；研究范畴既有涵盖较为全面的现代人才培养模式，也有相对聚焦的教学模式、课程对接，还可以是校企合作的制度研究。如果职业院校教师具有丰富的资源和扎实的比较研究功底，还可以开展中国学徒制和西方学徒制、传统学徒制与现代学徒制的比较研究。

（四）选题的常见问题[①]

对于置身教育现场一线的职业院校教师来说，虽然时刻被各种纷繁复杂的问题所缠绕，但"问题意识"的形成仍较为艰难。常常容易出现以下三个方面的问题。

1. 面拓得过大，把领域当问题

在研究时，我们首先要确定一个领域、方向，但不能就此止步，有些课题仅仅停留在这里，把领域当问题。如一位中职新疆班班主任提交了一个课题"职业学校新疆班学生教育和管理研究"，这个课题的研究对象是比较明确的，即职业学校新疆班学生，而研究

[①] 陈向阳.课题研究引领职业学校教师专业成长[J].职教通讯，2015(19).

内容——教育和管理问题，似乎就比较模糊了，到底是教育问题、还是管理问题？抑或教育管理问题？即便聚焦在教育管理上，还是太泛，它充其量只是一个领域，而不是一个问题。经过不断地对其进行质疑和问题聚焦，该班主任将学生身上出现的细碎的问题，加以抽象和提炼，最终将题目确定为"职业学校新疆班学生学习行为习惯养成研究"。由此，对于这类问题的解决办法，就是问题的"窄化"，不断缩小问题的内容范围。

2. 点立得太小，把现象当问题

分析教育现象，是提出问题的一条重要途径，研究的问题离不开对鲜活教育现场的敏锐感知，我们常常说课题研究要接地气，指的就是这里，但现象不等于问题，比如说，中职生身上常会表现出一些违反学校规范的行为，包括穿奇装异服、吸烟、旷课、上课睡觉、随意走动等，如果仅仅就其中的某一个现象，就没法展开研究，这时需要对这些现象进行梳理、分析、概括和归纳，如威利斯曾在《学做工》中，提出过"反学校文化"的概念，并在此基础上，提出了阶级再生产的理论。我们可以借鉴这一概念，进而寻求相关的理论资源，找到富有启示的解决对策。当然，我们还可以利用失范理论来阐释这些现象。这就意味着我们要善于把实践问题转化为具有理论思维的课题，在教育教学实践中发现的问题都是经验性问题，但作为课题研究，不可能仅仅就这些经验性问题发表评论，还需要将经验性问题转化为可以研究的课题。

3. 界分得不清，把主题当问题

有时虽提出了问题，但这些问题的内涵、边界不清晰，处于模糊状态，无法展开研究，如有一位教师并没有选择当前职业教育领域的一些热点话题，诸如体系构建、中高职衔接、课程改革等，而是选择了一个老生常谈，却又举足轻重的问题——"学生厌学"，于是将课题确定为"中职生厌学问题研究"，这当然是一个好的研究主题，但如果我们不对厌学的内涵进行清晰的界定，最终可能只得到一些笼统的结论，诸如家庭因素、社会因素、课程因素等导致了学生的厌学。而有一位教师另辟蹊径，从自己个人求学的经历出发，聚焦到学生的厌学体验上，并把厌学界定为学生讨厌学习、讨厌学校的一种情绪体验。由此，从学生的厌学体验是什么样的以及什么样的事件导致了学生的厌学体验这样两个问题展开研究，最后得出了富有新意和极具启示的结论。

要想有效避免上述三种情况，在选题时，我们不妨尝试问自己这样一些问题：我感兴趣的是什么问题？别人已经做了哪些研究？他们是怎么做的？他们得出了哪些有价值的观点？这是否解决了我心中的困惑？要怎样才能解决我心中的困惑？我是否可以借鉴别人的做法，还是准备另辟蹊径？对这些问题思考得越深入，无疑，我们的研究问题就会越清晰。

三、从问题到课题的过程

教育研究过程大致分为研究准备、研究实施、形成成果和推广应用四个阶段，选题是研究准备阶段的重点工作,也是整个研究工作的开端。选题是一个相对困难的过程,要经历从产生研究动机到选定研究方向,从对研究问题朦胧模糊到逐渐清晰,从初步产生研究构想到明确研究思路,进而确立研究方法的过程。

(一)调研选定研究方向

职业院校科研型教师一个阶段一般会聚焦于某一研究领域,有的甚至一辈子深入一个研究领域开展研究。刚开始的时候,往往是在教育教学实践中,受到某一现象触发产生了研究的冲动,或是在阅读教育理论书籍、杂志、报纸等资料以及聆听专家报告或与同事交流时受到启发萌生了研究的意向。起初可能会对多个研究方向同时感兴趣,拿不定主意,这时就要广泛阅读有关资料,开展调研与考察。通过调查研究掌握该方向研究的理论和实践价值有无继续深入挖掘的必要性和可能性;有无较多资料积累和研究基础,包括已有课题的研究在此方向上做了哪些工作,还存在什么问题,问题的关键在哪里,已经得出了什么结论,有什么经验和教训;相对于其他方向,有无更多的环境条件优势。在此基础上,比较几个研究方向,选择一个最适合自己的研究方向确立下来,把精力集中在这个方向上。一旦方向确立,就全力以赴、集中精力,投入于研究的前期准备。

(二)分析论证研究课题

确定了研究方向,其中真实而有意义的教育问题才能成为课题,课题就是真正值得研究的教育问题。从产生问题到形成课题需要一个过程,这个过程包括调研分析、明确研究目标和课题论证等环节。

1. 课题调研分析

根据调研和考察的结果初步选定研究课题后,要通过分析研究背景来进一步论证课题研究的必要性。需要回答以下几个问题:

(1)该研究能解决哪些亟待解决的教育理论和实践问题?或者说,它的理论和实践价值是什么?

(2)以前是否有人开展过同类课题或相关课题的研究?取得了哪些成果(已有的理论、观点及方法等)?哪些成果可以继承和借鉴?

(3)现在是否有人在进行同类课题或相关课题的研究?本课题与其他已经或正在研究的同类课题在目标、对象、方法等方面有什么不同?

2. 明确课题目标

确立研究方向以后,要对这个方向上要研究的问题进行分解,明确研究目标,希望通过课题研究解决哪些问题,取得哪些成果。问题分解是把一个大的问题分解成具有内在逻辑联系的许多小问题,使这些问题形成具有一定层次结构的问题网络,从而使研究的问题具体化。比如中职语文课教学改革的实验研究,可将此问题分解为:中职语文教学内容的改革,教学策略、方法、手段的改革,学生学习方法的改革,课堂教学中主体参与的基本形式，信息化在中职语文教学中的应用研究等一系列问题。在对这些问题进行分解梳理的基础上，选取其中一个问题进行研究。通过分解研究问题，不但使研究的目标更加明确，还可以帮助职业院校教师沿着所要研究课题的脉络，由浅入深向前推进，形成稳定的研究方向。

3. 论证课题

论证是指对课题进行全面的评议，看其是否符合选题的基本原则，并分别对课题研究的目的性、根据性、创造性和可行性进行论证，以确定选题的正确性。评议内容包括：课题研究目的和预期的成果是否符合社会实践和教育发展的需要；开题报告对国内外现状和发展趋势分析是否正确；开题执行的论据是否充分、可靠；课题的社会意义和经济价值如何；课题所采用的初步研究计划和技术路线是否先进、合理、可行；课题的最后成果是否具有可推广性；课题负责人和课题组人员能否胜任课题的研究任务；提供该课题所需条件的必要性和实现的可能性等。

（三）确定课题

经过论证之后，若可行则可确定课题。若不可行，则需另行选择其他课题。

以江苏省第一期职业教育教学改革研究课题"中职生情商教育的构建研究"为例，在选题阶段经历了这样的过程：课题主持人当时担任学校系部主任，在工作中经常遇到各种学生情况，她也经常找师生谈心，发现不少中职生存在着情绪易偏激、意志不坚定、缺乏稳定的职业兴趣、社会共鸣能力差等问题。职业教育以为社会培养高素质的技能型人才为根本任务，对技能型人才培养的素质要求其内涵是多方面、多层次的，注重学生的知识和技能固然很重要，但随着现代社会竞争的日益加剧，中职学生所反映出来的这些突出的情商问题，将关系到他们对自己升学或就业的正确认识和职业生涯的规划发展，关系到对职业教育课程改革和新型教学模式的认同度和接受态度，关系到今后和企业的融入度及团队协作等。可以说，情商在很大程度上影响着职业学校学生综合能力的培养和提高。

查阅资料后发现当时国内外对情商培养理论探讨比较多，但是专门针对中职生情商培养的理论和实践探究鲜有。因此，该课题想以中职生培养为立足点，在充分学习研究情商基本内涵的基础上，根据时代特征深入分析中职生情商的时代特征和情商培养的重要意义，并对当前中职生情商状况进行客观的调查分析，根据中职生情商调研现状和企业调查需求，提取出情商教育的重要部分，通过情商课程构建并开展立体化实施，结合实践提出中等职业学校加强学生情商培养以满足社会需求的对策。

后经专家论证，认为加强中职生情商培养应该成为学校培养高素质人才的重要内容，需要深入调查客观了解中职生的情商状况，切实把握加强情商培养的着力点，采取行之有效的措施增强情商培养实效具有重要的现实意义，最终确定了"中职生情商教育的构建研究"这一课题。

第二节 搜集、整理和分析研究资料

课题研究必须详尽地占有资料,资料是课题研究的基础,没有资料,"巧妇难为无米之炊",研究无从着手,观点无法成立,课题很难形成。

一、搜集资料

搜集资料不仅是前期调查研究的关键一步,而且将贯穿于整个研究过程。从一定意义上讲,从事人文社科类的研究,其资料占有的多寡与新旧直接关乎研究的成功与否。搜集资料要力求全面、系统,要注意资料的典型性、客观性和真实性。资料搜集还要注意和主题相关,也就是要有目的性。

(一)搜集的内容

1. 第一手资料

包括与课题直接有关的文字材料、数字材料(包括图表),如统计材料、典型案例、经验总结等等,还包括自己在实践中取得的感性材料。这是提出观点、主张的基本依据。没有这些资料,研究只能成为毫无实际价值的空谈。对第一手资料要注意及早收集,同时要注意其真实性、典型性、新颖性和准确性。

2. 他人的研究成果

这是指国内外对有关该课题学术研究的最新动态。撰写论文不是凭空进行的,而是在他人研究成果的基础上进行的,因此,对于他人已经解决了的问题就可以不必再花力气重复进行研究,我们可以以此作为出发点,并可以从中得到有益的启发、借鉴和指导。

3. 边缘学科的材料

努力掌握边缘学科的材料,对于所要进行的学科研究、课题研究大有好处。它可以使我们研究的视野更开阔,分析的方法更多样。譬如研究经济学的有关课题,就必须用上管理学、社会学、心理学、人口学等学科的知识。大量研究工作的实践表明,不懂一些边缘学科知识,不掌握一些边缘学科的材料,知识面和思路狭窄很难撰写出高质量的论文。

4. 名人的有关论述,有关政策文献等

名人的论述极具权威性,对准确有力地阐述论点大有益处。至于党的有关方针、政策,既体现了社会主义现代化的实践经验,又能反映出现实工作中面临的多种问题,因此,研究一切现实问题都必须占有并清楚这方面的材料,否则会出现与党的方针、政策不一致的言论，使论文出现很大的缺陷。

5．背景材料

搜集研究背景材料，有助于开阔思路，全面研究，提高论文的质量。

（二）资料的来源

资料的来源很多，正式出版的文字资料有图书和报刊，是文献资料的主要来源，互联网是另一个重要的、大型的文献信息源。

1．专著

专著一般是对某一学科或某一专门问题进行系统深入的论述，通常反映学术研究的较高成果，大多是作者多年研究成果的结晶。专著一般就某个问题的发展历史和现状、研究方法和成果以及存在的问题和发展趋势加以论述，并附有大量的参考文献和书目，这些也为寻找新文献提供了线索。专著的特点是论述系统、材料新颖、见解独到。一般而言，许多具有重大理论意义和实践价值的研究成果，都以专著形式出版。

2．学术期刊

学术期刊是依法设立的期刊出版单位定期或不定期出版研究论文、研究报告等学术性文章的杂志，有周刊、月刊、双月刊、季刊等，具有较高的学术性，集中反映了当前最新的研究成果。期刊作为重要的资料来源，具有出版周期短、信息量大、交流面广、传播迅速等特点。教育类期刊大致分为三类：理论研究性的教育期刊、教育教学性的专业性期刊、综合性的教育期刊。

上述三种类型的教育期刊外，还有一种情报性期刊值得一提。如《人大复印报刊资料》（月刊），是由中国人民大学书报资料中心从全国出版的三千多种报刊中分专题查找资料，精编成册，并附有一定时期内主要论文的篇目索引，可帮助读者及时掌握某一特定主题的文献概况。

除了订阅纸质期刊外，也可以从网上查阅。

3．报纸

报纸是以刊载新闻和时事评论为主的定期向公众发行的印刷出版物。是大众传播的重要载体，具有反映和引导社会舆论的功能。如《中国教育报》、《中国教师报》、《中国青年报》、《光明日报》（教育周刊）、《人民日报》、《现代教育报》、《江苏教育报》、《江苏科技报》（教育周刊）等国家级、省级报刊都是职业院校教师经常翻阅的。大多数报纸能在网络上查看电子版。

4．学术会议文集

学术会议对于科研人员的学术水平的提高和合作研究起到很重要的作用。当前，各类学术会议日渐增多，为职业院校的科研工作者提供了很好的平台。结合学术会议主题，主办方一般会提前征集学术论文并选编成集，从中可以了解到该研究主题的最新研究进展和取得的研究成果,有的还会附上国家省市教育行政部门与该主题相关的各类政策文件。

二、网上获取文献

一般教师查找资料习惯于首选百度,百度是全球最大的中文搜索引擎,提供了网页、图片、新闻、知道、百科、地图、音乐、视频等垂直搜索频道,简单易用。对于从事教科研工作的教师,如果希望检索与研究课题相关的专业文献,并且对检索的查全率和查准率都有较高要求时,仅使用百度的普通搜索是不够的,应学习使用专门的文献数据库,掌握科学的文献检索方法。

(一) 常用的文献检索平台

1. 政府或学术机构提供的资源

比如"国家哲学社会科学文献中心"(http://www.ncpssd.org/),2016年9月,中宣部部署,由中国社会科学院牵头,教育部和国家新闻出版广电总局配合建设。这是一项由国家投入的公益工程,由国家免费向公众提供学术资源。2016年12月30日,国家哲学社会科学文献中心正式上线。

2. 全文数据库

中国知网、维普网、万方数据等数据库,收录了原始文献的全文,以期刊论文、硕博士论文、会议论文、政府出版物、研究报告、法律条文和案例、商业信息等为主。全文数据库免去了文献标引著录等加工环节,减少了数据组织中的人为因素,数据更新速度快,检索结果查准率高。

3. 搜索引擎中的"学术资源搜索平台"

常用的有谷歌学术(http://scholar.google.com)和百度学术(http://xueshu.baidu.com)。谷歌学术索引包括了世界上绝大部分出版的学术期刊,可广泛搜索学术文献。可从一个位置搜索众多学科和资料来源:来自学术著作出版商、专业性社团、预印本、各大学及其他学术组织的经同行评论的文章、论文、图书、摘要和文章。百度学术搜索是百度旗下的提供海量中英文文献检索的学术资源搜索平台,涵盖了各类学术期刊、会议论文,可检索到免费和收费的学术论文,可通过时间筛选、标题、关键字、摘要、作者、出版物、文献类型、被引用次数等细化指标提高检索的精准性。

4. 互联网上形成的资源

以下主要介绍三种:

(1) 讨论组。讨论组是基于电子邮件的一种 Internet 基本服务,其主要功能是为拥有共同兴趣的一组网络用户提供一个自由交流的场所。讨论组中的很多主题经常是某一学科的热点和难点问题，吸引大量本行业的专家和有识之士参与，他们发表的观点和解决问题的方法非常具有代表性和典型性。因此是宝贵的学术资源。讨论组需要订阅。

（2）新闻组。新闻组与讨论组的功能相似，也是人们在 Internet 上自由讨论问题的一种途径，新闻组也是按照一定的主题建立。网络用户可以在新闻组自由地张贴与主题有关的文章。不同之处是用户不需要加入新闻组，只要使用客户端软件就可以阅读新闻组中的文章，或粘贴自己的文章。

（3）预印本服务器。预印本服务器是一种学术交流的网站。科技人员在 Web 网站上可以直接发表学术论文，表明自己的学术观点；同时也可浏览他人论文，进行评论；还可以将其中的论文作为参考文献加以引用。

（二）文献检索的方法

有专家忠告教师开展课题研究查找资料时不要去"度娘"上找温柔，而要到"知公"上找理性。中国知网是国家知识基础设施（National Knowledge In-frastructure）的概念，CNKI 工程是以实现全社会知识资源传播共享与增值利用为目标的信息化建设项目。由清华大学、清华同方发起，始建于 1999 年 6 月，目前已成为世界上全文信息量规模最大的"CNKI 数字图书馆"。中国知网的主体部分"中国知识资源总库"由"中国期刊全文数据库""中国优秀博硕士论文全文数据库""中国重要会议论文全文数据库""中国引文数据库"及"中国文献作者档案数据库"等数据库组成。2017 年 10 月 16 日起，中国知网改版，改版内容主要为知网首页面以及文献检索功能。

下面以中国知网为例介绍常用的文献检索工具与方法，其他平台数据库检索方法相似，读者可举一反三加以应用。

1. 中国知网中常用的检索工具

应用中国知网中不同的检索工具，可以实现对检索目标精准、快速地挖掘。下面从三个应用层面介绍中国知网的检索工具及其使用技巧。

（1）文献检索。即以一篇文献为单元进行检索，检索结果为全文文献。

（2）知识元检索。什么是知识元？西安电子科技大学经管学院秦春秀等老师在《基于知识元的科技文本内容描述框架研究》一文中指出，知识元指的是组成知识的基本单位和结构要素，是知识结构可被划分出来的最基本的单元或问题解决方法，比如某一实验法、实证研究、调查问卷、案例分析、专家访谈等。利用知识元检索可以针对某一知识点进行查询和学习，检索快速精准且有助于读者高效学习吸收检索结果中的知识。

（3）大数据研究平台。基于 CNKI 海量底层数据，为读者提供的大数据研究和分析的检索平台，如学术趋势搜索等，帮助读者发现海量文献资源中的规律和内在联系，助力科研决策和创新。

2．中国知网文献检索原理及基本方法

（1）文献主题检索（又称快速检索）。

可以主题、篇名、关键词等为检索字段，输入关键词即可获取相关文献，如图2-1所示。

图2-1　中国知网文献检索

"主题"是指论文所表现的中心思想，泛指主要内容（一般通过论文的篇名、关键词和摘要所含的词汇来体现），同时也支持对文献中其他字段的检索，例如通过作者、来源等进行检索。

例如，要检索"混合所有制"有关文献，只需在主题框中输入"混合所有制"，点击"检索"，下方即显示一系列文献。

检索结果中发现，排序靠前的文献篇名中大多含有"混合所有制"一词，但是排在第3位的文献篇名中却没有出现该关键词。点开该文链接，可以看到文章关键词中有"混合所有制"一词，摘要中也有多处提到"混合所有制"，得以证实该篇文献符合检索要求，并未检漏，使得有价值的文献可以准确无误地出现在检索视野中。查阅期刊类的文献优先选择CSSCI核心期刊，如需对某个研究主题做更系统地了解，应优先选择优秀硕博士论文。对于检索到的多篇文献，勾选后可"批量下载"。

列表中的"被引"是指该文献被其他文献引用的篇数。国外科技期刊以影响因子和总被引频次作为衡量期刊水平、质量的主要量化指标，而影响因子的计算又是以统计时间的前两年该刊被引频次除以刊发文献篇数得到，由此可见文章能否被引以及被引程度的重要。文献被引用以及被引程度，从某种角度反映出文献被社会认可以及其影响程度。

不少检索结果包含中文文献和外文文献（如EBSCO、Elsevier、Springer、Wiley等），由于中文文献和外文文献的处理体系不同，当两种文献同时存在时，平台只提供相关度和发表时间两个维度的排序方式，当筛选出只有中文文献时，同时提供相关度、发表时间、被引和下载四种排序方式。

在一次检索后,如需在当前检索结果的文献范围内,进一步缩小范围,可在检索输入框中输入内容后,点击"在结果中检索",执行二次检索。在实际应用中,还可以根据文献的参考文献,顺藤摸瓜获取更多文献资料。对某一领域的权威研究者,可按图索骥查看他的全部文献。

（2）文献高级检索（又称表单式检索）。

中国知网高级检索的界面如图 2-2 所示。

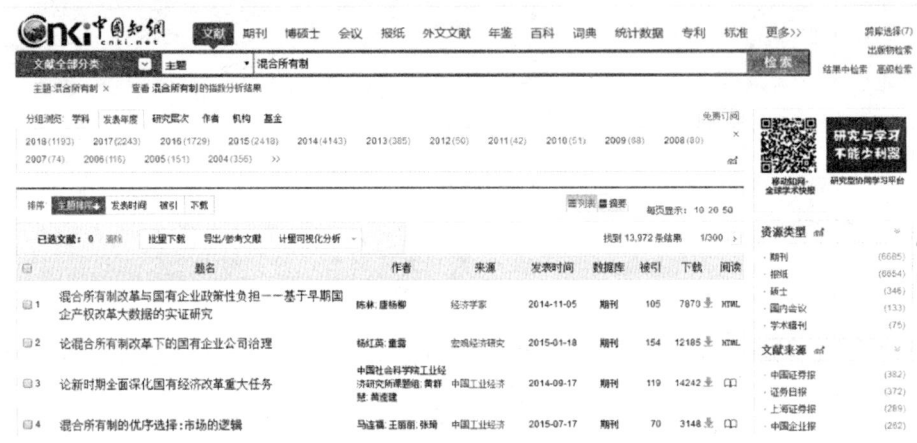

图 2-2　中国知网文献高级检索

高级检索可以同时输入多个检索字段和检索词,并任意设置各检索字段、检索词之间的逻辑关系,从而使检索结果更符合要求。

有一位中职计算机教师,想要检索有关中职信息技术类课程信息化教学的现状方面的文献,但是使用文献主题检索到的结果为 0。按理说,职业院校信息化教学领域理应是学术热度较高的一个领域,不可能没有研究成果发表。那么问题出在什么地方？问题一定是在检索上。

审视这位教师的检索词"中职信息技术类课程信息化教学的现状"发现检索条件多且存在"的"之类的助词,这种情况下可采用"高级检索"分解检索词组。

如将"中职信息技术类课程信息化教学的现状"拆分为"中职""信息技术""课程""信息化""教学现状"检索时,得到 11 条检索结果。需要说明的是,当设置的检索条件越多,越精确,检索结果越少。所以要根据检索的实际情况和需求,在实践中灵活调整。

（3）知识元学术定义检索。

在阅读文献的过程中职业院校教师普遍会遇到一个问题：文献中有许多学术名词令人困惑,不理解该学术名词的意思。知识元学术定义检索主要是对学术名词的概念解释,检索结果为碎片化知识元,来源均为学术文献。

(4) 学术趋势搜索。

检索后,文献列表上方提供了指数分析入口。

如查看"混合所有制办学"的学术趋势,按主题检索后点击入口,得到的显示结果如图 2-3 所示。读者还可切换了解学术关注度、媒体关注度、学术传播度、用户关注度等数据。

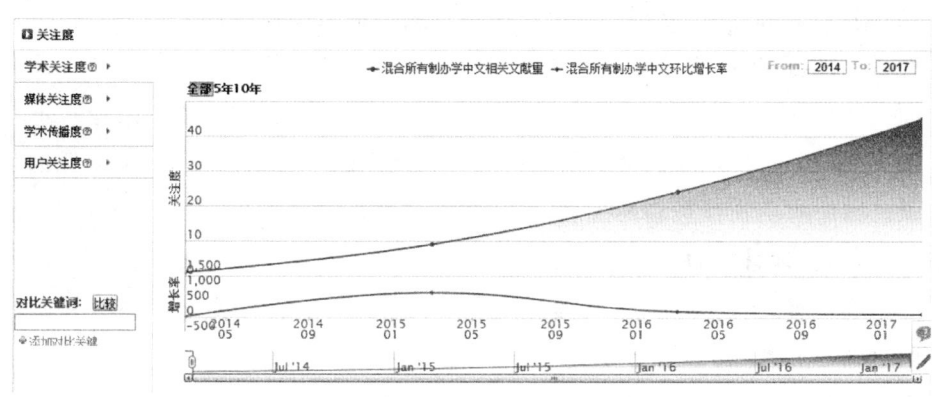

图 2-3 中国知网查看"混合所有制办学"的学术趋势

图中反映了每一年相关主题下中文文献的总发文量,以此分析该领域历年来的学术研究趋势。通过统计发文量,侧面反映整体研究热度、分析研究现状,关注反常点或可发现的领域研究规律,帮助预测未来发展态势。

页面中还提供了关注文献、研究进展、机构分布等与检索主题相关的重要资料。

三、整理材料

用各种方法搜集到的材料,必须加以整理方能得出结果。整理一般分为五个步骤。

1. 分类初选

对每个研究对象的原始资料进行归类、评定和评分工作。将有效的资料整理出来,避免资料的重复堆积。

2. 登记和统计

先把评定结果编制成逐人登记表,在这张表上每人一行,登记研究对象的各项调查结果,再统计各项的平均数、标准差或百分比等统计量并记入登记表的下部(针对有统计数据的)或者将每个人的资料结果进行汇总(针对文字和图片等资料)。

3. 编制统计图表

把几个样本的统计结果合到一张统计表上,将使调查结果集中而且能够一目了然。

4. 统计检验

调查所得的某些结果，有时还需要进行显著性检验，以对调查结果的可靠性做出判断。

5. 分析调查结果

在调查过程中，要注重调查数据的统计、整理与分析。经过收集和整理，得到原始数据以后，还必须对它们进行分析和推论。对杂乱无章的数据或者图片或者音像资料进行初步整理后，可以得到最原始的统计图和统计表或者原始的推论。常见的统计图有条形图、直方图、折线图等。一般而言分析调查结果要有四个部分：得出结论——进行解释——提出建议——发现新课题或新的研究方向及问题。分析原因后，根据原因再提出相关建议。其中对实证性资料的处理，比如问卷调查数据的处理、访谈记录的处理、观察记录的处理，是整理材料的重点也是难点。

比如问卷调查，当调查问卷经过制作、发布、数据录入后，最重要的就是进行结果分析了。对于非专业人士，如何通过问卷分析出准确的结果呢？

首先，要明确调查问卷的初衷，也就是调查的目的是什么，只有紧紧围绕这个目的进行分析才能得到准确的结果，问卷中设立的问题和项目与目的直接相关。

其次，依据调查结果，对每一项问题的回答情况进行统计。这些数据直接反映出被调查人员的行为和心理状况，以及他们对问题的认知程度。

再次，整理分析数据。这也是调查问卷最为重要的环节。举个简单的例子，比如抽样调查十个学生了解午餐情况，四人经常在学校吃，二人经常点外卖，三人有时吃有时不吃，一人经常不吃。从数据中可以看出，60%的人有吃午餐的习惯，30%的人存在不规律的情况。再结合其他问题深入分析可以得出多数学生重视午餐，少数人对午餐的重要性还没有足够重视。

为使结果得到更专业的分析，最好使用专业软件对调查问卷结果进行分析处理，如SPSS(Statistical Product and Service Solutions)，即统计产品与服务解决方案软件。

四、分析研究资料

职业教育科研的资料经过检索与整理后，对这些资料必须做进一步的分析与研究，才能抽取出隐含其内的信息，揭示教育现象的本质特征和规律。研究资料的分析研究可分为定性研究和定量研究两大类方法。

（一）定性分析研究

所谓定性分析研究，就是为了确定研究对象是否具有某种性质或确定引起某一现象变化原因、变化过程所做的研究。我们常说的"逻辑分析""因果分析""矛盾分析"等都属于定性研究的范畴。定性分析可以帮助我们把握问题的实际意义,说明研究中出现的许多微妙变化、细节,出现的各种效应等。

定性研究的基本思路是一个循环往返的过程,通常从一部分资料开始,分析其特点、与其他资料的关系,然后将资料的核心概念或内容提炼出来,设法运用这些核心概念和内容,将所有资料统领起来合理地进行解释和描述,再将这些核心概念和内容放回到资料中去,使它们在具体的现象中表现出来,做进一步的考验。研究资料经过分析会产生结论,而结论又反过来为资料的分析和使用提供线索。

对资料定性分析的步骤一般是:阅读资料——筛选资料——解释与价值判断。

阅读资料,就是研究人员通读已经整理的全部资料,全面了解总体情况以及资料所包含的各部分具体内容之间的相互关系。阅读要以事实为依据,充分让资料说话,实事求是。阅读时除了要把握资料的全貌外,还要寻找资料所表达的主题,在整体认识的基础上进一步寻找各部分资料之间的联系和区别、在总体中的地位和作用。要从整体到局部,再从局部到整体,对资料进行往返式思考。

筛选资料,是从大量资料中抽取出能说明研究问题的核心内容,去粗取精,由表及里,将资料在新的概念和意义指导下实现重新组合,使我们抓住问题的实质和主要特点。筛选绝不是人为地取舍资料。

解释资料,是为资料的核心内容寻找意义解释的过程,揭示资料本身蕴含的意义内容,同时考虑从资料中抽取出来的核心内容与主题的合理性、适切性,最终构建一个解释资料整体内容的理论框架。在分析中还要进行互动,把核心内容和抽取出来的解释框架放回部分资料中去,看是否在具体和个别现象中有存在的价值,实施自上而下的验证过程。经过这样的往返循环,直到资料提升和解释得出满意结论为止。

定性分析的方法很多,如枚举法、比较法、抽象与概括、归纳与演绎、分析与综合等。定性数据分析也面临着不少困难。通过访谈、观察等获得的数据具有以下特点:

一是来源多,看到、听到、感受到的信息都可以作为数据,很容易就造成数据过载,让人望而生畏。

二是形式杂,访谈中常见的记录方式有笔录、录音、录像和照片等,收集到的数据处于一种杂乱的零散的状态。

三是逻辑乱,获取的数据不少是零星的、非结构化的行为、观点和态度,逻辑关系混乱。

好的定性数据分析结果有两部分,一是模式(框架/模型),二是证据链。模式(框架/模型)即针对研究的对象得出一个专门的模式(框架/模型),提出新的理论。证据链即针对该模式(框架/模型),提出相关的证据链,可以是故事,可以是引用,让这个新的理论更加有理有据,有血有肉。

（二）定量分析研究

定量分析就是把研究资料和信息进行量化，用数学的方法加以处理，获得数量性结果，对数量性结果再进行分析，从而得出研究的结论。教育科研的定量分析主要用统计分析法，包括用特征量显示数据资料，对样本进行检验，再从样本资料推断总体情况等内容。前者叫作"描述统计"，后者叫作"推断统计"。

教育统计方法的特点有三：一是概念数字化，就是先要将获得的信息转换成数字，或运用测量给有关概念赋予数字；二是取样随机化，在从总体中抽取样本时要有代表性，即总体中的每一个个体被抽机会相等；三是利用偶然事件，通过对偶然事件的分析，论证某种教育现象的分布状态、表现程度和未来趋势。

描述统计就是将收集来的数据资料加以整理、归纳和分组，简缩成易于处理和理解的形式，并计算数据的各种统计量，借以描述有关事物或现象的分布情况、波动范围和相关程度等，便于揭示其特点和规律。如：表示数据集中情况的特征量——集中量数有：算术平均数、中位数、众数等；表示分散情况的特征量——差异量数主要有全距、离差、标准差、差异系数和标准分数等；表示两种或两种以上变量之间关联密切情况的特征量——各种相关系数等。这些统计量各有自己的含义、计算公式、限定条件和应用的价值与范围，限于篇幅本文从略。

一般地，我们在进行非立项、非实验性的，要求水平不甚高的科研课题时，简单使用以上介绍的有关统计量来解释教育现象就可以了。然而，在要求较为规范，研究目的是为了揭示某种教育现象本质规律的实验性课题时就不这么简单了。在这种情况下需要推断统计。所谓"推断统计"，是在一定的可靠性水平上，根据样本的统计量对总体参数进行推断的统计方法。推断统计在教育科研中的最大用处是使我们从一个较小的群体结论，合理地推广到较大群体上。推断统计的内容大致分为统计检验和参数估计两大类。在教育科研中，统计检验被使用的机会相对多些。

统计检验的内容既丰富又有一定深度，要想掌握统计检验的研究方法，就得专门读一些教育统计学的书籍，限于篇幅本文从略。

需指出，教育科研资料的定量研究法不止上述所列，还有一些其他的方法，如测量法、矩阵法、模糊数学法等。

科研资料的定性研究和定量研究并非孤立进行的，二者往往互相结合使用。我们常常先通过对事物进行定性研究，再进行定量研究，后再深化定性研究，如此反复往返，直至得出课题中蕴含的科学结论。

第三节　职业教育教科研选题的方法与原则

一、职业教育教科研课题发现、选择的方法

职业院校教师常出现两种情况:一种情况是因为工作忙,找不到研究课题,没有明确的问题,这时发现问题非常重要;还有一种情况就是,有许多问题,不知道研究哪一个,这就需要选择。

(一) 怎样发现问题

怀疑,怀疑引起人对事物、现象的重新审视,于无疑处生疑。一般来说,学科的发展水平越低,值得怀疑的结论越多。怀疑以事实、经验和逻辑为依据。怀疑的结果是部分或完全证实研究者的怀疑,向真理逼近,产生研究成果;还有一种就是怀疑错了,但这一过程锻炼了研究者的研究能力。如小组合作学习,通常大家都认同"组间同质,组内异质"的分组方式,我们可以对此怀疑,这种分组方式一定是固定不变的吗?在什么样的情况下也可以采用"组间异质,组内同质"?持有怀疑,才能创新小组合作学习的教学组织,推进研究的广度和深度。

转换,从与原有结论不同的角度进行思考或从不同层次上认识原有对象,以形成关于对象的新认识,摆脱原来的思维定式和已有知识的影响。善于转换发现问题的人,表现出具有灵活性、严密性。

类比和移植,通过与其他学科研究对象类比和移植,借用其他学科的思维方式,发现本学科研究的新问题。如"活动量"是体育学科中常用词语,在研究思维发展时,某研究者在阅读报纸时借用"活动量"一词,研究"思维活动量",产生了比较好的研究成果。通过这种方法发现问题的人,表现出较强的迁移性和概括性。

探究,对教育问题、现象进行反思、研究,揭示本质。如对课堂教学的本质认识问题,人们说法不一,研究结论也较多。泰州洋思中学在深入研究之后认为:"课堂教学是教师引导下的学生自主学习过程。"采用探究方法发现问题,要求研究者具有敏锐、深刻的思维品质。

(二) 怎样选择问题

1. 问题筛选

这是教育工作者常用的方法。在实际教育活动中,我们常常遇到或者产生大量问题,通过对这些问题归类整理,再分析其重要性程度并研究这些问题意义,确定其研究价值,并广泛听取意见,从中选取价值明显,且适合自己研究水平和能力的问题作为课题。

2. 经验提炼

这是教育工作者可资利用的发现和选择课题的方法。长期从事职业教育的同志一般在自己的实践中都摸索了不少经验。如何把经验总结出来，把经验上升到理论的高度，其中必然要回答一系列的问题，这样一个个研究的课题就出现了。比如，农村职业学校学生课外阅读习惯的问题，合作教学中小组规模的问题，教师的提问技巧等问题。

3. 资料寻疑

资料中往往隐含着大量科研课题。古人云："尽信书不如无书"。资料寻疑，即通过对有关资料的分析，比较不同观点，诘问前人的结论，揭露理论与实践的差异等，从中产生研究课题。可以对教育科学某些领域起到填补空白的作用，也可以纠正某些不正确的学说或观点，也可以解决一些热点问题、难点问题、关键问题。

4. 现状分析

即通过教育现状的分析，发现或揭露教育中存在的问题，从而选择适当的课题。如转型期我国教师问题研究，我们可以对教师市场问题、教师专业发展问题、教师心理健康问题等进行研究，每一问题又可以分成许多小问题进行研究。

5. 意向转化

教育工作者有时可能突然对教育的某一问题萌发一种探索的意向，这种意向实际上是一定的教育实践或理论信息在思维中积累的反映。这种意向如不能及时揪住的话则可能稍纵即逝，如果紧紧抓住，则可能产生一个研究的课题。如，某研究者担任教研室主任期间，工作安排时出现一现象：要求教师甲承担某一工作（带领学生去企业实习），她找出理由说不方便（孩子没有人带），而在旁边听到这话的教师乙便主动要求参与该活动。她们是同一年进单位的，事后，研究者从这件事情联想到两人现在的发展情况，找到一课题："论青年教师专业发展意识与教师的专业成长"。

二、教科研课题选择的原则

正确地选择课题，要遵循以下的原则。

（一）需求性原则

需求性就是根据教育事业发展和教育改革深化的需求来确定课题。注重研究教育发展、教育改革与学校教育实践中出现的理论问题、政策问题和实际问题，努力使教育科研为教育决策服务，为深化教育改革服务，真正发挥教育科研的服务功能和先导作用。这种需求性是我们选题的出发点和归宿点。

（二）科学性原则

教科研工作的任务在于揭示客观世界发展的规律，它正确反映人们认识与改造世界的水平,因此,科学性原则是衡量科研工作的首要标准。任何课题的确立都应以已知的科学理论或技术事实为基础。职业教育科研课题的选择必须遵循教育的基本规律,从历史、现状的分析,对已有研究成果进行整理、分析,切忌主观想象。科学性的要求还必须注重课题的科学价值,课题的研究能够促进教育科学的发展,对已有成果进行填补、纠正和完善,对教育实践有指导作用。

1910年德国地球物理气象学家魏格纳,一次生病躺在病床上,看着墙上挂的世界地图,意外地发现大西洋两岸的大陆轮廓竟是难以置信地相互对应互补、重合。于是,他产生了两处的大陆可能原来是一块,后来才分裂、漂移到现在的位置的想法。当时他很兴奋,但却一点证据也想不出来,自己也觉得荒唐可笑,而放下了这种想法。第二年,他在查阅文献时读到一篇论文,其中提到古生物证据表明,非洲和南美的巴西在远古时可能相连接,因为两地的一个时期的古生物化石几乎一样。由此他想到去年生病时的联想可能绝非偶然。于是下决心千方百计寻找证据,潜心研究大陆漂移问题。他在1915年出版了《海陆的起源》一书,从古生物的证据、地壳的结构、地磁学等方面阐明了大陆漂移学说。虽然当初的证据还不充分,甚至有些是错误的,但却震惊了世界,引起了这一领域的研究高潮。现在已发展成为地球地质构造的"大陆漂移说""海底扩张论"和"板块构造说"三部曲。为人类认识自己居住的星球做出了重大贡献。①

(三)创新性原则

这是指选题要有新意。教科研工作从某种意义上讲就是不断创新,不断开拓。教科研工作者应把创新性劳动视为自己的主要职责,没有创新性的科研课题是没有价值的,也称不上科学研究,这是衡量教科研成果大小的重要标准。创新性就是要求能导致新发现,提出新见解,得出新结论。研究者要在了解目前这一课题最新研究成果的基础上,在实践中对这一课题进行探索和创新,形成独特的思想或经验。尽管创新性是一个优秀的研究课题的特点,但这并不表示过去已经研究并获得成果的课题再也不值得研究了。研究者要对这一领域的研究成果的可靠程度、适用范围等有较充分的了解,在此基础上检验已有的研究结果,或者把它扩展到不同情境、不同问题上去。只有这样,重复性研究才是必要的和有创意的。

以第一期江苏省职业教育教学改革课题"职业学校语文综合实践活动的设计与实施研究"为例,在语文学科中开展综合实践活动研究是当时的热点,该课题组以突出的创新性在众多综合实践活动研究课题中脱颖而出。课题组牢牢抓住中等职业教育语文学科的"职业"属性,以对企事业单位员工职场语文能力的应用现状开展调研作为突破口,结合语文能力形成的规律,运用因素分析法揭示职业语文能力的结构要素及内涵要求,运

---

① 杜宝山.论课题研究选题及方案设计技巧[J].教学与管理,2004(16).

用行为分析法构建职业语文综合实践活动方案，采用层次权重分析理论构建职业语文综合实践活动的评价指标体系。

（四）可行性原则

可行性可以从主客观两个方面来看。主观条件主要是指研究者是否具有完成课题所需要的素质和能力，如知识结构、研究能力、技术水平、课题兴趣等是否力所能及。客观条件是指客观上是否具备完成课题所必需的社会条件、经济条件和科学技术条件，如必要的资料、设备、物资、经费、合作者的特长、实验技术、相关学科的发展和市场情况等，通过研究是否能够有效地解决问题。对于初次接触课题和科研的人来说，最好有好的学术带头人的指导，可以少走弯路。如果没有学术带头人，也可通过通讯等方式向别人请教。另外，有无足够的时间和经费也是选题时要考虑的问题。一般来说，初学者可选那些费时少，不花钱或少花钱的项目，而不要做不切实际的空想。总之，要选自己最拿手的方面进行研究突破，千万不要一开始就把研究面铺得太宽，或者别人搞什么就想搞什么，要真正地了解自己，选取对自己最有吸引力的课题。教科研工作是个艰苦的过程，成功之前往往会经过无数次的失败，没有兴趣这个重要的心理因素支撑，就不会有顽强的毅力和经久不息的热情，往往会半途而废。特殊的吸引力反映着特殊的感染力，孕育着特殊的灵感，这正是产生创造性成果的有利条件，可以增强课题研究成功的可能性。此外，课题本身的成熟程度也直接影响着课题完成的可能性。选课题时，你可能在一段时间内，就在酝酿、比较，这是一个举棋不定的痛苦阶段，这时看别人搞什么最容易受感染。这就要冷静地分析，究竟哪个课题在你心目中成熟一些。一旦分析清楚，确定了课题，就要在一段时间里下决心排除其他课题，集中精力攻克选中的课题，直至课题的最后完成。①

（五）前瞻性原则

从哲学的角度去观察事物，在不同的时间、地点、条件下，事物的性质往往会发生变化，甚至是根本性的变化，即一个事物可以完全变为其反面的东西。所以教育科研的选题应该具有较强的时效性。如我国在 20 世纪 60 年代的课堂教学研究、80 年代的启发式教学研究、90 年代的素质教育探讨，以及近年来提出的创新教育，它们无疑对我国的教育改革都起到了积极的推动作用，至今仍有进一步研究的价值。因此，教育科研选题一定要注意主题的前瞻性。

对于职业院校教师中的教科研新手而言，在面临诸多急需解决的实际问题时，究竟该选哪一个问题作为课题进行研究？我们认为，可简单概括为六个字：想做、可做、能做。所谓"想做"，就是指从当前的"问题库"中选择当前自己最想解决同时也是最需要解决的

---

① 黄永松.科研选题的意义及基本原则[J].安徽教育学院报，2003(5).

问题,作为课题进行研究。教师最想解决最需要解决的问题是什么,自己最清楚。因为每个教师所处的环境及其自身的条件都不同,因此各人的需求不一样,这就要求教师根据自己的需求慎重选择。"可做",是针对教师自身的条件而言,指进行课题研究,必须将教师的经验、素养、时间、精力等因素考虑在内。这些因素往往决定着教师能不能进行研究或能不能将研究进行到底。因此,必须从实际出发,在充分了解自己的基础上,做自己力所能及的事。"能做",是针对课题本身而言,有具体明确的切入点,在实践中操作起来相对容易把握。选题太大、笼统模糊往往只是在表面上兜圈子,解决不了实际问题。

第四节　如何进行课题研究的构思与设计

选定课题以后,不要急于操作,首先应该根据实际情况制定出课题研究方案,做好计划,在思想和物质等方面进行充分准备,使课题研究工作具有计划性、科学性和规范性。为此需要进行课题研究的构思与设计。课题研究的构思与设计是指对课题的名称、研究的目的、意义和背景、研究范围和内容、研究方法、大体轮廓、研究计划等内容进行设想与初步界定。是保证课题研究顺利进行的必要措施,是使课题研究具体化的中心环节,是产生课题研究成果的重要保证,同时也利于检查和自我检查。

一、课题研究构思与设计的基本要求

下面以江苏省第一期职业教育教学改革研究课题"中职学生通用信息技术应用能力标准开发研究"为例,简要介绍课题研究的构思与设计的基本要求。

(一) 大胆设想,总体规划,分解任务

根据课题的研究方向、研究原则,结合现有的科研条件,一要大胆提出理论假设,明确研究思路;二要策划总体规模,制定出研究方法、时间进度和成果体现形式;三要把整个课题研究任务分解成若干个小问题,若干个阶段,分期分批、分层次、有计划地完成任务;四要提出课题的具体名称。可分成以下几个小问题。

1. 说明必要性

课题从中职教育发展的必然需求和教育实践的迫切需要两方面说明了《中职学生通用信息技术应用能力标准》(以下简称《标准》)开发的必要性。

一方面,在英国、美国、澳大利亚等发达国家,"能力标准"早已成为指导相关教育活动的权威性文件及评价个体是否具备各项能力的有效依据。在美国,针对不同学段早已开发出各类"信息技术应用能力"相关标准,并已几经修订。而在我国,相关"能力标准"

的建设情况则不尽人意,比较具有权威性的是 2004 年的"中国教育技术标准",仅针对普通中小学生,而且也不是专门针对"信息技术应用能力",其在"信息技术应用能力"特征描述方面显得较为笼统。近几年也有少数研究者开发了针对高校学生的"信息素养能力标准",但此类标准并不能作为评价中职学生的依据。对于中等职业学校学生而言,"信息技术"不仅是他们今后生活与学习必备的工具,同时各企事业单位也把信息技术应用能力作为求职者必备的基本能力之一,因此,为中职学生构建一套"信息技术应用能力标准"用以指导和规范中职阶段的信息技术教育可以说是中职教育发展的必然需求。

另一方面,随着信息技术的发展和社会对人才的能力需求的不断更新,已有的考试无法科学地测评出个体信息技术应用能力早已成为教育实践者的共识。试题的设计依赖于考试大纲,而考试大纲与社会需求相距甚远,因此,迫切需要一套科学的"能力标准"用以指导"信息技术应用能力"测评方案的设计。计算机应用基础课程是中职学校实施信息技术教育的主渠道,2009 年教育部也颁布了课程新大纲,新大纲在总目标上对学生的信息技术应用能力提出了与现代社会相符合的要求。但需要配套具有权威性、时代性的"信息技术能力标准"作为社会各界设计测试方案和中职计算机应用基础课程标准建设的依据,从根本上解决两个标准不衔接的矛盾,科学引导中职阶段该课程的教学。

2. 探讨实施方法

首先,基于当前本领域的研究现状,采用文献研究与实证研究相结合的方式进行。一方面分析各类相关标准在能力观取向、体系结构、描述方式等方面的特点,汲取其中可借鉴之处,并以此作为本研究的立足点。另一方面从实践层面针对"中职学生"这一特定角色采用各类实证方法获取信息,保证《标准》的先进性与针对性。

其次,基于本研究的目标是开发《标准》,该成果是一份用以指导各类教育活动的权威性文件,因此,本研究在每一个阶段均采用专家咨询方式予以修正及确认,以保证《标准》的科学性及权威性。

再次,本研究的主要研究人员分布在江苏省内各地,头脑风暴式讨论法等面对面交流方式实施不易,故本研究主要研究人员间的交流与沟通主要采用"信息技术"支持下的书面电邮、QQ 群、电话深度会谈等方式进行。

3. 列举实施内容

一是从应用的视角,探讨"中职学生"这一特殊人群所应具备的信息技术应用能力结构,进而提出中职学生信息技术应用能力结构模型,为《标准》的开发提供一个基本参照;二是依据能力结构框架,制定出《标准》,为各职业学校的信息技术相关教育和评估提供依据。

4. 验证推广

即选择一定数量的具有广泛代表性的典型项目进行试验,在实践当中推广、使用,验证所提出的理论、实施方法和渗透内容的准确性。并找出不足之处，及时修改，使之更加完善。

5. 推出成果

该课题主要实现两大成果，一是提出中职学生信息技术应用能力结构模型，为《标准》的开发提供一个基本参照；二是依据能力结构框架，制订出《标准》，为各职业学校的信息技术相关教育和评估提供依据。

6. 结题升级

进行结题论证、广泛推广，进入更高层次的课题研究计划。

（二）确定重点、找出难点

该课题前期对现有相关标准容易引起"高分低能"的现象分析原因，对当前国内外各类相关标准的内涵特征进行分析，得出结论，后期基于前期结论开展能力标准的框架设计和指标设计。这些都是研究重点。其中确立能力的框架结构及指标体系并进行科学描述同时又是研究中的难点。

（三）确定工作步骤及时间进度

确定工作步骤及时间进度的目的是把分解的小问题更加具体化、定量化，以保证研究工作按时完成。

（四）确定研究方法

以课题的研究目的、内容以及研究对象的性质和特点为依据，确定切实可行、易于操作的研究方法，必要时可综合采用多种方法。可采用的方法是调查讨论法、观察发现法、试验推广法、比较改进法、统计归纳法等。

（五）经费预算

以节俭、高效的原则预算经费，包括差旅费、会议费、资料费、实验推广费、印刷费等。

二、课题研究构思与设计的基本要素

（一）课题的明确表述

课题的名称必须准确表述所要研究的问题。建议研究者在课题名称中尽可能表明三点：研究对象，研究问题，研究方法。例如："中职一年级数学课堂合作学习教学策略实验研究"，研究的对象是中等职业学校一年级学生，研究的问题是合作学习教学策略，研究的方法是实验。

（二）研究的目的、意义和背景

1. 研究目的、意义

首先要阐述课题研究的背景，即根据什么、受什么启发而搞这项研究的。因为任何课题不是凭空来的，都有一定的背景和思路。其次，要阐述此项研究的目的和意义，即为什么要研究,研究的价值是什么,解决什么问题等。

2. 本课题国内外研究的历史和现状,以及本课题研究的特色或突破点

阐述这部分内容,要认真、仔细地查阅与本课题有关的文献资料,了解前人或他人对本课题或有关问题做过哪些研究及其研究的指导思想、研究范围、方法、成果等。把已有研究成果作为自己研究的起点,并从中发现以往研究的不足。确认自己的创意,从而确定自己研究的特色或突破点。这样,既可以更加突出本课题研究的价值、意义,也可以使自己开阔眼界,受到启发,拓展思路。

(三) 研究依据和假设

研究依据,包括政策依据、法规依据、教育科学理论依据及研究对象自身发展规律依据等。

理论假设,即对事物因果关系所做的一种推测。假设在表述上要求明确、新颖、合理、可测。

(四) 研究范围和内容

1. 研究范围

任何教育科研课题,都应该有一定的研究范围,否则,研究就无法进行。因此,必须对研究范围进行准确的限定。

(1) 对研究对象的界定。对研究对象进行界定,包括两个方面:其一是对研究对象总体范围进行界定;其二是对研究对象的模糊概念进行界定。这既关系到研究对象如何选取,也关系到研究成果的适用范围。

对研究对象总体范围进行界定。如果研究对象的总体不同,那么同一个研究课题所得到的结论就很可能不同。例如研究职业院校青年教师的素质,以经济发达地区职业院校青年教师为研究对象总体,和以欠发达地区职业院校青年教师为研究对象总体,所得到的结论就可能会不一样。因此,对研究对象总体的范围进行界定非常重要。

对一些研究对象的模糊概念进行界定。有不少课题中研究对象的概念模糊,处延不确定,如"厌学生""差生""青年教师""品德不良学生"等等,都没有统一和明确的定义。因此,必须给予界定,以确定研究对象总体的范围,正确选取研究对象的样本。一般来说,对这些模糊概念下定义,应尽可能使用有参考依据、比较权威、被大多数人所认可的说法。

(2) 对一些关键概念的界定。对研究课题中的一些关键概念必须下比较明确的定义。这样做,一方面可以使该课题研究在确定的范围内开展,使课题思路明确清晰,具有可操作性,使研究成为一个有确切涵义的问题,具有科学性;另一方面也便于别人按照研究者规定的范围来理解研究结果和评价该研究的合理性。在教育科学的研究和实践中,许多概念说法不一,观点各异,不下明确定义就无法显示研究目标。

2. 研究的目标与内容

不少教师在进行课题构思的时候分不清研究目标与研究内容，实践中常会混为一谈。同时对于研究目标与内容的表达，常用工作话语，未采用研究话语。研究目标是方案中最重要的内容之一，直白地说就是做这个研究的目的，要达到什么要求，它相对研究内容宏观一点。研究内容是具体要研究什么，一条一条地列出来，有的还需要技术路线，就是要研究的内容怎样一步一步开展下去。

在制定研究目标时应充分考虑其可行性，以及目标对应成果的呈现方式。常存在以下几种问题：① 本体目标缺失。有的写成很多课题都适用的非本体目标，如：使学生在某方面的素质得到提高，促进教师的专业成长，促进学校的发展。如何修改呢？一是看看课题本身，如果是某方面的途径、策略、模式研究，则要突出途径、策略、模式等本体目标的达成。二是看课题研究内容来反扣目标。如研究内容中有构建某种模式，则目标也应有形成某种模式。② 非本体目标的泛化。存在这一问题容易让人产生疑问：这一目标的达成是否是该课题研究的结果，通过其他途径是否也能达成这一目标？在非本体目标的表述时，应体现本课题在目标达成中的作用。③ 目标定得太高，不切合教育教学和研究条件的实际，最后达不成。所以要根据研究的实际条件进行调整。

研究目标要通过研究内容来体现。研究内容是在理论假设和研究目标的基础上，将研究思路具体化。一项科研课题，如果提不出具体的研究内容，就无从研究。研究内容的多少与课题的大小有直接关系。如果研究课题很大，那么研究的内容必定很多；如果研究课题较小，那么研究的内容就比较少。研究内容必须准确体现研究课题，将总研究课题按照一定的逻辑标准分解成若干层面的研究内容，并以规范的子课题形式表现出来。目前，职业院校教育科研在研究内容方面存在的主要问题有：① 问题、目标、内容三者不匹配。表现为三者互相游离，各说各的，缺少统一性。应将三者所围绕的主题、针对的问题加以调整，使前后一致，不仅思路清晰，写起来也更简捷容易。② 研究内容不具体。有的只有标题，有的内容较多，但空洞，操作性不强。研究内容是将课题分解为一个个可以直接着手研究的具体问题。一般分成理论研究内容、实践研究内容、支撑性研究内容。理论研究解决是什么、为什么的问题，一般为本体研究，主要研究核心概念的内涵、本质、特征、结构、功能、形成与发展规律等。实践研究解决做什么、怎么做的问题，即操作途径、策略，运作模式、机制，保障机制（组织、制度、管理、评价）等。支撑性研究内容解决研究得怎样，重点研究方法的问题，一般为基于方法的研究，如现状与发展性研究（调研）、个案研究等。③ 内容划分不在同一维度。表现为课题内容间逻辑关系混乱，不属于并列关系的内容并列呈现，标题与内容不符，或出现大小标题错位等现象。应根据逻辑关系进行调整，互相并列，减少交叉。

（五）研究方法

研究方法主要指具体的研究方法、手段和工具。传统方法主要有文献研究法、调查研究法（问卷调查、访谈）、实验研究法、观察法、统计法、案例研究法等；现代研究法主要有质性研究法、行动研究法等。任何科学研究除了要应用哲学方法和一般科学方法之外，都还要有具体的研究方法和技术手段。职业院校教科研的每一项题目一定要有相对应的教育科研方法。一般可以采用综合的方法，或以一种方法为主，其他方法为辅。这样有利于收集多方面的信息，可以得到可靠的结论。在方案中应该指出这些方法起什么作用以及如何进行操作等。"研究方法"这部分，主要反映一项课题的研究要"做些什么"和"怎样做"。除了要叙述清楚使用什么方法进行研究之外，还要尽可能写得细致一些。如用调查法，可写明调查方式是问卷还是访谈。如果用问卷调查，最好能将设计好的问卷附上；如果是访谈调查，尽可能附上访谈提纲。若采用实验法，最好将实验方案附上。若采用经验总结法，可以把预计总结经验的内容项目、实践方案及用哪种方式积累材料、预计积累哪些资料等项目一一写出。

例如，江苏省第一期职业教育教学改革研究课题"中职学生信息技术应用能力标准开发研究"，主要采用了如下研究方法：

1. 文献分析法。主要在研究的第一阶段和第二阶段使用此法。在第一阶段，主要采取以下三类文献：① 国内外有关描述信息技术应用能力内涵的相关文献；② 国内外相关能力标准的研究成果；③ 国内外各类能力标准开发的研究方法与过程的文献。主要目的一方面为从整体上了解当前各类相关标准的基本框架及其设计思路、维度划分及其划分依据、能力提取思路、终端描述特征等情况，试图对当前该领域的研究现状有一个比较全面的了解，找到本研究在体系设计、指标描述等方面的出发点与立足点，另一方面也试图了解各类能力标准开发的路径与方法，拓宽研究思路。

2. 问卷与访谈法。本研究主要在"各模块能力指标设计阶段"采用此法与企业人力资源部门、职业学校其他学科骨干教师、省计算机应用基础教科研中心组教师等人员沟通与确认中职学生的信息技术应用能力不同级别的指标描述。

3. 专家咨询法。专家咨询法是通过一系列特定的问卷，整合群体专家的意见而获得专家共识的方法。其特点在于通过集中专家的经验和观点，在不断的反馈与修改中，获得较为客观和稳定的隶属函数。是预测模型中最著名与应用最广泛的定性模型。本研究拟在标准开发的各个关键环节采用此法，以标准开发过程的科学性保证标准开发结果的科学性。

4. 统计分析法。本研究主要在第三阶段"标准试用阶段"采用此法对测试结果进行统计分析。主要分析该地区中职学生信息技术应用能力水平的分布情况、不同能力模块的能力水平差异、男女生能力水平差异等。

(六) 研究步骤

设计研究步骤就是确定研究过程和时间规划,即对研究的具体阶段、安排等进行设计,研究步骤要具有可行性和可操作性。研究的每一步骤、阶段的工作任务和要求,工作时间,都要写进研究计划中。

"中职学生通用信息技术应用能力标准开发研究"课题的研究步骤和进度如下。

1. 准备及综合文献分析阶段(5个月)

本阶段主要工作包括:研究资料的搜集与整理、课题组成员的确定及相关学习、课题组相关管理制度的约定等。同时本阶段最重要的工作还有撰写文献综述,制定课题研究方案,进行开题论证等。

2. 基础研究阶段(6个月)

(1) 面向学生的信息技术应用能力相关标准比较研究(4个月)。

(2) 信息技术(教育)的发展现状及趋势研究(2个月)。

(3) 中职生相关职业及生活领域对其信息技术能力的需求研究,与(2)同步。

3. 标准的设计及修订阶段(5个月)

本阶段是研究的重点,分为以下两个子阶段。

(1) 框架体系设计阶段。

依据第一阶段的相关结论,由课题组成员初步确定《标准》的能力取向、体系结构(主要包括能力模块的划分、是否需要划分水平及划分办法)、终端描述原则等,再对初步确定的框架体系采用专家咨询法进行修订与确认。

(2) 指标设计研究阶段。

本阶段将根据在整体设计阶段划分的能力模块分子课题进行分组研究,各子课题组在第一阶段研究基础上,并依据在前一阶段确定的终端描述原则,初步撰写出各能力模块的指标描述,之后进行课题组集体合稿及组内初步审阅与修订。之后,再将预设计好的能力标准发放给教育技术专家、企业人力资源领导、中职校教师三类人群征求其对于各绩效指标的认同度(主要采用问卷法),根据问卷的结果对预设计出的指标体系进行修正。

4. 标准的完善及终审阶段(4个月)

本阶段分为以下两个子阶段。

(1) 标准试用及修订阶段。

本阶段将由课题组成员根据初步制定出的《标准》设计测试题,并选取试验区进行试测,一方面了解试测地区中职学生信息技术应用能力现状,另一方面也是发现初稿中的不足之处,并进行修订。

(2) 标准完善阶段。

本阶段主要完善《标准》的其他部分,如前言、相关术语、实施建议等,并报送相关部门进行终审。

5. 课题总结阶段(3个月)

本阶段主要是对课题研究进行全面梳理总结,形成最终成果。主要工作有收集分析资料,整理研究成果,筹备课题鉴定会,撰写课题研究报告和工作报告,编辑有关论文、经验和总结等。

(七) 保证措施

主要是对研究人员、资料、设备、测试工具、研究材料以及经费等问题提出具体落实措施,以保证课题研究的顺利完成。

(八) 成果形式

主要指最终成果形式,即研究的结果用什么形式来表现。一般为研究报告、调查报告、实验报告、学术论文等。

三、 课题研究计划撰写的基本原则

课题研究计划是整个课题研究活动的起始环节,也是对全部课题研究工作实施调控的重要手段。在教育科研课题的选择、计划、实施,成果的表达、评价及推广应用中,计划是其中的一个重要步骤,也是使课题具体化的中心环节。因此,作为职业院校教师,无论是个人还是集体开展的课题研究,都要十分重视教育科研课题计划的制订工作。

1. 严肃性

制订职业教育科研课题计划可以增强课题实施的自觉性,避免盲目性;可以提高课题研究成果的质量;可以使课题研究具体化,可操作化;可以加强对课题的管理和自我检查;可以为课题顺利实施提供外部保障。因此,要严肃认真高度重视课题计划的制订工作,切不可把制订课题计划当成一件可有可无的工作,或者马马虎虎,敷衍了事。课题计划是整个课题研究工作的灯塔、方向、模型。要认真细致地查阅资料,认真细致地思考论证,认真细致地讨论修改。

2. 科学性

课题研究工作是一项非常复杂的科学研究工作。只有遵循科学研究的一般规律,按照科学研究方法和要求,指导课题研究工作,才能取得科学的研究成果,才会被别人和社会承认,才会有推广价值。切不可在课题研究中想当然,凭感觉办事,凭经验工作。因此,在制订课题计划时,一定要体现科学的精神,运用科学的方法,讲求科学性、逻辑性、严密性;计划的制订又要切实可行,充分考虑自己的研究能力和研究条件。这是课题研究能否取得成功的前提。如在课题的计划制订中,对研究对象界定、关键概念界定、研究方法的运用、研究对象选取、研究程序设计等都要按照科学研究的规律和方法,充分配酿,正确把握。

3. 理论性

课题研究要有一定的理论做指导,通过科学的研究来揭示某种教育教学规律,或者得出某种新的教育理论。任何一项合理科学的课题计划,总要包括两部分:一是理论性部分;二是可操作性部分。理论性部分包括课题界定、理论依据和假设、背景目的和意义等,它可以使研究者站在理论的高度对课题进行科学的把握,同时也对课题的实施操作做出指导。因此,课题计划的制订一定要在掌握一定理论和事实材料的基础上从理论的高度、专业的高度去阐述。这是不同于一般工作计划的地方。

4. 可操作性

课题计划不仅是前进的灯塔,更是实践的模型。因此,课题计划还要具有一般计划的可操作性。即制订课题计划要明确具体,越明确具体越能起到课题计划应起的作用。课题计划中的操作性部分,比如方法、策略、措施要求、步骤、进度、人员分工、经费保障等就是上述要求的体现。

5. 规范性

课题内容表述要符合要求,结构要完整,用语要专业。课题计划各部分组成要全面,每部分之间的安排要有条理性、逻辑性。一般而言,一个规范的职业教育科研课题计划总要按照一定的逻辑顺序,包括命题的提出,理论依据,科学概念的界定和理论假设,实验的目标、内容、原则、对象、方法和步骤、保证措施等,这就体现了职业教育科研课题计划的规范性。

总之,如果说科学性、理论性着重体现职业教育科学研究内在属性的话,操作性、规范性则是教育科研课题计划的计划性要求,严肃性则是制订教育科研课题计划的总要求。

第二章
按计划实施：职业教育教科研课题研究的基本过程

◇你们在想要攀登到科学顶峰之前，务必把科学的初步知识研究透彻。还没有充分领会前面的东西时，就决不要动手搞往后的事情。

——巴甫洛夫

◇搞科学、做学问，要"不空不松，从严以终"，要很严格地搞一辈子工作。

——华罗庚

【导读】

职业教育教科研课题研究实施方案是课题研究的蓝图，是课题实施的工作框架，它从课题的名称、研究的目的与意义、研究的对象与内容、研究的假设、研究的方法和途径、研究的步骤、预期的研究成果以及研究所需要的主客观条件等诸方面对课题实施中可能出现的问题进行预测和规划。职业教育教科研课题研究实施中，研究者既要注意原始资料的收集与积累，做好阶段性的计划和总结，又要及时调整、纠正各个环节可能出现的偏差，保证课题研究的顺利进行。

由最初朦胧的问题到形成比较明晰的课题，只是完成课题研究的第一步，还有大量的后继工作要做。"凡事预则立，不预则废"。所以首先要做好职业教育教科研课题研究实施方案的设计工作，明确课题研究的思路和步骤。做好阶段性计划与总结，积累课题研究的资料和素材，为以后顺利结题和发现有价值的结论提供良好的基础。

第一节　如何设计职业教育教科研课题研究实施方案

在课题研究过程中，不能把课题开题报告等同于课题申报书。课题申报书的重点是研究的意义、价值，目的在于立项；课题开题报告的重点是如何完成此项研究，目的在于怎样完成这个课题的研究。

一、职业教育教科研课题研究实施方案与开题报告的关系

（一）职业教育教科研课题实施方案与开题报告的联系

1. 结构体系基本相同

职业教育教科研课题实施方案与开题报告结构体系基本相同，都包含了课题名称、研究背景、研究意义、文献综述、理论依据、研究目标、研究内容、研究过程、研究方法、成果形式、课题保障等内容。

2. 都强调科学性和可操作性

职业教育教科研课题实施方案与开题报告都重视内容的科学性、逻辑性，要具有可操作性，能够保证课题研究顺利进行。

（二）职业教育教科研课题实施方案与开题报告的区别

1. 阅读对象不同

职业教育教科研课题实施方案是供课题组成员了解课题实施办法和课题研究进展，清楚自己在课题研究过程中的地位和作用，确保课题按时完成的详细方案，初步反映了课题研究的具体内容和研究步骤，体现了课题研究的具体思路和工作设想。同时，职业教育教科研课题实施方案也是科研管理部门评审课题的重要依据。职业教育教科研课题开题报告则是起到供主管部门审阅存档，了解课题概括，规范化管理课题的作用，一般是课题主持人当面陈述的材料，内容相对宏观概要。

2. 内容侧重点不同

职业教育课题实施方案更多关注课题的研究基础、课题的创新性、课题的可操作性、课题研究内容的具体化等。职业教育教科研课题开题报告则主要关注课题的价值和意义、课题的可操作性、课题预期成果等。

3. 功能不同

职业教育教科研课题实施方案是在课题立项之前完成的，好坏直接关系课题能否被科研管理部门批准立项。职业教育课题开题报告是课题被批准立项以后完成的，是对课题实施方案的补充和完善，使课题实施方案更具有科学性。

二、职业教育教科研课题研究课题论证

职业教育教科研课题研究课题论证的目的是避免课题研究的盲目性和无效的研究。课题论证是设计研究方案最困难的一步。因为它要求课题研究人员，尤其是课题主持

人,必须对所选课题的研究问题有较全面的认识。课题论证是指对所选课题及课题研究的初步设想进行评价性研究的过程,它必须依据翔实的资料,并以齐全的参考文献和精细的分析来支持自己关于课题的主张。重大的课题要进行两次论证,除了立项论证外,往往还须开题论证。课题论证的过程也是研究者充分做好研究准备,科学设计研究活动,制定研究纲领的过程。课题的论证报告还是对今后课题研究的进度、质量进行检查和鉴定的标准和依据。职业教育课题的论证可以分为必要性论证和可行性论证。

(一)职业教育教科研课题研究的必要性论证

职业教育教科研课题研究的必要性论证主要是从国内外同一研究领域的现状入手,论证课题的价值,主要贡献会在哪些方面,有没有做的必要。主要内容包括以下几点。

1. 问题的提出及研究的有关背景

为什么要研究这个问题?要能够从日常教育教学工作的重点、难点、热点、疑点等来分析说明这一研究课题是如何提出来的,从宏观的大背景和微观的小背景来分析与本课题有关的教育教学实际、存在的主要问题是否具有共同性。

2. 国内外同类课题研究状况(文献综述)

文献综述在职业教育课题研究中占据重要位置,文献综述的好坏直接影响到课题的研究质量。文献综述不能局限于介绍已有研究成果,传递学术信息,还要对各种成果进行恰当而中肯的评价,并表明自己的观点和主张。文献综述要"先述后评",重点在于"述",要点在于"评"。由于评价的倾向性,通过文献综述,就会引导出对课题今后发展趋势的说明。

他山之石,可以攻玉。查阅国内外与本课题研究有关的成果资料,了解前人或他人曾做过哪些与本课题相关的工作,研究的广度、深度如何?还有什么问题没有研究?需进一步解决什么问题?有哪些主要研究成果?本课题在前人或他人工作的基础上有哪些创新?如何确定自己从什么角度、站在什么高度去研究这一问题,以取得更好的成果,即确定自己的研究平台、研究的切入点、提出自己的主要观点、创新程度以及本课题研究的主要思路(视角、方法、途径)。这种做法类似于写作学位论文时先做的"文献综述",即在确定了论文选题后,在对选题所涉及的研究领域的文献进行广泛阅读和理解的基础上,对该研究领域的研究现状(包括主要学术观点、前人研究成果和研究水平、争论焦点、存在的问题及可能的原因等)、新水平、新动态、新技术和新发现、发展前景等内容进行综合分析、归纳整理和评论,并提出自己的见解和研究思路。它要求作者既要对所查阅资料的主要观点进行综合整理、陈述,还要根据自己的理解和认识,对综合整理后的文献进行比较专门的、全面的、深入的、系统的论述和相应的评价,而不仅仅是相关领域学术研究材料的"堆砌"。

文献综述的内容主要包括:问题的历史、现状、发展,相关核心概念和定义,选题的目的、动机、价值、意义,自己的感想和见解。

3. 对与本课题研究有关的理论、名词、术语、概念进行说明或界定

围绕本课题要研究的内容，从教育学、心理学、现代教育理论、教育科研理论等确定与本课题研究的理论依据，对有关名词术语的内涵和外延做出说明或解释，对本课题提出的新名词、新概念做出界定。概念的界定要符合课题研究的需要，既可以采用别人的相关解释，也可以根据课题研究的需要自己定义。在自己对相关概念定义的时候，一定要注意科学性。以"苏南地区高职院校专业设置与区域产业结构吻合度实证研究"（张宏，第二期江苏省职业教育教学改革研究课题，2013）为例。

（1）对课题名称的界说。

课题名称不能用口号式、结论式、疑问式句型，应以陈述式句型表述；课题名称表述不能含糊笼统，应尽可能突出课题的研究内容、研究对象、核心概念；课题名称不能太长，不能出现并列式、对仗式词组，能不要的字尽量不要，最长不应该超过25个字，一般在20个字以内。总之，好的课题名称要言简意赅，表达清楚，应尽可能明确三点：研究的范围和对象、研究的问题、研究的方法。该课题研究的范围是苏南地区，研究的对象是高职院校，研究的问题是专业设置与区域产业结构吻合度，研究方法是实证研究。

（2）对课题有关理论、名词、术语、概念的界说。

课题中的定义，要具有可操作性，可以描述，可以下定义。对课题研究中的核心概念、支撑性理论、关键词等要有一个清晰明了的解释。如该课题中"高职院校""专业设置""产业结构"在本课题中如何界定将直接影响课题的后续研究。

对"高职院校"的定义："高职院校是实施高等职业教育的普通高校。招生对象是普通高中毕业生和具有与高中毕业生同等学力的学生，基本学制为三年。其定位是在完全中等教育的基础上培养出一批具有大学知识，而又有一定专业技术和技能的人才，其知识的讲授是以能用为度，实用为本。"

对"专业设置"的定义："专业设置是指学校根据社会经济发展的需要，结合教育主管部门和行业主管部门所提供的专业目录，在具备一定办学条件的基础上，进行新专业的开发和改造现有专业的过程。"

对"产业结构"的定义："产业结构，亦称国民经济的部门结构。是指各产业的构成及各产业之间的联系和比例关系。"

4. 课题研究拟达到的预期目标，即本课题研究的目标定位

课题成果鉴定时，要根据预定的研究目标来衡量课题是否完成了研究任务，是否达到了预定的研究效果，是否能通过鉴定。因此，研究目标应具体、明了、简练，并具有可评价性（可鉴定性）。课题研究的目标应该突出通过研究将得到什么新理论、新理念、新观点、新认识、新模式、新途径、新方法、新对策等。一般情况下，目标是由概括的叙述组成，可以结合下列句型："了解……；分析……和……之间的关系；描述……的发生率……；验

证……的假设……；深刻检验……的概念……。"任何一个单一的研究，它的目标不宜太多，也许只需要一个，但大多数一般会有三或四个。以"苏南地区高职院校专业设置与区域产业结构吻合度实证研究"为例，其拟定的研究目标为：

(1) 明晰苏南地区高职院校专业设置与区域产业结构吻合度现状；

(2) 分析苏南地区高职院校专业设置存在的问题，提出优化对策；

(3) 构建苏南地区高职院校专业设置与区域产业结构吻合度评价机制及专业建设机制。

5. 课题研究的基本内容和重难点

研究课题要通过研究内容来体现。一项科研课题，如果提不出研究内容，就无从研究。研究内容的多少与研究课题的大小有直接关系。研究课题越大，研究内容就越多。大的研究课题可以下设若干子课题来展开研究。

至于研究内容的确定，可以从两个方面来考虑：一是根据研究目标来确定。为了达到研究目标，确定研究什么内容。二是从现状研究、归因研究、方法或对策研究几方面来确定。一般的课题研究都是从现状入手，尤其是对于一线教师来说，这也是我们研究的起点。然后从现状中查找问题产生的原因，寻找解决的方法。因此我们可以说：现状研究是基础，归因研究是为了寻找解决问题的突破口，方法或对策研究是研究重点。找到了恰当的方法就等于摸到了通往光明世界的大门。

课题研究基本内容是研究目标的具体化，是对课题研究问题的分解。研究内容的核心是分解问题，即细化主题。基本要求是把主题展开为具有内在联系的问题结构并确定重点，提出解决此重点问题的重要理论观点或实施构想，从而把大问题细化为几个具体而又关联的便于操作的子课题（小问题）。一般有两种形式：一种是各部分内容之间呈现并列关系，互不包含。第二种是各部分内容之间呈现递进关系，前一步是后一步的基础，后一步是前一步的深化，层层递进展开。

例如，"苏南地区高职院校专业设置与区域产业结构吻合度实证研究"这一课题，根据研究目标，其拟定的研究内容和重点为：

(1) 高职院校专业设置与区域经济发展的关系研究；

(2) 区域产业结构视阈下苏南地区高职院校专业设置的现状研究；

(3) 苏南地区高职院校专业设置与区域产业结构吻合度评价机制研究（重点）；

(4) 苏南地区高职院校专业设置与区域产业结构相适应的建设机制研究；

(5) 推进苏南地区高职院校专业设置与区域产业结构吻合度的政策建议（重点）。

6. 研究的理论意义和应用价值

论证课题要弄清课题的性质和类型，即所选课题是理论性研究课题、应用性研究课题，还是综合类型课题。然后根据课题的预期成果和重要观点阐明本课题的创新程度、理论意义和应用价值。

还以课题"苏南地区高职院校专业设置与区域产业结构吻合度实证研究"为例,根据研究的目标,其实践意义和推广价值如下。

(1) 实践意义。

党的十八大明确提出"加快发展现代职业教育,推动高等教育内涵式发展,积极发展继续教育,完善终身教育体系,建设学习型社会",并要求"加强职业技能培训,提升劳动者就业创业能力,增强就业稳定性"。

各个地区的产业、产业结构和布局以及技术结构都不相同,不同的经济特征对人才的需求类型也不同。因此,职业院校专业设置必须适应区域产业结构的发展。本课题开展苏南地区高职院校专业设置与区域产业结构吻合度研究,正是探究高职院校专业设置与区域产业结构的联动机制,增强专业设置的科学性和前瞻性,为建立与区域经济发展相适应的专业设置研究提供理论依据及其实践范例,为发展现代职业教育、促进区域产业结构转型升级,以及建设创新型城市提供决策服务。

(2) 推广价值。

① 解决高职院校专业设置与区域产业结构衔接之间的矛盾。高职院校专业设置存在着重复率高、专业设置滞后于经济发展、有效就业率低、社会适应性差等种种问题。而区域产业结构在调整过程中,又面临人力资源结构、类型、技能的不匹配,从而阻碍当地的产业和经济发展。开展本课题研究,能够促进专业设置与区域产业结构的对接,使得高职院校专业设置与当地的产业结构相适应。

② 研究高职院校专业设置与区域产业结构衔接的结合点,实现两者的互动合作。专业设置和产业结构之间的关系是辩证的,产业结构是高职院校专业设置的基础,而科学的专业设置又可以促进产业结构的发展。因此,高职院校专业设置与区域产业结构衔接之间存在着结合点,如何充分抓住这些结合点,实现专业设置的整合和开发,对促进区域经济发展具有积极的作用。

③ 探索符合地域发展特色的高职院校专业建设机制,包括建立专业设置细化机制、建立新专业设置机制、建立对已有专业改造机制、建立部分专业淘汰机制等。

(二) 职业教育教科研课题的可行性论证

课题再好,如果主客观条件都不具备,也难以实施。所以每个主持人在做课题的时候一定要考虑主客观条件,在力所能及的范围内进行选题,进行课题研究。可以从如下几个方面考虑。

首先是自己的实力,不做自己无法胜任的课题。自己有没有研究经历?如果没有,最好有人能给自己指导,或者先跟着别人做一次课题研究。自己对所研究的问题是否清晰?已经有了哪些积累和尝试?有哪些成果?这些材料成果对进一步研究有何帮助?自己的组织能力如何？如果不是个人课题，就会牵扯到联合攻关的问题，就会有合作的要求，就会有课题组成员分工的问题，这样，在研究过程中就需要课题主持人有较强的协调能力。

其次是有没有研究的时间。一项系统的课题研究会占用大量的时间，这对于一线教师来说是不得不考虑的问题：如何解决"工作与研究"的矛盾？能不能保证研究的时间？最好的解决办法就是"合二为一"，即我们经常提倡的"工作研究化，研究工作化"，把自己工作的内容，自己在工作中发现的问题作为研究的对象，不必离开手头的工作，另起炉灶。既节省了时间，又有效地提高了工作的效益。

最后是要有一定的物质基础。一般来说，教育科学研究的周期比较长，且不像自然科学研究、工商业产品开发那样带来即时的经济效益，即使在教育中见效也很慢，有时还未必能见效，所以很多学校管理者不愿意将钱投资到课题研究中来。但是课题研究不是空中楼阁，必须有一定的物质支持。课题主持人要想办法争取课题研究经费，用于购买研究资料，必要的办公用品和差旅费用等。常用的办法就是把校领导拉进课题组，成为课题的顾问、指导，这一方面体现了领导对教育科研的重视，另一方面也有利于研究经费问题的解决。

（三）职业教育教科研课题论证中常见问题

1. 论证的是一个伪问题

问题可以分为真问题和伪问题。在论证过程中，花费了很多的时间和精力，最后却发现论证的结论与最初要解决的问题是背道而驰的，或者要论证的问题根本没有研究价值，做了一番功，却论证了一个伪命题、假命题，这是在论证开始时就应该注意的。当然有些问题带有一定的迷惑性，看似是个真命题，其实根本不可能存在。譬如："在专业课上培养学生全面发展的能力研究"。

2. 将工作等同于研究

有的论证报告大而化之，粗线条，只是把以后工作中要做的事情罗列出来，类似于工作计划、工作安排。我们提倡"工作研究化，研究工作化"并不是要混淆两者之间的关系，把工作等同于研究，两者还是有明显的区别的。这是在论证中要特别注意的地方。"工作"对于个人来说，是每个社会人实现各自社会分工的具体方式，通过工作我们才能更好地完善相互之间的社会联系，才能让自己在良好的社会环境中生活。而研究是一个主动和系统的过程，是为了发现、解释、校正事实、事件、行为、理论，或者把事实、法则、理论进行实际应用，要有清晰的理论指导和具体的问题趋向，要有明晰的目标追求和科学的方法选择。"研究"一词常被用来描述关于一个特殊主题的资讯收集，并不是工作中所有的问题都是适于研究的。所以不能把工作报告当成研究计划。

论证报告是基于研究思维而不是工作思维，相应的表述也应该是学术的话语方式而不应该是工作的话语方式。

3. 目标思路不明晰

很多老师都怀着美好的愿望做课题，希冀通过课题研究实现自己的教学理想，把对教学的憧憬等同于教育研究，一味地"向着梦中的地方去，错了也不悔过"。头脑中只有大框架，无清晰的研究思路和目标。如一项申报课题"魅力课堂建设研究"就属于此类。什么是"魅力课堂"？可能在申报者的头脑中也只是一个"美丽的幻影"，从申报书上可以看出，连申报者本人都说不清楚。申报者认为"魅力课堂"体现在教师和学生两个方面，教师方面包括"教师的人格魅力、语言魅力、教学内容呈现的魅力等融在一起，并且在40分钟里实现。课堂中的教师意味着精神的享受，意味着尊严的获得和提升，意味着生命价值的实现"，而在学生方面则意味着"智力的愉悦、情感的陶冶、心灵的净化和道德的升华"。这样"诗意"的表述依然是含糊的，我们仍然无法理解也无法通过研究实现这样的"魅力课堂"。

4. 内容表述空泛

有的课题题目很好，也具有可行性，甚至是课题研究方案都写好了，但是主持人和课题参与者却依然不知道该从何处下手。其实，这种现象最根本的原因就是研究的内容不清楚，不具体。而造成研究内容不具体的原因大多是理论与实践脱离的缘故，课题的研究脱离了具体的教育教学实际，没有能够深入分析现实问题。

三、职业教育教科研课题研究实施方案的撰写

职业教育教科研课题研究实施方案的撰写旨在进一步明确细化研究思路，确保课题研究的顺利实施。教科研课题方案设计，就是指研究人员为完成研究任务而进行的总体谋划工作，是如何开展课题研究的具体设想，它初步规定了课题研究各方面的具体内容和步骤。它包括将课题研究所需要的人、财、物、信息等，按照研究的内容、要求和客观实际的可能性构成一个包含时间序列、人员活动序列、信息传递序列等方面综合相关的合理系统。课题研究方案能保证整个课题研究工作有条不紊地进行。研究方案水平的高低，是一个课题质量与研究者科研水平的重要反映。这是科研管理部门是否批准课题立项的关键，也是科研管理部门进行课题中期检查和结题鉴定的重要依据。

无疑，课题方案不是研究的终结，而仅是开始的谋划，不可能做到尽善尽美。故一切方案都只能是逐步完善的，要随着研究的进展而更改，包括预期之外的新发现、新设想，我们应当允许研究者在研究过程中根据发展的需要对原有方案进行调整。我们既要反对无计划的盲目行为，也要反对消极僵化地按计划方案一走到底。

一份职业教育课题研究方案，一般必须回答以下问题：

（1）为什么要研究这个课题，这个课题研究的理论依据和实践依据是什么？

(2) 课题研究预期的目标、成果形式与构成是什么？

(3) 怎样才能完成课题研究的任务（其研究的主要方法、步骤和进度安排等）？

根据影响课题研究成败与质量高低的因素，设计课题研究方案必须考虑和研究的主要内容与一般要求可归纳为五个方面：课题名称、背景、依据与意义；研究目标与范畴；研究方法与步骤；课题成果形式与构成；课题研究保证措施。简要分述如下。

（一）职业教育教科研课题的名称、背景、依据与意义

如何研究课题必须有一个名称表述其所研究的问题。一个好的课题名，要符合准确、规范、简洁、醒目的要求。多用陈述句式表达，尽可能反映出三要素：研究对象＋研究问题＋研究方法。

(1) 准确，就是课题名称要把课题研究的问题（研究内容）是什么，研究的对象是什么交代清楚。课题的名称一定要和研究的内容相一致，不能太大，有一个适宜的切口，能准确地把研究的对象、问题概括出来。

(2) 规范，就是所用的词语、句型规范、科学，所以是而非的词不能用，口号方式、结论式的句型不能用。因为课题就是我们要解决的问题，这个问题正在探讨，正准备进行研究，不能有结论性的表述。

(3) 简洁，就是名称不能太长，能不要的字尽量不要，一般不要超过 25 个字。

(4) 醒目，就是课题研究的切口适宜、新颖，使人一看就对课题留下深刻的印象。

作为课题方案，首先应对课题研究的背景和要达到的研究目的进行阐述，回答"为什么要进行研究"这样一个问题。在方案中，课题研究的背景通常以"课题的提出"或"课题的背景"作提示进行阐述，主要是介绍所研究课题的目的、意义，也就是为什么要研究、研究它有什么价值。这一般可以先从现实需要方面去论述，指出现实当中存在这个问题，需要去研究，去解决，本课题的研究有什么实际作用，然后，再写课题的理论和学术价值。这些都要写得具体且有针对性，不能漫无边际地空喊口号。

课题依据主要包括课题形成的理论或实践的依据。主要体现在研究方案的"问题提出"部分中对课题有关的国内外研究具体情况分析。要陈述课题范围内有没有人研究，哪些方面已有人做过研究，取得了哪些成果，这些成果所表达出来的观点是否一致，如有分歧，那么他们的分歧是什么，存在什么不足以及正在向什么方向发展等。这些内容的分析一方面可以论证本课题研究的地位和价值，另一方面也说明课题研究人员对本课题研究是否有较好的把握，是否具有一定的研究基础。因为我们对某一问题进行科学研究，必须对该问题的研究现状有清醒的了解。研究者只有明确了这些，才能真正明确课题研究的目的、意义，这是制定课题方案首先要考虑的问题。

众所周知，任何一个科学问题作为研究课题提出，一定是由一个或一组最基本研究单元组成。它应该归属于某一个或某几个研究领域的科学体系之中，其中作为研究这个课题所必需的概念、定理等理论体系就构成了支持这个需要研究的课题的理论依据。

课题的实践依据，其核心问题是认真思考和分析所选定的研究课题是否反映了现实教育实践、教育改革中迫切需要解决的问题，或对现在、将来的指导意义的问题。对实践的反映越深刻，越迅速，课题的实践依据越充分，其指导意义就越大，价值也就越高。

由此可见，只有探明课题的理论与实践依据，课题研究才能方向明，思路对，站得高，看得远，真正做到有的放矢，事半功倍。

(二) 课题的研究对象、目标与范畴

教育研究总是指向一定的对象。这些对象往往是人，或由人组成的群体、组织及他们的行为和特质。由于人及其行为和特质的极其复杂性，所以对之进行研究时必须先对之明确界定，以避免不同人从不同的视角来理解而带来的混乱。

1. 对研究对象进行界定

研究对象不能含糊笼统，有一些研究对象带有模糊性，例如"薄弱学校""品德不良学生"。我们可根据某一标准（权威性的标准最好）来做出划定，"薄弱学校"可以根据教育行政部门对学校的评估标准划定，评估分数在多少分以下的就是"薄弱学校"。

2. 对研究对象总体的范围进行界定

总体是统计学概念，是指研究对象的全体。研究对象的范围大小，应该根据研究目标考虑。其范围有来源范围和特征范围。来源范围有地域、学校、班级；特征范围有性别、年龄、心理特质等。例如对学生心理健康状况的调查，学生的范围是某一地区还是某一学校，在什么类别的学校，在什么年级或年龄段，这些都要进行明确的界定。范围不同，最后得出的研究结果会很不同。

3. 对一些核心概念进行界定

在教育科学研究中，由于学派林立、观点各异，有许多名词术语往往会出现"仁者见仁，智者见智"的现象。为了避免由于一些关键性名词概念上的歧义，造成科研管理者和研究者在评审、研究过程中产生认识上、观念上的不统一，有必要在制定研究方案时，对研究所涉及的重要概念、名词下一个比较明确的可操作性定义。所谓操作性定义是指根据可观察、可测量、可操作的特征来界定变量含义的方法。即从具体的行为、特征、指标上对变量的操作进行描述，将抽象的概念转换成可观测、可检验的项目。如何获取有价值的反映抽象定义内容的具体指标是研究是否客观可靠的条件。例如，"挫折感"的抽象定义为"当达到目标的过程中遇到障碍时所产生的情绪感觉或反应"。根据这一定义很难从科研中找到相应的测试内容，因为它不具体。如果研究人员把它规定为在某一具体情景中，如幼儿正在玩一个他十分喜爱的玩具的过程中，突然告诉他不能玩，或禁止继续玩，此时，幼儿的反应就是挫折感的反应。这样，一个抽象性定义就转变成了操作性定义。下操作性定义的方法很多，主要有条件描述法、指标描述法和行为描述法三种。课题研究目标是主观见之于客观的东西,它是研究者在研究过程中要求达到的某种愿望和期望的结果,其实质是课题研究任务在客观现实中的具体化。故课题的研究目标应包括目标的描述及目标的系统性。

目标描述也称目标假设。它是研究者根据课题依据所收集到的有限资料和事实,根据自己的经验和知识,对要探索、解决的问题进行综合性思考后,所提出的一个研究目标,这种研究目标的指向是研究假设。主要体现在课题研究的操作定义上。

目标的系统性,即目标系统。有一些综合性较强的课题,往往存在着子目标系列,这便需要按它们之间的关系影响以及隶属关系形成一个多层次的目标系统,使课题形成一个较完整的有机体系。

例如,我们认为,创造力是一个正常人的"智力因素与非智力因素交互作用的综合效应所产生的创新能力",它包括创造思维、创造个性和创造技能三大要素。其中,创造思维是创造力的核心和基础;创造个性是创造力的动力和中介;创造技能是创造力的外现和归宿。故我们研究学生创造力培养的课题,决不单纯停留在探讨创造思维培养,或创造个性培养,或创造技能培养的单因素研究,而必须力求使创造思维、创造个性和创造技能形成一个多因素完整的有机体系。为此,我们可把职业学校学生创造力培养课题分解成如下不同层次的八个子目标。

(1) 单因素目标研究。

子目标A:学生创造性思维发展教学模式(学习迁移指导法)。

子目标B:学生创造个性培养教学模式(主动思维训练法)。

子目标C:学生创造技能培养教学模式(创造技能课导学法)。

(2) 双因素目标研究。

子目标D:学生创造思维和创造个性同步发展教学模式(创造思维和创造个性双优发展教学模式)。

子目标E:学生创造思维和创造技能同步提高教学模式(创造思维和创造技能双优化教学模式)。

子目标F:学生创造个性和创造技能双优化教学模式(创造个性和创造技能同步提高教学模式)。

(3) 创造力整体发展目标研究。

子目标G:以个性化心理教学为载体,实现学生创造力发展的教学模式(课堂渗透个性化心理教育的教学模式)。

子目标H:学生创造力和心理健康同步发展的教学模式(课堂心理健康与创造力同步发展教育的教学模式)。

这样,通过总课题的研究方案,各子课题承担者都充分明确了自己的地位和作用以及自己的研究任务,从而保证了整体课题可以有序地开展研究与管理。

4. 课题研究范畴

课题研究范畴是指研究类型、研究内容、研究对象等方面的界定。当课题目标确定之后,相应地就要投入到某种范畴中去研究,要充分注意研究类型、对象、范围的界定,否则在研究过程中很容易产生目标的变更或方向的转移,也容易产生术语、概念上的混淆以及研究范围的扩大或缩小。

例如,"职业学校学生心理健康教育的实施途径研究",确定的研究内容、方法和步骤,必须明确研究对象到底是指面向全体职业学校学生的施教,还是对个别职业学校学生的心理辅导。因为学生心理辅导的实施途径有小组辅导、游戏辅导、个别辅导、学科渗透等。如果研究的对象是个别学生,则应重在探讨个别辅导的方法和步骤;而如果研究对象是面向全体学生,则应重在学科教学如何渗透心理辅导。这样,才能使研究抓住主要矛盾,各得其所,不致于雷同或偏离研究主题。

(三)职业教育教科研课题研究的方法与步骤

1. 职业教育教科研课题研究的方法选择

教育研究的方法多种多样,主要有文献研究法、调查研究法、实验研究法、比较研究法、行动研究法、经验总结法等,可以分为两大类。一类是收集研究数据资料的方法,如调查法、观察法、测量法、文献法等。这些方法旨在获得对象的客观资料,而不给予对象任何影响。另一类方法是旨在改变和影响变量的方法,如实验法、行动研究法。这些方法是要通过施加某些干预而获得某些期望的结果。有一些研究可能采用单一的研究方法,有的研究则可能采用多种方法。例如采用实验法或行动研究法,也必然要采用数据资料收集的方法,以了解实验的最终结果。

研究者首先要熟练地掌握各种研究方法,尤其是一些贴近一线教师实际、容易上手的常用研究方法,譬如观察法、调查法、文献研究法、案例研究法、教育叙事法、行动研究法等,明确各种研究方法的优缺点,在具体使用的时候做到综合使用,优势互补,扬长避短。不少研究者不太在意研究方法,尤其是不愿在一些比较复杂的研究方法上下功夫,造成研究结果的偏差,甚至是得出错误的结论,这是导致我们当前教育研究水平不高的一个非常重要的原因,这也是当前我们国家教育研究者比较欠缺的地方。

近年来,职业教育教科研较多采用行动研究法。所谓行动研究法,是指以教育实际工作者为主体所开展的教育研究方法。确切地说,行动研究法是指研究的参与者基于实际问题解决的需要,与专家合作,将问题发展成主题进行系统的研究,并以解决实际问题为目的交替使用多种方法的一种研究主体与专家结合的研究方法。其研究的步骤主要包括:① 发现问题(观察、思考、发现实际工作中存在的问题);② 鉴定问题(选定研究主题);③ 文献探讨(深入探讨有关文献);④ 拟订计划(克服研究的盲目性和随意性);⑤ 设立假设(将要采取的行动和对行动结果的预测);⑥ 收集资料(常用观察法、问卷法、调查法、测验法、实验法);⑦ 实施行动(根据假设,在实验过程中不断收集资料或数据,不断对计划内容加以改进);⑧ 评价结果(将实验数据转为有意义的统计量数,供评价实验效果的预测之用)。

2. 职业教育课题研究的步骤安排

在考虑课题主要研究方法的同时,要把课题研究的步骤(包括时间和进度安排)等问题的计划也反映到课题研究方案的设计中。课题研究的步骤,也就是课题研究在时间和顺序上的安排。研究的步骤要充分考虑研究内容的相互关系和难易程度,一般情况下,都是从基础问题开始,分阶段进行,每个阶段要达到什么要求,用多少时间,从什么时间开始,至什么时间结束都要有规定。它使得研究者一开始就心中有数,在实施研究中一环接一环、有条不紊地开展各项工作,从而保证研究能按预定要求如期完成。步骤基本上包括方案准备阶段,方案实施阶段,专家论证评价、总结验收和结题三个阶段。

如果把整个课题研究分为前、中、后三期的话,那么,前期研究的主要内容为:选择课题和陈述假设;制定研究方案。中期研究的主要内容为:实施研究,收集资料;整理和分析资料。后期研究主要内容为:解释结果。

(四)职业教育教科研课题成果形式与构成

1. 职业教育教科研课题成果的形式

不同类型的课题采用不同的研究方法,而不同的研究方法也就决定了科研成果的不同形式。科研成果的表现形式大致可分三类:一是研究报告,二是学术论文,三是其他成果形式。具体来说,一般有五种表现形式:① 先进教育经验总结,② 教育调查报告,③ 教育实验报告,④ 理论概括性的学术论文,⑤ 其他一些表现形式,如多媒体课件制作,编写实验练习册等。

2. 职业教育教科研课题研究成果的构成

研究成果的构成,指阐述研究结果的表现形式及其结果的内容和结构。研究成果是研究者经过选择课题(陈述假设),制定研究方案,实施研究,收集资料,加工、整理资料等一系列研究步骤后,对某些教育问题的一些新看法、新观点、新知识、新方法、新产物。一般来说,一项完整的成果大致上都由如下这些内容构成:① 准确地阐述研究目的、意义和范围;② 说明该课题必要的研究历史和前人的研究成果(包括失败教训);③ 研究工作的对象、时间、地点、大致阶段、步骤等概况;④ 说明研究方法、程序、手段等;⑤ 阐释研究结果和得出结论;⑥ 研究问题的讨论;⑦ 参考资料与文献。

由此可见,组成完整的研究成果中的任何一点内容都在方案设计中占有重要的地位。它直接体现方案设计中的课题依据、研究目标、范畴、方法、步骤及保证措施等。这表明,方案设计蓝图的水准决定了研究成果的优劣。

（五）职业教育教科研课题研究的保障措施

1. 在组织上，要重视做好课题组成员的优化组合

课题组成员要根据课题研究的需要而确定。课题组成员并不是越多越好，每一个成员都必须承担课题研究的某一方面任务，不应有光挂名不干事者。课题组各成员承担的任务的性质应与承担者的学识、能力相适合。计划中要把课题组负责人、成员的名单、分工写出。必要时，还应把各人的专业、能力特长、曾有的研究经历和成果列出，以便课题管理者对课题组的研究力量有所掌握。

2. 在经费上，应该提供必要的物质保障

经费与设备是开展教科研的物质条件，教科研的开展，必须一定财力和物力的支持。不同的研究所要求的条件是不同的。因此，要认真做好经费的预算。一方面，要注意厉行节约，让每一分钱都转化为研究效益。另一方面，在方案设计阶段，就应主动争取上级有关部门的大力资助和支持，力求确保"兵马未到，粮草先行"。经费的支出主要包括：① 资料费，用于购买、检索或复印文献资料；② 印刷费，用于印刷问卷调查材料、成果材料等；③ 旅差费，用于外出调查等；④ 会议费，用于组织或参加研讨会、课题论证会；⑤ 设备费，用于购置研究所需的设备、器材，如电脑等。作为小课题一般可以不写这部分内容，因为所需经费不多，学校一般都能答应实报实销。但确需添加设备的课题和某些大课题的研究在方案中要把开支的项目、用途和金额一一列出，所列的项目应是研究所必需的，要本着少花钱办大事的原则，实事求是地谋划。

第二节　职业教育教科研课题研究实施过程需要注意什么问题

职业教育教科研课题方案设计完成后，面临的就是实施的问题了，但是这并不意味着以后的工作就会一帆风顺了。实施的过程也是一个对课题方案不断调整、不断完善的过程，是一个需要持久用力的过程。这其中还会出现这样和那样的意料之外的问题，作为课题主持者要充分认识到这些问题，并及时做好准备。

一、强化课题研究意识，坚持不懈做好课题

在课题研究过程中，务必牢固树立课题研究意识，具体包括问题意识、方法意识、学理意识和成果意识。

从很多老师制定的研究方案来看，大都对方案制定、对课题研究有了一定程度的了解。方案的制定非常重要，可以说，方案制定得如何决定了一个课题能不能有效、具体、

科学地进行研究,能不能取得良好的结果。这就像盖大楼要有图纸一样,搞课题研究也要先有方案。方案设计不好,就有先天不足,后天成长肯定是困难的。因此我们教师舍得在方案的制定上下足够的功夫是对的。

但是,一旦课题评审通过,被某些单位或某种级别、类型的课题审批单位立项后,很多老师就认为万事大吉了,马上"刀枪入库,马放南山"了。这就是我们通常所说的做课题中常见的"虎头蛇尾"的现象,重课题立项、结题,轻过程。其中的一个原因就是很多人做课题是一种"应景"行为。有些学校出于功利的考虑,为了评实验学校或应付验收而申报课题。还有些是因为要求达到"人人有课题"的指标而要求教师人人申报,可事实上,这些教师既缺乏必要的科研培训,更没有进行科研的热情和内驱力,因此,或不知如何着手,或应付其事地完成课题方案的制定,这样显然难以真正实现教育科研的目标。

之所以会出现这样的现象,一个非常重要的原因就是申报课题的教师平时缺乏学习,缺乏思考,缺乏对教育教学问题的敏感和醒悟,课题研究的随意性过强,缺少针对性和实效性。事实上,课题是在教学实践过程中产生出来的,工作中出现了需要解决的疑难问题也就生成出了需要解决的课题。选择课题和研究方案时就应该已经在进行思考和研究了,否则无从确立课题,更无从制定方案。

二、从方法入手,找准课题研究的突破口

课题实施的过程中最重要的也是最容易出问题的就是研究方法的问题。很多课题研究不下去,一个非常重要的原因就是研究方法选择不当或者没有方法。在这方面存在的主要问题如下。

一是研究方法与研究需要不匹配。不少方案中简单地列出调查法、经验总结法和行动研究法等研究方法,但是没有做出具体解释,没有指出在什么地方使用,怎样使用,也不提示为什么用这些方法。其实研究方法的表述更主要反映结合具体研究的特殊操作方法,及该方法在完成研究内容中所产生的作用。如调查法,要写清用的是哪种调查法,是问卷调查,还是访谈,还是产品分析法?要调查什么?想得到什么样的结果?符合不符合研究的需要,和研究的目标是否匹配?

二是研究方法与研究过程不匹配。研究方法笼而统之,不能起到对研究过程的指导作用,研究过程设计粗糙,与研究方法不协调。事实上,研究方法的阐述要结合研究过程具体化,研究过程要与研究方法相对应。如行动研究要结合具体研究内容,反映出计划——行动——反馈——调整——再行动等等过程,不是有行动就是行动研究法。根据课题内容的不同,采用不同的方法,就具有不同的结构形式。如教育实验法,又分为实验法与行动研究两类。如果使用了实验法,属于对比研究,对目的、对象(实验班、对照班)

前后测、自变量、因变量、控制变量就必须详加分析、界定,控制一定要非常严格。一般说来,实验法是从自然科学中引用过来的,在人文学科研究中难以严格控制,因此一般不主张轻易使用。而行动研究法、调查法、文献研究法都要求把对象、概念、内容、目的、方法、操作步骤讲清楚,不需要对自变量、因变量、无关变量做详细的分析。

因此,只有选对了研究的方法,才能打开课题研究的突破口。

三、在实施过程中逐渐调整、完善课题研究方案

1. 进一步细化问题,使研究的问题越来越容易把握和操作

课题只有细化到可以操作了才有研究的价值。否则就会像蛇吞刺猬——不知从何下手。应把课题加以细化和窄化,或分解成若干子课题。如"建设现代职业教育体系研究"这个题目如果由国家教育部组织来做还差不多,基层学校的几个普通教师做这样的大题目,非常不现实,可以具体为某个专业课程体系的建设研究。

2. 推陈出新,陈中见新,赋予课题新的研究意义

课题视野狭窄,观点陈旧,是难于发现新问题,提出新理论的。这样的研究是没有多少价值的。要使研究有价值有意义,教师就要广泛涉猎各类教育教学信息,洞悉教育前沿发展动态,不断学习,掌握新的教育教学理论,培养课题研究敏锐性和前瞻性。现代社会是一个飞速发展的社会,教育教学研究越来越关注边缘化、跨学科的研究给陈旧的内容注入新的理念,无疑会使课题获得理论上的提升。如"职业院校校园文化建设研究",题目很常见,若改为"校园文化提升职业院校学生素养的研究",不仅符合现代教育理念,而且开拓了一片崭新的研究领域。

3. 深入学习研讨,进一步内化教育教学理论

很多课题,尤其是将教育教学理论应用于指导实践的课题,最初在申报时对具有指导性的观点的理解还是相当肤浅的。有些教师由于受媒体的引导,盲目追风,对教育教学热点问题的了解停留在表面,对新的教育教学理论一知半解。所以在研究过程中,还要对这些新的教育教学观念进行细致深入的学习研究,真正内化为自己的行动指南,并能够从中寻找新的切入点,发人所未发,见人所未见。如当前对研究性学习、创新意识、教学模式这些热点问题研究颇多,但是从研究方案上来看,大而化之、浮在面上的多,做细微深入研究的少。

4. 不断转换研究视角,言别人所不能言

有人认为别人研究过的问题自己就不能研究。其实由于研究的对象、视角、内容以及方式方法等的不同,其结果往往是不一样的,仍然可以形成一个新的课题。"校园文化研究"是许多人都曾接触过的课题,它所涵盖的内容很多,但很多人的理解多限于校园建

设与活动上,改为"学校文化解读与建构研究"就从两个具体的层面分解了一个主题,而且把研究的方式、途径也容纳了进去,内容也得以深化,题目显得清晰明了,可操作性增强。

也可以从侧面甚至是反面着手,寻找更好的更新的切入点。如"语文教学模式的研究""数学教学模式的研究"这样的题目比比皆是,而"××教学模式的反思性研究"让人耳目一新。在这里既有着对教学规律的探寻与把握,有着对教育教学理论的理解和内化,同时也有着对教学常规的质疑和超越,表现出一种思想的深刻性。

从不同的视角审视与解读不同语境下的现象,运用新鲜的表述、独特的思维,建构起崭新的理论体系,得出超越寻常社会理念约定的结论,这是一种思想的延伸、理论的提升。

5. 课题具体内容的调整与完善

如上所述,每一个课题方案都包含若干要素。其中比较重要的要素有关键概念的界定、理论的支撑,以及内容的操作定义,也就是内容的分解和细化,等等。

研究目标指课题研究要达到的目标,主要是直接目标。目标要求明确,具有可靠性。目标与内容还有所不同,可以说内容是目标的细化。例如"基于 APP 的《ERP 沙盘模拟》实训课程建设研究",方向目标是建构起实训课程,而实训课程建设从哪些方面去研究?怎样去研究?这就是内容所要阐明的了。有的方案把目标和内容放在一起,也可以,但第一次做的时候最好用规范的方法。

研究内容就是对教育研究中各种现象进行考察、探讨、调查、实验,以提示其本质特征,阐释现象之间的关系,达到对教育现象的本质和规律的认识。在研究内容的设计中,要确定所研究问题的类别和性质,划定其范围等。通俗些说就是研究的是什么?当前问题是什么?解决什么?怎样解决?解决的意义是什么?从当前各级科研课题申报的情况看,方案设计比较薄弱的栏目是"研究的主要内容",具体表现为:一是课题题目很响亮,内容设计则空泛简单,缺乏理论支撑;二是内容铺得庞大,且分解不恰当,偏离了研究目标;三是研究内容缺乏明晰准确的表述,逻辑混乱。针对以上问题在方案设计中应注意:① 在设计方案时,应当对所研究的内容和相关理论进行深入的研究和充分的把握,设计一个合理的结构,可以由理论研究和实践探索两大部分组成;② 如果涉及内容过多,则一定要围绕研究目标,把内容有层次有递进地分解为几个部分,清晰明了。

江苏省教育科学"十二五"规划 2013 年度立项课题"江苏省职业教育教师培养模式创新研究"确立的研究目标和内容如下。

研究目标为:

(1) 掌握目前江苏省职业教育(中等职业教育、高等职业教育)师资队伍现状。

(2) 明确江苏省目前职业教育教师培养模式的优劣。

(3) 研制具有江苏省特点的职业教育教师培养规格、实施方案。

研究内容为：

（1）江苏省职业教育师资队伍现状及未来需求分析。

通过对全省教育行政管理部门、职业院校调研，分层次、分类别、分专业地掌握当前江苏省职业教育师资队伍的现状（数量和质量），预测未来一段时间江苏省职业教育发展对职业教育教师的需求趋势。

（2）既有职业教育教师培养模式的现状以及存在的问题分析。

历史地看，经过过去这么多年的探索和发展，我们国家已经形成了比较固定的职业教育教师培养模式，这个模式为中国的职业教育发展输送了大量的合格的职业学校教师。但是随着经济社会和职业教育本身的发展，这一模式可能也出现了一些问题。

（3）美、德、日三国职业教育教师培养模式的比较分析。

选择经济发达、职业教育发展有特色的美、德、日等国家，提炼这些国家职业教育教师培养模式，比较中国与上述国家在职业教育教师培养模式方面的异同、优劣、得失。

（4）江苏省职业教育教师专业标准的研制。

在调研和比较分析的基础上，制定江苏省职业教育教师专业标准（知识结构、能力结构和素质结构等）。参照教育部2013年9月20号印发的《中等职业学校教师专业标准（试行）》包括三个维度15个领域60个基本要求。

（5）江苏省职业教育教师培养方案的制定——以若干个专业为例。

根据职业教育教师专业标准，确定江苏省职业教育教师培养模式改革试点单位，选择若干专业制定新的江苏省职业教育教师的培养方案，包括培养目标、课程方案、课时安排、教学方式、实习实训、教育评价等内容。

（6）"四位一体"职业教育教师协同培养模式的内容。

构建政府、高校、企业、职业院校"四位一体"的职业教育教师协同培养模式的主要内容。

第三节　如何制订职业教育教科研课题研究阶段性工作计划

"凡事预则立，不预则废"。"预"就是计划，计划就是在一定时期内的工作打算。课题研究的阶段性工作计划是落实课题总体设计和整体规划的重要措施，是根据课题研究方案中规定的各阶段的研究内容、任务以及研究的实际情况制定的某一时期内的研究打算和具体的工作指标，是对阶段研究的各项主要工作进行的合理安排。职业教育课题研究过程大致分为研究准备、研究实施、形成成果和推广应用四个阶段，在不同的研究阶段也要制订不同的阶段性研究计划。

一、明确不同阶段的研究任务

（一）研究准备阶段

研究准备阶段的任务主要有两项。

1. 选择课题

课题的来源有两个：一是从教育实践中找课题，教育实践中提出来的问题，是教科研课题最基本的来源，研究这些问题为深化教育改革、提高教育质量服务，明显的具有现实意义；二是从理论文献中找课题，从教育理论文献中发现矛盾，寻找还没有人研究过的问题，或者对别人研究的结论有不同看法的问题，进行理论性的探讨，明显的具有理论意义。广大一线教育工作者，主要是从教育实践中去发现当前迫切需要解决的问题，以此作为研究课题。当然，从理论高度认识，作为理论上的研究也是十分需要的。在选择课题的前后，应该通过查阅有关资料，了解所要从事研究的领域内前人已经做过哪些研究工作，取得了哪些经验和成果，哪些方面还需要研究。了解研究领域的动态，就能使研究工作在新的水平上进行，保证研究的先进性和创造性。

2. 设计方案

设计方案的目的是确定一个合理的实施计划，使整个研究工作有目的、有步骤地进行，最大限度地降低研究误差。研究方案的设计前面已经阐述，可以参阅本章第一节内容。

（二）研究实施阶段

实施研究是按照研究计划所规定的对象、内容、时间、手段、方法和程序等，对研究对象采取一定的行为措施，观察、测定、记录研究对象的反应，以获得研究者所希望的结果的过程。实施过程由于所采用的研究方法不同，研究的计划也就不一样。对于一线教师来说，实验法是教育研究中比较难掌握的一种方法，下面就以实验法为例，说明在研究实施阶段要做的事情有哪些。

首先，确定和操纵自变量（也叫实验变量、实验因子）。自变量常取环境变量、作业变量和给予被试的指导语或提示等。在实验过程中，每次只容许一个条件改变，其余条件一律不变，以便观察所产生的作用。为了操纵自变量，要求在实验中严格按照计划规定的时间、条件、方式和程序，让自变量去作用，而不能随意修改、变动和限制。同时，必须对自变量下操作定义，给以明确的规定和解释，以保证自变量的标准化和可操作性。这些都需要在阶段性工作计划中说明清楚。

其次，选定因变量（也叫反应变量）。因变量是自变量作用于被试后出现的实验效应，延缓期、强度、幅度、次数、正确、错误率、单位时间内完成的工作量、完成一定工作量所需的时间等，都可以作为因变量的指标。同时，必须对因变量下操作定义，观测指标要具体,检测手段要科学,以保证因变量的科学性和可操作性。

最后,要控制好无关变量(也叫无关因子)。实验中除了自变量之外的一切可能对因变量的变化产生影响的变量都是无关变量,包括环境变量、时间变量和顺序变量等。控制无关变量的目的,是为了防止或减少其对实验结果的干扰。同时,还要控制实验组和对照组的构成,对自变量加以有效操纵,使其仅作用于实验组,而不作用于对照组,防止减少可比性。

(三)形成成果阶段

形成成果阶段最主要的工作就是整理课题材料,撰写工作报告和课题研究报告,展示研究成果。工作报告是对课题开展以来整个过程的总结和概括,课题研究报告是对研究内容、方法和过程做全面而简明的阐述,实事求是报告所获得的数据和情况以及对材料分析讨论后得出的结论。根据研究方法不同,研究报告的形式也不一样,实验研究写实验报告,行动研究写研究报告。具体内容如下。

(1)提出研究问题——简要交代文章所述问题的来龙去脉。包括问题是如何提出来的,揭示研究这个问题的背景;国内外研究同类问题的进展和水平;研究的目的和意义;研究内容的范围和深度。

(2)交代研究方法——具体阐述研究结果是在什么条件下,通过什么方法,根据什么事实得出来的。仍以实验法为例,需要说明根据研究项目和指标,确定的具体措施和方法,包括操作定义的表述。被试和主试有关问题的表述;被试数量、班级、年龄、取样方法、分组方法以及主试在实验过程中突出的情况;实验条件处理方式的表述;如何操纵自变量,使它每个微小的变化,都能在被试的因变量上敏感地反映出来,以及如何控制无关变量,表明实验结果中实验组与对照组的差异是自变量的作用,确切地揭示事物之因果关系;研究结果检查和统计的表述;检查效果应该根据操作定义确定的观测指标和检测手段进行,说明观察和测量的方式、方法,采用什么手段、工具以及统计方法。

(3)分析研究结果——提出能反映研究效果的、典型的、有代表性的内容进行分析,证明实验的结果,提出自己的见解,包括统计数据。数据不能罗列原始材料,应该经过统计处理,一般用平均数、百分数、相关系数、标准差等表示出来,并制成图表,图表后说明所反映的问题、典型。事例要求典型、简洁、生动,恰当说明问题。

(4)讨论问题——凡是与研究内容有关的问题都可以提出来讨论,如:研究中不能得出结论,需要进一步探讨的问题;原来没有预料到,在研究中发现的新问题。但是主要是对研究方法的科学性进行验证探讨,对研究结果与别人的同类研究结果进行比较研究,运用有关理论对研究方法的科学性和研究结果的可靠性做出鉴定,肯定其有效部分,提出尚未解决的问题,使其上升到理论的高度,评价研究的水平和价值。

(5)提出结论——明确交代研究问题所获得的结果,以及解决问题所达到的程度,提出实事求是的结论。如果设计不周到和实施中有失误的地方，也需要毫不掩饰地提出来，使报告更加完善。有时还要对今后的研究指明方向，提出进一步研究的问题。

二、设计阶段性工作计划的内容

1. 情况分析

制订计划前，要分析研究工作现状，充分了解是在什么基础上进行的，是依据什么来制订这个计划的。要明确教科研是探索教育规律，服务教育教学的。可以从以下方面分析：研究工作的内容、方法、措施、制度、工作方式、队伍建设等，并分析哪些是主要的，哪些是次要的；哪些可以近期解决，哪些问题的解决需要一个怎样的过程。

2. 工作目标（做什么）

在情况分析的基础上，根据课题的总体规划（计划），抓住主要问题来考虑近期要解决什么问题，达到一个具体的、可行的、多层次的、分阶段的标准（或一个怎样的效果）。语言表述具有可操作性和可度量性，切忌套话。

3. 工作内容

根据确立的工作目标制定相应的研究内容，并进行分解，安排好实施内容的先后顺序并设计研究活动。在设计活动安排时主要回答以下几个问题：为了实现所确定的工作目标，根据时间顺序，设计什么活动？每一个活动的内容、目的和所要解决的问题是什么？每一个活动的时间是怎样安排的？采取了哪些形式？通过哪些步骤来完成的？需要在什么时间内完成什么样的任务？达到什么样的效果？等等。

4. 保障措施

主要从以下几个方面来思考：评价制度、奖励机制、材料收集、培训交流、时间保证、人员分工、经费投入等。

工作计划不是写出来的，而是做出来的，关键要执行；计划的内容远比形式来的重要，只有有内容才可能出成果。

三、规范课题研究阶段性计划的表达

课题研究阶段性计划一般的表达方式有条文式、表格式、条文加表格式。一般以"条文加表格计划"最为常见。基本结构为：标题、正文、署名、时间。

标题：要表达准确清楚，可采用四项目结构的表述方式（即研究的课题＋阶段＋主要内容＋文种），并在标题下注明阶段时限和计划设计者。

正文：正文可采用"条文＋表格"的表达形式，一般包括下述内容：

（1）研究的指导思想，即用什么理论和理念指导研究。
（2）本阶段研究的主要内容、重点和要形成的研究成果。
（3）根据阶段性研究的内容和重点，明确要学习的理论和相关的文章。
（4）进行研究活动安排，可用表格列出研究内容的具体安排和分工等。

注意事项：要充分讨论后再定稿，计划草稿写好后，要组织本课题的成员进行讨论，修改，完善，最后定稿；要按计划行事，执行到底，尽量实现预期研究目的，不得随意违背；执行期间根据实际情况确实需要适当调整时，要说明原因，注明修改和调整的时间。

课题研究总是一步一步进行的，先做哪一步，再做哪一步，每一步要达到什么要求，用多少时间，这些都要在制订计划时有所考虑，从事课题研究的教师从一开始就要做到心中有数，并在实施研究中一环扣一环、有条不紊地开展各项工作，保证研究能按预定要求如期完成。

第四节　职业教育教科研课题研究过程资料的积累应注意哪些问题

在职业教育教科研课题研究过程中，资料的占有量及资料的客观性和真实性，决定了课题研究成果的质量。因此，全面收集、整理和保存课题研究资料，是课题研究中的一项重要工作。课题研究过程性资料的收集和整理主要包括两个方面内容：课题过程性资料的内容、课题资料怎样收集和整理。

一、职业教育教科研课题过程性资料的内容

1. 什么是课题资料

课题资料是指课题研究过程中的全部资料，是课题研究的重要组成部分。它如实地记载了一个课题从策划、立项、研究到最后结题的全过程。它不仅是课题成果的佐证材料、课题验收的重要依据，更是开展科研工作的保证。

2. 课题资料的种类

从目前职业教育教科研课题研究工作的基本情况看，至少应该包括以下六方面资料。

基础性资料。基础性资料是课题研究前期以及课题研究中所做的调查、测量、检索、研讨等等工作中所产生的各类资料。

计划性资料。计划性资料是课题研究起始阶段所形成的各类计划方案。

过程性资料。过程性资料是课题研究过程中产生的各类资料，这些资料重在随时随

地地收集、积累与整理，特别要注意研究过程中的原始数据与资料。

专题性资料。课题研究过程中，围绕一些事关整个课题运作的专题进行深入系统的研究所形成的资料是专题性资料。

效果性资料。对实验变量的控制、检测，对课题实施的阶段性、终结性评估等等，都会得到相应的资料，这是形成最终成果的主要资料。

成果性资料。课题实施的各个阶段与课题研究结束都有来自课题组与课题组成员个人的专题性或综合性的总结，这些总结对课题终端成果的形成具有直接意义。

其中，过程性资料是课题研究过程中所产生的各类资料，也是课题研究过程中的关键性资料。对于一些较小的课题研究来说，尤其是现在比较流行的"个人课题"，过程性资料已经是整个研究过程的全部资料了。这些资料比较繁杂，重在随时随地地收集、积累与整理，特别要注意研究过程中的原始数据与资料。

3. 课题过程性资料的主要内容

主件：课题立项申请书、批准书、课题方案（包括具体每个阶段的研究计划、每个阶段的总结）。

其他过程性资料（材料与课题要具有相关度）：围绕课题展开的调查报告、方案论证、开题报告、阶段报告等；围绕课题的学习材料学习体会；围绕课题的研究课实录或教学设计、说课、评课、教者自我反思、课堂评价表、光盘、图片、影像资料；教育教学效果测查情况，检测评价试卷、问卷及检测所得的一些数据资料；研究过程中对研究对象的全部观察记录、调查材料、测验统计等；课题组成员所写的课题小结、随笔、案例分析、课题组成员所获得的荣誉，课题组成员撰写的经验总结、发表的与课题有关的文章（刊物封面、目录、文章级别、文章）、获奖论文（注明级别、等次）、撰写的专著；课题整个研究过程的大事记，主要成果推广应用情况、效果、效益；课题中期评估申请、中期评估报告、阶段成果；课题结题申请书、课题结题报告、最终成果。

课题资料中有了这些材料，不仅使文档丰富而有质量，同时，还可以使课题实验者对各个研究项目有细致的了解和把握，防止课题研究者将研究流于形式，为督促与检查提供事实依据。

在研究过程中，我们获得的资料可能只是侧重某一方面，是独立的、零散的、无计划的。有效的收集、整理、分析，可以使零乱、杂芜的资料成为典型、有序的资料，为验证假说提供准确、可靠的依据，最终取得研究的成果。

课题研究的过程性资料的收集和整理我们要做在平时、重在实践、边做边整理，以达到过程资料翔实，研究实践真实，研究成果丰实。

二、职业教育课题过程性资料的收集和整理

在研究过程中,收集与整理数据是重要的研究工作,对整个研究工作起着监控、检验和调节的作用,它直接关系研究的定向、成败与质量。从某种意义上讲,课题研究中的收集整理数据实际上是记录研究核心信息的过程。这个过程可以简单地表示为:资料(信息)→数据→证据→解释和描述。

(一) 收集资料的基本要求

1. 收集资料要全面

必须把相关的所有材料、信息(包括文字记录、数据、图表、音像)记录完整,而且要注意时间的完整性,即收集工作应贯穿于研究工作的全过程。

2. 收集资料要及时

研究过程中有一些宝贵内容如不及时记录,待到要用时无可追及,所以及时记录是研究人员应具备的优秀素质。写研究随笔,做观察日记,在课后追记学生答问,追记课堂上学生的闪光点,都是及时记录的有效手段。有些看起来好像是偶然事件,实际上很可能具有必然性。

3. 收集资料要真实

是什么就记录什么,不能人为更改,哪怕是极微小的更改也不行。

4. 收集资料应注意收集的目的性和连续性

收集的资料要分门别类地存放,系统有序地存放资料有利于日后对资料进行整理和分析。

(二) 收集资料的途径

1. 通过文献

供教育科学研究的资料一方面来源于科研活动实践,另一方面可以从大量的历史文献中获取。所谓历史文献就是过去其他研究者提供的资料,这也就是我们平常所说的借鉴别人的研究成果。

2. 通过调查

调查是获取资料最直接的方法。调查既是教育科研获取资料的手段,同时调查又是某些科研课题得出结果的一种研究方法(调查研究法)。如果对每一个研究对象都进行调查,就叫作全面调查;否则叫作抽样调查。在抽样调查中必须用随机抽样的办法来决定样本(研究对象)。常用的调查方式是书面调查和口头调查,前者通过填写问卷、调查表获得有用资料,后者用开调查会和个别访问获得有用资料。

3. 通过测验

利用测验可以获得有价值的数据资料。因为教育科研是一个复杂的系统工程,所以测验的种类很多,如学习成绩测验、智力测验、能力测验、人格测验、耐力测验等。应根据不同的研究目的,采用不同种类的测验,又根据不同种类的测验,编制不同的试卷。

4. 通过教育实验

实验是一种人为地创设环境、控制条件从而获得资料的方法。有些教育现象在现实中可能观察不到,这就需要人为地有意识地创设环境和条件以考察在创设的环境和条件下会发生哪些现象。通过教育实验获取的资料比通过调查和测验获取的资料更精密、更具体。

在收集资料时存在的问题主要有文献资料不注明出处;事实性材料没有时间、地点,没有背景;对资料的可靠性缺乏考证;经常看到采用举例法,不知道该典型在所属群体中的位置;收集资料的方法,使用的工具、调查问卷,往往是欠科学;对材料缺乏综合分析,有时变成材料堆砌,不知道为了说明什么问题;等等。

(三)材料的分析与整理

通过上面几种方法获得的资料叫作原始资料。为了使资料更加系统化、规范化、明确化,为了能看出资料所蕴含的意义,要对资料进行整理、分析,整理、分析后的资料叫作统计资料。

整理和分析资料的要求是:

(1)资料归类。

(2)对于文字资料,主要是对其进行写作加工、编辑成文。

(3)对于数据资料,则要对其做统计分析。从统计分析中得出次数分布表及分布图、均数及均数差异的显著性检验、标准差及标准差之差的显著性检验、相关系数等。

对于一线教师来说,常做的就是做阶段性总结或写阶段性研究报告。如果一项科研的周期较长,应该在适当的时候做阶段性总结或写阶段性研究报告,这样做的目的之一,是对自己或研究小组一个阶段的研究工作进行小结,以便发现问题并及时纠正,同时对前段工作给予肯定,以利下一阶段工作的开展;目的之二是向上级科研部门汇报研究工作,寻求指导;目的之三是展示自己或科研小组的阶段性研究成果。

第五节 怎样做好职业教育教科研课题研究的阶段性总结

"不积跬步,无以至千里,不积小流,无以成江海。"日常的积累是课题成功的保证。因此每一位课题研究者都要认真地做好阶段性总结工作。

一、阶段性总结的内容

课题研究的阶段性总结主要的体现形式就是阶段性总结报告。课题研究的阶段性总结报告是指课题在完成研究计划中的某一分阶段任务后进行的书面总结,主要是用于汇报课题研究进展情况,它通常含有课题研究的准备工作、课题研究运作情况和课题研究初步成效及存在问题。

课题准备工作包括课题研究背景资料的收集、相关课题研究情况的动态、课题的学习研讨准备等。

课题的运作情况包括课题开始操作的学期工作计划(因为老师工作的特殊性,很多教师的研究计划都是按学期来制订的,所以其中的课题研究工作日历既可单独制定,也可融入学校教研工作计划中,做到研究工作化,工作研究化),和有关的课题活动安排和记录等。

课题研究的初步成效是指课题研究中开展的各项活动(如上课题实践课,组织师生进行的课题研究活动)和课题研究中遇到的问题及困惑。问题和困惑客观方面有人、财、物及时间上的问题,主观方面有研究者理论水平和科研经验及课题本身存在的不足等。

课题阶段总结报告的内容不必像课题结题报告那样规范,但必须从上述三方面去撰写,力求客观真实,条理清楚,便于汇报。

二、阶段性总结的要求

总体上,要提升总结层次,增加科研含量。课题总结一般包括三个层次:具体经验总结、一般性概括总结和科学经验总结,而课题的阶段性总结主要侧重在具体经验总结和一般性概括总结。从目前教师做课题研究的情况来看,大多数教师的经验总结还处于具体经验总结水平。具体体现为总结的结构为"教育活动过程+效果+体会"模式。这种模式的基本操作是:把"教育活动过程"比较详细地记录下来,包括活动的目的、内容、准备、活动经过、师生参与情况;然后分析"效果",包括是否达到了活动目标、学生反映、收获;最后谈自己的"体会",包括教师感受、对活动优点、缺点的认识等等。这种总结模式的优点是叙事生动活泼,故事性强,具有可读性,易于教师掌握,也易于其他教师学习和参考。缺点是就事论事,理论性不强,经验借鉴的可迁移性不高,需要进一步提升。

要将具体经验总结上升到一般性概括总结,必须以具体经验总结为基础,从中概括出一般的工作形式,形成一般化的操作。一般性概括总结模式的基本结构是:① 一种教育活动(方法)的基本程序和举例;② 分析、提炼出这种教育活动(方法)的指导思想和优越性;③ 对开展此类教育活动(方法)实施范围和实施的具体建议。一般性概括总结带有一定的普适性,对于其他教师开展此类研究具有很高的迁移价值。

课题总结的最高层次是科学经验总结。通过课题科学经验总结,把课题研究经验上升到课题研究的理性认识层面。主要是对一般研究经验总结进行分析,揭示研究经验的实质,从而把研究经验上升为研究理论,进一步提升课题研究品质,这是课题研究的最高目标。

三、阶段性总结的基本步骤

首先,要有翔实的课题研究事实材料。总结必须从积累材料开始,以实践事实为依据,只有占有足够的事实材料,才能有效地总结。这包括案例,个案,教育教学活动的计划、教案、学生发展的材料、现场观察材料(如听课笔记、教学日记、录音、录像、调查材料)、执教人员的谈话记录、录音,有关研讨会的记录与述评,领导的反映,学生座谈与谈话记录等。材料积累必须真实,不能按事先构想的框架去挑选材料来证明某些观点。不能离开事实本来面貌,离开材料真实性无法得出科学结论,零碎不系统的材料可能"失真",把结论引入歧途。

其次,要建立科学可靠的理论支撑框架。通过文献研究,建立可靠的理论支撑点,经验总结要依据事实,但不是事实的简单堆砌,因为事实只能告诉我们是什么,而教科研关注"为什么"。为了对研究经验进行合理解释,需要有科学的学术理论做指导和支撑。因此,必须学习马克思主义哲学、教育学、心理学、课程改革有关理论,运用这些理论去解释经验,使结论有可靠的理论支撑。

最后,要梳理出课题研究阶段性经验与不足。一是要进行阶段性研究工作回顾,主要看阶段性既定目标是否达成,取得了哪些成果,收到了哪些成效,涌现了哪些典型,阶段性研究工作中存在哪些不足,研究过程中遇到了什么问题或困惑,对今后的课题研究有何启示。二是对课题研究阶段性成果进行分析归纳,如有效经验(做法)总结、专题研究论文、典型课例(案例)、优秀教育故事或教育随笔、数据类调查统计成果、学生的成长状况、教师的专业发展、学校的内涵发展、产生的社会效应等。在原有课题研究成果基础上,不断深入进行课题研究,对课题研究状况进行回顾和反思,对在过去的课题研究中存在的不足进行分析,充分认识自己课题研究的意图,从而为课题研究的深入开展打下扎实的基础。

第四章
用规范管理：职业教育教科研课题申报、评审与鉴定

> ◇研究真理可以有三个目的：当我们探索时，就要发现到真理；当我们找到时，就要证明真理；当我们审查时，就要把它同谬误区别开来。
> ——帕斯卡
> ◇我始终努力保持自己思想的自由，我可以放弃任何假说，无论是如何心爱的，只要事实证明它是不符。
> ——达尔文

【导读】

当前我国职业教育科学研究正处于一个新的历史时期，教科研管理工作的基本指导思想注重以质量为导向，以创新为灵魂，以服务社会为宗旨，从而提高职业教育研究的社会效益和研究水平，通过理论创新、观念创新、方法创新，实现数量增长型向质量提升型的转变。要实现这一转变，首先要求在管理方法、管理思路上发生一个相应的转变。探索一个以质量为导向的管理机制和管理体系。通过加强管理，把好进口关、过程关、出口关，提升课题研究的整体水平。

职业教育教科研工作是提高教育教学质量、培养高质量人才的保证。要实现职业教育教科研质量的提升必须要求以管理规范作为职业教育科研课题开展的基本前提。所谓规范，是指对活动内容、程序、方法明确规定的那些条例、章程、制度、标准、办法和守则等，具有明确性和强制性的特点。其中，明确性，是指它们告诉人们应当做什么，怎么做等；强制性是指它们对全体参与活动的人都有约束性。规范不是从来就有的，是人类活动发展到一定阶段的产物。

管理指社会组织中，为了实现预期的目标，以人为中心按一定理念进行的协调活动。用规范管理就是指用明确的章程、制度、标准等来协调主体的活动，以实现主体活动预期的目标。强调要规范管理，是为了实现预期的活动目标，管理的本质是协调，协调的中心是人，而协调需要借助一定的程序和方法。所以，当某种规范被越来越多的社会成员所

确认和接受以后，为了求得更大范围内的认同，需要通过管理来实现这种活动的规范化和制度化。同理，职业教育教科研管理者为了充分发挥教科研的效益，促进职业教育教科研事业的健康发展，必须要用规范来开展以职业教育科研工作者为中心的一系列组织协调活动。

职业教育教科研管理的内容相当广泛，可以从不同角度对它进行分析。从管理内容所属的层次看，可分为宏观、中观、微观三个层次；从管理所涉及的教育科研活动的任务看，可分为规划管理、过程管理、成果管理；从管理所指向的具体对象的本质特征来看，可分为课题管理、经费管理、队伍管理、信息管理；从规范课题管理的流程看，可分为立项管理、中期管理、结题管理和自我管理等。本章主要探讨如何规范教育科研课题流程，加强教育科研领导机构对教育科研课题的立项申报、过程评价和结题鉴定的管理。

第一节　如何进行职业教育教科研课题的立项申报

职业教育教科研作为教育科研的重要组成部分，其课题管理亦从属于教育科研课题管理的范畴，具有共通性的一般特点和要求。教育科研课题的申报具有明确的目的性，必须从课题研究的实际出发，并且要有特色，只有这样，课题才有旺盛的生命力。职业教育教科研课题，其立项申报要求规范、实用与可行，这就要求判断课题研究的理论基础是否坚实、研究目标是否明确、研究方法是否科学、研究计划是否可行。唯其如此，课题立项才有意义，也才有方向。

一、职业教育教科研课题的管理级别

教育领域教科研课题数量庞大，研究内容来自教育的不同领域，这决定了管理必须分类进行，设定规范的管理级别就是实施分类管理的措施之一。职业教育教科研课题属于教育科研课题的范畴，其管理制度与级别基本等同于教育科研课题。这里所指称的职业教育教科研课题的管理级别，一般是指该项科研课题主管部门的行政级别。目前我国职业教育教科研课题的管理级别可分为国家级课题、省部级课题、市级课题、县（区）级课题以及校级课题。高等院校（包括职业技术学院等）除校级课题外，还有院、系级课题。在教育科研机构中还有院、所级课题。

职业教育教科研课题的管理级别的不同，主要体现在该项教科研课题的主管部门不同，即教科研课题下达、申报、立项、经费资助、检查、结题和成果鉴定、结果审批的部门不同，并不一定反映课题研究重要程度的差别。通常，一项研究课题或成果的价值高低，不

能单纯从其主管部门的行政级别判断，而更应看其对教育理论与教育实践发展的实际价值。目前有一不良倾向，似乎只有教育行政部门下达的立项课题才是正式的教育科研课题，其成果也才能得到认可。其实，许多教育学术组织管理的课题也是应该得到认可的课题，那些规范管理的学术组织的课题甚至在某种程度上超过了某些教育行政管理的课题。更不能说，教育行政级别愈高，发布的课题价值就愈大。有些教师自选课题什么级别也没有，但其对教育改革与发展的促进作用得到了同行与学生及其家长的高度认可。

二、职业教育教科研课题的类型

教科研课题的类型是指按照一定标准划分的课题种类。职业教育教科研课题的类型是职业教育教科研课题的不同种类。职业教育教科研课题通常有以下几种分类方法。

（一）按研究的领域分类，可分为职业教育基础研究和职业教育的应用、开发研究

1. 基础研究

基础研究是指那些重在理论上揭示教育现象的本质，阐明职业教育的客观规律，概括职业教育的基本教育理论原则，发展和完善职业教育科学理论的研究。这类研究往往是在寻找反映客观规律的新事实，发现新的理论和重新评价原有理论，它回答的是"为什么"的问题，具有高度的抽象性、理论的体系性、效益的长期性和研究的连接性等特点。例如：关于职业教育本质、职业教育目的论、职业教育教学过程规律、职业教育评价性等的研究，其目的在于建立具有中国特色的现代职业教育科学理论。

2. 应用研究

应用研究是针对某一具体的实际应用目标而进行的科学实验和技术性研究，是把职业教育科学的基本理论知识转化为职业教育的技能、方法、手段和方案的科学探索活动。它使职业教育理论同其实践结合起来，实现某种具体和预定的目标。应用研究是回答"是什么"的问题，直接解决职业教育管理和改革中的实践问题，是理论联系实际的关键环节。其研究特点是使基础理论研究成果具体化和实用化。目前绝大多数职业教育研究是应用性研究，例如：人才培养方案研究、课程与教学标准研究、学业评价改革研究、学生流失的调查与对策研究、学生心理健康教育研究、教师专业化研究等。

3. 开发研究

开发研究主要是利用职业教育领域相关应用研究的成果和有关技术与方法，进行新标准的研制，新产品的创造，新技术的研发，或者对原有标准、产品、技术等的改进和完善。这主要包括创新性职业教育人才培养方案、课程标准的研制，突破性教材、教学资源的研发以及新教学方法的探索等。随着当前职业教育与产业领域融合度的不断加深，产学研合作领域的开发研究也不断加强，一种以新产品研发或完成工程技术任务为内容而进行的研究活动，也正成为职业院校开发研究领域的重要组成部分。从职业院校的根本任务出发，职业院校的开发研究，还应当以提升教育教学和人才培养水平为旨归，产学研合作的产品和技术开发最终还必须转化为教育教学的相关内容，否则其价值值得怀疑。

（二）按研究层次分类，可分为职业教育宏观研究、中观研究和微观研究

1．宏观研究

宏观研究是对职业教育系统较大范围内的具有整体性、综合性、系统性特征的研究。它包括两个方面：一是职业教育与外部的关系，如职业教育与政治经济，职业教育与社会发展，职业教育与人口，职业教育与其他类型教育等关系研究；二是职业教育内部带有全面性问题的研究，如职业教育事业发展、职业教育资源分配的公平性、职业教育结构、职业教育管理、职业教育投入等研究。

2．中观研究

中观研究是介于宏观研究和微观研究之间的研究，它是对某一范围、某一个领域、某一方面职业教育理论和实践的研究。例如中等职业教育研究、高等职业教育研究、职业教育教师发展研究、职业教育专业建设研究、职业教育课程改革研究等。

3．微观研究

微观研究是对职业教育问题某个单独因素进行具体细致的研究，这种研究立足教育、教学活动中的实际，往往是针对某一个问题展开的研究，如新时期职业学校德育工作的研究、职业学校学生厌学心理研究、职业学校某类课程教学模式研究等。

（三）按研究的性质分类，可分为职业教育的阐释性研究、综述性研究和创造性研究

1．阐释性研究

阐释性研究是一种简单的研究，它是将职业教育现象和已有的职业教育规律和理论，通过自己的理解和验证给予解释的职业教育研究活动。阐释性研究对教育及职业教育规律与理论的解释是通过对各种教育理论的一般叙述来进行的，因此，更多的是在解释别人的论证。虽然阐释性研究是简单的研究，但在职业教育教科研中又是必不可少的研究。它能定向地提出职业教育领域中的问题，揭示弊端，描述现象，介绍经验。此类研究在职业教育科研活动中经常使用，如揭示问题的职业教育调查、对实际问题的说明、对某些现状的评价等都属于阐释性研究。

2．综述性研究

综述性研究也是职业教育研究工作中经常使用的一类研究。它是把分散、不全面的观点综合在一起，形成整体的系统的观点的研究。它所研究的对象不是单一的事件，不是某一种情况，而是某些现象或某一事物的诸多方面。不少研究人员认为，综述性研究是对知识的加工活动，这种加工包括贮存、分析、鉴别、整理，从而使零散的知识系统化、体系化。综述性研究成果往往是对某个职业教育规律的认识，是在一定范围内进行调查

或实验的基础上对某一职业教育问题的比较全面系统的认识。

3．创造性研究

创造性研究是高层次的教育研究活动。此类研究要求相对较高，它是用已知的教育信息，通过推理创造出新知识，产生出新颖而独特的成果，这是一种对职业教育教学的实际价值或理论意义具有革新性的研究。其成果通常表现为一种新观念、新设想、新理论，或表现为一项新方法、新技能，也可以是其他表现形式。

总体而言，职业院校教师所开展的教科研课题研究，主要集中在应用研究、开发研究领域，从层次上看主要属于中观研究、微观研究，就性质而言则主要为阐释性研究、创造性研究。我们需要根据这些研究的特点与要求进行科学的研究设计和组织推进。

三、职业教育教科研课题的申报要求

职业教育教科研课题研究，是一种正式的、有组织的研究，这区别于个人基于一般兴趣所开展的研究活动。课题研究通常有相对规范的科学、制度要求和组织程序。首先，课题研究要履行规范的申报程序，其要求主要包括立项申报渠道、立项申报程序、立项申报内容等。

（一）职业教育教科研课题立项申报渠道

立项申报工作是职业教育教科研课题研究的起始工作，它往往是在选题的基础上进行。目前，我国科研课题的申报渠道有很多。概括而言，不外乎从系统内外两个方面申报。

一是向本单位申报。即根据本单位的科研工作计划，选择1—2个适合本人或本教研组人员研究的课题，经论证和评选后给予立项，有条件的学校还会给予一定的科研经费支持。这是不少单位开展教科研工作的重要渠道和方式。它可以把教师有效组织到教育研究活动中来，既能为繁荣教育科学做贡献，又能有效地锻炼培养教师，促进教育教学质量的提高。正因此，近年来我国不少中、高等职业学校都很重视这一工作，成立了科研处或研究所，还专门拨出科研经费或筹措一定的专项基金用于该项工作，同时，制订专门教科研工作计划，有效组织和开展教科研工作，大力培养学科建设和教科研工作带头人，值得肯定和坚持。

二是通过外部渠道申报。即可经多种渠道向外申报各级各类教科研课题或项目。如果申报的课题能够引起重视并给予正式立项，往往会得到一定的经费支持。通过外部渠道申报教科研课题渠道广、机会多，是一个人或一个单位开展重大科研工作的主要渠道。例如，我国教育部、各省市每年都有教育科学规划课题的申报机会，在每一个五年计划的起始年还会集中一大批教育科研课题或项目供选择申报；平时实行滚动式研究申

报制度,即留有一定量的课题或项目投放在五年计划的每一年中供选择申报。各级教育行政部门的研究机构还会面向区域内职业院校设立专门性的职业教育科研课题或教学改革研究课题,如江苏省教育科学研究院专门设立职业教育教学改革研究课题,鼓励广大教师立足教育教学实践开展课题研究。此外,我国各地学术组织一般也会组织一定的教育科研课题申报活动,如教育学会、陶行知研究会、心理学会等。

通过外部渠道申报教育科研课题虽然是个人或单位开展重大科研工作的主渠道,但是任何一个单位,要真正把教科研工作搞上去并做到持之以恒,绝对不能仅仅依赖于向外申报课题或项目,而应该立足校内开展校本研究。因为教师立足本校开展的研究,情况明,目标近,时间利用方便,且申报立项也容易,此类研究更适合教师业余时间进行。

(二)职业教育教科研课题立项申报程序

职业教育教科研课题立项申报程序,与其他类教育科研课题类同,大致包括以下环节:确定选题→围绕选题展开调研和准备相关材料→确定内容及目标→按相应课题管理要求填写立项申请书并撰写有关的申请材料→本单位审查确认(加盖公章、签署意见)→主管部门审查确认(加盖公章、签署意见)→报送教育研究课题计划管理终级渠道单位(如省市部门、国家部门)→组织专家论证审定或管理部门审定→课题审批后下达立项与任务通知书→立项管理单位与承担单位或个人(主持人)签订课题合同→划拨课题经费→承担单位或个人(主持人)组织实施。

以上程序主要为向外申报项目的一般情况,不同地区不同学术组织对此的规定有所差异,这是允许的。各单位内部课题申报流程和立项管理办法与上述程序基本相似,只不过会简单些。

职业教育研究课题申报立项必须注意三个方面的问题。一是选题要符合计划下达机构的要求,即"对路子",有的选题可能很有价值,但不对路子就不能被批准立项。二是选题也要符合本单位或个人(主持人)的实际条件。通常情况下,职业院校教师由于教学任务重,教育研究精力不足,申报基础理论研究课题就不太适合,而选择简易的教育应用课题往往容易成功。三是申报要符合计划下达机构规定的具体时间期限要求。

(三)职业教育教科研课题申报的内容要求

职业教育教科研课题申报渠道不同,其内容要求也不完全相同。其中,立项申请书是必不可少的,有的还要求附有相应的详细可行性研究报告、电子文件、立项论证答辩等,有的还可以进行网上申报。立项申请书的内容要求一般应包括以下几个方面:课题名称,课题类别,主持人基本情况,起止年限,填报时间,课题研究目的意义,该课题国内外研究的现状与趋势,主要研究内容,研究方法、技术路线,研究进度安排,课题研究具备的条件,课题组成员在课题组中的分工,经费预算及其用途。有的还需要交代本课题研究的创新之处以及成果应用后的社会效益等。

（四）职业教育教科研课题的论证内容与技术

职业教育教科研课题的论证是一项十分重要的教科研管理工作。所谓职业教育教科研课题的论证就是对所选课题及其研究的设计进行推敲和斟酌的过程。通过论证进一步明确研究什么，为什么研究和怎样研究等问题，揭示出选题中的科学性、实用性与操作性，完善课题研究方案，为课题研究扫除认识障碍。

职业教育教科研课题论证时一般可由两部分人组成——职业教育理论工作者、职业教育经验丰富的实际工作者，他们一起论证可以发挥优势互补的作用。课题论证的内容包括：课题名称概括是否正确，立项的方向是否明确，研究目标与内容是否吻合，研究的理论与事实依据是否可靠，研究的价值是否能够实现，课题组人员分工是否合理，时间安排是否恰当，对预期成果的设计是否可行等。

课题论证的技术一般包括调查、分析、推理、评价、预测、证明等。调查主要是看本课题研究是否与别人的研究完全重复。分析、推理主要是论证本课题研究能否实现预期的价值与研究目标。预测指对研究时间的安排、经费的需求等条件做进一步核实，使其更趋准确。评价与证明指对研究选题的价值做出客观的评定，为课题研究活动的真正实施探路和奠基。

第二节　如何进行职业教育教科研课题研究的自我管理

目前我国各级职业教育教科研课题主要实行课题主持人负责制，建立这一制度的重要原因之一就在于通过课题主持人切实加强对本课题研究过程的内部管理，即实行教科研课题的自我管理。这既是课题主持人的自主权力，更是一份义不容辞的责任。结合课题各自情况，充分发挥课题主持人的能动作用，加强课题的自我管理，这是体现学术自由，并把课题研究工作落到实处，提高课题研究实效和成果品位的基本前提和重要保证，也就是说，课题做得好不好，关键要看课题主持人的课题自主意识强不强，实施课题研究的自我管理工作是否真正到位。因此，实施对各级职业教育教科研课题的全面质量管理，除课题主管部门加强对课题的宏观管理外，必须十分重视并落实好课题主持人及其课题单位有效的课题自我管理。[1]

---

[1] 黄宜锋，陈坚，梁陆元.省级教育科研规划课题的自我管理[J].当代教育论坛，2005(24).

一、课题自我管理的主要内容

职业教育教科研课题的自我管理体现了课题研究的主体性,是权与责的有机统一,在课题管理实践中自我管理的内容往往涉及课题研究的方方面面,主要有如下几点。

(一)课题设计的自我管理

任何工作的顺利开展都离不开顶层的设计,也就是说,在高层面设计是为了在低层面科学地运作。缺乏设计的课题研究不只是方向性的缺失,在其他方面也较易产生问题。因此,课题组成员的配置、研究技术路线的确立、研究方法与手段的选择、研究成果的预期等都依赖设计工作。所以,设计是课题研究的基础。课题研究要有特色,并能出成果,关键是要看课题研究的理论依据是否充分,研究方法是否科学,研究目标、内容是否明确,研究步骤、计划是否切实可行。这些事关课题研究成败的关键问题把握住了,课题研究工作就有了方向,有了航标。课题研究基础的奠定,是课题研究自我管理的第一要务。而这一切,都是课题设计阶段所应解决的问题。

毋庸置疑,课题研究者首先是课题组负责人或主持人,要认真做好课题设计阶段的自我管理,精心设计好课题,提高课题设计的质量和水平。

(二)课题研究难点的突破

课题研究本身就是一项探索性工作,在研究过程中碰到各种困难或问题是难免的。真正有意义的课题往往是价值与困难同在。难点问题的存在既有研究者主观的原因,也有研究环境的客观因素,更多的则是由课题所涉及的理论与实践问题空间所决定的。突破课题研究的难点,不仅是课题顺利开展的必要条件,而且在克服困难的过程中有较多的可能生成研究的新的意义。作为自我管理的环节之一,对于研究难点需要课题研究者特别是课题负责人或主持人协调研究力量,寻求解决研究难点的合理路径。

课题研究是一项求真务实的智力劳动,要靠有思想、有学识的人去完成各项研究任务。因此,要从课题研究的实际出发,物色好研究人员,组织研究队伍并根据各人的特长爱好、兴趣及研究基础,分工合作,攻克课题研究难点,确保研究工作的顺利进行。

(三)课题组成员的组织管理

教科研课题研究能否取得预期目标并获得理想的成果,首先依赖于课题组成员的研究水平和投入程度,因此,课题组成员的组织与管理是保证课题研究取得高水平成果的重要基础。一般而言,课题主持人要根据课题研究的选题领域、研究问题、目标定位、研究方法和成果形式等组织相关人员组成课题组。科学的人员构成和组织,是课题组整体水平的根本保证。职业教育教科研课题通常是相关主持人基于研究的相关领域或学科问题,邀请相关校内外同行、行业企业专家以及教育教学专家等组成课题组。课题组除了内部成员的集体研讨和按计划推进研究,通常还需要邀请相关领域专家对研究工作进行指导,确保课题研究沿着正确的方向进行,确保在相应时间内完成预定的研究工作。

课题组在课题研究期间,包括申报前期等阶段,需要科学、规范、有序的管理。其中,课题组的分工是首要任务。课题组一般会根据研究的目标、任务等将课题组再划分为若干子课题组,从而形成总课题组、子课题组的基本结构。课题主持人是课题组的核心和召集人,主要负责整个课题研究的策划、组织、协调、目标考核工作,及时了解课题研究的进展,解决课题研究中存在的问题,同时还需要及时提交阶段研究工作报告和下阶段研究工作计划,有序推进研究工作的进行,并根据需要组织开展课题组成员的理论学习、专题研讨、教学观摩、经验交流等,安排相关人员做好记录。课题组成员需要遵守课题研究管理要求,根据课题研究设计和计划按时按质完成承担的研究任务,认真学习领会《开题报告》《课题实施方案》和课题阶段研究方案,明确研究的目标、任务、方案和内容,领会具体课题研究的独特意义、内涵、价值和方法等,积极参加学校和学科课题组组织的集体研究学习活动,接受课题领导小组指导、检查和考核,并根据课题组要求主动收集资料,专题学习,开展调研和数据分析,特别是将研究活动常态化,在教育教学各环节,特别是课堂教学实践中,加强科学、规范的反思和系统性研究,既为课题研究积累翔实的素材,也及时进行梳理和形成专题性成果或总结性成果。

(四)课题经费的自我管理

一般说来,课题研究的经费管理涉及两个方面的任务:一是积极筹集教科研经费;二是合理使用好教科研经费。无论是资助课题还是非资助课题,均有一个筹措资金和合理使用经费的问题。巧妇难为无米之炊,课题主持人要做到兵马未动,粮草先行。一方面要善于用足用好有关政策,另一方面,还要以真诚的研究行动,争取有关方面的重视和支持。要按照诚信的要求,落实配套的研究经费和经费筹措承诺的兑现。课题组要量入为出,本着节约的原则管好用好有限的研究经费,以最少的投入获得最大的研究效益。

经验表明,在课题经费的管理方面最容易出现的问题是自筹经费不到位和有限的课题经费的使用不合理,这都会制约课题研究的进程和成果的取得。因此,为了保证课题经费的来源畅通,经费使用科学合理,课题单位除了严格按照承诺保证经费到位外,还应支持和督促课题负责人或主持人,根据课题研究的实际需要,拟定课题经费的内部使用条例,调动课题研究各有关方面的教科研积极性,确保研究计划的顺利实施。

(五)课题阶段性任务的自查

为了保证课题研究有计划、按步骤地稳定实施,必须做好课题阶段性研究任务的自我检查、验收。在课题研究进入新一阶段工作前,主持人要及时对前段研究工作进行阶段性小结和成果验收,并帮助各子课题解决在研究中碰到的实际困难和问题。特别是课题研究进入中期时,要配合上级教科研主管部门,做好课题研究的中期检查工作。

积极进行课题研究的工作小结和阶段性成果的自我查验，可以起到查漏补缺的作用，较好地克服过去在课题研究工作中出现的重结果轻过程的弊端，能进一步强化课题研究精品意识和时限观念，坚持课题管理要"一切为课题服务，一切以事实说话，一切以预防为主"的"三一"理念，做到课题研究有设计、有检查、有落实、有调控，扎扎实实地如期如质完成各项研究任务。

（六）课题研究过程中的反馈改进

在课题研究过程中，课题负责人或主持人要根据研究过程中可能出现或已经出现的这样或那样的新情况、新问题，不断调整研究思路和方法，充实研究力量，持续改进研究工作。这是确保课题研究工作能够与时俱进，多出成果的需要。

例如，20世纪90年代申报的"职业学校宽基础、活模块教学模式实践研究"课题，主要是以当时的职业教育理论和实践为指导设计的。但随着新课程改革的实施，职业教育课程教学理论有了新发展，原有的设计已有明显不足。因此，课题组应该以新课程理念为指导，对研究设计的原方案做必要的修订，这是规范管理教科研课题的必然要求。当然，在调整设计方案过程中，如发生课题主持人变动、研究方向和内容做了重大调整的，还需按课题管理办法的要求，及时报上级教科研主管部门批准与备案。

（七）课题资料的收集和档案管理

课题研究开始后，实际上也就开始了事实资料的收集工作。课题组负责人或主持人除了带领课题组成员按计划进行调查、访问、实验或开展行动研究外，还应安排专人及时做好事实资料的观察记录与收集整理工作，并且要做好课题研究资料的档案管理工作。因此，要提高课题研究的可信度，在立项伊始，就要区别不同课题，按照"文书资料""实施决策""经验材料""研究论文""调查报告""个案材料""成果推广应用"等方面分门别类地收集、整理课题资料，并建立课题档案。经验表明，这是课题研究全过程的基础性工作，切不可忽视，马虎了事。在以往不少课题研究活动中，对该项工作的重视是不够的。有的课题研究全过程都没有任何资料积累，有的甚至课题结题时才东拼西凑，甚至笔下生花杜撰出数据与材料，严重违背了科学研究的原则。这些现象应引起研究者足够的重视。

课题组的资料收集和管理，与课题管理部门的研究及成果档案管理有区别。一般说来，教科研课题管理部门的课题档案资料包括：① 课题设计方案实施计划；②《项目申请议定书》；③《课题论证鉴定书》；④ 论证材料；⑤ 调查、实验等测试材料；⑥ 研究过程获得的调查、实验等结果的汇总材料；⑦ 课题实施情况汇报表；⑧ 研究成果；⑨ 经费决算报告；⑩ 课题主要情报资料或情报综述；⑪ 课题成果鉴定材料；⑫ 课题推广情况或推广建议；⑬ 课题结题表。这些材料需要根据相应主管部门的要求做好自我管理，或委托相应管理机构进行建档管理。对于需要提交管理部门的材料，课题组务必按要求提交相应材料。这是进一步推广研究成果，或不断深化课题研究的重要方式，不仅有利于更多研究者及时、准确了解相关领域或专题研究的同行进展与主要结论，而且有利于课题管理部门不断总结经验，在把握整体研究状况和水平的基础上，不断改进管理模式和研究方式，提高研究成效。

二、课题自我管理的主要方式

实施课题自我管理，必须采用符合课题研究特点的管理方式，使相关管理工作落到实处。

（一）课题的查新管理

查新是职业教育教科研的重要方面，对提高教科研管理的科学化、规范化水平，减少职业教育教科研课题的低水平重复具有重要价值。通过查新可以保证课题的新颖性、可行性。查新是由相关人员拟定检索词、制定检索策略，恰如其分地表述课题的创新的性质和层次。在查新时要注意任何检索的数据库都不能涵盖全部文献，如果将多种数据库结合使用，可以最大程度确证检索率。在查新出现已有类似或相同的题目与文献时，并不意味着所要研究的课题立项缺乏必要性，此时要在课题研究的深度、研究技术路线、方法手段等方面辨别在研课题与已有课题的实质差异，从而对在研课题的性质做出基本的判断。当然，即使在研课题与已有课题在题目上不同并不代表它们之间就具备实质差异，如果属于重复研究就说明立项缺乏可靠依据。

（二）主要环节的论证会

课题研究需要研究主体的积极参与，而不是由外部力量强制规约。开题论证不仅是由课题管理者对课题可行性的一种外部检验，同时也应当是课题研究者在初期进行自我评价和改进、完善的工作节点。可以说，开题论证工作的优劣高下，是衡量课题自我管理质量的重要标准，也是做好课题研究的前提，绝不能认为是一种可有可无的形式，而是具有实际意义的工作步骤。

开题论证会是在课题组长的主持下，对课题申报时所设计的方案和计划进行可行性论证，是课题组在正式开展研究工作前的一次业务研讨会和培训会。通过研讨论证，进一步加深对研究课题的认识，拓展研究思路，铺平课题研究的道路，使课题研究工作少走或不走弯路，起到事半功倍的作用。因此，所有的立项课题特别是省级及以上重点课题，都要请同行专家或组织课题组成员在规定的时限内做好开题论证工作。

从课题研究管理的角度讲，开题论证会要围绕为什么要研究和怎样去研究这个课题的根本问题展开，至少要做好以下三件事。

第一，明确课题研究的目标、价值、主要内容及方法，使参与课题研究的人员对重点与难点的研究问题及研究路线、途径都做到心中有数。

第二，明确研究分工，使课题研究的每个参与者对自己在课题组中的职责以及各阶段的研究任务都十分清楚。

第三，明确每个研究阶段的活动安排及其经费预算，宣布课题经费的使用与管理办法。

此外，课题研究往往还需要邀请专家开好中期检查论证会和结题专家论证会。其中，中期检查论证会主要是基于对立项开题论证会后一段时间以来研究开展及进展情况的论证，为研究中发现或产生的新问题、新困惑等进行专家研讨和指导，及时调整研究思路或改进研究方法等，对研究方案进行进一步的完善或修正，确保后续研究的有效开展。

最后是结题专家论证会，这是对整个研究过程和成果的专门化专家论证，是最终评价研究工作科学性、规范性，对研究的信度、效度以及成果的质量与水平、推广价值和社会影响力等诸方面进行的综合性论证、评判。结题专家论证会通常会提供课题研究及成果水平的评价结论与准予结题与否的建议，对暂缓结题的研究课题可能还会给出延期结题的改进性建议或指导。这是课题研究在最后环节确保研究质量的重要环节，也是课题研究形成有价值成果的重要管理方式。

（三）做好课题研究各阶段性工作的检查

要树立课题研究的过程意识。课题研究进入每一新阶段时，课题负责人要对照研究工作计划，对前一阶段的研究工作进行回顾。通过逐项检查，研讨问题，明了该课题研究取得了哪些阶段性成果，还存在哪些问题，是否按照开题论证后修订的研究方案和计划在有序地推进研究工作，以便及时发现问题，解决问题。

做好课题研究各阶段性工作的检查，目的是要让研究成果成为研究过程的自然产物，避免出现课题研究时限快到了，再去突击性地拼凑课题成果的虚假做法。

（四）定期召开学术研讨会

课题研究单位及课题组根据课题研究的需要，及时召开相关理论学习和学术专题研讨会，是保证课题研究质量的重要举措。

在召开课题学术研讨会前，课题主持人要精心组织，并做好相关准备工作。或事先提出主题，请相关专家到会讲学、指导；或就重点、难点问题，有争议的问题，让课题组成员进行深入研讨和交流。通过研讨和交流，不断加强课题组成员的业务培训，提高研究水平和能力，集思广益，取得课题研究的新成果。

（五）定期进行信息交流

在信息社会，教育科研应尽量充分利用各种信息手段帮助实施对课题研究的管理，其具体做法如下。首先，课题负责人或主持人应带领课题组全体人员通过调查明确本课题研究的全部工作，在此基础上讨论制定出本课题研究各环节的绩效指标，将本课题研究的目标经过层层分解从而形成可操作与评价的行为目标，用以衡量、反应、评估各个研究环节的研究进展状况。

其次,要求全体研究人员定期将本环节的研究工作情况与效果在网上与课题负责人或主持人进行交流,以便让课题负责人或主持人随时掌握整个课题的研究情况和初步效果。必要时,随时对研究工作做出调整。

再次,课题负责人或主持人可将课题组成员在研究工作中出现的创新思想或措施通过网站予以介绍,以便启发其他同志,做到相互交流,共同提高。实现研究的理论创新、观念创新、方法创新。

三、课题自我管理的基本要求

第一,落实课题研究计划必须具体。课题计划申报立项后,要将原有的设计方案进一步细化,制订出分阶段落实的具体计划并进行合理的组织分工,将研究任务落实到人,做到任务到人,权责到位。

第二,课题研究队伍培训必须扎实有效。课题研究计划申报批准后,课题单位及课题组负责人要组织全体研究人员和有关教师学习讨论课题方案,使他们熟悉研究计划目标,明确自己的任务和操作要点,能够正确地按设计的要求进行操作。必要时,在课题研究的每一个阶段开始时都应该组织全体研究人员进行学习,使他们对每一阶段的研究任务及其方法都有比较清醒的认识与掌握。这样做不仅保证了课题研究的速度和质量,同时,对提高研究队伍的研究能力也是十分有效的。

第三,扎实开展研究活动,不搞花架子。在课题实施过程中,课题组负责人要深入现场,检查研究情况,力争操作符合要求,扎扎实实地进行,防止搭花架子走过场。有的学校为了能够申报某一星级学校,千方百计争到某一级课题,然后束之高阁,到时候,请几个专家到场写几句好话,就算结题。这不仅养成了不良的社会风气,也影响了教育科学的发展。

第四,做好研究资料的管理工作。对收集到的研究材料和数据资料要求及时积累、整理、归档,有专人负责。

第五,做好经费管理工作。要有计划地安排经费,以保证研究工作正常进行。同时要科学合理地使用经费。

第六,按时结题,认真履行结题手续。如因特殊原因不能按时完成的,须打"延期报告",延期时间最长不超过一年。

总之,课题研究的自我管理,是课题全面质量管理中的重要组成部分。随着整个课题管理工作的改革与创新,课题研究的自我管理将会并一定能在实践中得到不断完善和加强。

第三节　如何进行职业教育教科研课题研究的过程评价与管理

这些年,我国职业教育研究声势日隆,但总体上优秀科研成果不多。有人用"花繁果稀"形容我国近年的职业教育教科研的非理想状况,应该说是有一定道理的。鉴于此,加强职业教育教科研课题研究过程评价与管理就显得极有必要。

一、职业教育教科研课题研究的过程评价

教科研课题的研究过程是指科研课题立项后组织实施直至推出科研成果这一阶段。传统的职业教育教科研课题管理模式存在着"重两头、轻中间"的现象,即重视教科研项目的立项申请和研究成果的鉴定报奖,忽视项目实施过程的管理,出现了课题"申请难、交差易"或"积极立项、不积极研究"的状况。为此,各级教科研管理部门从教科研课题实施过程管理入手,加强对课题实施过程质量评价,从而在课题实施过程中对预期成果前转化状态进行有效调控,促进预期成果在"过程"中"优育"。有关这些问题,我国有学者已从专业技术层面对各类职业教育课题研究做了专题研究与系统开发。①

(一) 职业教育教科研课题实施过程质量评价指标体系的建立原则

目的性原则。总体而言,评价是一种社会行为。课题评价应紧紧围绕课题实施的全过程展开,在不同阶段应有评价的不同活动,确保评价的针对性。职业教育课题管理机构在制定评价指标体系时必须予以充分注意。例如,若评价目的是立项评审,则其指标应重点体现立论依据、研究的基础条件、研究效率等内容;若评价课题实施过程的质量,则指标体系应着重从项目计划完成情况以及实现下一阶段研究目标的可能性等内容出发。

科学性原则。这是课题研究评价结果准确合理的基础。要求指标尽可能准确反映课题实施过程中某一阶段的工作特征,含义要准确清晰,指标体系中各指标之间不应有很强的相关性,不应出现过多的信息包容、交叉。

适用性原则。即职业教育课题评价的指标体系设计应考虑现实的可行性,应适应于评估活动对时间、成本的限制,适应于评价人员对指标的理解和判断能力,适应于信息资料的收集。要求指标体系精炼简明,易于理解,易于操作,特别是那些与指标相关的信息应易于采集。

系统性原则。这条原则要求所建立的职业教育课题研究评估指标体系应围绕评估

---

① 陈光伟,周世伟.科研项目实施过程质量评价指标体系与模型研究[J].研究与发展管理,2003(3).

目的,全面反映课题研究全过程各阶段各方面工作的属性,不能遗漏重要方面或有所偏颇。但系统性原则是针对评估目的而言的,并不要求指标包罗万象、越多越好。

(二)职业教育教科研课题实施过程质量评价指标体系的建立

1. 职业教育教科研项目实施过程资料调研

为了解教科研课题实施过程中的影响因素,结合文献资料及专家咨询,可设计课题实施过程资料调查表,包括:① 课题基本状况,如研究人员组成、研究经费、任务来源、研究类型、研究周期等。此类问题的调查与课题申请书中有关内容是基本相同的。② 课题研究结果,如发表的论文、获奖情况、专著出版情况、人才培养、经济效益与社会效益等。③ 课题实施过程情况,如是否进行文献查对,是否进行课题评价及评价时间,是否调整过研究计划及调整的主要原因。④ 其他需要说明的问题,由专家对调查表中未说明的内容进行补充。

职业教育课题研究管理离不开借鉴和运用教育科研课题管理和评价的一般原则和方法。陈光伟、周世伟等在其课题研究中共收集了各类项目48个。通过分析,确定了影响项目实施过程的主要因素,包括课题组人员组成结构是否适应课题研究、研究经费是否充足、物资信息保障是否可靠、课题研究所用的技术方法是否先进等。①

2. 职业教育教科研课题实施过程影响因素的系统分析

职业教育教科研课题实施过程中,影响其质量的因素既有内因,亦有外因。内因是指科研主体自身因素,如选题的先进性、科学性,预期成果的适需性、效益性等指标。外因一是指研究的基础条件,如课题组构成是否合理、研究经费是否充足、物资保障是否有力、信息来源是否通畅、所用技术方法是否先进;二是指外部环境适应性,包括预期研究成果是否能适应社会需求变化,有没有违反国家和地方法律法规,是否有利于环境保护,以及人群心理接受程度等;三是课题实施过程的管理水平,如人员、经费、物资、信息等管理。内因和外因共同作用,影响科研课题实施过程质量(见图4-1)。②

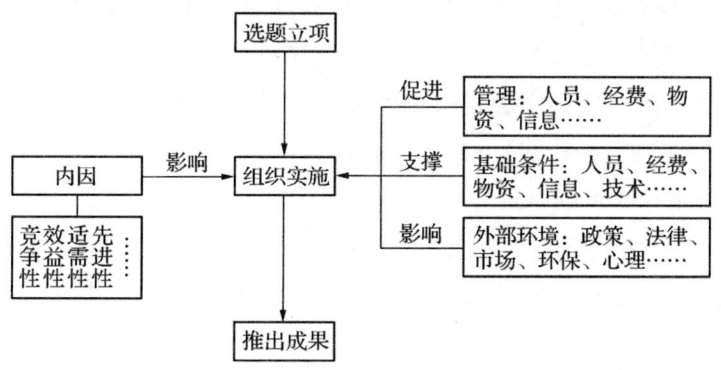

图4-1 科研课题实施过程质量影响因素的系统分析

---

①② 陈光伟,周世伟.科研项目实施过程质量评价指标体系与模型研究[J].研究与发展管理,2003(3).

3. 职业教育教科研课题实施过程质量评价指标的初建

职业教育教科研课题过程质量评价总体上与一般性教育课题过程质量评价类似。有学者认为,根据科研课题实施过程资料调研及影响因素的系统分析,结合专家咨询,课题管理机构可以初步建立科研课题实施过程质量评价树状指标体系,这一树状指标体系包括完成情况、支撑条件、环境适应性、管理水平等各级指标,这些指标可以分别用 F_1、F_2、F_3、F_4 来表示。①

(1) F_1:主要体现教科研课题自身实施状况,包括完成进度和质量两个级指标。"完成进度"主要依据科研课题立项的合同计划书评判,"完成质量"主要依据阶段目标完成的质量评判。

(2) F_2:主要体现完成下阶段目标的可能性及效率,属于教科研投入方面的内容,包括研究人员、研究经费、物资保障、信息保障、技术方法五个级指标。"研究人员"主要评价课题组的人员结构是否合理,能否从人力资源上保证项目的顺利实施;"研究经费"主要从财务角度衡量能否保障教科研课题的顺利完成;"物资保障"主要看研究的物资基础条件,包括实验器材状况、试剂的易获得程度等;"信息保障"主要看课题研究所需信息资料的可获取程度;"技术方法"主要体现研究技术方法的选择是否有利于课题实施过程质量的提高以及技术路线设计的可行性。

(3) F_3:主要体现课题预期成果对外部社会、政治、经济、法律、技术等方面的适应能力,包括发展战略、市场风险、法律规范、环境保护、社会心理等级指标。"经济发展战略"主要用于应用研究及开发研究;"科技发展战略"主要用于基础研究课题;"市场风险"主要体现课题预期研究成果在市场需求变化时的应变力,例如同期出现同类研究成果时课题所能采取的应变措施;"法律规范"主要看课题研究是否违反有关法律规范,以及预期研究成果是否违反法律规定;"环境保护"指标主要体现预期研究成果对环境保护的影响;"社会心理"指标主要体现预期研究成果的人群可接受程度,以及研究是否有违伦理道德等。

(4) F_4:主要体现课题实施过程的保证条件,设立此项指标的主要依据在于体现科学管理在保证课题实施过程质量方面的作用,包括人员、经费、物资、信息等级指标管理。

4. 各级评价指标权重的确定

运用层次分析法确定各级指标权重。陈光伟、周世伟等在其课题研究中集中了咨询专家 18 名,包括科研管理干部、科研人员及管理学家等。确定了各级指标的权重值,见表 4-1。②

---

①② 陈光伟,周世伟.科研项目实施过程质量评价指标体系与模型研究[J].研究与发展管理,2003(3).

表 4-1 科研项目实施过程质量评价指标权重

Ⅰ级指标	Ⅰ级指标权重	Ⅱ级指标	Ⅱ级指标权重
F_1 完成情况	0.412 1	F_{1-1} 完成进度	0.442 6
		F_{1-2} 完成质量	0.557 4
F_2 支撑条件	0.291 9	F_{2-1} 研究人员	0.303 5
		F_{2-2} 研究经费	0.308 2
		F_{2-3} 物资保障	0.155 4
		F_{2-4} 信息保障	0.113 3
		F_{2-5} 技术方法	0.119 6
F_3 环境适应性	0.168 9	F_{3-1} 经济战略	0.288 5
		F_{3-2} 市场风险	0.370 7
		F_{3-3} 法律规范	0.192 4
		F_{3-4} 环境保护	0.087 3
		F_{3-5} 社会心理	0.061 1
F_4 管理水平	0.127 1	F_{4-1} 人员管理	0.483 5
		F_{4-2} 经费管理	0.336 4
		F_{4-3} 物资管理	0.180 1

利用科研项目实施过程质量评价指标体系和模型进行评价,通过对三类项目的评价结果进行检验,证明结果相差非常显著,从而说明项目实施过程质量评价指标体系及模型是有效的。其意义为:① 能科学评价项目实施过程质量,可为项目实施过程管理服务。② 通过分析各项指标的评分,能找出课题实施过程中存在的主要问题,可为提高课题研究质量提供依据。③ 评分结果可用于课题预警。当评分低于 70 分时,可发出Ⅱ级警报,提示课题应该进行实施过程决策调整;评分低于 60 分时,可发出Ⅰ级警报,提示课题必须立即进行决策,以确定是否改变研究目标或中止研究。课题研究中确定警报的依据一是回顾研究资料,二是结合专家咨询。

上面我们介绍了研究者陈光伟、周世伟等关于《科研项目实施过程质量评价指标体系与模型研究》的基本思路及其评价系统,教科研课题实施过程质量评价指标体系及模型在评价时空上可用于各行业的研究课题实施过程中各阶段的评价;在评价方式上可用于教科研管理部门对项目实施过程质量的评价,也可作为课题组的自我评价。当然,这个评价系统及其模型在教育科研课题过程质量评价中的信度和效度,还有待实践的进一步检验,这里介绍给大家仅供参考。

二、 职业教育教科研课题研究的过程管理

在职业教育课题的立项阶段,课题申报单位和主持人调查情况,收集信息,认真选

题,并及时做出课题研究的文案送达课题立项与管理机构。有关课题立项与管理机构一般也会严把评审关,邀请相关专家参与评审,有时还要通过二审三审,认为选题与研究方案确系可行的才确定立项。相对于立项管理,教科研课题的实施管理比较薄弱,对课题的实施、计划的改动、结题质量等过程监督不足。为了加强职业教育教科研课题的实施过程管理,有关专业人士认为:利用现代科技手段开发课题研究过程动态管理系统,是解决此问题的重要手段。该系统旨在对教科研课题的实施进行动态管理,实时掌握课题的进展、课题的成果、课题的变动、课题的结题等关键环节,从而实现对课题研究过程的有效管理。这也可以借鉴一般性教育课题研究的过程管理理念、方法。有关这些问题,我国研究者张煜、俞守义、陈清、聂军等已从专业技术层面做了专题研究与系统开发,现介绍如下。①

1. 系统模型的建立

本系统主要用于地市级局主管部门,管理下属学校、科研所、企业等单位的课题实施过程。使用该系统的人员可分为局主管人员、课题或项目承担单位负责人、课题或项目负责人三种角色,每个角色完成不同的功能。

(1) 局主管人员。整个系统的管理者,具有较大调控权限,其任务通常是完成承担单位用户管理,课题或项目任务计划的审批,课题或项目计划变更的审批,课题或项目进展监督,课题或项目结题审批,公告信息管理,课题或项目成果统计等。

(2) 课题或项目承担单位负责人。负责本单位的课题或项目的管理、统计、通知等工作。包括本单位课题或项目负责人的用户管理,查看本单位课题或项目的进展、结题情况,统计本单位的课题或项目成果、经费,发布单位信息等。

(3) 课题或项目负责人。填报负责课题或项目的各项数据,上传任务书、进展报告,输入课题或项目成果,申请结题等。系统角色模型如图 4-2 所示。

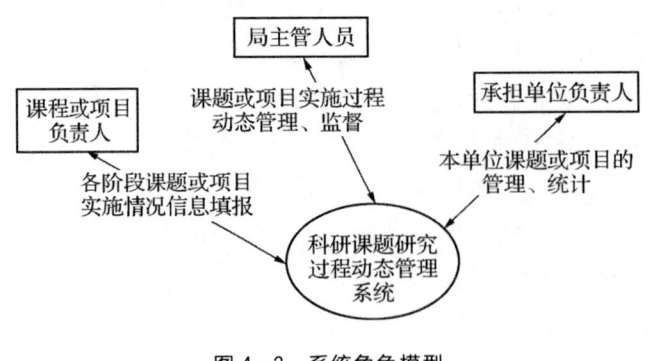

图 4-2 系统角色模型

---

① 彭华国,张煜,俞守义,等.科研课题研究过程动态管理系统的开发与实现[J].南方医科大学学报,2008(10).

2. 系统的功能模块

本系统采用功能集合的分级方式应用于不同的人员角色,不同的角色根据不同的权限使用不同的功能级别,通过权限设置来完成功能模块和功能级别的组合。这种设计的意义是便于根据实际情况调整课题或项目用户的功能,达到加强课题或项目研究过程管理的目的。本系统有以下模块。

(1)立项管理模块。包括对课题或项目基本信息(如课题或项目名称、课题或项目代码、课题或项目负责人、立项日期、结题日期、经费等)的填报、审核的管理,对课题或项目计划修改,课题或项目人员更改的申报、审批的管理,课题或项目计划任务书的上传、下载、查看等。

(2)进展管理模块。包括对课题或项目年度进展报告的上传、归档、查看等管理。

(3)结题管理模块。包括课题或项目结题申请,课题或项目结题预评分,课题或项目结题审批,课题或项目结题报告上传、查看等。其中课题或项目结题预评分是在课题或项目准备申请结题时,对照课题或项目任务书要求,与当前已完成的课题或项目成果逐项比较,自动打分。分数高于80分才能申请结题,否则系统自动取消申请结题资格。

(4)成果管理模块。对课题或项目成果进行填报、查看,成果主要包括论文、证书、专利、标准、学术奖励等。

(5)公告信息管理模块。包括政策、法规、通知等公用信息的显示与管理,同时实现课题或项目年度进展报告提交,课题或项目结题时间等自动通知功能。

(6)统计查询模块。对科研课题、科研成果科研经费等进行分类统计、查询。

(7)用户管理模块。用户管理,包括添加用户,删除用户,用户信息修改等。

对于三种角色的用户来说,(1)到(4)模块是共有的功能模块,但功能又各不相同。如功能(1)中,课题或项目负责人用户主要进行课题或项目的基本信息填报,课题或项目计划任务书上传,课题或项目计划修改申请和上传,课题或项目人员修改的申请和上传。而审批、审核等管理功能是局主管人员的功能,课题或项目承担单位对本单位的课题或项目任务书、课题或项目信息等进行查看和管理。进展管理、结题管理、成果管理也是如此。而(5)(6)(7)模块是局主管人员和课题或项目承担单位负责人的功能模块,分别发布局信息和单位信息;统计局的各项数据和单位数据以及管理局下属单位用户信息和单位内部用户信息。

上面我们介绍了研究者彭华国、张煜、俞守义、陈清、聂军等关于《科研课题研究过程动态管理系统的开发与实现》的基本思路、方法及其管理系统。各地、各校在各自的职业教育教科研管理中也逐渐开发、建设了一批适应实际需求、具有地域特点的管理系统,这是各课题组需要认真了解和使用的。如,江苏省教育科学规划课题、江苏省职业教育教学改革研究课题目前已经依托网络系统进行申报、评审和管理。

三、职业教育教科研课题研究的过程评价与管理的初步实践

前面两个部分,我们分别介绍了相关研究者对教科研课题实施过程的质量评价与动态管理的专业技术分析与系统开发情况。下面我们再从职业教育教科研管理实践的层面,介绍一些教育科研主管部门在教科研课题过程评价与管理方面所做的初步探索。

沈阳市"一线教师科研课题"研究过程评价细则(草案)[①]

(一)课题准备阶段的具体要求(本项总分计 30 分)

1. 前期资料的收集与思考

(1)收集课题研究的背景资料(了解相关问题国内外的研究现状)(3 分)

(2)理论依据充分,保证研究的科学性(理论支撑具体、有力,对课题研究有启发指导意义)(3 分)

(3)课题实践依据充分(研究的问题有现实意义)(4 分)

2. 研究的设计

(1)目标明确(细化,有利于转化操作行为)(3 分)

(2)对要研究解决的问题有合理的设想与猜测(2 分)

(3)针对问题解决设计了可操作的具体措施(8 分)

(4)对研究行动中拟采用的科研方法有科学、合理的选择(5 分)

(5)对研究的结果与成果有明确的预期(2 分)

(二)课题实施阶段的具体要求(本项总分计 40 分)

1. 每季度有体现研究进度的计划与小结(4 分)

2. 注重研究过程中资料的收集的积累(如观察记录、调查研究、数据统计与分析、典型课例、研究随笔、对研究中的研究反思等),并以此为基础提炼研究结论(10 分)

3. 积极参与市区组织的培训活动(按时参加必选培训、合理参与自选培训)(6 分)

4. 积极、主动参与成果交流与分享活动(如:市区竞赛、研讨活动;在市以上刊物发表研究文章;创建反映研究过程的个人博客;在沈阳市一线教师课题博客上发表论文、体会等)(10 分,特例超标可适当加分)

5. 研究结果与成果得到本校领导与学科同行的认同(教学效果好、成果有推广价值)(6 分)

[①] 沈阳市"一线教师科研课题"研究过程评价细则(草案)[EB/OL].[2019-05-10]http://www.syjyyj.cn/News.aspx? ID=271.

6. 参与骨干与明星评选竞赛活动须设法使过程与成果具有可再现性(如视频案例等)(4分)

(三)课题成果鉴定的具体要求(本项总分计30分)

1. 对研究报告的要求

(1)研究报告的体例符合课题自身的研究内容与研究方法(3分)

(2)研究报告总体符合原方案(方案可适度调整)(3分)

(3)研究报告内容真实、可靠,具有推广应用价值(课题研究成果在网上公布15日后,纳入沈阳市"一线教师科研课题"成果库)(10分,特例超标可适当加分)

(4)对具体操作措施及主要结论(研究成果的核心)做800字左右的概述(独立于研究报告之外)(4分)

2. 对课题研究其他材料的要求

(1)能充分体现出研究活动的过程性(2分)

(2)能充分体现研究成果的丰富性(3分)

3. 按时提交研究报告,文字量不低于3 000字(5分)

上面所介绍的"一线教师科研课题"研究过程评价细则(草案)是沈阳市教育科研管理部门对教科研课题的过程评价与管理所做的一种尝试。不同地区、不同层次的教育科研管理机构及部门可根据本地区教育科研管理实际,开展旨在加强教科研课题过程的质量评价和管理方面的研究与实验,取得成果后进行研讨、交流与推广。

第四节 如何进行职业教育教科研课题研究的结题评审与鉴定

职业教育教科研课题经过多个阶段的研究工作,实现了预期的研究要求,可以申请结题的评审与鉴定。结题程序是课题研究的终极环节,是对前面各阶段工作的检验。结题工作并不局限于陈述研究过程、呈现研究成果,还要对课题做出综合评估,并将研究成果加以推广研究,使教科研课题发挥最大效能。

一、职业教育教科研课题研究结题的意义与价值

所谓结题是指职业教育教科研课题研究临近结束时,对课题研究进行总结、研讨、理论阐释并接受相关部门的评审与鉴定的过程。结题对于课题研究及其管理都有着重要的意义与价值。

（一）有利于课题研究的顺利开展

课题研究一般历时较长，在研究过程中易受到多种因素影响导致虎头蛇尾现象的发生，因此，通过结题程序正式呈现研究的成果，对研究是一种促进，也是对研究方向的指引。研究课题的结题表明课题管理部门与课题研究者双方约定的研究任务的达成。

（二）有利于课题研究的科学管理

教科研课题研究的组织管理是一个渐进的过程，结题管理是这个过程的最后阶段。通过结题管理，能够更好地促进课题研究的全程科学管理。例如，经同行专家指导或推广，可以发现较好的研究成果，甚至可以使研究成果的潜在价值显性化。另外，管理者能够从结题评审与鉴定过程中了解课题研究者的水平与研究方向。值得提及的是，课题管理者自身也能够在听取研究者、结题鉴定专家的建议和意见之后汲取营养，从而改进管理工作，增强管理的科学性。

（三）有利于课题研究者的反思

课题研究过程本身就是思考的过程，但思考是否理性、是否具有价值、是否符合教育教学改革的需要，就必须在结题时加以检验，总结成败得失。结题为课题研究者提供了不同的渠道听取同行专家的评议，从而获得良好的反思自己研究过程和研究行为的机会，及时发现课题研究中存在的问题，为后续的深入研究提供了可靠的前提。

二、职业教育教科研课题研究的结题程序和形式

课题研究工作临近完成时，其最终成果要先进行评审与鉴定后才准予结题。各级职业教育教科研课题的成果鉴定与结题工作原则上由该级课题管理部门（如课题规划办公室）负责组织进行，也可委托其他单位进行。未经相关部门同意，课题负责人自行组织的鉴定或鉴定程序不符合要求的将不予认可。

（一）结题的一般程序

1.完成研究成果报告初稿

结题的重要依据是先前立项的申报书所规定的时序与内容安排。课题负责人或主持人要根据课题立项通知书的要求，带领课题组成员认真做好调查研究，收集有关资料，写出阶段性论文和课题研究报告初稿。

2.填写与结题相关的表格

可以从课题管理部门领取或直接从相关网页下载结题申请表格，认真按要求填写内容并准备好有关结题的其他佐证材料。

3.课题管理者进行初审

为确保结题评审与鉴定的效果与效率，课题负责人或主持人应当将结题申请书和其

他材料样稿及所有材料的电子文本送交课题管理部门进行初审。初审主要从材料齐全、文字排版、研究报告的布局和学术规范及参考文献等方面进行形式审查。

4. 正式评审与鉴定

课题一旦通过初审即可进入整理装订阶段,此时研究报告单独装订,其他结题材料按要求装订成册。由课题管理部门与和课题研究者双方协商鉴定结题形式、时间、地点和专家人选,正式进入结题的评审与鉴定阶段。

5. 公示与批复

课题经相关专家反复验证后签署意见,将结果交课题管理部门存档并通过适当的方式进行公示。在公示期间如果没有获取任何关于课题结题的反对意见,在公示期结束后可以以正式文件的形式予以批复。

(二) 结题的一般形式

1. 会议鉴定结题

由课题管理部门通过召开同行专家会议的方式对课题的研究过程、成果进行鉴定,认真判别课题研究是否按立项的目标、计划开展,是否完成预期研究成果。尽管会议鉴定的人力成本与财务成本较高,但不难发现其收益也最大,因为会议鉴定能够使课题研究者与评审鉴定专家实时交流,能充分得到专家对课题研究的评价,有利于提升研究成果的理论与实践价值。

2. 通讯鉴定结题

一般将鉴定、结题材料送同行专家,由各专家写出鉴定意见,再交鉴定专家组组长综合,形成课题成果书面鉴定意见。通讯鉴定相对会议鉴定而言,鉴定成本较低,但研究者与专家及专家之间缺少交流,专家对课题研究了解不一定全面充分,所做的鉴定可能存在偏差,不利于进一步总结和提升研究成果。

3. 申请免于鉴定

有些地区对成果已在某些层次获奖或发表的免于鉴定,但须说明理由,并附相关证明材料、发表和转载的成果原件,经教育研究课题管理部门核准后,发给结题证书。如在专业刊物发表的论文或公开出版的专著、获政府奖励等都可以表示课题研究成果已经取得权威认可,从而认定结题。

(三) 结题专家组人员构成

专家组由学科专家中具有一定科研能力和水平的人员构成,以 3—7 人为宜。一般由鉴定机构组织和聘请,也可以与课题组协商确定人员构成。课题组成员(包括顾问)不能担任本课题的鉴定专家,所在单位及其上级主管部门参与鉴定的专家不得超过三分之一,以确保鉴定的公正性、权威性。

三、职业教育教科研课题研究的结题材料要求与评审鉴定内容

（一）结题材料要求

申请结题需要提交相关材料，一般而言职业教育教科研课题的材料大致包括以下内容。

首先要提交主件，包括结题鉴定申请书、研究报告、工作报告、公开发表的论文、已出版的专著等。在提交主件的同时还要将其他形式的研究成果，如论文或阶段性总结、教育案例、调查报告、活动设计、校本教材、音像资料、问卷、量表、学生作品等提交有关人员。对于已公开发表的成果要附上原件与复印件，有采纳的成果附上成果已被采用、交流的证明。

其次，要提交相关规定附件，主要包括立项批复通知、课题开题论证书、课题中期检查报告、验证课题成果推广效益的有关附件和其他佐证材料。

（二）结题评审鉴定内容

在收到课题组提交的结题材料后，即由专家组对结题材料进行审阅。一般而言，专家组主要是审核材料中对课题的研究情况，主要包括以下几个方面的内容：课题的选题意义如何；课题的研究设计是否科学、合理；课题的研究过程，包括管理过程是否科学严密；课题的研究方法是否正确，特别是有关变量的投放、控制，资料和数据的收集是否科学、充分等；课题的研究成果如何，特别是有无充分的数据、资料加以说明和论证所取得的成果，包括定性分析和定量分析，课题研究成果的价值如何等；课题研究的特点；课题研究还存在哪些问题，对进一步研究有什么建议等。专家组在完成这几个方面的工作后即可要求召开结题论证会议。专家组一般应在开结题论证会前一个星期对材料进行审阅。

四、职业教育教科研课题研究结题材料的常见问题

（一）开题报告不完整

这个问题产生的原因是对开题报告的要求不清楚。规范的开题报告应由两部分组成，一部分是对开题会的描述，另一部分是研究方案，把两部分结合起来就是完整的开题报告。以目前的情况看，一般都缺少对开题会的描述。

当有多人同时参与某一课题研究时，就需要召开开题会。开题报告要描述召开开题会的时间、地点、参加会议的人员（课题组成员、邀请的专家、有关的领导）、会议的内容（如宣布组建课题组、课题主持人宣读研究方案、专家做报告、研究内容的培训等）等。

研究方案指的是课题研究的思路和设想，体现出研究的背景、研究的目标与意义、原

则、内容、方法、步骤和保证措施等。使课题的研究具体化、过程化、可操作化,以保证课题研究的质量。

好的开题报告往往层次清楚,重点突出,评审组专家只需通过阅读开题报告就能明了该课题研究在选题论证阶段所做的努力和具体工作。

(二)研究方法选择与反映不当

在职业教育研究活动中,每项课题都需要选择相应的研究方法,研究方法不同,具体的操作过程就不同。在研究方法的选择与反映这一工作中有两个比较突出的问题。其一是课题研究随便冠以"实验"二字。有的老师认为研究就是实验,把研究与实验等同起来,所以经常出现课题名称虽然是某某实验研究,但研究过程中却没有实验因子,没按实验的方法来进行。专家在评审时看不到实验的对比、自变量因变量的选择、无关变量的控制、数据的处理等。其二是对调查法的运用重视不够,教育科研的起点是实践,问题也是从实践中来,研究者调查以后持有的大量第一手材料是研究得以顺利进行的保证,结题时应充分准确地在材料中做出反映。

在以往的验收活动中,多次发现研究方案设计中提到的研究方法要么与课题的性质与名称不符,要么就与研究报告的写法不符。前者属选择不当,后者属反映不当,这都在一定程度上影响了课题研究的质量和专家组对课题结题的看法。

(三)工作报告和研究报告不分

所谓工作报告和研究报告不分,主要是指研究者对工作报告与研究报告的写作要求没能把握,混淆了二者之间的区别,对各自应写的内容没有搞清楚。工作报告主要反映课题组的研究工作开展情况。研究报告主要应写研究什么,如何研究,得到什么研究结论等。至于研究报告的写法,可参见本书第八章"教育科研报告的撰写"。

有些职业教育教科研课题的研究报告写得像论文,有些课题研究报告写得又像经验总结。有时评委喜欢将一些研究报告与研究方案做比较,结果发现不少研究报告和研究方案不符,出现了课题名称、研究方法、研究报告严重不统一的情况。

(四)课题名称很大,但研究成果内容很窄

出现这个问题主要有两个方面的原因:其一,选题的原因。很多研究者在申报课题时,就按下发的课题指南的题目进行申报,没有弄清楚课题指南是比较宏观的东西,只是一个研究的范围,不是具体的课题名称。结果就是,课题立项之后,觉得题目很大,难以操作,只好把问题缩小,但原名称没变。其二,研究能力的原因。课题研究者在申请了课题之后,可能将比较大的课题分解为几个子课题,分配给不同的研究者,但由于研究能力不同,时间精力的不同,部分研究者不能完成任务,导致最终课题只完成了部分内容,反映出的成果只是部分成果。

（五）附件中有一些材料与课题无关

在以往上报的结题材料中，主管部门经常发现在上报材料的附件部分，有一些是与本课题研究无关的材料，无论什么课题，都附上很多教师的教案，不同年代的获奖证书，看起来材料很充足，实则有说服力的很少。

实际上应该附上的是：调查问卷及统计分析、实验数据及分析、与课题有关的论文、专题研究论文、经验总结、活动纪实、教学案例分析等。要挑选主要的有说服力的材料，不要以为材料愈多愈好，那些没有针对性的材料附得愈多，愈会影响专家对研究成果的评价。

（六）语言表述上的问题

撰写的研究报告等材料要反复修改。在主管部门收到的结题材料中，经常发现错别字、语句不通、逻辑混乱、标点不正确、字号不统一等问题。

应该说，所有问题的产生不是在结题时出现的，而是从选题开始，到研究方案的实施，涉及每一步，最后反映到结题中。因此，结题工作做得好坏，与平时的操作过程是有直接关系的。功夫下在平时，结题时认真总结，一定能收到满意的效果，得到专家的认可。

五、职业教育教科研课题研究结题后的有关事项

职业教育教科研课题经过评审与鉴定顺利结题并不意味着课题研究工作完全终结。事实上，教科研课题结题之后，仍然需要给予关注，而不是将课题束之高阁。课题只有在实际应用中才能发挥其内在的价值。因此，课题要真正产生更大效益，还必须注意它的推广应用。一般来说，教科研成果通过评审与鉴定后，要继续做好以下事项。

第一，开展相关成果的登记与后续评奖工作。职业教育教科研课题在结题后应当将相关成果进行登记，并纳入教科研成果的管理体系，这样既可以保障成果的权益，又可以增强成果的影响力及推广应用的可能性。

第二，成果的外部推广。课题研究的价值在于将研究成果加以应用，当教科研成果经鉴定具有较好的外部效度时，就可以将教科研成果在许可的范围内推广应用。为了充分实现其价值，课题研究者首先要根据成果的内容、形式、质量水平，进行传播和推介。值得注意的是，在推广成果的过程中不能被动适应教育教学需要，而应积极主动地向有关部门、单位汇报成果，向社会宣传成果。在成果应用过程中，还要注意收集成果在提高职业教育质量和办学效益、促进职业教育改革和发展中发挥作用、取得效益的材料和数据。

第三，课题研究的延伸。结题并不意味着研究的终结，更严格地说，结题只是一个阶

段的结束,又是新的阶段的开始。对结题过程中"生成"的问题要认真对待,在此基础上可以产生新的研究课题。此时,对于课题研究团队要实事求是地予以处理。如果研究团队在研究过程中形成共同的研究意向,相互之间有了深刻的理解并且有继续合作的意愿,那么课题组仍然可以继续存在;当然,也可根据具体情况和需要,对课题组成员做适当调整。因此,课题研究是一个循环往复的过程,结题之后可继续在原来课题研究的基础上向纵深发展直至进入新的课题研究立项申报。

第五章

善工先利器：职业教育教科研的常用方法及应用

> ◇科学研究能破除迷信，因为它鼓励人们根据因果关系来思考和观察事物。
> ——爱因斯坦
>
> ◇一切推理都必须从观察与实验得来。科学的真理不应在古代圣人的蒙着灰尘的书上去找，而应该在实验中和以实验为基础的理论中去找。真正的哲学是写在那本经常在我们眼前打开着的最伟大的书里面的。这本书就是宇宙，就是自然本身，人们必须去读它。
> ——伽利略

【导读】

任何科学研究都离不开一定的方法，但又不存在适用于任何科学研究的"万能方法"。职业教育教科研常用方法有：文献研究法、教育观察法、教育调查法、个案研究法、教育实验法、行动研究法、教育经验总结法、教育叙事法等。本章重点介绍这些教科研方法的基本操作要领与策略，以期给读者以启发，并在研究实践中灵活运用。

子曰："工欲善其事，必先利其器。"任何科学研究都离不开方法，探索、发现、提示研究对象本质属性和规律的研究过程本身，必须借助一定的方法才能得以实现。教科研方法对于教育科学研究能否取得成效以及成效的大小，往往具有决定性作用。然而职业院校教师在开展教育科研实践中常常会出现研究方法上的误区。归纳起来主要是四条：一是研究方法缺失。不少教师无法或不知如何阐述自己的研究方法，只是笼统地介绍自己所用的是诸如系统的方法、学科的方法、实事求是的方法、理论联系实际的方法、定性与定量相结合的方法等，而实际却并无章法可言。二是研究方法堆砌。有些教师以为"方法越多越好"，因此罗列了不少方法，但多数风马牛不相及，让人难以判断究竟用的是哪一种。三是研究方法误用。很多教师对研究方法的理解和使用不准确，例如简单把文献综述等同于文献研究法，把举例子当作个案研究法等等。四是研究方法虚设。一些申报书对研究方法有介绍，但所描述的方法要么与研究内容和目标不相匹配，要么就是一个摆设，看不出如何针对实际加以应用。

在实际研究中,方法运用是否适切,取决于对问题的性质理解是否清晰。比如有关教师专业发展的课题,如果仅仅运用问卷调查法,很难获得富有新意的结论。倘若深入研究就会发现"关键事件"是教师专业发展研究领域的重要视角,而捕捉教师专业发展阶段中的关键性事件,个案研究是一个不错的选择。当然,选择什么样的个案是非常重要的,关键要回答研究提出的问题,个案本身的经验要非常丰富,能提供足够的资料用于分析。再比如课题"苏北农村中职生流失的原因与预防研究",对于这样一个课题,以往我们大多凭经验,或者采用简单的调查研究,最终不外乎归结为四个原因:学生原因、家庭原因、学校原因和社会原因。学生原因就是学习没有兴趣、学习基础差;家庭原因就是经济困难,父母不赞成;学校原因就是教育教学不适应学生,学风不好;社会原因就是不重视中职生、投入低。于是分别提出几条干巴巴的对策:加大投入、改进教学方法、加强管理。这样的研究毫无意义,研究者从中也很难获得研究的乐趣。定量方法虽对我们在宏观层面上了解流失生现象很有帮助,但不能从微观层面进行深入细致的描述和分析,很难对流失生的具体情境和过程进行探讨。如果运用案例研究可能会发现,导致学生流失的原因也许并不是我们认为的那些理所当然的理由,而是有某些特殊的事件和原因。由此,只有对研究问题的性质和研究内容深入把握之后,才能选择适切的研究方法。

方法是解决问题的工具,而工具本身就具有很大的通用性,通常从方法论的层面将教育研究分为定量研究和质性研究两大类。定量研究主要是通过控制少数变量来判断变量间的因果关系;质性研究用的是叙事的、描述的方法来收集数据,最终形成对被研究对象的整体性的、高度情景化的认识。本章主要介绍这两种方法论下职业教育教科研常用的几种研究方法:文献研究法、教育观察法、教育调查法、个案研究法、教育实验法、行动研究法、经验总结法、教育叙事法等。

第一节　如何运用文献研究法

文献研究是研究的基础工作,也是开展教科研的基本功。研究前开展资料收集就是研究的第一步,如同站在巨人的肩头,找寻问题的定位、经验的基础、未来的研究方向。这也是对研究的诚实、诚信及对先行者的尊重。没有文献研究的教科研,不排除研究者对研究问题不够深入了解、对研究程序考虑不够周详、对可能面临的阻碍欠缺准备的可能。

一、什么是文献研究法

（一）文献研究法的含义

所谓文献研究法，就是通过搜集、整理、分析、研究教育文献，从而探索教育问题的一种间接的研究方法。

对文献进行收集、整理和分析是所有研究开展的前提，也是职业院校教师研究课题必备的素质。

（二）文献的概念和种类

文献为"已发表过的，或虽未发表但已被整理、报道过的那些记录有知识的一切载体"。不仅包括图书、期刊、学位论文、科学报告、档案等常见的纸面印刷品，也包括有实物形态在内的各种材料。文献大致可分为零次文献、一次文献、二次文献和三次文献，或称为零级、一级、二级、三级文献。

零次文献也称第一手文献，即曾经历过特别事件或行为的人撰写的目击描述或使用其他方式的实况纪录，是未经发表和有意识处理的最原始的资料，包括未发表付印的书信、手稿、草稿和各种原始记录。

一次文献也称原始文献，一般指直接记录事件经过、研究成果、新知识、新技术的专著、论文、调查报告等文献。

二次文献又称检索性文献，是指对一次文献进行加工整理，包括著录其文献特征、摘录其内容要点，并按照一定方法编排成系统的便于查找的文献。

三次文献也称参考性文献，是在利用二次文献检索的基础上，对一次文献进行系统整理并概括论述的文献。此类文献不同于一次文献的原始性，也不同于二次文献的客观报道性，具有主观综合的性质。

由于一次文献是人们直接以自己的生产、科研、社会活动等实践经验为依据生产出来的文献，常被称为原始文献，其所记载的知识、信息比较新颖、具体、详尽，是二次文献、三次文献的基础，故在资料搜集中要尽可能占有原始文献。

二、怎样使用文献研究法

对于文献研究法而言，无论对哪一种文献进行研究，其研究的过程都很相似，都要遵循一定的程序和准则。

（一）文献研究的过程

一般而言，文献研究的过程包括以下几个阶段。

1. 确定研究目的和问题

研究目的和问题不同，文献收集、描述的范围必然不同，文献分析的重点也必然不同。所以文献研究法的首要工作就是要确定自己研究的目的和问题。同时还要明确文献研究法在这项研究中是当作辅助性的研究方法，还是作为一种独立的研究方法来使用，因为这会直接影响文献收集、整理、解读及分析的侧重点和方法。

2. 文献收集

首先，要确定文献收集和描述的范围。这里的文献范围是指文献的内容范围、时间范围和文献的类别。其次，做好收集文献和描述文献的准备工作。即取得与掌握有关文献的单位或个人的联系，设计文献的收集和描述大纲。最后，根据已拟定的研究方案和目的进行文献收集。

一般查找收集成果文献的路径主要有三种：一是公开出版的书籍（专著），从图书的目录、作者与该书参考文献中去获取已有的研究成果；二是网络资源；三是各级教育教学报道与专题会议。

根据以下四点可以收集到对课题最有参考价值的研究成果：一是根据"文献来源"筛选权威刊物发表的论文或权威出版社出版的论著，权威等级则可参考中国社会科学引文索引（CSSCI）与北京大学核心期刊目录按影响因子排名收录的期刊指引，或新闻出版署公布的出版社等级；二是根据"作者"查找本领域顶级专家的成果；三是根据"发表年度"筛选最新研究趋势；四是可以关注相关博硕士论文里的"研究综述"（或"选题缘起"）与"参考文献"。

无论使用哪种方法，在收集文献时都要注意鉴别文献的真伪，深入考察文献的来源和可靠程度；同时要注明记录文献的来源，以便保证引用文献的规范性，避免侵犯他人知识产权的情况出现；还要在时间和经费允许的情况下适当扩大文献收集的范围，以保证能够收集到较为完整和系统的文献。

3. 文献的整理

刚刚收集到的文献资料非常庞杂，必须经过整理才能很好地为我们所要进行的研究服务。资料整理就是为了使搜集到的大量粗糙、杂乱的原始资料系统化，从而揭示事物或现象的本质及内在规律。在课题研究中，资料整理首先是对所获资料进行检查、核实，并对错误和遗漏加以修正、补充，然后将其分类编码，再进一步综合简化。文献的整理要掌握以下原则：一是条理化，即整理文献和整理后的文献要有一定的时序，整理后的文献不能是散乱的和无规律可循的；二是系统化，即文献整理要有一定的逻辑，整理后的文献之间要有一定的相关关系，成为一个有机的整体；三是简明化，即要保证整理后的文献是研究过程中要用的，而不能眉毛胡子一把抓，使整理后的文献仍很庞杂。

4. 文献的解读

文献的解读一般包括两个阶段。第一个阶段是浏览，就是争取在较短的时间内能够简单了解整理好的文献的基本内容和特点，不需要掌握、理解和记忆其具体内容。浏览的目的一方面是要了解已有阅读价值文献的全貌，确定这些文献对研究的价值和意义。另一方面是分辨出文献哪些部分的研究价值和意义最大，为以后的精读做好准备。因此，浏览的速度要快，可以通过阅读内容摘要、文献的开头和结尾部分以及每一段的主题句等方法提高阅读的速度。第二个阶段是精读，即理解性阅读。通过精读，要深入理解和掌握文献中对研究有价值和意义的内容，同时要做出正确而客观的评价。这个阶段既是理解的过程，也是概括和再次升华的过程。在这个阶段既要把文献内容同自己的研究课题结合起来，同时还要有效鉴别文献的真伪和内容的可靠程度。

5. 文献分析

文献分析包括统计分析与理论分析。前者主要是定量分析，采用的主要方法是统计方法、数理方法和模拟法；后者则是定性分析，包括逻辑分析、历史分析、比较分析、系统分析等，主要采用的一般方法是比较法和构造类型法。所谓构造类型是指依据经验或思辨从资料中抽象出理论概念，然后利用这种概念将所研究的社会现象划分为各种类型，如权威类型、角色类型等。社会科学研究还使用各种特殊的定性分析方法，如结构分析、功能分析、社区分析、阶级分析、角色分析等。任何研究都离不开定性分析，但具体采用哪些分析方法是由研究目的和理论假设决定的。

有个比较简单通俗的方法，将搜索到的文献列成分析简表，进行初步的统计分析。简表内容包括文献名称、作者、发表刊物（或出版社）、发表时间、主要观点（或主要结论）。列表之后首先是数量统计，即该课题已有多少人、多少论著对此进行过专门研究，数量统计的结果表明研究界对该问题的关注热度；其次是观点统计，即这些数量的研究成果分别从哪些角度研究了该问题的哪些方面，取得了哪些结论；最后是对研究未尽之处的归纳与对研究趋势的分析，只有分析出未尽之处与未来可能的研究趋势，才能为自己介入该问题的研究提供落脚点。

统计分析的结果，一般会有如下几种情况：第一种，原计划的研究点已被当前国内外同仁研究得很透彻，无法超越，很难有新意。遇到此种情况建议立即换题，另寻研究角度。第二种，原计划的研究点已有研究，但并没有得到课题研究者想要的研究结果。此种情况则可以继续研究，但要力避重复。第三种，无人研究过。此种情况则要评估研究的可行性。之后，便可以确定课题的研究范围、核心概念与主要目标。

（二）文献分析的要点和撰写规范

文献分析就是就问题搜集大量相关资料，通过分析、阅读、整理，提炼当前课题、问题或研究专题的最新进展、学术见解或建议，做出综合性介绍和阐述的一种文字。要特别注意的是,这是"分析"而不是"罗列"。

1. 分析要点

一是提炼与当前研究课题有关的成果;二是概述尚未被研究或被研究透彻的方面;三是研究课题在基于已有成果之上的创新之处。

2. 撰写规范

撰写文献分析应当做到:一、开门见山,不绕圈子。二、言简意赅,突出重点。三、回顾已有成果要有重点,内容要紧扣文章标题,围绕标题介绍背景,用几句话概括即可。在提示所用的方法时,不要求写出方法、结果,不要展开讨论。可以适当引用过去的文献内容,但不要长篇罗列,更不要去重复说明那些教科书上已有或本领域研究人员所共知的常识性内容。四、尊重科学,实事求是。评价课题的价值要恰如其分、实事求是,用词要科学,对本文的创新性描述最好不要使用"本研究国内首创""首次报道""填补了国内空白""有很高的学术价值""本研究内容国内未见报道"或"本研究处于国内外领先水平"等不适当的自我评语。五、要罗列参考文献,罗列的要点包括按研究成果与本课题的相关程度进行罗列、最权威的已有研究成果必须罗列、课题直接引用的研究成果必须罗列。

3. 文献综述的能力考察

课题的开题报告均含文献综述部分,文献综述主要考察以下几个能力:一是针对问题查找文献的能力,二是归纳总结分类的能力,三是思考问题,发现问题的能力。

江苏省宜兴丁蜀中等专业学校刘炜杰博士的课题"中职工艺美术专业项目课程开发研究"开题报告中的文献综述体现出其深厚的学术素养,下面附该报告的研究综述,以飨读者。

案例:

第一期江苏省职业教育教学改革课题"中职工艺美术专业项目课程开发研究"
开题报告研究综述

1. 国外职业教育课程改革研究

职业教育的高度实践性使得学科本位的弊端暴露无遗,因而自 20 世纪 80 年代以来,在澳大利亚、英格兰、苏格兰、新西兰、印度尼西亚、南非、美国、加拿大和几个欧洲国家都实施了能力本位课程,以职业能力为导向已成为各国职业教育改革与实践的取向。新世纪以来,美、英、德、澳等西方国家相继建立了以多种能力和品质综合体现的新型职业能力体系,并且把工作场所作为情境要素融入课程已是各国职业教育课程改革的通用原则。由于能力观、职业教育资源等因素不同,各国的具体做法也不同,如美国俄亥俄州的 ITAC 模式、澳大利亚的"培训包"模式、德国的行动导向课程方案等。1992 年澳政府统一建立澳大利亚国家培训署,形成了一个以产业推动为核心、合作式的职业教育联邦体系。在 1994 年,一个更加联系紧密的国家培训框架形成,并实施了培训包的开发与运用。美国俄亥俄州教育部应能力本位教育的发展要求,于1999年提出"生涯焦点教育"(career-focused education)所需的"整合技术与学术能力"(integrated technical and academic competencies;ITAC),整合了学术、技术、就业的知识、技能与态度。这种模式把能力分为三种形态:核心ITAC、行业集群ITAC以及专业ITAC。① 而德国的学习领域课程方案针对职业教育的特点,在课程结构上摒弃了学科结构系统化的原则,提出了"工作过程系统化"的思想,是职业教育课程理论与开发的一个革命性的尝试。②

世界职业教育课程改革与发展表明:第一,职业教育的课程应该从工作岗位、工作任务出发。第二,职业教育的课程要强调能力本位。第三,职业教育课程开发要求企业与学校合作,理论和实践不能分家。第四,职业教育课程要真正做到实践与理论整合,工作过程是一条路径、一个手段、一个结构。第五,模块课程的灵活性对实行弹性学制、学分制很有参考价值。

2. 目前我国职业教育课程面临的困境与思考

职业教育课程存在学科化倾向,表现在:一是教学内容陈旧、繁难、学问化,按知识的逻辑体系构建,强调学科知识的完备性、系统性和储备待用,与企业的工作结构和实际需求、学生的学习条件和学习需求脱节,不关心学生是否掌握,教学效率很低,脱离了"以人为本"的宗旨。二是重理论知识教学、轻实践能力培养,理论与实践两张皮,实践只是理论的延伸和验证,是理论的附属。③ 职业教育课程与社会需求存在结构性错位,课程设置与市场需求脱节,课程内容的学科逻辑性较强,理论性较浓,知识点重复。课程内容滞后的问题仍然存在,课程开发与更新的周期长,学校没有专门机构和制度来保证课程内容的修订。④ 徐国庆副教授则进一步指出,当前我国职业教育课程的学科特征表现在:一、课程内容与岗位任务关联度低,存在"实践是理论的延伸和应用"的认识误区;二、课程内容没有建立与岗位任务的联系,没有围绕着岗位任务组织课程内容;三、教学方法主要是基于符号的讲授。⑤ 职业教育课程同时存在着结构和比例设置不合理的问题,普遍认为现有的课程设置上存在着三对结构性的矛盾,即必修课与选修课,普通文化课和专业课,专业理论课和专业实践课之间的矛盾。认为普通文化课应成为一种功能性课程,强调它的应用性。主张根据专业类型、毕业生就业企业的性质与学校自身情况确定课程结构和比例。⑥

---

① Ohio State Dept. of Education.(1999). Core ITAC for Career-Focused Education: Integrated Technical & Academic Competencies, http://www.eric.ed.gov/ERICDocs/data/ericdocs2sql/content_storage_01/0000019b/80/16/5f/5d.pdf.
② 姜大源.当代德国职业教育主流教学思想研究——理论、实践与创新[M].北京:清华大学出版社,2007:122.
③ 张健.职业教育课程改革的动因、内容和策略[J].职教通讯,2006(10).
④ 杨道才.蚌埠市中等职业学校课程改革研究[D].上海:华东师范大学,2006.
⑤ 徐国庆.学科课程、任务课程与项目课程[J].职教论坛,2008,(10).
⑥ 杨黎明.当前我国职业教育课程改革需要关注的若干问题[J].职教论坛,2006(9).

鉴于以上问题,研究者提出职教教师需要实现两大转变:一是角色转换,即由课程的实施者向课程的组织者、研究者和开发者转换,由传授者、管理者向促进者、引导者转换;二是教学策略的转换,由单一技能传授向综合能力培养转换,由重教师"教"向重学生"学"转换,由重结果向重过程转换。① 有研究者主张在课程开发中应注重人文课程充实、整合,推出选修课制,既为学有余力的学生提供更多的学习渠道,又可使学生通过选修课拓展知识面,促进个性发展,提高综合素质,增强发展后劲。② 我国学者严雪怡先生认为,现有课程的学习程序不利于职业能力的培养。③ 对此,有学者提出专业课程的项目化,以此来提升学生的职业能力。石伟平教授认为,观照近年来课程改革的实践,项目课程应当成为当前课程改革的方向,因为它符合职业教育规律,容易激发学生的学习兴趣,培养学生综合应用专业知识的能力。④ 徐国庆副教授认为,职业教育项目课程改革不仅必要,而且可行。他认为项目课程具有承载理论知识和培养可持续发展能力的可能性。⑤

3. 职业教育项目课程理论研究

对项目课程进行系统理论研究与实验的是克伯屈。克伯屈的项目课程内涵有两个要点:其一是把项目课程限定于问题解决领域;其二是以个体的自愿活动为前提。⑥ 由于当时我国尚没有课程概念,因此把他的理论译成了设计教学法,这一巧妙译法却反映了项目课程的内涵在克伯屈理论中的变化。克伯屈对传统的项目课程进行了改造,试图:一、用新的、更为广泛的定义取代传统的狭隘的定义;二、用有目的的行动作为项目课程的关键特征,从而取代建造活动。正如他所说,"……我所追寻的统一性的思想在'有明确目标,涉及整个身心的活动'这个概念里找到了"⑦。项目课程经过克伯屈的改造,拥有了更为宽广的含义,并被应用到了普通教育领域。从 20 世纪 60、70 年代开始,新实用主义在美国哲学界乃至整个思想界的影响越来越大。项目教学成了中小学教学广泛采用的一种教学模式,教师们根据课程标准设计了各种紧扣学科(单学科或多学科)的项目。1971 年,项目课程作为一门"新型"课程被列入了德国某些学校的课表中。分析项目课程的发展历史可以得出三个基本结论:第一,项目课程可作为课程体系的局部课程而存在,也可以作为课程体系的主体模式而存在。后者的设计难度大大高于前者。在职业教育中推行项目课程的疑虑正是源于此。第二,项目课程是一种基于主体有目的行动的课程模式,这与把项目课程简单地理解为只是突出机械的技能训练,认为是违背个体发展规

---

① 孙文学.新课程改革视野下的中等职业教育课程变革[J].职教通讯,2006(11).
② 甘开国.对高等职业技术教育课程开发的思考[J].贵州教育,2006(21).
③ 严雪怡.职业教育的课程改革[J].中国职业技术教育,2006(13).
④ 石伟平.我国职业教育课程改革中的问题与思考[J].中国职业技术教育,2006(1).
⑤ 徐国庆.学科课程、任务课程与项目课程[J].职教论坛,2008,(10).
⑥ 瞿葆奎,丁证霖."设计教学法"在中国[M].瞿葆奎.教学:上册.北京:人民教育出版社,1988:335.
⑦ [美]威廉·H·克伯屈.教学方法原理——教育漫谈[M].王建新,译.北京:人民教育出版社,1991:330.

律的课程模式的观点完全相反。第三,项目课程已超越了课程领域,成为一种教育思想。①

徐国庆副教授认为,项目课程的理论框架可概括为联系论、结构论、综合论和结果论。其中联系论说明了职业能力的形成机制,是研究职业教育课程理论的逻辑起点。他认为,要有效地培养个体的职业能力,就必须明确地把知识与工作任务之间的联系作为重要课程内容。②与系统工作任务关联的专业知识只是新手发展到专家的手段,只有最终在个人经验的基础上建构系统的专业知识,才可能达到专家的技术水平。③

4. 中等职业教育项目课程的实践研究

江苏省积极开展项目课程的改革与实验,进行大类专业或专门化方向研究和制定课程指导方案(或实施计划),在对大类专业相应行业进行分析的基础上,运用工作分析和教学分析的方法,遵循技术型、技能型人才职业能力形成的规律,着眼于学习者知识、技能和情感态度的培养以及专业能力、方法能力、社会能力的形成,按照职业实践的逻辑顺序,建立适应职业岗位(群)所需要的学习领域和以项目课程(包括任务中心课程、综合实践课程等)为主体的模块化课程群,构建以能力为本位、以职业实践为主线、以项目课程为主体的模块化专业课程体系,实现中、高等职业教育专业课程体系的衔接,逐步实行学历证书、职业资格证书的"双证"融通。在课程改革的组织与推进中,按照"理论先导、点上实验、面上推广"的工作方针,分区域、分层次、分专业稳步推进职业教育课程改革。2006年到2008年的三年内,围绕10个大类专业开展职业教育课程改革实验研究工作,总结经验,形成模式,并以国家和省技能型紧缺人才培养培训基地、省级示范专业学校为主体,遴选一批办学水平高、行业背景好、专业特色明显、课程改革积极性高的职业学校作为职业教育课程改革实验基地,已经命名47个"江苏省职业教育课程改革实验学校",并按专业命名145个"江苏省职业教育课程改革实验点",为全省职业教育课程改革提供示范和借鉴。

综上所述,这些国内外研究成果构成了本研究的先导和前提。虽然从不同的层面、角度研究中等职业教育项目课程改革的成果比较丰富,但鲜见工艺美术专业与工业类、服务类人才的能力区别,鲜见重点挖掘中等职业教育工艺美术专业课程特殊性的研究,未能解决目前中等职业教育工艺美术专业面临的课程困惑,这些空白点也正是本研究的探讨重点。

---

①② 徐国庆.学科课程、任务课程与项目课程[J].职教论坛,2008(10).
③ Rauner, F.: Berufliche Kompetenzentwicklung-vom Novizen zum Experten. In: Dehnbostel, P./Elsholz, J./Meister, J./Meyer—Menk, J.: Vernetzte Kompetenzentwicklung: Alternative Positionen zur Weiterbildung. Berlin: edition sigma. 2002:117.

第二节　如何运用教育观察法

观察法在自然科学研究与教育科学研究中起着重要的作用。俄国生理学家巴甫洛夫在他的实验室里贴上"观察、观察、再观察",作为座右铭。中外教育史上有许多优秀的教育家善于观察自己的教育对象并把观察的结果记录下来,就成了宝贵的第一手材料。孔子经常注意通过观察来了解学生的不同特点,这是他确立和实施因材施教思想的基础;苏联教育家苏霍姆林斯基写了很多著作,大部分资料是靠长期的观察得来的。随着教育科学研究方法研究的不断深入,观察法逐渐成为教育研究中重要的收集资料的方法,其作用越来越重要。

一、什么是教育观察法

(一) 教育观察法的含义

教育观察法指在教育科学研究中运用科学的观察对有关教育现象进行研究的一种基本方法。

教育研究者最初是运用自己的自然感官去认识世界、获取信息的,而今,研究者已不限于肉眼观察、耳听手记,可利用各种视听工具,如照相机、录音机、摄像机等作为辅助手段来提高观察的效果。

(二) 教育观察法的类型

依据不同的分类标准就有不同的观察类型。按观察时研究者是否借助于仪器,分为直接观察和间接观察;按观察时研究者是否参与研究对象的活动,分为参与观察与非参与观察;按观察方式结构化程度,分为结构观察、准结构观察和非结构观察;按收集资料本身的属性,分为定量观察和定性观察;按照观察的方式方法,分为抽样观察法与追踪观察法。

(三) 教育观察法的特点

(1) 自然性,即观察是在教育活动自然状态下进行的。

(2) 客观性,即观察者持客观的态度,客观准确地观察,如实记录观察到的现象和内容。

(3) 直接性,即观察者要亲临现场,深入到研究对象的生活场景进行观察。

二、怎样使用教育观察法

什么情况下采用观察法？有两种情况：一是在较大规模的综合性教育研究项目的起始阶段，研究者用观察法去搜集第一手的经验事实材料，从中发现问题，确定研究课题的主攻方向；二是在收集研究对象的非言语行为资料方面，观察法尤其受到研究者的重视。使用教育观察法的一般步骤如下。

（一）观察准备

做好观察前的准备工作，是进行科学观察的基础，准备工作的好坏是观察成败的关键之一。准备工作包括以下三项内容。

1. 明确观察目的

观察目的是根据科研任务和观察对象的特点而确定的。为了明确观察目的，应做大略的调查和试探性观察。目的不在于系统收集科研材料，而是掌握一些基本情况，了解观察对象的特点，以便确定通过观察需要获得什么材料、弄清楚什么问题，然后确定观察范围，选定观察重点以及具体计划观察的步骤。

2. 制订观察计划

确定了观察目的，又收集了有关观察对象的材料，并进行试探性的观察后，就应深思熟虑地制订出观察计划，使观察有计划、有步骤、全面系统地进行。

制订观察计划总的要求是：符合实际情况，考虑周密，条理清楚，明确具体，有指导性和可行性。观察计划制订后也不是绝对不变的，在实际观察过程中如果发现新问题、出现新状况，或原定的观察计划不符合实际或无法实施时，就需要对原计划进行补充或调整。因此，制订观察计划应留有余地。

3. 做好物质准备

（1）如果观察要借助仪器，就必须事先对仪器进行检查、安装以及使用的安排。

（2）印制观察记录表格，以便迅速、准确和有条理地记录所需要的材料，便于日后的核对、比较、整理和应用。

（二）进行实际观察

进行实际观察应尽量按计划进行，不要轻易更换观察的重点、超出原定的范围，致使离开了原定的观察目的。如果原定计划确实不妥，或观察现象有所变更，则应按计划中的应变措施或实际的变化情况随机应变，但目的只有一个，即力求妥善地完成原定任务，尽可能取得最好的成果。

因人、因事而异地通过各种途径进行有效的观察。一般的途径有以下几个方面：

（1）参观。这是常用的观察形式。

(2) 听课。这是最经常、最基本的一种教育观察形式。

(3) 参加活动。包括各种内容、各种范围、各种形式、各种层次的集体活动,这是最丰富、最广阔的观察形式。

(4) 列席会议。

(5) 结合个别谈话、召开座谈会等形式的调查等方法进行观察。

(三) 定量观察的记录方式

定量观察是运用事先准备的一套定量的、结构化的记录方式进行的观察。记录方式的特点是:预先设置行为的类目,然后对在特定的时间段内出现的类目中的行为做记录。定量观察法中经常使用分类测评工具,将那些准确反映观察目的的目标行为进行分类,从而建立比较具体的观察框架供观察记录时使用。常见的几种分类测评观察工具有:编码体系、行为检核表和等级量表。

1. 编码体系

编码体系是观察调查法中常用的一种观察工具。首先,编码体系要求确定要观察的具体项目,然后对准备观察的具体项目进行编码。编码体系常结合时间取样观察法使用,专门观察和记录观察对象在特定的时间内发生的特定行为。观察者在指定的一段时间内,记录下特定行为的编码。

弗兰德斯师生言语互动分类体系(FIAC)是国外较有影响、被广泛使用的编码体系。[①] FIAC 对师生的言语互动进行观察研究,它把课堂的言语活动分为 10 个种类,每个分类都有一个代码(见表 5-1、表 5-2)。

表 5-1 弗兰德斯互动分类分析体系的类别

教师说话	间接影响	1. 接受感情 2. 表扬或鼓励 3. 接受或使用学生的主张 4. 提问
	直接影响	5. 讲解 6. 给予指导或指令 7. 批评或维护权威性
学生说话		8. 学生被动说话(比如回答问题) 9. 学生主动说话
		10. 沉默或混乱

---

① 郑金洲,曹保平,孔企平.学校教育研究方法[M].北京:教育科学出版社,2003:107.

表 5-2 FIAC 数据表

	1	2	3	4	5	6	7	8	9	10	11	12	13	14	15	16	17	18	19	20
1																				
2																				
3																				
4																				
5																				
6																				
7																				
8																				
9																				
10																				
11																				
12																				
13																				
14																				
15																				
16																				
17																				
18																				
19																				
20																				

2. 行为检核表

行为检核表是预先列出一些需要观察并且有可能发生的行为,观察者在每一种要观察的时间或行为发生时做个记号,其作用就是核查所要观察的行为有无发生。与编码记录不同的是,该表只记录单位时间内发生了需要观察的多少种行为,而编码记录则要记录下单位时间内每一个发生的需要观察的行为。观察前,要预先列出所要观察的行为项目,观察时对照表上列出的项目,在每一种要观察的行为发生时做个记号,或标明数字。

拉格(EC.WRagg)设计了一个观察法,用来观察教师如何管理学生的行为,如表 5-3。[①]

---

① 郑金洲,曹保平,孔企平.学校教育研究方法[M].北京:教育科学出版社,2003:107.

表 5-3 学生不当行为记录表

不当行为的类型：	第 1 个 1.5 分钟	第 2 个 1.5 分钟	第 3 个 1.5 分钟	
吵闹或违纪说话				
不适宜的运动				
不适宜地使用材料				
损坏学习材料或设备				
不经允许拿别人的东西				
动作侵扰其他同学				
违抗教师				
拒绝活动				

表 5-3 每一列代表 1.5 分钟，观察者每 1.5 分钟内针对目标学生做一次记录，发生了哪些不当记录。拉格还设计了其他记录表，对相关的时间进行记录，比如教师对学生的不当行为如何做出反应，是点名、训斥还是转移学生注意等，然后学生又如何对教师的反应做出反应，是争辩、抗议还是安静下来，接着不当行为是终止、减少还是继续或增强等等。经过几个时间段记录下来，观察者就可以掌握一节课或几节课内教师课堂管理的大致情形。

3. 等级量表

等级量表有预先设置的目标行为分类，观察者在一段时间内对目标进行观察，对行为事件在程度上的差异做出评估，确定等级。观察者将观察所得印象数量化，观察结束时，在量表上对该时间内发生的目标行为评以相应的等级。等级量表主要用于测量心理特征，如态度、性格等。

常用的等级量表有：

（1）数字量表。数字量表是用数字来代替等级内容的描述，即对所要描述的等级类型赋予数字顺序。常用的形式有 3 级量表和 5 级量表（见表 5-4）。

表 5-4 教师教学情况评定量表

姓名_____ 性别_____ 年龄_____ 任教班级_____

评定内容	评定等级				
	1	2	3	4	5
能较好地创设情境					
对学生明确学习目标					
激发学生提出问题					
对学生学法恰当指导					
对学生的学习恰当评价					
引导学生动手操作					
能灵活处理学生的意外行为					
恰当处理教与学的关系					

(2) 图示量表。在一条直线上刻上刻度,评定者沿着这个刻度,从高到低迅速而简便地做出判断。这种量表不是用数字做评估。例如,某个关于中职开展合作学习的课题研究中,该课题组为了观察初始阶段合作小组中个体的交往情况,设计了如表 5-5 所示量表。

表 5-5　中职生合作学习中个体交往图示量表

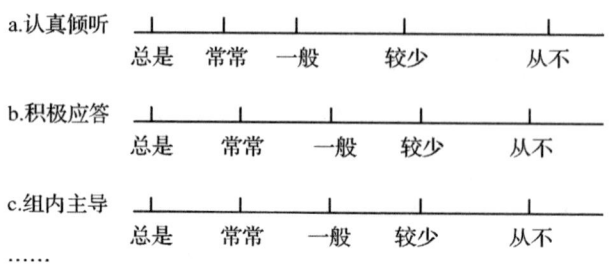

等级量表比较容易编制,使用较为灵活,操作简单,可在短时间迅速做出判断,易于进行定量化分析。但是等级量表主观性较高,而且易带个人偏见。等级的评定是依靠评定者个人做出判断,容易受到观察者主观因素的影响。

(四) 定性观察的记录方式

定性观察以非数字的形式呈现观察的内容,包括书面语言、用录音设备记录的口头语言,或用其他工艺学手段记录的影像、照片等,有 4 种记录方式:描述体系、叙述体系、图式记录、工艺学记录。

1. 描述体系

描述体系既继承了分类体系分类的特点,又属于开放定性的体系,它是在一定分类框架下对观察目标进行的除数字之外的各种形式的描述,如文字、个人化的速记符号,通常要辅之以工艺学记录。例如,关于教师教学技能几方面的观察(见表 5-6)。

表 5-6　教学技能的观察①

呈现或导入	
间接教学	
直接教学	
声音	
提问策略	
反馈	
学科问题	
期待	

---

① 郑金洲,曹保平,孔企平.学校教育研究方法[M].教育科学出版社,2003:115.

2. 叙述体系

叙述体系也属于开放的体系,它没有预先设置的分类。事先抽取一个较大的事件的片段,观察的同时对相关事件和行为做详细真实的文字记录,同时还可以加入观察者的一些主观评价。这种方法能帮助观察者找到真正需要研究的焦点,然后再做进一步的观察研究。叙述体系的记录方式主要有以下几种。

(1) 日记/流水账。

日记描述是对观察对象进行长期的跟踪观察,以日记形式记录观察对象的行为表现。日记描述能系统地获得观察对象发展的连续变化,资料较真实可靠。但是日记描述只是对个别对象进行观察,缺乏代表性;观察易带主观倾向性;长期跟踪观察记录,费时费力。

例如,我国著名的幼儿教育专家和儿童心理学家陈鹤琴,用日记的方式,从他的第一个孩子一鸣出生之时起,就逐日对其身心变化和各种刺激反应进行周密的观察,并做出详细的文字记载与摄影,连续观察了808天,积累了大量的研究材料,于1925年出版了《儿童心理之研究》一书。

(2) 轶事记录/重要事件记录。

轶事记录以记事为主。观察者对独特的、有重要研究价值的行为或事件进行完整详细的描述。因此轶事记录的内容通常是典型的有意义的行为事件,通常要求将行为或事件发生的过程客观、准确、具体、完整地记录下来。如:对学校课程改革在课堂中的执行情况进行记录;专门研究儿童的模仿行为,将儿童最喜欢模仿哪些成人的行为和如何模仿记录下来。轶事记录具有日记描述的某些特点,记录资料具体、详细、真实,可以有针对性地发现问题。

(3) 样本描述。

样本描述是用于在一段特定的有代表性的时间内对发生的行为按顺序进行详尽的记录。如典型的学校一日生活,或班主任的一天工作。

(4) 实地笔记/田野笔记。

叙兹曼(L.Schatzman)和斯特劳斯(1973)将现场笔录分成四个部分[1]:a.实地笔记,专门用来记录观察者看到的和听到的事实性内容;b.个人笔记,用来记录观察者个人在实地观察时的感受和想法;c.方法笔记,记录观察者所使用的具体方法及其作用;d.理论笔记,记录观察者对观察资料进行的初步理论分析。以下是一位观察者采用叙兹曼和斯特劳斯的现场记录格式,记录他从中午12点到12:30在一所大学的食堂里做的观察。他将自己所看到、听到和想到的事情分别填入下表中有关的栏目里(见表5-7)。

---

[1] 陈向明.质的研究方法与社会科学研究[M].北京:教育科学出版社,2000:247-248.

表5-7　实地观察记录表

实地笔记	个人笔记	方法笔记	理论笔记
12:00——食堂里大约有30人,10个窗口前队伍平均有4米长。	我感觉很拥挤。	这个数字是我的估计,不一定准确。	中午12点似乎是学生就餐的高潮。
12:05——在卖馅饼的窗口排了一个足有两米长的队,而且排队的大部分(大约四分之三)是男生。	我想是不是今天的馅饼特别好吃?是不是男生特别喜欢吃馅饼?	我站在离卖馅饼的窗口有5米远的地方,看不清楚馅饼的质量,不知道这些人买馅饼是否因为馅饼好吃。	也许买某一样食物的人数与该食物的质量之间有正相关关系?
12:10——食堂里有5对成双的男女坐在一起吃饭,两个人坐得很靠近,都是男的坐在女的左手边。	也许他们是恋人。	我只是根据他们坐在一起的亲密样子判断他们是恋人,这个猜想需要进一步检验。	也许在食堂里就餐时,男生习惯于坐在女生的左手边?
12:05——一位女生将一勺菜送到旁边男生的嘴边,望着对方的眼睛说:"想不想吃这个菜?"	为什么这些"恋人"在公共食堂里如此"放肆"?我对此有反感。	我现在与他们坐在同一张桌上,可以听到他们的对话。	似乎女生喜欢主动向男生"献殷勤",这一点与我平时的印象不一样,需要进一步观察和检验。

3. 图式记录

图式记录是定性观察中的一种更为直观的记录方式,即用位置图、环境图的形式直接呈现相关信息。

4. 工艺学记录

工艺学记录是使用录音、录像、照片等电子形式对所需研究的行为事件做现场的永久性记录。工艺学记录为观察研究提供了永久的记录,便于反复、细致地研究现场,能对一些微观的问题做更深层次的研究。同时也为其他记录方式提供检查可靠性的依据。

(五)观察资料的分析处理

观察的最后阶段是整理和分析观察记录,分析资料,得出结论。在每一项观察告一段落时,应该在观察情境尚未完全遗忘的情况下,及时整理记录资料;应该审查初步整理过的材料,如所需的资料是否都收集到了,是否都有效;应该及时将资料分类归档,以便日后查询;应该详细说明需要解释的内容。

最后,运用观察法应注意以下几个问题:选择最佳观察位置;善于抓住观察对象的偶然的或特殊的反应;注意观察与分析相结合;坚持观察的客观性;做好观察前的准备工作。

案例:

课题"中职学生发展性职业核心素养评价及其标准体系建构理论与实践"
学习行为观察评价收集应用综述

该课题中所用的行为观察,是指教师在教学过程中对学生的学习行为或职业实践行为所做出的正式或非正式的观察活动。"观"是指通过感觉器官获得学生学习或职业行为表现的信息,"察"是指对所取得的学生各种信息资料进行分析研究和综合。通过行为观察来评价学生职业核心素养,可以使评价者全面了解学生在职场的实际素养与行为表现,对其外显的行为、内在素养状态以及行为结果等进行深入研究而对其整体职业素养水平做出客观的、准确的评价。

一、合理选择行为观察的类型

1. 定性观察,评价者不必事先撰写观察要点、规定观察的主要目标和观察提纲,只需要即时把那些重要的学生职业行为表现记录下来。

2. 定量观察,应具有明确的观察领域和范围、详细而周密的观察方案和计划。要求观察的目的明确,是对所指定的职业行为表现进行严格的观察、测量,而不是一般了解;预先要对观察的行为表现做出精确的定义,事先要有观察设计(包括观察目标、方式方法和观察频率等),制定出观察提纲;观察之前就有了获得可靠行为信息的规范程序,以便在后来的重复性观察中证实其结果;要对观察的具体时间、地点进行谨慎选择和明确规定,使整个观察活动的安排做到周密而严谨;观察之前要确定好目标行为的量化记录方法,并编制出方便记录的表格。

3. 参与式观察,强调评价者要参与学生的活动,在与学生相互接触和直接的体验中倾听和观看他们的言行,但不明示自己的身份和意图,不影响观察对象的正常表现,从而获得真实而深层次的观察信息。

4. 非参与式观察,观察者不参与学生的学习活动,只作为一个旁观者来观察和记录有关信息。这种观察往往对观察结果的真实性有影响。

5. 自然式观察,强调在原始的自然状态下进行的观察,其目的是给观察对象以常态下表现其职业行为特征的机会,这是学生评价最主要的观察形式。

6. 实验实训室观察,主要是为了评价学生的特殊的行为表现,诸如主动性、兴趣、注意力、好奇心、创意创造性等,而特意设置的情境和氛围,通过提供针对性的刺激,以便观察学生是否能做出相应的行为反应。

二、正确选择行为观察的维度

对学生的职业行为表现进行观察的维度主要包括行为的持续时间、引发行为所需要的时间、行为出现或发生的频率和行为呈现的强度等四个方面,需要评价者在具体的学生评价实践中正确选择。

1. 行为持续时间。这是指所观察的学生职业行为从发生到终止的时间跨度。

2. 引发行为所需要的时间。从这个维度可以判断学生的行为反应速度,对某种职业活动的感兴趣程度、认同感及态度等。

3. 行为出现或发生的频率。对于不同的环境,学生的学习行为或职业行为发生情况不一样,教师需要观察每一种情境中行为发生的频率并进行记录。

4. 行为呈现的强度。一般可以用行为本身的表现形式以及对他人或自己所产生的作用大小来衡量。

三、遵循科学的观察程序和要求

在设计观察活动时,要确定好三个观察要素:

一是观察的目标行为。即确定好观察的职业行为、观察的重点和核心。这将直接关系行为评价的准确性和可靠性。比如,学生的职业情感方面表现出来的行为往往不是单一的、孤立的,常以"行为群"的形式出现;再如,学生的职业态度,就可以从多个角度观察,是否爱岗敬业,是否认真负责,是否积极主动等。职业行为的复杂性,决定了确定目标行为的复杂性。评价者要对学生职业素养各种可能的行为表现进行广泛的收集和评估,再依据这些行为表现的普遍性和实际观察的可能性,进行科学分析和选择。同时,还要考虑所要观察的行为种类是否合理。观察目标行为的种类宜控制在个位数以内,否则,观察点太多就不易深入。

二是观察情境。职场情境对学生职业素养行为表现的发生、发展有哪些直接影响,观察者应充分考虑估计到。当客观条件许可时,教师应对各种不同的职场情境中的学生职业行为进行观察。

三是观察时机。在观察之前,应该先大概了解一下学生职业行为出现的时间规律,找出目标行为最容易出现的时间阶段,再根据观察具备的现有条件(能观察的时间、对观察行为的认知程度、观察记录手段等),确定观察的时间计划。

四、合理选择和设计观察工具

观察者在进行学生职业行为观察时,要根据观察要求和现有条件选择合适的观察工具,有时需要多种工具的运用。目前,可以运用的观察工具多种多样,如录像机、摄像机、照相机、观察提纲、记录表格等。特别是运用较多的观察提纲和记录表格的编制,要合理、科学。

五、客观、详实地记录观察内容

构建好观察记录的内容结构。主要包括观察的背景,记录观察现场的基本情况,观察地点、人员组成、活动内容、实施条件、现场氛围等,详细记录这些观察情境要素,有助于分析学生行为发生的背景以及这些要素对学生表现的作用和影响。记录学生的行为,应用取样法进行观察。为了能以清晰、直观的形式呈现现场记录,以便于事后分析和评价,可以设计一个现场观察记录表。

六、科学处理行为观察结果及观察过程中的问题

要想获得正确、可靠的评价结论,不但要做好观察和观察记录,而且应该对结果及时、仔细地整理和分析。要重视观察前的评价人员培训,包括观察目标的确定、观察工具的编制和检验、观察情境和观察过程的最优化设计、观察记录的总结和反馈等,通过集中的理论培训和现场评价实务培训,使评价者在观察过程中技术更为熟练,工作更为主动、

自如和自信；要重视观察情境的选择，选择自然的、常态的真实情境，选择多样的、重复出现的情境；要努力控制观察的信度和效度，克服先入为主的观察取向，重点观察目标行为，力戒马虎、草率的观察行为，以确保观察评价的有效性和可靠性。

第三节　如何运用教育调查法

教育调查研究作为教育科学研究中最基本的研究方法之一，正越来越受到教育一线工作者的重视，被广泛采用。通过调查，一方面，可以为教育科学研究搜集事实，另一方面，也可为各级教育行政部门制定政策、法令、法规和规划提供依据，还可为广大教师提供经验教训，以更好地改进工作，提高教育质量。

一、什么是教育调查法

（一）教育调查法的含义

教育调查研究法是在科学方法论和教育理论的指导下，通过运用问卷、访谈、测量等科学方式，有目的、有计划、系统地收集有关教育问题的资料，从而获得关于教育现象等科学事实，形成关于教育现象的科学认识的一种研究方法。

在教育科学研究中，调查研究有着广泛的应用范围。运用调查研究既可以研究教育现状，如对某一地区教师队伍现状的调查；还可以研究人的教育理念、态度、观点、认识等问题，如对某所学校学生性观念的调查；也可以进行教育的比较研究，如农村与城市职业教育均衡发展的比较研究等。总之，由于教育调查研究具有应用广泛、自然可靠、实施方便、出成果快等特点，已成为教育科学研究中一种效益较高、发挥特殊而重要作用的研究方法。

（二）教育调查法的类型

依据调查研究的目的、范围、内容和方法等方面的差异，可将调查研究划分成不同的类别。

（1）依据调查研究目的，调查研究分为现状调查、关系调查、发展变化调查、比较调查与原因调查。

（2）依据调查范围，调查研究分为全面调查和非全面调查，后者又包括典型调查、抽样调查与个案调查。

（3）依据调查研究内容，调查研究分为综合调查和专题调查两种，后者包括事实调查与征询意见调查。

(4) 依据调查研究方式，调查研究分为调查表调查、问卷调查和访谈调查。

二、怎样使用教育调查法

（一）教育调查法使用的一般步骤

调查研究法虽然有众多的分类，在实施程序上也各有侧重，但一般都要遵循以下几个步骤：

(1) 确立研究的课题及其目的、性质和任务。

(2) 拟订调查计划。依据课题的目的、性质和任务，确定调查对象、调查地点，并选择相应的调查类型和调查方式，同时要拟订实施的步骤和时间的安排。

(3) 实施调查，收集材料。实施调查应严格按照调查提纲的规定进行操作，力争使调查材料具有真实性、客观性、典型性和横向可比性。因此，在收集调查材料时应注意以下几点：① 尽可能保持材料的客观性；② 多个调查人员采用座谈会或谈话等手段收集资料时，必须采用统一的标准、统一的表格做调查记录，否则会影响材料的信度和效度；③ 在收集材料时还要注意不能把事实和意见混在一起，"意见"往往带有主观色彩。对被调查者提供的材料，需进行核实，以保证材料的可靠性；④ 尽可能地采用多种手段或途径，从不同角度和侧面，不同层次和环境较广泛地收集材料。

(4) 整理与分析调查材料。在教育调查中，那些直接采集到的原始材料，必须对之进行整理分析，使之达到系统化和条理化，以便使调查者弄清材料之间的相互关系，发现教育现象和事物联系的规律，解答调查者提出的课题。

(5) 撰写调查报告。分析调查结果，撰写调查报告，对所研究的问题做出解释，给出结论，提出改进的意见、建议和措施。

（二）问卷调查法

问卷调查法是职业教育研究中最常用的资料收集方法，特别是在教育调查研究中，使用极为普遍。问卷法通常还用于实验研究，对实验对象进行前测和后测比较。问卷法是由调查者运用统一设计的问卷向被选取的调查对象了解情况或征询意见的调查方法，问卷调查是间接性的、抽样式的、标准化的、定量的书面调查。

1. 问卷的设计

(1) 问卷的结构。

问卷通常由问卷说明（前言）、注释和问卷本文构成。

① 前言。应包括调查目的、意义、主要内容、调查组织者、选样的原则、保密措施等。前言一般印在问卷的封面或封二上。

② 注释。一般指对填写问卷的具体要求，有时也包括对条款及措辞的进一步解释。

如:"请您选出一个您认为最佳的答案","请尽可能多地进行选择"。注释一般应包括以下四个内容:对选择答案所使用符号的规定;对计算机代码表格的解释;对回答者署名与否的说明;对返还问卷形式(面交、邮寄还是其他方式)、时间等的说明。

③ 问卷本文。这部分一般包括指导语、调查对象的自然状况、问卷题目等。指导语是问卷说明的操作化语言;对象的自然状况指姓名、年龄、单位、班级、学号、通讯地址等有关对象的自然情况;问卷题目是问卷的主体。问卷题设计主要有两种类型:开放式问题和封闭式问题。开放式问题要求应答者提出自己对某个问题的回答,封闭式问题则由研究人员提供对该问题的若干种答案,由调查对象在这些答案中进行选择。问卷中封闭型问题一般为多数,开放型问题是个别的。

(2) 问题的排列。

应根据被调查者的特点,设计合理的顺序,激发被调查者积极的态度,避免消极感受,以提高问卷的答题质量和回收率。排列问题应考虑的五个方面:① 时间顺序,即按照事件发生先后排列;② 理解顺序,即按照被调查者理解的难易程度排列;③ 内容顺序,即按照问题内容的性质的不同来排列,内容顺序应和时间顺序、理解顺序结合起来考虑;④ 交叉顺序,即按照问卷中的变量交叉排列;⑤ 类别顺序,即按照内容的类别进行分类。

(3) 问题的表述方式。

问卷题目包括提问和回答两部分,问卷的提问质量是问卷质量的主要体现,决定问卷提问质量的是问题的表述方式。问题的表述方式包括以下几种。

① 直接提问式:即调查人将需要了解的事实、意见和数据,直截了当地提出来,从而直接获得答案。

② 间接提问式:即调查隐蔽提问的目的,从侧面"迂回"提问。

例:"中职生谈恋爱,有人认为是绝对不应当的,有人认为要看情况而定,若不妨碍学习,则可以允许,若妨碍学习则不能允许。你同意那一种意见?"

③ 情景提问式:即调查人简述事例、故事等,让被调查人对其中的内容或人物、情景进行分析和回答,再从答案中推论出调查结果。

④ 意见征询式:即调查人提供对某些事物、现象的态度、观点征询被调查人是否赞同。

⑤ 列举提问式:即要求被调查者提供某些事实。

⑥ 填表提问式:当调查者需要了解某一方面详细情况或搜集有关数据时常用填调查表的方式。

(4) 问题的回答方式。

为了便于问卷的分类整理和统计,问题的表述形式必须和回答形式结合起来考虑。常用的封闭式问题回答方式有以下几种。

① 是非题：问题的答案只有同意和不同意两种，回答者必须选择其中之一。

例：你认为职业学校学生留级是否必要？

　　　是（　）　　　否（　）

② 选择题：问卷的答案相互之间不是矛盾关系，只是类别、程度、数量的不同，回答者可以从中选择一个或几个答案，这是问卷调查中最常用的形式。

③ 等级式：各备选选项是由具有等级意义的词汇或数字形式构成的问题。

例：你参加体育锻炼的经常性如何？

　　　A．经常；B．有时；C．从不。

等级式常见的问答量级有：A．极好；好；可以；一般；坏；不知道。B．很满意；满意；一般；不满意；很不满意。C．有规律性；偶然；极少；从不。D．很喜欢；较喜欢；一般；不太喜欢；很不喜欢。E．非常同意；同意；中立；不同意；很不同意。F．很重要；重要；较重要；不重要；不知道。

④ 并列式：备选选项是由等价的、各自独立的词汇构成的问题。

例：你认为你每天背诵英语的最佳时间是何时？

　　　A．早晨；B．早自习；C．中午；D．课间；E．晚饭后；F．其他。

⑤ 填写（表）题：在问题中留有一定的空白，让调查对象填写完成的问题。

例：你最希望开设的选修课是　　　　　　　　　　　。

⑥ 问答题：允许调查对象充分自由作答的开放式问题。

例：请您谈一谈对职业学校开展创业教育的看法。

⑦ 排序题：让调查对象根据一定的要求给答案排队的问题。

例：有关学生的品德形成，按影响程度的大小，请把下列因素依次排列：

　　　父母；同学；教师；邻居；校长；英雄人物；其他。

⑧ 后续式：对于选择某一种答案的人们再次提供备择答案的填答方式。

例：您课间是否经常与学生交谈？

　　　不是（　　）；是（　　）（如是的话，请回答交流的主要内容）。

　　　A．增进情感；B．传授知识；C．了解信息；D．其他。

2．问卷的发放与回收

问卷的发放方式有两种：一是寄送（邮寄或发送电子邮件），二是亲自组织现场发放。

寄送问卷可分寄给个人或集体（学校、班级、团体等）。发出的问卷要有记录，便于查考和催询，以保证较高的回收率。问卷回收整理分析后，应尽可能通过适当方式将研究结果反馈给答卷人，特别是集体发卷单位，这有助于融洽研究机构（团体）与研究对象的长期共建关系，提高研究的质量水平。

现场发卷可借助学校组织发放，约定学生、家长、社会人士等调查对象集中答卷，即发即收,这种方式时间短,回收率高,见效快。但由于现场发卷在范围上的局限性,所得结果代表性不强,应多选几个不同层次的点进行。答卷时对答卷者不加任何影响和干预,以保证如实反映情况。

3. 问卷的整理与分析

发放或当场填写的问卷回收率一般要达到 70% 以上,寄送问卷的回收率应不低于 50%,低于 70% 或 50% 的回收率,是不能作为研究结论的依据的。整理问卷应逐份检查,或进一步补充调查,以弥补调查的疏漏,鉴别回答的真实性程度。将有效问卷根据问题的设计按项目分类统计,有条件的可分类编码输入计算机进行处理,分析研究数据(自编程序或采用通用的 EXCEL 数据处理软件,SPSS、SAS 统计软件)。最后,对所得结果进行分析和讨论,在此基础上写出调查报告。

(三) 访谈调查法

1. 访谈调查法的含义

访谈调查法是调查者通过访问或座谈的形式来了解情况,搜集客观事实材料的调查方法,它主要适用于以下几种情况。

(1) 所需调查的问题比较复杂,用问卷或其他方式不易了解全面情况,需要详细了解较具体的事实材料。

(2) 对需了解的材料,被调查对象用书面形式难以确切表达。

(3) 调查对象较复杂,不可能用一份问卷或量表索取事实材料。

(4) 被调查对象文化水平不高,不能提供所需要的书面材料。

2. 访谈调查法的类型

访谈调查法按谈话的组织水平可分为正式访谈和非正式访谈;按谈话方式分为电话访谈与面对面访谈。

(1) 正式访谈与非正式访谈。

正式访谈是通过一定的组织程序,严格按照预先拟订的访问计划进行恰当引导的谈话,在调查中组织召开的座谈会、调查会都属于正式访谈。非正式访谈是根据研究目的,与调查对象在自然的接触中进行的谈话。非正式访谈一般只能作为正式访谈的补充。

(2) 电话访谈与面对面访谈。

电话访谈是近年来调查研究中使用越来越多的调查方式。电话访谈相对于面对面的访谈,其最大的好处在于花费非常低廉。

面对面访谈比电话具有更大的弹性,能获取更详尽的细节,访谈的时间也可更长些,诸如图表类的可视性材料在面对面访谈中也可以使用。

如果研究项目要求访谈对象对一些书面材料做出反应,可以配合使用电话访谈,首先把材料寄送给访谈对象,然后通过电话来获取答案。这种方法适用于访谈机关或专业人员。比如,调查一个地区学校校长的工作情况就可以用这种方法。

3. 访谈调查的步骤

访谈调查的过程包括三个步骤。

(1) 制订访谈计划。

访谈计划要根据课题研究方案认真设计,一般包括以下内容:

① 谈话的具体方式,是个别访谈还是集体座谈,是面对面访谈还是电话访谈;

② 谈话的内容项目和谈话提纲;

③ 分类方法和记录代码系统。

调查者可根据分类和记录代码系统制定谈话记录表以便于记录。谈话内容不能用符号记录的,则应详细笔录或进行录音。

(2) 进行访谈。

和访谈对象进行谈话,获得调查信息的过程中,谈话要自然地按计划进行,切忌随意离题。为保证谈话达到预期目的,必须掌握以下谈话技巧:

① 提问要按谈话计划一个一个地提,使被调查者有思考的余地,自己也易于记录;

② 提问要讲究方法,或用直接法,或用间接迂回法;

③ 话题的转换要自然,要注意问题的前后联系和衔接,不要让被调查者感到生硬和牵强;

④ 提问要简明扼要,问话时不能暗示答案;

⑤ 谈话中要保持和谐的交谈气氛,鼓励被调查者畅所欲言。

(3) 整理谈话记录,写访谈调查报告。

访谈会结束后,研究者应及时整理谈话记录,并在对谈话材料进行定量、定性研究的基础上写出访谈调查报告。

案例:

课题"中职学生发展性职业核心素养评价及其标准体系建构理论与实践"

中职校学生职业素养评价现状调查综述

一、关于中职校学生职业素养评价现状调查的基本情况

为了准确掌握当前中职学生职业素养评价的现状,2013年4月至5月,笔者在江苏各地中职学校(含五年制高职校)进行了"关于中职校学生职业素养评价现状的专项调查研究"。以问卷调查法辅之以访谈法的形式,对苏南、苏中、苏北地区的140名具有代表性的企业和用人单位人力(人事)资源部门负责人、195名中职学校教师和250名学生分别进行了问卷调查。

本项调查问卷的设计过程总体是先查找、收集信息,然后结合调查对象与调研目的

落实调查表格的设计工作。问卷分为企业卷、教师卷和学生卷三类。分别围绕"你认为当前中职学校对学生职业素养教育与评价重视的程度如何""中职学校目前学生评价的主要内容和方式有哪些""中职校目前是否有专门的学生职业素养评价标准和体系""中职校是否有必要建立专门的学生职业素养评价指标体系"以及"中职校学生评价需要加强哪些方面的评价"等内容,对企业人事部门代表、教师和学生三类对象进行了多角度互证性问卷调查和访谈。

二、关于中职校学生职业素养评价现状调查结果描述

在对全部调查数据按项目分类整理、描述统计的基础上,对于能够赋值的连续性变量问题选项,进行了检验或方差分析。主要使用级李克特量表,采用五级评价,如非常不符合、不符合、一般、符合、非常符合等,相应赋值为1、2、3、4、5,判断两组(采用检验)或多组(采用方差分析)数据平均数之间的差异显著性。调查统计结果描述如下。

调查项目1:你认为当前中职学校对学生职业素养教育与评价重视程度如何?

调查数据表明,企业代表、教师和学生三方均认为目前中职学校对学生的职业素养教育与评价重视程度不够。虽然三方面调查对象对问题选择项回答的百分比不完全相同,但通过对三级数据的方差分析发现,企业代表、教师和学生三方对当前中职校学生职业素养教育与评价现状的判断无显著差异($p=0.178>0.05$)。

调查项目2:你校对中职生评价主要是从以下哪些方面进行的?可多选。

从统计数据可以直观地看出,当前中职校对学生学业成就的评价主要还是通过传统的语、数、英等公共基础知识考试与专业知识考试,职业资格证书考试和职业技能考核考级,外加职业技能大赛获奖成绩等方面来评价学生的学业成就。至于明确表示学校从学生的职业道德、职业理想信念、职业能力、职业行为习惯以及职业精神与意识等职业综合素养层面对中职生进行全面考核评价的,仅占总数的36.92%和37.67%。

调查项目3:你校对中职学生评价主要是以哪些方式进行的?可多选。

从统计数据可以看出,此项调查的数据与项目的调查数据可以相互印证,充分说明当前中职校学生评价方式与评价内容是相对称的,仍然是以传统的定量书面考试、技能考核为主,定性的综合素质评定方式并未引起足够重视。

调查项目4:你们学校有专门针对学生的职业素养评价标准和体系吗?

调查结果显示,当前中职校有专门针对学生职业素养评价的标准与体系的仅占少数,相当部分学校没有制定学生职业素养评价标准与体系。至于学生和教师均表示不清楚有没有的更是占绝对多数,这一现状令人深思。而且,从统计数据可以看出,学生与教师对学校是否有学生职业素养评价指标体系的观点不尽一致。通过给选项赋值(认为有的,记5分;认为没有的,记3分;认为不清楚的,记1分)并进行方差检分析,检验发现教师与学生在此问题上,观点的差异极其显著($p<0.01$)。这从一个侧面反映,当前即使有

部分中职校制定了关于学生职业素养评价的指标体系,也仍然流于形式,并没有真正付诸实施,以至于虽然教师知道但学生大多数不清楚学校是否存在这样的评价标准体系。

调查项目5:你认为是否有必要建立中职生职业素养标准并进行评价?

统计数据可以看出,当前的企业代表、学校教师两方在关于中职校建立学生职业素养评价的指标体系是否非常必要的态度上较为一致,均认为建立中职生职业素养评价指标体系是中职学校管理的当务之急。但是,跟学生组的选择观点不太一致,通过给选择项赋值(将"很有必要""有必要""无所谓""没有必要""根本没必要"五个选择项分别赋值5、4、3、2、1),并进行方差分析检验,可以发现教师、企业与学生对当前中职校是否有必要建立中职生职业素养标准并进行评价差异性非常显著($p=0.000$)。

此外,为了弄清楚不同性质的企业以及企业不同部门对建立学生职业素养评价标准体系意义的认识,对不同性质企业及企业不同部门间的调查数据进行了进一步的对比分析,将该题选择项"是""说不清""不是"分别赋值5、3、1,并进行方差分析,检验结果表明,对于建立中职生职业素养评价标准并进行发展性评价意义的认识,不同性质企业间有显著差异($p=0.005<0.01$),私营企业、股份制企业的代表更主张要制定职业素养标准并进行相应的发展性评价。而企业不同部门间方差分析的值均远大于0.05,说明其相互间观点并无显著差异,均认为建立中职生职业素养指标体系并进行发展性评价是非常必要和有意义的。

在"你认为当前中职生的职业素养综合评价比单纯的专业知识与技能考核更重要吗"这一问题选项的回答上,不同性质的企业与企业不同部门间调查数据方差统计的结果,P值均远大于0.05,说明其观点表现出高度的一致性,无显著差异,均认为综合职业素养评价非常重要。

三、基于中职校学生职业素养评价现状调查的问题检视

根据上述关于当前中职学校学生评价现状对企业代表、学校教师和学生三方面的问卷调查数据统计,结合调查中对企业人事部门负责人、中职学校管理者、中职校教师和学生的访谈,除了可以获得上述定量的统计分析结果,还可以定性地做出关于当前中职生评价问题的检视与判断。

第四节 如何运用个案研究法

个案研究是教育研究中一种常用的研究方法。它不仅仅只是一种研究方法,也是一门复杂的认知课程,是帮助个人解决现实问题的理论。

一、什么是个案研究法

（一）个案研究法的含义

个案研究指采用各种方法，搜集有效、完整的资料，对单一对象进行深入细致的研究过程。通常个案研究是对特定的人、事、物所进行的描述和分析，研究对象可以是一个人、一个机构、一个社会团体等，资料搜集可以采用查阅档案记录、问卷、测验、访谈、观察等方式。

在教育研究中，个案研究往往适用于对不良问题的研究或对某些难以重复、难以预测和控制的事例进行研究，如学生辍学、学业失败、破裂家庭、道德不良、青少年犯罪等，也适用于对学生的心理问题和人格偏差的诊断研究和矫正研究。

（二）个案研究法的类型

根据研究内容、目的可将个案研究分为以下三类。

（1）诊断性个案研究。考察特殊对象以及特定问题行为等，目的在于对案主问题行为或心理状态做出诊断。

（2）指导性个案研究。广泛运用于教育实践，如对新的教育方式、教学方法进行尝试，然后推广运用到实践中去。

（3）探索性个案研究。小型的、试探性的研究，常为进行大型研究或构建理论做前期准备。

（三）个案研究法的特点

（1）研究对象的特殊性。个案对象的确定一般多采取目的抽样法，即按照研究者对特殊问题的目的要求，在特定的范围内选取特定的对象。

（2）实施方法的综合性。实施方式需要根据具体对象的特点和具体任务的不同，综合应用健康检查、观察、家庭访问、谈话、问卷、作品分析、测验、评估等一连串直接或间接的资料。

（3）资料来源的多元性。个案研究要求通过周期较长的纵深调查，在自然（不加控制）过程中，从种种角度系统搜集有关研究对象的一切资料，以详尽地了解并准确地分析其发展变化的连续过程和量变质变的规律。

二、怎样使用个案研究法

（一）个案研究的一般步骤

1. 制定个案研究方案

个案研究方案是指实施研究的计划，是进行个案法研究必须具备的前提条件。一般个案研究方案包括:研究的对象与问题、研究的目的与重点、研究的步骤、研究的内容与方法以及研究预期成果等等。

2. 确定研究对象,进行个案现状评定

研究者可依据研究目的,选定具有某一方面典型特征的个案作为研究对象。个案研究对象的确定,一般可以选择有一系列不同于他人的行为表现,而且对这些行为形成的原因、特点、发展趋势的重要性认识不甚清楚,而又有搞清楚它的必要和兴趣。研究对象确定后,要对个案现状进行了解与评定,这有助于研究者认识个案各方面发展的平行与协同关系,有助于发现个案潜在发展趋势。

以研究学生学习障碍为例,可以考虑个案的各科学业成绩、智力测验成绩、个性测验情况、个人的兴趣爱好,父母的文化水平、职业及兴趣爱好,家庭教养、经济、成员间的关系,社会交际能力及教师教学情况等。

3. 收集资料,进行诊断与因果分析

收集个案资料是进行个案研究的前提。个案资料一般包括:个人简历、家庭情况、主要问题、入学前教养情况、智力发展情况、社会适应能力、个性发展等方面。收集的方法可用访谈、调查、观察、成品分析等手段进行。为了研究的需要,可编制专门的调查登记表,以便进行定期调查。

诊断与因果分析是进行个案研究的基础。在广泛收集个案资料的基础上,常常还需要对相关问题做进一步的测试,以诊断问题的症结所在,推论原因——主因、次因、远因、近因等,形成初步的假设。诊断最好能有标准化的测验量表。

4. 问题的矫正与指导

问题的矫正与指导是个案研究的关键,即在诊断与分析的基础上,针对学生存在的问题,设计一套因材施教的方案加以实施。可以从学生发展的内因与外因两方面入手进行。一方面是对学生的内在因素进行适应性训练与矫治的指导,以便使其与学校、社会环境的要求相适应;另一方面是尽可能改变其外部条件的指导,使之适应儿童发展的需要,主要考虑学校教育措施、家庭的气氛与影响、父母对子女的教育态度和方法、校外教育的作用以及学生间人际关系等因素。

5. 追踪研究

个案研究对象的问题矫正与指导是一个极为复杂的工作,仅靠一次诊断是不容易准确的。教育是一个长期的活动,某些教育措施的实施往往要在一段时间以后才能比较全面地看到效果。因此,对于所研究的个案对象,特别对那些实施过矫正与个别指导的问题儿童,有必要用一段较长时间的追踪观察与研究,以检查矫正补偿是否有效。如果有效,个案研究工作就算告一段落,如问题还没有解决,那就要重新诊断和重新矫正,继续研究下去。

6. 撰写个案研究报告

一般个案研究报告主要包括：研究对象的基本情况、研究目的与内容、研究过程、研究结果与分析等几部分。撰写时应注意研究的目的、内容、对象、过程与研究方案中相应内容相同，研究结果应阐述定性资料的分析、概括提炼的规律和解决的问题，并用科学方法进行论证。

（二）个案研究的具体方法

1. 追踪法

个案追踪法是在一个较长时间内连续跟踪研究单个的人或事，收集各种资料，揭示其发展变化的情况和趋势的研究方法。追踪研究短则数月，长则几年或更长的时间。

追踪研究法尤其适用于三种情况：一是探索发展的连续性；二是探索发展的稳定性；三是探索早期教育对以后其他教育现象的影响。个案追踪研究的实施步骤如下。

（1）确定追踪研究的课题。研究者首先要明确追踪研究的对象是什么，目的是什么。

（2）实施追踪研究。追踪研究一定要紧紧围绕课题确立的内容进行，要运用规定的手段收集有关的资料，不能让重要的信息遗漏，也不能被表面的现象迷惑。

（3）整理和分析收集到的各种资料。对收集到的各种个案资料要进行细心的整理和分析，做出合理判断，揭示出个案发展变化的特征和规律。

（4）提出改进个案的建议。研究者要根据对个案追踪研究的结果，进一步提出改进个案的建议，指导和促进个案的发展，实施因材施教。

2. 追因法

实验法是先确立原因，然后根据原因去探究产生的结果。追因法则是先见结果，然后根据发现的结果去追究其发生的原因。个案追因研究的实施步骤如下。

（1）确定结果和研究的问题。

（2）假设导致这一结果的可能原因。

（3）设置比较对象。

（4）查阅有关资料进行对比。

（5）检验。

3. 临床法

临床法往往通过谈话的形式进行，故又称临床谈话法。临床谈话的方式可以是口头谈话，即面对面地交谈；也可以是书面谈话，即问卷谈话。临床法应用的一般过程如下。

（1）由教师、父母或学生本人提出具体的行为问题或学习问题需要帮助，然后观察他的行为。

（2）根据学生的学习成绩、教育测量情况、同伴评价、家庭情况以及该生在各种环境中的表现，明确当前的情况。

(3) 根据这个学生的发展史、学校记录和家庭历史等材料,了解其过去的历史。

(4) 根据可能的假设设置处理方案。

(5) 根据初步处理的结果判别假设是否正确,是否需要修改或者必须完全推翻。

(6) 为了提高研究的科学性,一般宜用实验法再加以检验。

4. 产品分析法

产品分析法又称活动产品分析,也是个案研究的一种方法。它是通过分析学生的活动产品,如日记、作文、书信、自传、绘画、工艺作品等,以了解学生的能力、倾向、技能、熟练程度、情感状态和知识范围。运用这种方法时,不仅要研究人的活动产品,而且还要研究产品制造过程本身以及有关的各种心理活动状况。

案例:

个案研究法之心理学个案应用

心理学个案分析——"压力"山大

"压力"已经越来越频繁地出现在人们的交流中,我们常常听到"压力太大""难以承受的压力"等的感叹和抱怨,同时,我们也常看到因"压力太大"而不断产生的严重问题甚至自杀的悲剧。因为压力太大而无法疏导、排遣,导致个人情绪焦躁、精神痛苦,甚至产生人格的分裂和精神障碍。

高职生是因压力太大而心力疲惫,情绪低落甚至患上抑郁症的一个重要人群。在通过学校挤压、填鸭式的教学后,最后未考入理想大学而进入职业学校后,发现摆在面前的似乎是无止境的巨大的挑战和压力,很多同学深感失望和悲观。

【症状】

某同学为高职三年级学生,在自习室看书时,总担心会有人坐在身旁干扰自己,精神不能集中,无法安心看书,甚至讨厌周围坐着其他同学。对同寝室同学公放音乐的行为十分反感,有时甚至难以忍受,尤其是中午午休时总担心室友发出其他声音,导致经常休息不好。面对未来,心中一片茫然,担心成绩不够理想,担心找不到理想的工作。家在农村,经济状况一般,父母平时总是省吃俭用,生活十分拮据。父母把未来的希望全寄托在他身上,对他期望值很高。同时父母对其的要求非常严格,有时严厉到伤害他的自尊。他压力很大,平时不愿回家。该同学性格趋于内向、自卑,缺乏自信,生活态度比较消极,认为所有的一切都不能顺其意。近来尝试着想改变自己,但不知从何做起,效果也不好。心情越来越坏,对任何事情好像都提不起兴趣。

【分析原因】

在该案例中,该同学实际上其心理困境主要是由各种压力造成的。

首先,他面临毕业找工作,对未来的高要求构成其压力的核心。对未来的期望所导致的心理紧张和心理困境,其实质是由该同学自身能力与理想目标之间的落差造成的,落差越大，心理压力也就越大。学习成绩一般，对自己缺乏信心，而且家在农村，又觉得自己责任重大，必须好好学习才会有前途，因此心理压力是相当大的，而且与日俱增。从认知心理学讲，过多的负性思维使他不能全面客观地看待自己。

其次，家庭原因是该同学的主要压力之一；根据西方有关家庭应激（压力）的理论，家庭薄弱性与事件威胁性是与家庭应激相关的两个主要因素，家庭应激增加了家庭成员的易受伤害性。家庭成员感受到的压力取决于他（她）对变化含义的个体意识，同时也将依赖于个体能够影响（帮助）改变应激源事件过程的程度或其能减少改变冲击的程度。在本案例中，该同学家境一般，父母还必须供养他上学，可见家庭应激（压力）是非常大的。该同学对事件的冲击无能为力，只能消极地承受威胁。再次，自身心理压力使该同学在心理上产生不安全感。行为发生学认为，当人受到刺激时就会做出某种特定的反应。该同学面对压力，采取的是消极应对策略——回避。虽然不去想它，但是问题和压力却仍然存在，处于一种茫然状态。实际上，这是由于该同学刻意回避主要现实压力，导致压力感（压力能量）转移的结果。

最后，自身成绩的失落心理变得异常敏感和脆弱，这一点在他的日常学习和生活过程中直接体现出来。哪怕有一点动静，在教室看书或者在宿舍睡午觉就会受到干扰；严重时，即使没有任何干扰，他也会怀疑、担心和害怕受到干扰。

【纠正建议】

人格内部各种力量之间，人与环境之间的平衡是相对的、暂时的，而不平衡是绝对的和持久的，因此人格内部的冲突是不可避免的，而压力的产生便是基于冲突的加剧。压力的舒缓，需要树立健康的情绪控制观。

第一，觉察自己的情绪，感知自己的压力源。在学习工作过程中，多加注意自己情绪的变化，适当地抛开压力。

第二，用适当的方式缓解压力。首先，减少负性思维，任何时候都不能自认为已经完全客观地考虑了事情，很多事情并没有想象中的那么糟，不要让自己的想象阻碍自己的进步。其次，学会倾诉，如果面对压力，感到孤立无援，就应该寻求朋友和亲人的安慰。与朋友的一次很短的电话交谈远胜于服用一颗镇静剂。再次，根据吸引力法则，我们总是吸引那些和我们像的人和事来到我们的身边，因为我们倾向于在周围的人事物上证明自己是对的。如果潜意识觉得自己很卑微，那么可能就会吸引来认为你很卑微的朋友和爱人。所以不妨观察一下身边的人和事，相信会有未察觉的东西。

第三，适当的娱乐是缓解压力的有效方法。如果心情烦恼是因为时间不够造成，不妨放下手头的事情，合理安排一下学习计划。音乐是非常有效的心理疗法。多听音乐有助于培养开朗的性格。要定期进行体育锻炼，增强体质。良好的身体素质是战胜心理压力的基础。

完全没有压力的情况是不存在的。我们每个人都可以找到自己的方式来舒缓压力。

第五节　如何运用教育实验法

"实验法是教育科研的生命。"广大职业院校教师应该重视实验、参与实验，特别是要不断增强实验的意识，以不断提高教育科研的水平，提高教育教学质量。

一、什么是教育实验法

（一）教育实验法的含义

教育实验是运用科学实验的原理和具体方法来研究教育现象和问题，并试图提示教育活动规律或某些教育内容、措施的有效性，是一种综合性研究活动。[①]

实验研究包含三个要素：一是对实验自变量（实验处理）的操纵，二是对实验因变量（实验结果）的观察与测量，三是对无关变量的控制。具体地说，教育实验法是指教育研究者有意识地操作一个变量（自变量），使它发生变化，并且控制其他无关变量，然后观察、测量这种变化是否会对另一个变量（因变量）产生影响。

例如：在"不同座位方式对学生参与课堂活动积极程度的影响"的教育实验中，操作自变量就是用不同方式安排座位，控制无关变量就是排除因授课内容、教师教学风格、学生学习兴趣等不同带来的影响，而此项实验的目的就是要研究自变量（不同座位方式）与因变量（学生参与课堂活动积极程度）之间存在着因果关系。

（二）教育实验法的类型

从不同的角度，实验研究可以进行不同的分类。按实验目的，分为探索性实验、验证性实验与推广性实验；按实验分析方法，分为定量研究实验和定性研究实验；按实验场所，分为现场实验（自然实验）和实验室实验；按实验自变量的多少，分为单因素实验和多因素实验；按实验控制程度，分为前实验、准实验与真实验；按实验被试选择的方式，分为单一被试实验和成组实验；按实验设计的组织形式，分为单组实验、等组实验与轮组实验。

（三）教育实验法的特点

实验研究就是探讨事物因果关系，实验法与其他研究方法相比，研究过程更严格，研究结构更清晰，研究结果更可靠。其特点如下。

[①] 杨小微.教育研究的理论与方法[M].北京：北京师范大学出版社，2008：166.

(1) 以假设为前提，整个实验过程就是围绕着验证假设展开。
(2) 需要控制条件，没有控制就没有实验。
(3) 能揭示因果关系，实验的理论框架和操作程序就是按照验证因果关系而设计的。
(4) 可重复验证，这是实验研究成果推广运用的必备条件，是评判实验优劣的标准之一。

二、怎样使用教育实验法

（一）教育实验法的一般步骤

1. 选定实验课题

实验研究适合于研究变量数目少且清晰、可以分解并加以操作的问题。研究者必须有一个关于解决这一问题的初步方案，如用自学辅导方法解决提高中职数学教学质量问题。在对某问题有了一个或几个初步方案，但是不能确定此方案是否优良，或者不能确认究竟哪个方案更好的情况下，可以考虑用实验法。选题要遵循有价值、有创造性和可行性等原则。

2. 建立实验假说

所谓假说就是实验者对自变量（实验变量）与因变量（反应变量）之间关系的推测与判断。它具有三个特征：假说应当设想出实验变量与反应变量之间的关系，假说要用表述或条件句的形式明确、毫不含糊地展述出来，假说应当可以检验。

例如：某职业学校教师看到学生没有得到全面、和谐、充分地发展，于是确定了"中职生全面发展教育实验"课题，建立了"实现整体优化，促进学生全面发展"的假说，开展了中职生教育整体优化实验。

3. 实验设计

实验设计指进行一项教育实验研究的整体设计。实验设计的问答主要有以下几个方面：

(1) 实验变量的操作与控制，确保实验者依据实验要求操作不走样。
(2) 反应变量的观测方法、测量手段，通过制表、绘图等进行比较分析。
(3) 无关变量的控制措施，即运用消除法、恒定法等方法进行控制。
(4) 实验对象的选择，即被式的选择。
(5) 实验数据处理方法的确定。

4. 实验的实施

实验的实施就是实验工作者按照设计的实验方案，操作实验变量，控制无关变量，观察、记录、测量反应变量，搜集实验信息的过程，也就是将实验方案物质化、现实化的过程。

实施过程必须做两方面工作：一是实验进程的控制，保持实验过程按实验设计的要求、程序进行；二是经常地有重点地客观地搜集实验信息与资料、观测反应变量，为因果推论提供事实和依据。

实验进程的控制需做好以下的工作：

(1) 健全实验组织机构，准备好实验的表格与器材。

(2) 处理好教育实验过程中的"动"(实验因子、实验变量)"静"(非实验因子、无关变量)关系。

(3) 做好阶段性小结。阶段性小结的目的是查明在实验措施的作用下，反应变量每个阶段的变化情况，并认真地实事求是地记录下来，看看哪些主观假说被验证，哪些被推翻，哪些有待于进一步验证。从而及时发现问题，修改方案，为进一步做好下一段工作提供依据与经验。

5. 资料的统计处理

对实验过程中积累的资料，采用科学的统计方法进行统计分析。一般是先用描述的方法把反映结果的原始资料加以列表、图示，或计算该资料的平均数、标准差和相关系数等，然后再用推断统计的方法来检验自变量与因变量之间的关系。在教育实验中常用的推断统计方法有 Z 检验、T 检验、F 检验等。

6. 实验报告

实验报告是反映一个实验研究的过程及结果并将其公之于世的书面形式，是对实验研究的进一步验证、认可、推广和深入研究。

(二) 教育实验的组织形式

教育实验应根据实验课题的特点和实际条件，选择合适的实验组织形式。基本的实验组织形式有以下几种。

1. 单组实验

单组实验是选择一组实验对象(常常是一个班级)，施加某一个或数个实验因子，其他条件保持不变，测量和比较其所产生的变化。

单组设计基本模式图：

$$G: \quad O_1 \quad X_1 \quad O_2$$
$$O_3 \quad X_2 \quad O_4$$

X 代表自变量，O 代表实验观测。单组实验由于没有控制组做比较，不能排除被试本身自然成熟的影响，归因分析不够充分。因此，实验应当注意至少安排两次观测(前测、后测)，几次观测的难度、信度、效度应相当；两种实验因子的处理先后顺序应随机确定,后一实验因子在实验中不受以前实验因子的影响;无关因子的影响在实验中保持恒定不变。

2. 等组实验

等组实验是两组或两组以上的受试者同时分别接受不同的实验因素的影响,而其他条件保持相同,然后将所得的结果进行比较,以确定实验因素的效应。

等组设计基本模式图:

$$G_1 \quad X_1 \quad O_1$$
$$G_2 \quad X_2 \quad O_2$$

等组实验要求将实验对象随机分配,以保证构成等值组。分组虽然麻烦,但是这可使各组除实验因素外,所有影响实验的因素特别是实验对象原有水平相同或相等。这是等组设计最重要的规范。有前测的等组实验是一种被认为经典的实验形式,两组都进行同样的前测后测,在此基础上实验结果凸现出来,比单组实验说服力强,避免了"成熟"、测验本身及其统计回归等无关因素影响。

3. 轮组实验

把 n 个实验处理轮换施于 n 组(不必均等),根据每个实验处理所导致变化的总和来评定实验结果。

轮组设计基本模式图:

第一轮实验　　　　第二轮实验

$$X_1 O_1 \quad\quad\quad X_2 O_3$$
$$X_2 O_2 \quad\quad\quad X_1 O_4$$

轮组实验的排列方法使每个实验因子在各组中循环了一遍,各组实验处理是一个不同的顺序,数目是相等的、平衡的,用各组平均成绩说明因变量。

(三)**对接受实验的学生的控制**

1. 用衡定、平衡法减少无关变量的影响

(1)随机分配。在选择被试、安排实验处理顺序等环节上不受实验人员主观意图影响,而由偶然的随机配对决定。

(2)测量配组。采用等组形式进行实验,最重要的条件是各组须尽量相等。怎样使得各组实验对象的原有水平相等? 一般可采用测量排列,就是把参加实验对象的知识、能力统一测量一下,按水平高低依次编号,再均等地分配在分组。如:

两个等组:甲组取 1、4、5、8、9、12……,乙组取 2、3、6、7、10、11……

三个等组:甲组取 1、6、7、12、13……,乙组取 2、5、8、11、14……,丙组取 3、4、9、10、

15……

最后从两组或三组中任选一组或两组作为实验班,其余作为对照班。

(3)平衡配对。不打乱原有班组编制,在确定了实验组和控制组之后,对两组学生在某些特征水平方面大体相等的——成对,个别极端突出以至无法配对者仍参加实验性教育教学活动,在最后分析结果时不予统计。

2.用循环法抵消无关变量的影响

循环法可表述为 ABBA 法,把实验处理排列为机会均等的组合。在有 ABC 三种实验处理时,把被试随机分成三组,三组处理顺序做如下安排:

组 别	处 理 先 后 顺 序		
第一组被试	A	B	C
第二组被试	B	C	A
第三组被试	C	A	B

让被试先后轮换接受不同的实验处理,从理论上讲,由实验顺序造成的练习、适应、疲劳等无关因子效应可在轮换过程中相互抵消,但如果一种新的教学体系性强,不能让被试一会儿学习甲教材,一会儿学习乙教材。轮换在提高实验精确度的同时,也延长了实验时间,还应考虑采取其他措施和对策。

3.用代表性策略克服无关变量的影响

在实验点的确定、被试选择、实验教师的配合等方面,确定其在研究范围内的代表性。如坚持在普通学校、普通教师、普通学生、普通教材的条件下开展实验。

在教育实验过程中,师生及有关人员各种情感效应对实验结果产生的影响是不可忽视的,如霍桑效应、约翰·亨利效应、皮格马利翁效应等,这些不应有的情感倾向,使教育活动进入不正常状态,教育实验的结果便掺入了虚假成分。因此,要对师生实验情境中的情感进行控制。

三、职业教育研究运用实验方法的探讨[①]

我国普通教育领域在实验研究方面已经积累了相当多的经验,其对实验方法的运用与实验价值的判断也日趋成熟。而在职业教育领域,大多数研究主要是对文献资料和教育现象的定性分析,也有不少理论与实践相结合的研究,其中,有的只是纯粹的经验介绍,科学性不强且推广意义不大;有的只关注"应该如何做",至于"怎么做"以及"效果如

---

① 徐朔,吴霏.教育实验及其在职业教育中的运用[J].职业技术教育,2012(35).

何"则缺乏有力的事实依据和数据支持,主观性较强。因此,职业教育教科研不妨借鉴普通教育广泛运用的教育实验方法,这将有助于提高职业教育研究的科学水平,从而在职业教育教学改革进程中发挥更加科学的指导作用。

(一) 职业教育实验研究的科学性

在职业教育中,阻碍研究者和教师开展实验的重要因素之一就是职业能力的难以测量:一方面由于职业能力相关量表等测量工具的缺乏,许多教师感到科学性不足而对开展实验望而却步;另一方面由于客观条件的限制,许多教师认为没有采取随机分组的准实验设计不是真正的教育实验,缺乏科学性,开展实验的积极性不高。那么,如何来判断实验的科学性呢?

在这里需要指出的是,教育实验的价值和科学性并不完全取决于实验类型本身的科学程度。叶澜认为,实验的科学性包含三个层次的内容,第一层次是科学的精神和态度,即实事求是的态度、批判与独立思考的精神、追求真理和服从真理的勇气;第二层次是实证研究遵循的原则,即通过事实的力量、操作的实践、定量的方式来证明和表述研究对象之间因果关系的客观存在;第三层次是实验法在教育中运用的特有规范。可见,教育实验的科学性首先表现在科学的精神和态度,其次要承认存在着适用于不同范围和条件的各种类型的教育实验,可根据研究问题的性质和研究者的水平选择恰当的实验类型。对职业教育而言,不能因为缺乏测量工具而逃避实验研究,更不能放任"准实验设计不是实验"这样的错误观念而不纠正。目前职业院校教学改革如火如荼,从中可以积累、提炼、开发一些针对职业能力的测量工具,也可联合自然科学、心理学等领域的专家共同开发,这些量表在实际应用的过程中会不断得以修改和完善,也能为今后职业教育的实验研究打下一些基础。

(二) 职业能力的测量与评定

职业教育实验研究的难点就在于如何通过有效的测量与评定手段来体现学生职业能力的发展状况。职业能力包括专业能力、社会能力和个性能力,覆盖范围较广,各个能力之间又相互关联,这给测量与评定工作带来了相当大的困难。若测查的手段仍以测验为主,考查学生对知识点的记忆与掌握程度,那么职业能力就根本无从体现,因此开发与职业能力培养目标相适应的测量与评定体系对实验的成功至关重要。

对于职业能力的测量和评定,可以从专业能力、社会能力和个性能力三方面入手。专业能力的测量则可以通过项目教学、实训、座谈等方式;而社会能力和个性能力的测量可以参考社会学和心理学的测量方式,但这可能需要较长的实验周期。目前高职院校积极开展的形成性考核也很值得借鉴,学生每完成一个项目就会得到一个成绩,学期结束时由教师根据累积的项目成绩给出最后的综合得分。定性分析作为实验研究的一个重要部分同样不容忽视。研究者可以选择一些被试进行个案追踪与分析,也可以从平时的观察或者实验日记中发现问题,这些内容只要是真实可靠的都可以作为实验资料加以研究,并作为学生能力发展状况的事实依据。

第六节　如何运用行动研究法

教育行动研究法中的"行动",指的是教师的教育教学行动、活动、行为、情节等。简单地说,教师的职业生活是由大大小小、有意无意的教育教学行动构成的。那么,行动背后隐藏的教育真谛是什么? 行动的理由和动机都是合理的吗? 怎样使行动更有效? 若要回答和解决这些问题,教师就需要对自己的教育行动进行一番"研究"。

一、什么是行动研究法

(一) 行动研究法的含义

行动研究是指在自然、真实的教育环境中,教育实际工作者按照一定的操作程序,综合运用多种研究方法与技术,以解决教育实际问题为首要目标的一种研究模式。

行动研究法起源于 20 世纪 40 年代美国的社会问题研究,50 年代开始应用于教育研究领域,80 年代初被介绍到我国,现已逐步成为我国广大职业教育教师从事教育研究的主要方式之一。

(二) 行动研究法的特点

行动研究作为教育科研的重要方法,除具备所有研究方法应有的共同特征外,还有不同于其他研究方法的特殊性。

(1) 为行动而研究

行动研究的目的,不是构建学术理论,而是解决实际工作者所处情境中的紧迫问题,强调实用性、针对性和即时性。

(2) 在行动中研究

行动研究的环境就是实际工作情境,而非经过特别安排或控制的场所,研究的过程就是解决实际问题和行动的过程,同时也是实际工作者通过反思提高探究问题能力的过程。

(3) 由行动者研究

行动研究的主体是实际工作者,而不是外部的理论工作者,专家参与研究所扮演的角色是咨询者、协作者,而不是主持者。

(三) 行动研究法的类型

(1) 从研究主体的规模来分,大体上有两种,一是独立进行的研究,二是合作研究。分为三个层次。

① 单个教师的行动研究,规模小,研究问题范围窄,易于实施,但力量单薄,很难从事深入的、细致的、说服力强的研究。

② 协作性行动研究,发挥多个教师的集体智慧和力量,但可能在理论的指导方面较欠缺。

③ 学校范围内的联合研究,专业人员、教师、政府部门、学校行政领导等组成的较为成熟的研究队伍从事的研究,是较为理想的行动研究,它的优点是有专业人员参与,有较强的理论指导,研究力量大,能够充分发挥各类人员的作用。

(2) 从研究对象分,教育行动研究有反思已经发生的教育行为和探讨教育行动的变革两种。

① 反思已经发生的教育行为,称为"教例研究",从对自身工作经验的回顾与反思中发现课题,进而把发现问题及处理问题的全过程写成教例,然后围绕此教例展开研讨和分析,并形成教例研究报告。

② 探讨教育行动的变革,就是从工作中的实际问题出发,以解决实际问题为目的的研究,称为"问题研究",它是教育行动研究的主要形式。

二、怎样使用行动研究法

(一) 选定研究课题

行动研究既不要求选题拥有现实问题的普遍代表性,更不追求理论研究选题应具有的高度抽象概括性,它的主旨是随时随地研究和解决具体的问题。教育行动者以在工作过程中遇到的真实问题为研究的起点:问题即课题,有具体的时间、地点、当事人、特定的情境、特定的背景、特定的事物及其发生发展的历程等,行动研究就是针对这些具体情境中的具体问题而展开的。比如,"解决××问题的尝试""关于××问题的个案研究""××问题的对策与研究""从××入手,解决××问题的研究"。

行动研究的选题范围很广泛,学科教学方法、课程与教学内容的开发、班级管理、学生心理健康、师生冲突、亲(家长)师关系、校务管理等方面的问题都可以进行研究。

(二) 行动研究的一般步骤

行动研究的步骤有多种划分,除去选题和撰写研究报告两个步骤外,其中可以提炼出来的共同要素是"计划—行动—观察—反思—改进"五个环节。

1. 计划

计划就是形成旨在改进现状的行动蓝图,包括三个方面。

首先,计划开始于解决问题的需要和设想,设想是以行动研究者对问题的认识及他们掌握的有助于解决问题的知识、方法、技术和各种条件的综合,计划需要以所发现的大量的事实和调查研究为前提。

其次,计划应包括总体设想和每一个具体行动步骤的方案,尤其是第一、第二步行动计划。

最后,计划应该具有足够的灵活性和开放性,以能适应没有预料到的情况和没有认识到的制约因素。

2. 行动

(1) 熟悉计划,做好准备工作。

在行动实施之前,一定要熟悉总体计划,做好一切准备工作,内容包括:确定行动步骤、核实资料、检查监察手段和设备、培训行动研究人员、保证人和物各在其位。

(2) 行动实施过程的内容和要求。

行动者在获得了关于背景和行动本身的信息,经过思考并有一定程度的理解后,要有目的、负责任、按计划采取行动步骤。这样的行动具有贯彻计划和逼近解决问题目标的性质。

实施计划的行动要重视实际情况的变化,重视实施者对行动及背景的逐步认识,重视其他研究者、参与者的监督观察和评价建议。总之,如同计划的灵活、开放一样,行动本身也常常是易变的、能动的、不断调整的,要求研究者随之为将要做什么做出决定,随实际情况做出判断。行动过程中至少有三个进展:行动的改进、认识的改进和行动所处环境的改进。

3. 观察

观察就是对行动过程、结果、背景以及行动者特点的考察,包括五个方面。

(1) 观察需要在行动的同时进行。在行动研究中,观察是反思、修整计划及确定下一步行动的前提条件。由于行动总是受到现实制约因素的限制,而这些制约因素又总是不会事先就完全清楚。

(2) 观察的内容。主要内容有行动过程、行动效果、行动条件和制约因素、行动者情况、出现的问题等,要求做好全面详尽的记录。

(3) 观察应该有计划。

(4) 运用各种有效技术。为了使观察系统、全面和客观,行动者和研究者应该运用各种有效技术,既可以是行动者借助各种有效手段对本人行动的观察记录,也可以是其他人的观察记录,而且多视角的观察记录更有利于全面而深刻地认识行动的过程。

(5) 观察要与思考相结合。观察过程中要认真思考:怎样对所发生的现象有深刻认识？怎样与有关人员开展讨论？需对问题和总计划进行怎样的重新认识？能设想什么样的新计划？能预计可能的第二行动步骤吗？

4. 反思

反思就是对观察记录的现象、事实加以思考、判断评价，并且修正计划和行动方案。包括四个方面。

（1）整理和描述。该环节就是对观察到、感受到的与制订计划、实施计划有关的各种现象加以整理归纳，描述出行动过程和结果。

（2）评价和解释。该环节是对行动过程和结果做出判断评价，对有关现象和原因做出分析解释，找出计划与结果的不一致性，从而对基本设想、总体计划和下一步行动计划做出是否需要修正，需要做哪些修正的判断和构想。

（3）对观察结果提出报告。报告包括以下内容：行动研究的初步设想从开始到现在有了什么变化和发展？行动的决策是怎样通过调查得到确定的？下一个行动步骤是否需要重新确定？在行动过程中是怎样监察的？有没有问题？是否在实践中根据实际情况改变了监察的技巧？采取行动的情境是怎样的？行动的策略是什么？在实施过程中是否发生了改变？预期的行动结果和未预期的行动结果都是怎样的？其他有关人员对情境、行动及其结果的看法是什么？有关人员在行动中的作用有什么变化？对于出现的问题是怎样解决的？打算怎样改进实践？

（4）形成修正性的总计划。包括重新确定行动范围、设计第二行动步骤和有关的监察技巧。行动研究是循环进行的，反思既是一个循环的结束，又是过渡到下一步循环的中介。在修正性计划的指引下，行动研究又开始一个新的循环，从而使行动不断得到深化。

5. 改进

行动研究法就是要以实际需要为目的，探讨和解决教育实践工作中的教育问题，自行应用即时的研究成果，边行动边研究边改进，将教育行动与教育研究交错进行，是不断改进的过程，也可以看作是合作研究、现场研究或作业研究。

综上所述，行动研究并不难，它不是要求教师在正常工作之余另搞一套研究从而增加工作负担，而是帮助教师把工作做得更好、更有效率。因此，只要有勇于创新的行动方式、提高工作效能的信念和决心，那就不妨从现在开始尝试做一些小而简单的行动研究。

案例：

行动研究法之提高英语阅读效果的应用

一、研究背景

某职业学校一个教学班共 45 名学生。执教者为该班的任课教师，他发现学生在英语阅读课上表现不积极，不太愿意参与课堂活动。

二、提出假设

1. 学生对英语阅读缺乏兴趣。
2. 学生的现有语言能力有限,无法回答老师的提问。
3. 学生担心答错了丢面子。
4. 教师的课堂活动设计单调,学生参与机会少。
5. 课堂气氛过于严肃,没有轻松的环境,学生不敢发言。
6. 阅读材料过于陈旧、单调或远离现实生活。

三、初步调查

采用问卷方式调查学生不积极参与课堂活动的原因。

四、调查结果

1. 89%的同学表示对英语阅读有兴趣。
2. 在自我评价中,仅有5名同学认为自己能比较主动地参与课堂活动,与我们所观察和感受到的比较一致,占全班总人数的11%。
3. 认为阅读材料过于陈旧、单调或远离现实生活的有7人。害怕答错问题丢面子的有15人。认为自己现有的语言能力有限,无法回答老师的提问的有6人。
4. 半数以上同学表示,他们不主动发言的原因是阅读课堂气氛太严肃,不敢发言。

重新认识问题:大部分同学不积极参与阅读课堂活动的主要原因来自于课堂气氛的沉闷。教师需要调整自己以往的课堂教学方式。

五、行动方案设计

1. 改变阅读课以课堂做练习和教师讲解答案为主的教学方式。设计具体的任务,采用合作阅读方式、先行组织方式、自选阅读方式和小组讨论方式,突出学生的课堂中心地位,激发学生的课堂参与积极性。

2. 采用合作阅读方式(collaborative strategic reading),通过学生合作学习,可以减少学习压力,活跃课堂气氛。具体步骤如下:教师先提出阅读要求,学生带着问题阅读,然后组织学生分组讨论,总结主要意思,然后检查小组活动情况,请一个小组宣读自己所总结的中心大意,其他小组的同学进行评论,发表不同见解。

3. 采用先行组织方式(head start),即阅读前,选择与阅读材料类似的话题讨论。如在阅读"a typical school day in america"之前,可组织学生就"a typical school day in china"展开讨论,并将讨论的结果归纳总结。组织学生就所要阅读的话题进行预测,同时比较与刚刚讨论的话题有何不同。

4. 采用自选阅读方式(self-access reading),先指导学生课后选择喜欢的阅读材料进行阅读,并在课堂上就所阅读的材料进行信息共享。

5. 采用小组讨论方式(group discussion),组织学生分组,就自己的阅读方式进行讨论,增强学生的阅读策略感。

六、实施计划

item \ week	1	2	3	4	5	6	7	8
collaborative strategic reading	☆	☆				☆		☆
head start	☆			☆	☆		☆	
self-access reading			☆			☆	☆	☆
group discussion			☆	☆	☆	☆		
data collecting — questionnaire	☆							☆
data collecting — observation	☆				☆		☆	
data collecting — teacher log	☆	☆	☆	☆	☆	☆	☆	☆

七、评价效果

1. 问卷调查表明,大部分学生都喜欢改进后的课堂教学方式。89%的学生对目前的课堂活动的设计很满意,78%的学生认为课堂学习气氛比以前更加活跃和轻松。93%的学生都表示自己的课堂参与机会较以前多了,参与的积极性也比以前高了。

2. 从观摩记录看,学生从过去每节课仅有6—7名同学发言,到后来绝大多数学生在合作学习和小组讨论中发言,全班的气氛都带动了。

3. 在我们的教学日志中记录了很多学生参与课堂活动的事例,特别是在合作学习和自选阅读中,一些特别腼腆的学生也主动争取发言了。

八、教师反思

通过收集的数据,可以看出我们的行动研究方案取得了比较令人满意的效果,课堂参与活动的人数大大增加,课堂气氛更加轻松、和谐,师生关系也更加融洽。但是我们的计划也存在不足。我们发现大多活动都是采用合作学习和小组讨论的方式,阅读时间充足,阅读的材料大多是学生感兴趣的,难度适中或偏低。我们担心一旦学生在限时阅读测试中碰到难度稍高的,而且是他们所不熟悉的阅读内容时,会感到很被动。因此,我们在活跃课堂气氛的同时也要教授一些有效的阅读技巧。我们在今后的阅读教学中要开展一些快速阅读训练,以提高学生的阅读速度;适当地提高一些阅读材料的难度,以训练学生运用有效的阅读策略进行阅读。

九、案例分析

这是一个比较完整的行动研究过程。问题来自于教师在自己的阅读教学中发现的问题——学生在英语阅读课堂上表现不积极。教师在初步调查中发现课堂气氛过于沉闷是学生不积极参与课堂活动的主要原因。针对这个问题,教师意识到要改变以往的课堂教学方式,设法营造一种以学生为中心,以合作学习和小组讨论方式为主的课堂学习氛围。教师有针对性地设计了解决问题的方案,教师参考了相关资料,设计了实施的计划。通过收集的数据对行动研究的效果进行了评价,教学效果明显改观。同时教师也发现了新的问题。

第七节　如何运用教育经验总结法

总结教育经验是职业院校教师最常运用的教育研究方法,既可以总结自己的经验,也可以总结别人的经验。夸美纽斯总结自己的教学经验,写出《大教学论》,而黎世法教授并未教中学,通过总结优秀学生的学习经验,提出了"六课型单元教学法"。经验总结是最容易掌握、最容易出成果的研究方法。

一、什么是教育经验总结法

(一) 教育经验总结法的含义

教育经验是指教育工作者在长期的教育实践中获得的有关教育活动的知识、技能以及情感和情绪体验。这些教育经验因其来源于实践,经过了教育工作者的亲身经历,因而具有生动、具体、鲜活、情境化等感性认识的色彩。同时,教育经验作为客观的教育实践主观化的产物,又是教育理论的基础和源泉。教育理论是在对教育经验的总结和提炼的基础上形成和发展起来的,其科学与否,要通过教育实践来检验和评价。因此,教育经验是介于教育实践与教育理论之间的桥梁。

教育经验总结法是将大量丰富而多彩的教育经验提升为教育理论的方法,是在不受控制的自然状态下,依据教育实践所提供的事实,按照科学研究的程序,分析概括教育现象,揭示其内在联系和规律,使之上升到教育理论高度,促进人们由感性认识转化为理性认识的一种教育科研方法。

教育经验总结法作为教育科研的重要方法之一,发挥着重要作用:有利于提高教师专业化水平,有利于指导教育实践活动,有利于丰富发展教育理论,有利于促进教育科学研究的发展。

(二) 教育经验总结法的类型

根据教育经验总结的目的和从事总结工作者本人的不同情况,经验总结可分为三种类型。

1. 科学性总结

这种经验总结,是力求对经验实质的揭示能达到科学理论的高度。具体地说,就是对积累的经验材料,进行理论性的分析,揭示经验的实质,包括揭示主要内容之间的相互联系,实践上的新特点对理论发展的意义以及某一经验在整个教育过程中的地位和作用等。

2．教学法总结

这是一种最普遍、最通俗的总结。它主要包括：一、总结经验创造者的具体工作方式，提示其具体的工作程序和方法，并列举出明显的例子，这是最基本的部分；二、指出经验的优越性及其指导思想，以免在推广经验时产生那种仅仅是模仿经验中的一些具体工作方式、方法，而忽视其实质的倾向；三、指出运用这一经验时要达到最佳效果的工作条件，以及可能出现的问题和具体工作方法的建议。

3．实践性总结

这是一种对于教育实践说明性的经验总结。这种总结一般包括三方面的内容：一要具体地系统地描述某一教育实践的过程，二要归纳某一教育实践中获得的成果，三要揭示某一教育实践的优越性及其运用的前景。

二、怎样运用经验总结法

（一）运用经验总结法的一般步骤

经验总结法一般有四个步骤，在实际运用时应根据条件，灵活采用。

1．准备工作

（1）确定题目。应根据教育实践中存在的问题，或是迫切要求解决的问题确定总结经验的题目，否则就没有总结意义。

（2）选定对象。对象可以是地区、单位或个人，对象的选定主要看是否具有代表性。

（3）阅读有关文献资料。总结题目和对象确定后，就要围绕总结的中心内容，广泛收集、翻阅有关资料，包括有关方针政策、上级的文件指示、国内外研究动态以及总结对象的有关历史和现实的资料等。

（4）制订计划。根据总结任务与对象的性质、特点，结合所具备的条件和力量，对总结的过程进行构想。计划应包括：总结的目的、任务和基本要求；工作进程的轮廓，即总结的起始、程序、实施、分析和综合；设计具体总结的方法，总结人员的组织和分工，以及总结的验证等等。计划要留有余地，要充分考虑实施的可行性，并对可能出现的难以预料的问题做出应变的考虑。

2．收集材料

总结经验要以具体事实为基础，如实地反映事物的本来面目，因此，通过各种方法收集能反映先进经验全面情况的材料，这是总结工作的主要阶段、基础阶段。收集材料首先是收集反映先进经验的各种书面材料；其次是通过各种途径，直接得到第一手材料；最后是对反映先进经验的实际效果进行考察验证。以上是反复交叉进行的，目的是采取各种方法和途径来取得完整、系统的材料。

3．分析和综合

分析和综合是总结先进经验最重要的环节。充分占有事实材料是产生先进经验的基础。然而，如果对收集的材料不进行分析和综合，使之条理化、系统化，那么，材料再多，无论是对理论还是对实践都不会有多少意义。综合和分析的步骤如下。

（1）根据经验总结的目的要求，对收集的材料进行分门别类的整理，删繁就简，区别真伪，核实必要的数据，查对引证的实例，以求如实反映总结对象的全貌。

（2）对事实材料本身所提供的普遍意义和社会效果进行认真分析，从而以现象作为向导，揭示具体事实的内在本质联系，分析哪些是主要的，哪些是次要的，哪些是有所创新的，哪些是有待考察的。通过初步综合分析，为总结提供比较可靠的论据。

（3）分析综合事实的过程，为抽象概括、推理判断打好基础，以便将丰富的经验上升到科学理论的高度。

4．概括提炼

经验总结最后要概括提炼，要做到：鲜明观点与充实材料相统一，经验描述与理性概括相统一，表述简练、准确、逻辑性强。一般由以下四个部分组成：一是所总结的教育活动的简要、全面的回顾，二是教育活动中采取的主要措施、引发的现象、取得的教育成果，三是对教育措施系统和教育结果系统之间因果联系的认识和讨论，四是在今后类似的工作中如何吸收这类经验、克服缺点的想法与建议。

（二）运用教育经验总结法应注意的问题

1．选择总结对象要有代表性，具有典型意义

（1）要权衡总结研究的对象是否具有广泛的群众基础，能否对现实中提出的问题给予较全面的回答或说明。

（2）认真分析总结研究的对象在教育改革中的现实意义，看其能否起到典型示范的作用，能否发挥以点带面、推动全局的作用。

（3）分析总结研究的对象的实际效果是否对广大教育工作者正在积极探索、力图解决的问题具有普遍实际意义。

2．要以客观事实为依据，定性与定量相结合

教师在分析问题时要尊重客观事实，实事求是地进行总结。把定性分析与定量分析结合起来，尤其需要重视事实的定量分析，尽可能用数据来说明问题。

3．要全面考察，进行综合性研究

现代教育呈现出多规格、多因素、多结构的复杂形态，因此在经验总结时要注重全面考察，系统了解并组织综合性的研究。

4．要正确区分现象与本质，得出规律性的结论

对经验的总结不能仅停留在表面性的描述上，必须在详尽地占有事实材料的基础上，区分出现象与本质、支流与主流。教师只有抓住了本质和主流，才能掌握经验总结的

核心,才能得出符合客观规律的结论。

5. 要学习借鉴古今中外的教育研究成果

在总结经验时,要注意学习借鉴国内外教育中相关问题的研究成果以及正反两方面的经验,要注意批判地继承我国历史上的传统教育经验。这样不仅可以使教师直接吸收有益的东西,也可以避免重复走别人走过的老路。另一方面,在总结经验的方式方法上,也不要因循守旧,教师要积极探索新的视角、新的途径、新的方法。

6. 注意对经验进行不断的科学筛选

总结出来的经验,并不一定完全能揭示教育规律,因此就需要教师对经验进行不断的科学筛选。通过筛选,提取其本质的东西,抛弃其非本质的、附加的东西,从而使经验上升到具有普遍意义的理性认识,揭示教育规律。

7. 要注意先进经验的推广

先进教育经验的推广是现代教育信息交流与传播的一种方式,也是经验接受实践检验、取得反馈信息的一种有效途径,还是获得社会效益的一个必不可少的环节。[①]

总之,运用教育经验总结法,教师一要善于反思;二要善于总结,养成记教育日志的习惯,善于将自己对教育教学问题思考的结果写成文字;三要善于学习,教师要学习教育学、心理学、学科教学法等方面的教育教学理论,要掌握国家的教育方针政策,了解最新教育发展动态,并自觉与自己的教育实践结合起来。只有这样,才能更好地升华理解,提高认识,并不断修正自己的教育行为。

第八节 如何运用教育叙事研究法

一、什么是教育叙事法

(一) 教育叙事研究法的含义

教育叙事研究法的定义可以分为"叙"和"事"两个因素。"叙"可以说成记叙或者记录,"事"既可以是事实又可以是故事,这个故事可以是现实的故事、印象的故事、忏悔的故事、规范的故事,也可以是联合讲述的故事。总之,教育叙事研究法的精神在于揭示教育的本质和体悟教育的意义。20世纪80年代,美国教育研究者首次把"叙事"一词引入教育研究领域,并积极用叙事的研究方法来研究教育问题。教育叙事研究法在我国兴起于20世纪90年代初,并已取得了一些研究成果。

---

① 李春青.中小学教师怎样进行课题研究(七)——教育科研方法之教育经验总结法[J].教育理论与实践,2008(7).

倡导叙事法的研究者认为,人类经验基本上就是故事经验,研究人类的最佳方式是抓住人类经验的故事性特征,记录有关教育经验的故事,并将这些经验故事撰写成阐述性的故事。这种阐述性的故事就被称为叙事。教育叙事法要求关注教师的教育经验事实,叙述问题发生解决的整个过程并分析因果,阐述自己的教育理念。它要求教师主动地学习相关的教育理论,反思其教育活动,自觉地提高自己的教育理论水平和教育实践能力,促进教师之间经验、方法的有效交流。叙事法要求所叙述的故事不仅要接近经验,表述经验,而且还要接近理论,对参与者和读者有理论指导意义。所撰写的故事要基于经验事实,并具有一定的典型性,能反映相关的教育教学理念,有较强的说服力。在此基础上,根据要阐述的理念需要,可做一定的修改但不能虚构。当然,所叙述的故事可以是成功的教育教学事件,也可以是失败的教育教学事件。

(二)教育叙事研究的一般特征

1. 教育叙事研究的研究对象主要是教师的教学事件和生活事件

教育叙事研究所研究的主要是教师的故事,是教师的日常生活、课堂教学、教科研等活动中曾经发生或正在发生的事件。这些事件可以是反映教师的教育理念、内心体验及人生观价值观的故事,也可以是教师对自己教育对象(学生)情况的描述。发生在课堂教学中的"教学事件"称之为"教学叙事",发生在课堂教学之外的"生活事件"称为"生活叙事"。

2. 教育叙事的研究过程主要是"现场文本"到"研究文本"的转换过程

叙事研究首先要有"事"可叙述,这就需要选择、观察、整理故事;叙事研究还要对"事"进行研究,这就需要理论的准备和理性的视角;叙事研究还要对研究成果进行撰写,需要具备个性化的语言表达能力。教育叙事研究独特的流程是:确定研究问题——选择研究对象——体验研究现场——收集现场文本——撰写研究文本。其中"现场文本"到"研究文本"的转换是这一过程的核心。一般来说,现场文本接近经验,是描述并围绕一系列事件而形成的,它们具有相对性。叙事研究仅有叙事是不够的,它还需要理解叙事的意义及其对他人和社会问题的意义,需要作者不断增加揭示性文字的组织,将现场文本上升为研究文本。

3. 教育叙事研究方式注重参与者和研究者的结合

具体的结合方式可以是教师作为参与者,教育理论研究人员作为研究者;也可以是教师集这两个角色于一身,既是参与者又是研究者。上述完整的研究流程主要是针对第一种方式而言的。而教师作为独立的研究者,其在教育实践中可针对有意义的问题直接进行描述、分析,撰写研究文本。

4. 教育叙事的研究成果以"研究文本"的方式加以呈现

教育叙事研究的成果为"研究文本"。研究文本与单纯的现场文本和一般人概念中的"科研报告"不同。研究文本既要表述现场经验,同时又要解释现场经验的意义及对他人、社会问题的意义。在表述形式上表现为夹叙夹议。当然,有些经验事实的呈现本身就说明作者希望表达的观点,这时不需要作者再明确地对自己观点进行阐发;如果要明确提出自己的观点,则必须符合经验事实,不能随意超出事实所涉及的范围而妄加评论。

二、怎样运用教育叙事法

叙事研究首先要有"事"可"叙",这就需要选择、观察、收集、整理故事;叙事研究还要对"事"进行"研究",这就需要理论的准备和理性的视角;叙事研究还要对研究成果进行撰写,这就需要具备流畅简练的语言表达能力和简洁明快的文字写作能力。唯此,研究的结果才具有其独特的价值。

如果用一条研究路径来表现其过程的话,教师的叙事研究包含了这样的流程:确定研究问题——选择研究对象——进入研究现场——进行观察访谈——整理分析资料——撰写研究报告。

1. 确定研究问题

确定研究问题是进行研究的前提。教师的叙事研究虽然已明确了总的框架是教师研究,但是,教师研究的范围仍然很广泛,教育观念、教育机智、素质结构、日常生活、体态行为、课堂教学等都可能成为研究的问题。教师的叙事研究更注重以"小叙事"来繁荣"大生活",更关注微观层面细小的普通的教育事件,更强调对教育中特殊现象的描述和体察。

教师叙事研究的问题应是有意义的问题。所谓有意义的问题起码有两重含义,一是研究者对该问题确实不了解,希望通过此项研究获得一个答案;二是该问题所涉及的地点、时间、人物和事件在现实生活中确实存在,对被研究者来说具有实际意义,是他们真正关心的问题。只有当研究者确定了问题后,教育叙事研究才有了适当的边界,研究也才有了宽窄的界限。

2. 选择研究对象

选择研究对象是研究得以进行的保证。由于这样的研究充满着对教师的关怀、对教师过去及现在的生活故事的关注,对教师课堂教学与教育实践的倾注,因此它需要研究者与被研究者的互动与合作。首先,研究者要有敏感的思维,能够细致入微地把握研究环境和研究对象,真正理解研究对象,才能赢得研究对象的信任和合作;同时,研究者对研究本身要有足够的热情,真正成为热情的学术探究者;再者,研究者的研究活动要得到被研究者的认同、理解与合作,双方应有从研究中共同进步的要求。没有这样的前提,叙事就无法获得真实的第一手资料,研究也就无法顺利进行。

选择研究对象是抽样的需要,样本的选择不仅与要研究的典型问题相关,也与研究者与被研究者的关系相关。年龄、空间、性别、个性、地位等都对研究者与被研究者的关系有一定的影响。因此,选择好的合作伙伴,真正实现研究者与被研究者的互动是教育叙事研究的重要一步。

3. 进入研究现场

研究现场是研究者观察、了解研究对象的真实环境。由于教师的工作、生活环境主要是在校园、在学生中,因此,进入研究现场就意味着走进教师活动的时空,与教师同呼吸、共生活。没有这样的现场研究,就难以获得"原汁原味"的现场资料,就无法把握教师的行为、观念所赖以产生的深层原因;没有对教师生活的现场观察,就无法理解教师做法的背景。因此,研究现场是教师叙事研究获取真实资料的直接来源。

进入研究现场的方式是多种多样的:可以在自然状态下轻松地融入,也可以创设特殊的情境快速地融入;可以直接通过他人的介绍而走进现场,也可以间接地在观察中逐渐走进现场……但是无论什么方式都必须征得研究对象的同意,这不仅是研究伦理的要求,也是叙事研究需要研究对象多方面合作的要求。

4. 进行观察访谈

观察访谈是在研究现场收集资料的过程,是清理研究者的纷繁思路、使研究更加清晰明确的过程,也是促使研究逐步走向深入的过程。对于教师的叙事研究来说,观察是在自然状态下进行的,在课堂、操场上进行的自然观察为研究者提供了来自视、听、嗅、触、味五官感觉或眼、耳、身等多种渠道获得的经验。它是形象的、生动的、活泼的,它为教师的叙事研究带来了真实感、情境感、现场感,叙事研究也因此具有了不竭的源泉。访谈则是研究者与研究对象进行的有目的的谈话,双方在教室、走廊、办公室、小树林围绕着专门问题进行的访谈,又使研究者在观察中获得的外部感受得以深化,使外显的行为得到意义解释,使研究由表及里、由外至内,从而将叙事研究推向更深处。

观察访谈是围绕着研究问题而进行的。观察力求客观,尽量悬置研究者先前已有的主观偏见,避免"先见"或"前设"对研究的干扰;访谈力求开放,使受访者在研究者设计的系列开放性问题中轻松思考并回答问题。观察访谈主要是获取尽可能多的信息,因而研究者一方面要具有敏锐的观察力,能够捕捉有意义的事件作为所叙之事;另一方面要具有亲和力,能较快地为研究对象所接受,使访谈顺利进行。这显然与研究者个人的性格、气质、能力密切相关。

5. 整理分析资料

资料有它自己的生命,当我们与它待在一起到一定的时间,与它有足够的互动以后,它才会相信我们,才会向我们展现自己的真实面貌。教师的叙事研究离不开对所收集事件的整理分析,而整理分析资料就是与这些事件的生命进行对话的过程:每一次清理资料、阅读资料的过程,都是研究者与这些事件的遭遇,都会令研究者产生对事件的新感受和新体悟,进而产生新的意义解释。所以,资料的整理与分析是叙事研究极为重要的环节。

整理分析资料特别要注意避免研究者原有偏见的影响。研究者要尊重事实,尊重研究对象的声音,要让资料自己说话。当然,每个研究者都会拥有自己的价值判断体系,都会有自己对事件的看法,但是,叙事研究强调的是对事件本身的分析,是基于资料事实进行的符合材料实际的分析。切不可脱离资料另起炉灶,或是撇开事实主观臆测,否则,研究就偏离了叙事研究规范的要求。

在整理分析资料的过程中,研究者一项重要的任务就是从所收集的大量资料中寻找出"本土概念","即那些能够表达被研究者自己观点和情感感受的语言,将这些概念作为登录的符号,'本土概念'应该是被研究者经常使用的、用来表达他们自己看世界的方式的概念"。唯此,研究才具有了独特的"个性"的特征,研究报告才具有了个性色彩。这是扎根理论的要求:概念必须来源于原始资料,扎根于其中。在此基础上才能建构起叙事的基石。

6. 撰写研究报告

研究报告的撰写是在前面大量工作的基础上进行的总结性归纳。它既包含研究者对所观察到的"事"的故事性描述,也包含研究者对"事"的论述性分析,两者并行不悖,相辅相成,构成了研究报告中细腻的情感氛围和浓郁的叙事风格。教师叙事研究所分析的根基便来源于事件,论述过程也是对事件的论述。叙事研究强调细致的描述和深刻的分析,写作采取人类学的深描,工笔画般的繁复翔实的叙事方式,力图在具体的偶然的多变的现场中去透析种种关系,去解释滑翔在事实表面的实证研究所看到的"想象的事实""数字臆造的事实""你所期望的事实"之后的"社会隐蔽"。这使教师生活故事得以更丰富地呈现,也因此而具有教育研究中不可替代的意义。

叙事研究报告既要详尽描述,又要整体分析,特别要创设出一种"现场感",把教师的生活淋漓尽致地展现在读者面前,从而使教师的生活故事焕发出理性的光辉、智慧的魅力。

第六章

展理性魅力：统计与评价在职业教育教科研中的应用

◇科学家必须在庞杂的经验事实中抓住某些可用精密公式来表示的普遍特征，由此探求自然界的普遍原理。

——爱因斯坦

【导读】

教育统计和评价使教育科学研究从定性描述发展到了定量分析。对于职业教育工作者来说，掌握教育统计和评价的原理和方法，尤其是将这些原理和方法与职业教育各学科的教学实践研究相结合是非常必要的。学会如何搜集并整理数据、分析并探索所蕴含的规律、获得科学的结论是每一个从事职业教育教学及研究工作人员的必备素养。本章主要解决如下五个方面的问题：如何进行教育问题的数理描述统计、如何进行教育问题的相关性研究、如何进行教育统计量差异的显著性检验、如何辨析教育评价中的信度和效度，以及如何利用统计软件进行数据处理。

研究如何搜集、整理、分析由教育调查和教育实验等途径获得的各类统计数据，并且以此作为依据进行科学的推断，从而揭示出蕴含在教育现象里的客观规律，是教育统计学的主要任务。数据的搜集、整理和分析是职业教育研究过程中的一项重要工作。利用教育统计的原理和方法对所搜集到的一大堆零星的、分散的、不系统的原始数据进行研究，从"庞杂无序"到"清晰直观"，并精确而科学地表达和分析被其描述的事件的特征和性质，这是本章要解决的主要任务。

第一节 如何运用教育统计法进行研究

描述统计主要是对所搜集的资料进行整理、分类和简化。描述统计包括使用统计图和统计表对数据进行初步的整理,数据的集中趋势和离散趋势以及相关系数的描述等方面。本节主要介绍描述数据特征的两类最基本的统计量数:集中量数(Measures of Central Tendency)和差异量数(Measures of Variability)。

一、集中量数

集中量数是对一组数据集中趋势的度量,即说明一组杂乱无章的数据向哪一点汇集或这组数据的重心位置和典型水平。集中量数包括算术平均数、中位数、众数、加权平均数、几何平均数、调和平均数等。下面介绍其中较为常用的两种集中量数的计算方法。

(一)算术平均数(Mean)

算术平均数简称平均数或者均数、均值,是"量的总和"除以数据"次数的总和"的商,一般用字母 M 表示,或者用 $\overline{X}$ 表示(若变量为 Y 则为 $\overline{Y}$)。其计算公式为:

$$M = \sum X / N$$

式中 $\sum X$ 表示原始数据的总和,N 表示数据的个数。

教育研究中常用上述公式计算某个班级学生的考试均分。但是,倘若已经分别计算出两个班级的均分,希望求这两个班级的总的平均成绩的时候,需要使用加权平均数 M_w。其计算公式为:

$$M_w = \sum (WX) / \sum W \qquad W \text{ 为"权"(如班级的学生人数)}$$

例 6-1 某职业学校一年级两个班学生的期中数学测验成绩情况如下,1 班 48 人,均分 85.5 分;2 班 50 人,均分 87.1 分。求这两个班的总平均分。

解:$M_w = \sum (WX) / \sum W = (48 \times 85.5 + 50 \times 87.1) / (48 + 50) \approx 86.3 (分)$

(二)中位数 M_d(Median)

中位数又称中数(或中值),常用符号 M_d 表示,也是反映数据集中趋势的指标之一。如果把一组数据按照数值大小顺序进行排列,中位数处在中间位置,将这组数据分割为两部分,即比中位数大和比中位数小的数据个数刚好相等。M_d 可能是原始数据中的某一个,也可能根本不是原来的数据。根据数据是否分组有不同的计算方法。

1. 从未分组的数据中计算中位数

例①:60　65　70　72　75　80　82　85　88　90　91

例②:60　65　70　72　75　80　82　85　88　90　91　94

上述两个例子分别代表了计算中位数的两种不同情况。例①中数据个数为奇数(共 11 个),居中的一个数据即为中位数($M_d = 80$);例②中数据个数为偶数(共 12 个),居中两个数的平均数即为中位数（$M_d=81$）。

需要注意的是，当居中数据有几个重复数据时，需要将重复数据转化为不重复数据后再按照例①和例②所述处理。见例③。

例③：60 65 70 72 82 82 82 85 88 90 91 94

由于每个连续数据在数轴上都表示一段距离。因此，居于中间位置的三个82将数轴上81.5~82.5之间分为三段：81.5~81.83、81.83~82.16、82.16~82.5，这三段的中间值81.67、82.00、82.33就分别代表原来的三个82。由于数据个数为偶数个，后述计算与例②类似，即后两个82所转换后的数值的平均数为该组数列的中位数：$(82+82.33)/2 \approx 82.17$。

2. 从已经分组的数据中计算中位数

分组计算公式：

$$M_d = L + (n/2 - f_L)i/F = U - (n/2 - f_U)i/F$$

注：N——总次数；

L——中位数所在组的下限（应该先求出$N/2$的值，然后确定中位数在哪一组）；

f_L——中位数所在组的下限以下各组次数和；

i——组距；

F——中位数所在组的次数。

例6-2 下表6-1为539位学生的英语考试成绩各分数段的人数分布表，计算中位数。

表6-1 539位学生英语考试成绩各分数段人数分布表

组别	组中点	人数	累计次数	次数×组中点
90~100	95	1	539	95
80~90	85	77	538	6545
70~80	75	184	461	13800
60~70	65	163	277	10595
50~60	55	84	114	4620
40~50	45	22	30	990
30~40	35	3	8	105
20~30	25	3	5	75
10~20	15	2	2	30
总计		539		36855

$$M = \sum(fX)/n = 36855/539 = 68.38$$

求 M_d，$N=539$　$n/2=269.5$，则中位数所在组为 60～70 组。
故 $L=60$，$U=70$，$F=163$，
　　$f_L=2+3+3+22+84=114$，
　　$f_U=1+77+184=262$。
故 $M_d=60+(539/2-114)\times 10/163\approx 69.54$，
或 $M_d=70-(539/2-262)\times 10/163\approx 69.54$。

（三）M 与 M_d 的比较

均数和中位数都是较为常用的集中量数，都能够代表数据的平均水平。但是在具体使用的时候需要视数据的分布特征合理选择。均数容易受到个别极端数值的影响，因此常在数据呈正态分布的时候使用为宜；而中位数虽然不受各个数据值的影响（尤其不会受到极端数值的影响），仅与位置有关，但是其只利用了相对位置的信息，集中代表性不如平均数高，且其计算比较烦琐。因此，常常在数据呈偏态分布的时候使用中位数。

二、差异量数

在考察同一年级中不同班级某门学科考试成绩时，常常会遇到这种情况：有些班级的平均成绩接近甚至相同，但整齐程度差别很大。显然，如果此时只比较均分就会把各数据之间的差异掩盖起来而不能真实反映这些班级对该门课程学习的全貌。因此，要真实的反映一组数据资料的全貌，就必须把集中量数和差异量数结合起来使用。差异量数是反映一组数据的差异情况或离散程度的统计量。差异量越大，均数的代表性就越小；差异量越小，均数的代表性就越大。就某组数据的特征分析，集中量数反映该数据的典型水平，差异量数反映该数据中个体的整齐程度。在统计分析中，常用的差异量指标有全距、标准差、差异系数和标准分数等。

（一）全距（Range）

全距是指一组数据中的最大值和最小值之间的差值。全距完全由两个极端数据所决定，它并不是一个很好的差异量数。

（二）标准差（Standard Deviation）

标准差是最常用的差异量数，也是比较科学和完善的差异量数。样本的标准差常用字母 S 表示，总体的标准差用字母 σ 表示。标准差是以均数为依据而求得的差异量。在数值上等于离差平方和平均后的方根。其计算公式为：

$$S=\sqrt{\sum(X-M)^2/n}$$

需要特别指出的是：根据定义的样本标准差不具有无偏性，与总体标准差相比较，样

本标准差具有偏小的倾向。作为总体标准差的估计值,是经过校正的样本标准差:

$$S_{n-1} = \sqrt{\sum (X-M)^2 / (n-1)}$$

标准差的数值越大,该样本中数据参差不齐的程度愈大,数据分布的范围愈广,均数 M 的代表性就愈小;反之则相反。

标准差的平方被称为方差(也称为均方差,variance),也是一个很重要的差异量指标。标准差和方差都易受该组数据中极端数值的影响。通常,标准差和均数结合起来使用,描述一组数据的特征。

(三) 差异系数

全距和标准差都是绝对差异量,具有和原始数据相同的单位。但是,当两种数据的单位不同时(如身高和体重),就不能直接进行比较。即使两种数据单位相同,但是各自的均数相差很大的时候,也不适宜直接比较均数。这两种情况下,都需要使用相对差异量数,如差异系数进行比较。

差异系数是指标准差与算术平均数的百分比,常用 CV 表示:

$$CV = S/M \times 100\%$$

差异系数不带具体测量单位。根据经验,一般 CV 值常在 $5\% \sim 35\%$ 之间。

(四) 标准分数

标准分数是以标准差为单位来表示一个分数在团体中所处位置的相对位置量数。它的计算通常是以观察分数与均值之差除以标准差,可以表示为:

$$Z = \frac{X - \bar{X}}{\sigma_X}$$

式中,Z 代表标准分数;$\bar{X}$、σ_X 分别代表平均数、标准差。

例 6-3 某校 15 级会计(1)班期末考试,已知统计基础课程期末考试的全班平均分为 71 分,标准差为 7 分,甲得了 75 分;会计实务课程期末考试的全班平均分为 73 分,标准差为 7.5 分,甲得了 80 分。甲的哪一门考试成绩比较好?

因为两科期末考试的标准差不同,因此不能用原始分数直接比较。需要将原始分数转换成标准分数,然后进行比较。

$$Z_{语文} = \frac{75-71}{7} \approx 0.57; \quad Z_{数学} = \frac{80-73}{7.5} \approx 0.93$$

甲的统计基础课程成绩在其整体分布中位于平均分之上 0.57 个标准差的位置,他的会计实务课程成绩在其整体分布中位于平均分之上 0.93 个标准差的位置。由此可见,甲的会计实务期末考试成绩优于统计基础期末考试成绩。

由于标准分数不仅能表明原始分数在分布中的位置,它还是以标准差为单位的等距量表,故经过把原始分数转化为标准分数,可以在不同分布的各原始分数之间进行比较。

三、相关性研究

两个或两个以上变量彼此之间存在的某种程度上的相互关系,这种相互关系并不是一种确定的函数关系而是通过总体中的大多数表现出来的一种统计关系,这种关系称为统计相关。常用相关系数作为表示变量之间线性相关程度的数量指标(分别用 r 和 ρ 表示样本和总体相关系数)。相关系数取值介于 $-1.00 \sim 1.00$ 之间,其值的正负及大小反映了变量之间变化的方向和关系的紧密程度。

根据观察的变量个数,有简相关和复相关之别(通常研究简相关),前者指两个变量之间的关系,后者指一个变量同时与两个以上的变量发生的关系。根据相关的趋势,可以分为线性相关和曲线相关,前者是指变量之间的数学模型是直线,而后者则是曲线。根据变量的变动方向,有正相关、负相关和零相关。若相关系数为正值($0<r<+1$)是正相关,表明变量变化方向相同的一种相关关系;若为负值($-1<r<0$)则是负相关,表明变量变化方向相反的一种相关关系。零相关是指一个变量发生变化时,另一个变量不发生变化或变化很小。

散点图是根据两个变量成对的数据在平面上描点所成的图。通常,可以使用相关散布图(散点图)(Scatter Diagram)定性地观察变量间相关方向和程度。此外,也可以通过相关系数定量地描述两组数据之间的关系。常用的相关系数有:积差相关系数、偏相关系数、等级相关系数、质和量相关系数、Φ 相关系数等。

其中,积差相关系数是最常用的相关系数,又称"积矩相关"或"皮尔逊相关"系数,是适用于等距变量的一种最基本的线性相关关系。计算公式为:

$$r = \frac{\sum xy}{nS_X S_Y} = \frac{\sum[(X-M_X)(Y-M_Y)]}{nS_X S_Y}$$

式中,X、Y 为成对的原始数据,M_X、M_Y 分别为两组数据的均值。S_X、S_Y 为两组数据的标准差,n 为成对的数据个数(样本容量)。积差相关系数适用于来自正态总体的两连续变量。

在计算相关系数的时候,除了需要注意使用公式时条件的满足之外,还需要注意对所计算的相关系数进行假设检验以排出因抽样误差等因素造成错误的判断。

例 6 - 4 计算 12 个学生数学竞赛与语文竞赛成绩的积差相关系数。

表 6 - 2 12 个学生数学竞赛与语文竞赛成绩表

序号	数学成绩 X	语文成绩 Y	X^2	Y^2	XY
1	31	32	961	1024	992
2	23	8	529	64	184
3	33	30	1089	900	990
4	40	69	1600	4761	2760
5	30	37	900	1369	1110
6	22	41	484	1681	902
7	60	66	3600	4356	3960
8	15	41	225	1681	615
9	32	57	1024	3249	1824
10	26	7	676	49	182
11	46	57	2116	3249	2622
12	58	68	3364	4624	3944
Σ	416	513	16568	27007	20085

在此例中，$n = 12$，$r = (20085 - 416 \times 513/13)/(\sqrt{16568 - 416^2/13} \times \sqrt{27007 - 513^2/13}) \approx 0.782$。

查表，$\alpha = 0.05$ 时，$\rho_{0.05}(11) = 0.553$；

$\alpha = 0.01$ 时，$\rho_{0.01}(11) = 0.684$。

$r = 0.782 > 0.553 = \rho_{0.05}(11)$，说明样本所来自的总体在 95% 的可靠程度上与零相关总体有差异，故可以用该样本的 r 值做出解释。

在假设检验基础上，通常可以使用相关系数的绝对值来表示两变量之间关系的密切程度。

$r = 0.0 \sim 0.3$，相关程度低；

$r = 0.3 \sim 0.5$，相关程度普通；

$r = 0.5 \sim 0.7$，相关程度显著；

$r = 0.7 \sim 0.9$，相关程度高；

$r = 0.9 \sim 1.0$，相关程度极高；

$r = 1.0$，完全正相关；

$r = -1.0$，完全负相关；

$r = 0.0$，完全无关。

四、显著性检验

在定量分析时,对研究样本进行的上述特征数值的计算和分析,还只是一种数量化的描述。通常,需要从研究的总体中随机抽取样本,根据对样本的观测来推断总体的情况,即进行推论统计。推论统计主要包括参数估计和假设检验两方面的内容。假设检验是推论统计中最重要的内容,即利用两个统计量之间的差异来检验其总体参数是否有差异,主要回答这种差异是由偶然因素(如抽样引起的随机误差)引起的,还是由实验因素(如教育实验导致的条件误差)引起的,并以此来解释和鉴定差异。如果检验的结果是属于差异显著,那就意味着两个统计量来自两个总体,标志着两个总体之间确有差异;如果检验结果是属于差异不显著,那就意味着两个统计量可能来源于一个总体或是两个没有差异的总体,两个统计量之间的差异是由抽样误差所造成的。

假设检验通常可以分为两类:参数检验(如 Z 检验和 t 检验)和非参数检验(如 χ^2 检验等)。参数检验要求总体必须具备某些条件,它可以非常准确地进行估计;而非参数检验不要求总体具备特殊条件,在教育研究中适用范围广,但计算的准确性不高。其中,Z 检验是用正态分布理论来推论差异发生的概率,应用于大的研究样本;t 检验以 t 分布的理论来推论差异发生的概率,从而判断两个研究样本均数差异是否显著,适用于 $n<30$ 的小样本;此外还有适合于计数资料的 χ^2 检验,适合于多个均数差异全盘检验的 F 检验(在方差分析的基础上)以及符号检验等非参数检验方法。下面介绍假设检验的基本步骤及几种常见的假设检验方法。

(一) 假设检验的主要步骤

假设检验(又称统计检验)是根据随机抽样结果,在一定的可靠程度上对原假设做出拒绝还是承认结论的过程。决定的做出取决于统计量的数值与假设的总体参数是否有显著性的差异。检验推理过程实质上是具有概率性质的逻辑反证过程。其主要步骤为:

(1) 建立虚无假设 H_0 和研究假设 H_1。

(2) 选择适当的显著性水平 α(一般为 0.05 或 0.01,视具体情况而定),并根据检验的类型选择对应的统计表查出临界值。

(3) 选择合适的统计检验量,根据样本数据计算出实际数值。

(4) 将实际数值与临界值进行比较,当实际数值小于临界值时,则在 α 水平上接受 H_0,拒绝 H_1;若实际数值大于临界值,则在 α 水平上接受 H_1,拒绝 H_0。

(二) Z 检验

Z 检验是用正态分布的理论来推论差异发生的概率,从而比较两平均数的差异是否显著。当样本容量相当大时,可以视同样本处于正态分布,直接使用 Z 检验。因此,在教育科研中进行平均数差异显著性检验时,需要对样本的相关信息进行考察。首先,考察样本的容量(即样本中个体的数目),判断样本是大样本还是小样本;另外,还需要据此选择单总体 Z 检验(即检验一个样本平均数与一个已知总体平均数的差异是否显著,也就是考察样本是否来自这个已知的总体)和双总体 Z 检验(即检验样本平均数所各自代表的总体的差异是否显著)。可见,样本情况不同时,具体检验计算方法也不同。下面通过几个实例予以说明。

例 6-5 全市统一学业水平测试中,语文平均分 $\mu_0=50$ 分,标准差 $\sigma_0=10$ 分。某职业学校一个班($n=40$)平均成绩 $\overline{X}=52.5$ 分。问该班成绩与全市成绩差异与否?

解:由于全市考生人数较多,故可设全市考生成绩服从正态分布,且全市考生的成绩的总体方差已知,可以采用

$$Z=\frac{\overline{X}-\mu_0}{SE_{\overline{X}}}=\frac{\overline{X}-\mu_0}{\sigma_0/\sqrt{n}}=\frac{52.5-50}{10/\sqrt{40}}\approx 1.58 < 1.96$$

式中 $SE_{\overline{X}}$ 表示样本平均数分布的标准差。由于 1.58<1.96,此时不能拒绝 H_0(即假设全市平均分等于该班的真实水平的平均分),在统计学中认为 $\overline{X}$ 与 μ_0 的差异在 0.05 水平上不显著。即该班此次的 52.5 分虽然高于全市均分,但这种差异具有一定的偶然性。

例 6-6 从某职业学校新生中随机抽取男生 30 人,平均身高 $\overline{X}_1=164$ cm,抽取女生 27 人,平均身高 $\overline{X}_2=162.5$ cm。根据以往资料,该校男生身高的标准差 $\sigma_1=5$ cm,女孩身高的标准差 $\sigma_2=6.5$ cm,能否根据这一次抽样测量的结果下结论:该校新生男女学生身高有差异?

解:这是两个独立样本(男生和女生)平均数之间差异的检验,这种检验的目的在于由样本平均数之间的差异($\overline{X}_1-\overline{X}_2$)来检验各自代表的两个总体之间的差异($\mu_1-\mu_2$)。两个总体都呈正态分布且两个总体方差都已知,可以使用下列公式进行计算:

$$Z=\frac{D_{\overline{X}}-\mu_{D_{\overline{X}}}}{SE_{D_{\overline{X}}}}=\frac{(\overline{X}_1-\overline{X}_2)-0}{\sqrt{\frac{\sigma_1^2}{n_1}+\frac{\sigma_2^2}{n_2}}}=\frac{164-162.5}{\sqrt{\frac{5^2}{30}+\frac{6.5^2}{27}}}\approx 0.97 < 1.96$$

式中,$D_{\overline{X}}$ 为两个样本平均数之间的差异。由于假定 $H_0:\mu_1=\mu_2$,因此 $\mu_{D_{\overline{X}}}=0$。由于计算得到的 Z 值小于 1.96,说明该职业学校新生中男女学生身高差异不显著。

(三)t 检验

t 分布是小样本($n<30$)的样本分布,随着自由度的变化而表现出不同的形式,因而有很多分布曲线。当自由度小时,t 分布曲线与正态曲线区别明显;当自由度增大时,两者类似。t 检验是用 t 分布来检验两个平均数之差的显著性。当总体呈正态分布且总体

方差未知时,采用 t 检验。t 检验也分单总体 t 检验和双总体 t 检验。单总体 t 检验是检验一个样本平均数与一个已知总体平均数的差异是否显著。双总体 t 检验是检验两个样本平均数与其各自代表的总体的差异是否显著。双总体 t 检验也分为独立样本平均数差异的显著性检验与相关样本平均数差异的显著性检验(其含义与双总体 Z 检验中介绍的相同)。

例 6 - 7 某职业学校新生中随机抽取 $n=49$ 名学生建立了一个实验班,在实验班的语文课教学中尝试使用新的教学方法。学期结束时该年级语文全市统考的平均成绩为 $\mu=76$ 分,而实验班语文平均成绩为 $\overline{X}=79$ 分,标准差 $s=10$ 分。根据这次实验结果,能否认为实验班中语文课开展的新教学方法的教学效果显著?

解:由于仅知样本的标准差,总体标准差未知,使用 t 检验:

$$t=\frac{\overline{X}-\mu}{S/\sqrt{n}}=\frac{79-76}{10/\sqrt{49}}=2.100$$

查"t 值表",$df=49-1=48$,$\alpha=0.05$ 时,临界值为 2.021,这说明虚无假设(实验班均分与全区均分之间的差异是由于偶然误差造成的)成立的可能性小于 5%。即可以认为实验班中语文课开展的新教学方法的教学效果显著。

例 6 - 8 随机地从全校男、女学生中各抽取 8 名代表,让他们为某位专业课教师进行教学评估,结果如下表 6 - 3。能否认为学生对该专业课教师的评估存在着性别差异?

表 6 - 3 随机抽取的男女学生对某专业课教师的教学评分

性别		评分								n	$\overline{X}$	S
男	X_1	5	7	7	9	6	8	9	9	8	7.500	1.512
女	X_2	6	3	8	6	7	8	7	8	8	6.625	1.685

解:从全校抽取哪八位男生与抽取哪八位女生毫无关系,因此这是两个相互独立的样本。已知两个独立样本的标准差,采用 t 检验:

$$t=\frac{\overline{X}_1-\overline{X}_2}{\sqrt{\frac{(n_1-1)S_1^2+(n_2-1)S_2^2}{n_1+n_2-2}\left(\frac{1}{n_1}+\frac{1}{n_2}\right)}}$$

上例中,当 $n_1=n_2$ 时,公式可简化为:

$$t=\frac{\overline{X}_1-\overline{X}_2}{\sqrt{\frac{S_1^2+S_2^2}{n}}}=\frac{7.500-6.625}{\sqrt{\frac{1.512^2+1.685^2}{8}}}\approx 1.093$$

查"t 值表",$df=8+8-2=14$,$\alpha=0.05$ 时,临界值为 2.145。这说明虚无假设(男生

与女生评价的均分差异由于偶然误差造成的)成立。计算结果表明可以认为男生和女生对这位教师的评估不存在差异,即不存在性别差异。

需要注意的是,上述计算过程需要满足"两总体方差相等"。因此,在检验之前需要对样本方差的差异进行"方差齐性检验"。

例 6-9 从全校学生中随机抽取 8 名学生,让他们给语文课和数学课教师评分,结果如下表 6-4。能否认为学生对这两位教师的评价确实存在着显著性的差异?

表 6-4 随机抽取的 8 名学生对语文教师和数学教师的评分表

学科		评分								n	$\bar{X}$	S
语文	X_1	5	7	7	9	6	8	9	9	8	7.500	1.512
数学	X_2	6	3	8	6	7	8	7	8	8	6.625	1.685
D		−1	4	−1	3	−1	0	2	1	\multicolumn{3}{c}{$\sum D = 7$}
D^2		1	16	1	9	1	0	4	1	\multicolumn{3}{c}{$\sum D^2 = 33$}

解:由题可知,给语文教师评分的八位学生就是给数学教师评分的八位学生,即"给语文教师评分学生样本的抽取决定了给数学教师评分学生样本的抽取",这样建立起来的两个样本是配对(或相关)的双样本。样本对数 $n=8$。采用 t 检验:

$$t = \frac{\bar{X}_1 - \bar{X}_2}{\sqrt{\frac{S_d^2}{n-1}}} = \frac{\frac{n-1}{n}}{\sqrt{\frac{\sum D^2 - \frac{(\sum D)^2}{n}}{n(n-1)}}} = \frac{\frac{7}{8}}{\sqrt{\frac{33 - \frac{7^2}{8}}{8 \times 7}}} \approx 1.263$$

式中,S_d^2 是样本得到的方差;D 是成对数据之差的平均数,即样本平均数之差。

根据 $df = 8 - 1 = 7$,$\alpha = 0.05$ 时,临界值为 2.365。这说明虚无假设(学生对这两位教师评价的均分差异由于偶然误差造成的)成立。计算结果表明可以认为学生对这两位教师的评估不存在差异。

(四)χ^2 检验

χ^2 检验是对样本的频数分布所来自的总体分布是否服从某种理想分布或某种假设分布所作出的假设检验,即根据样本频数分布来推断总体分布(具体的计算方法及公式略,可参见相关统计教材)。需要注意的是,χ^2 检验与 Z 检验、t 检验的不同主要体现在如下几个方面:后者使用的数据属于连续变量,χ^2 检验使用的数据属于点计而来的间断变量;后者要求数据所来自的总体呈正态分布,而 χ^2 检验使用的数据所来自的总体分布是未知的;后者是对总体参数的假设检验,而 χ^2 检验是对总体分布的假设检验。

五、信度和效度

信度和效度是教育科学研究中两个相互关联的重要标准,也是一项教育科学研究的活动和结果具有科学价值和意义的保证。信度是研究结果的可靠程度,效度是研究的有效性。信度是效度的一个必要的前提,即一项研究不可能没有信度却具有效度。

(一)信度(Reliability)分析

所谓信度就是同一个考试或测验对同一批学生实测两次或多次,所得结果的一致性程度,即考试或测试结果的可靠性或可靠程度。我们知道在进行测量时,误差是难免的,这就使得真实值和测量值之间不可能完全一致。信度越大,则实测值和真实值就越接近。通常,由于测验的形式的不同以及观测变量的类型的差异,需要选择不同的信度来进行表示。如:重测信度、复本信度、折半信度、库—李法、α系数法以及评分者信度等。下面就这些信度做一些简单介绍。

1. 重测信度

重测信度也称为稳定性系数,通常是重复同样的测量,用前后两次测试结果的相关系数来表示。假如第一次测量时的观测值是 X,第二次的观测值是 Y,那么重测信度就等于观测值 X 与观测值 Y 之间的相关系数。

进行重测信度计算的时候,有两个方面需要注意:首先,在实际操作的过程中,注意两次测量的时间间隔要恰当。如果时间间隔太久,可能会发生一些变故,影响到被试的态度,那么前后的测量就会有很大的差异。其次,在进行具体计算的时候,要根据观测变量的类型选择合适的相关系数进行计算。

2. 复本信度

复本是相对于原本而言的,是原本的复制品,是由等值平行(等价)的试题所组成的测试卷。复本信度也称为等值性系数,用复本测验中所得结果之间的相关系数来表示。

例如,讨论某次问卷调查的信度,可以先让被调查者同时接受问卷和问卷复本的调查,然后根据结果计算原本和复本之间的相关系数,就得到复本信度。

3. 折半信度

通常是在无复本且不准备重测的情况下,就需要使用折半法来计算信度。折半法是在命题的时候就有意识地把试卷分成了等效的两半,这样就相当于把其中一半试卷在相同条件下对同一批学生考了两次,从而考察了学生在这一半试卷上两次得分的一致性程度。由于折半了,求出的相关系数实际上是半个测验的信度,还需要进行校正。当两个半测验分数的方差接近或相等时,可以使用 Spearman-Brown 校正公式:

$$r_{S-B} = \frac{2r_h}{1+r_h}$$

式中，r_h 为两个半测验的相关系数，r_{S-B} 是整个测验信度的估计值。

当两个半测验分数方差相差比较大时，可以用 Rulon（卢伦）公式直接求得折半信度：

$$r_R = 1 - \frac{S_d^2}{S_t^2}$$

式中，S_d^2 表示每个学生在两个半测验上所得分数之差的方差，S_t^2 表示学生在整个考试中所得总分的方差。

4．库—李法（Kuder-Richardson）和 α 系数法

实际工作中，两个半测验的等效性无法保证。此时，需要根据变量的类型选择相关公式计算测验的信度。

当试题全部为二值计分题（即只有答对、答错两种结果）时，可以使用库—李法（Kuder-Richardson）。具体公式为：

$$r_{K-R20} = \frac{k}{k-1}\left[1 - \frac{\sum p_i q_i}{S_t^2}\right] \quad \text{或} \quad r'_{K-R21} = \frac{k}{k-1}\left[1 - \frac{0.8M_t(k-M_t)}{kS_t^2}\right]$$

式中，p_i 为考生在第 i 题通过的比率，$q_i = 1 - p_i$；k 为考试题数。

若试题为非二值计分题或既有二值性试题又有非二值性试题时，可以使用 α 系数法来计算测验的信度。公式为：

$$r_\alpha = \frac{k}{k-1}\left[1 - \frac{\sum S_i^2}{S_t^2}\right]$$

式中，S_i^2 为考生在第 i 题上得分的方差。

5．评分者信度

在进行关于论文式测验及情感领域和动作技能领域中的评价时，若参与评价的个体不止 1 人，则需要计算评分者信度。用不同评分者所评分数之间的相关系数来表示这些不同评分者评判同一批试卷的可靠性。

① 若 2 人评 n 份试卷或 1 人先后两次评 n 份试卷，可以使用斯皮尔曼等级相关系数或皮尔逊积差相关系数；

② 若 2 个以上评分者评 n 份试卷时，可以使用 α 系数法（连续计分法）或肯德尔和谐系数（等级成绩）进行相关系数的计算。

（二）效度（Validity）分析

效度是测量工具对于其所要测得的属性所能够考察到的程度，即在多大程度上反映

了我们想要测量对象的真正特征。效度反映了测量的正确性和结果的有效性。

由于研究的目的和性质的不同,效度的种类也很多。通常,将效度分为内容效度、效标关联效度(又称标准相关效度)和结构效度三种类型。下面以考试或测验的内容效度分析为例进行说明。

1. 内容效度(Content validity)

内容效度是指测验目的代表所欲测量的内容和引起预期反应所达到的程度,即研究考试或测验的内容与教学目标和教材内容相符合的程度。通常利用下述步骤计算内容效度(也是提高内容效度的有效方法之一)。

(1) 开列教材大纲并赋予权重。

分别列出教材内容的各项重点及所要测量的各类学习结果(认知目标),并根据学时数、重要程度、专家意见决定各部分的相对重要性。

(2) 从教学目标和教学内容两个维度绘制双向细目表。

(3) 编制测验的试题分类表(试题核检表)。

试题核检表中的权重常常以试题数量、考试时间和分数分配为主要依据。

(4) 计算适切率,即双向细目表和试题核检表中各个部分的符合程度。

$P = 1 - \dfrac{\sum_{i=1}^{n} |Xi - Yi|}{2}$,最后计算所获得的适切率即内容效度。通常,一些重要的大规模考试要求各项适切率均在90%以上。

另外,还可以借助如下方法评估考试内容效度:首先,根据教学内容和教学目标事先编制两个测试卷(即两个复本);其次,在学科教学或训练前后分别实施测试(即前测和后测);最后,比较两次测验结果是否具有统计意义上的差异(可采用均数差异检验)。若均数差异检验有意义,即表明考试的内容正是教学或训练的内容,可以认为考试的内容效度较高,否则认为考试的内容效度较低。

2. 效标关联效度(Criterion related validity)

效标关联效度就是以某一种考试与作为效标的另一个独立测验结果之间的相关程度来表示的效度(也称为统计效度),其相关系数就是效标关联效度系数。其中,效标是用以估计本测验的效度的标准;树立效标是指寻找外在参照标准的过程。

若考试与效标不是同时进行的,这种相关系数求得的是预测效度,即对未来行为或测验成绩的预测。如想检验某学科初中升学考试(中考)的效度,可以以同一批学生三年后的高考化学成绩作为效标,两次考试成绩的相关系数即中考的预测效度。若在收集考试分数的同时收集效标资料,然后计算这两组数据的相关系数,这时求得的是同时效度(也称为并存效度),其目的不是用于预测,而是决定考试分数能否取代效标资料。

3. 结构效度(Construct Validity)

考察结构效度就是要了解测量工具是否反映了概念和命题的内部结构，这种方法常常在理论的研究中使用。由于它是通过与理论假设相比较来检验的，因此结构效度也被称为理论效度。理论假设的属性可以是人的潜在特性，如智力、动机、志趣、性格、态度等。结构效度解决的问题是分析测试分数来推论心理结构特征。

确定结构效度是一个复杂的过程，所研究的心理结构特征总是理论的、模糊难辨的特征，并因个体不同而异。通常采用因素分析法来研究结构效度。因素分析法是一种专业的统计研究方法，其目的是在一系列的相关测试中，确定最少量的决定因素。

第二节 如何运用SPSS统计软件包进行教育统计分析

SPSS的全称是Statistics Package for Social Science，即"社会科学统计软件包"。它是一款拥有强大的统计概括与推断、灵便的数据管理，以及自动绘图、编表等多功能的应用软件。同时，SPSS是目前最受欢迎的统计软件，其分析结果的权威性也为学术界所公认。这里所使用的是SPSS13.0版本，更高版本的SPSS的操作界面更为友好，使用起来更为方便。

一、t 检验

t 检验可以判断两组数据平均数之间的差异显著性。

例 6-10 高职学生113人，每人每天平均课余自主学习时间是1.26小时；中专学生90人，每人每天平均课余自主学习时间是0.99小时。通过 t 检验，高职学生课余自主学习的时间显著高于中专学生（t 检验：$t=2.447$，$P=0.015<0.05$）（见下表6-5）。

表6-5 不同学制学生每天课余自主学习时间的 t 检验

$n=203$	高职学生	中专学生	t 值	P 值
	人数($n=113$)	人数($n=90$)		
课余自主学习时间	1.26±0.072 小时	0.99±0.083 小时	2.447	0.015

上述数据分析结果，利用SPSS操作过程如下：

(1) 启动SPSS，点击Variable View进入定义变量工作表，分别用Name命名两个变量："组别""自主学习时间"。如图6-1所示。

(2) 点击工作表下方的Data View命令，进入"数据视图"工作表，输入相应数据。其中"组别"中的1、2分别代表高职学生、中专学生，"自主学习时间"中的数据来自原始调查数据。如图 6-2 所示。

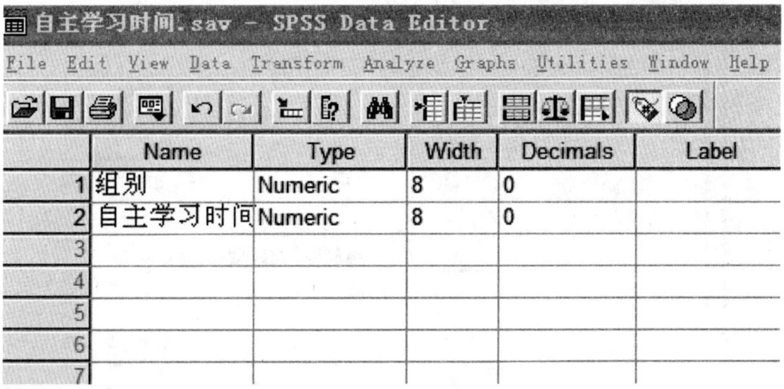

图 6-1 变量命名

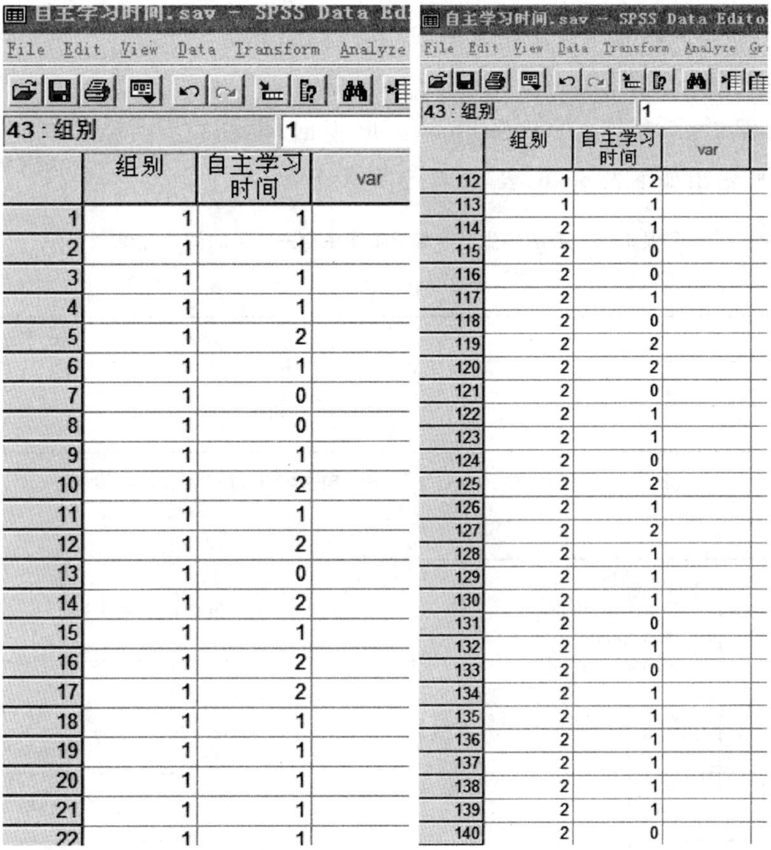

图 6-2 数据输入

(3) 单击主菜单 Analyze→Compare Means→Indendent-Samples T Test,则弹出对话框,将"自主学习时间"置入 Test Variable(s)框内,将"组别"置入 Grouping Variable 框内,如图 6-3 所示。

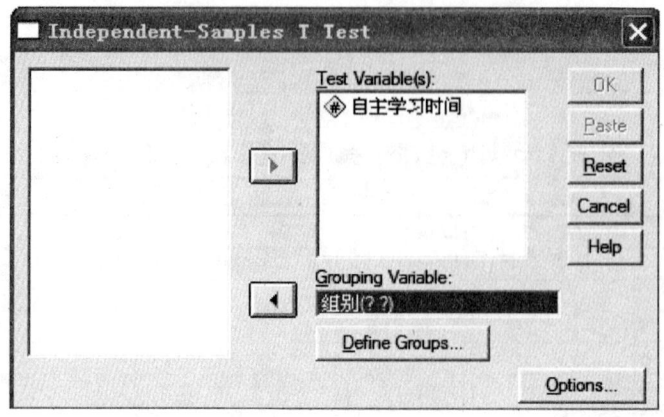

图 6-3 t 检验对话框

(4) 单击 Define Groups...按钮,则弹出对话框,分别在 Group1 和 Group2 框内输入所要比较组的代码:1(高职学生)和 2(中专学生)。如图 6-4 所示。

(5) 点击图 6-4 右上方的 Continue 按钮,返回,再单击 OK 按钮,则输出如下表 6-6、表 6-7 等所示结果。

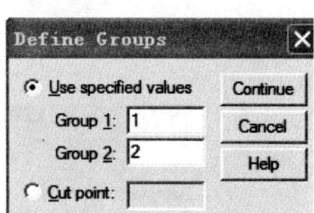

图 6-4 t 定义分组对话框

表 6-6 高职学生、中专学生课余自主学习时间统计量

Group Statistics

组别	n	Mean	Std. Deviation	Std. Error Mean
1	113	1.26	.765	.072
2	90	.99	.786	.083

表 6-7 高职学生、中专学生课余自主学习时间 t 检验结果

Independent Samples Test

	Levene's Test for Equality of Variances		t-test for Equality of Means						
								95% Confidence Interval of the Difference	
	F	Sig	t	df	Sig. (2-talled)	Mean Differnce	Std. Error Difference	Lower	Upper
自主学习时间 Equal variances	1.662	.199	201	.015	.268	.109	.052	.483	
Equal variances not assumed			2.440	188.637	.016	.268	.110	.051	.484

由于方差齐性检验,$F=1.662$,$P=0.199>0.05$,故结论为两组方差差异不显著,说明方差齐性。由于方差齐性,故选择假设方差齐性一栏的结果:$t=2.447$,$P=0.015<0.05$。所以本题中,通过 t 检验,发现高职学生课余自主学习的时间显著高于中专学生。

二、方差分析

方差分析可以同时判断多组数据平均数之间的差异显著性。

例 6-11 一年级学生 85 人,每人每天平均课余自主学习时间是 1.07 小时。二年级学生 85 人,每人每天平均课余自主学习时间是 1.12 小时。三年级学生 33 人,每人每天平均课余自主学习时间是 1.36 小时。通过方差分析,不同年级学生课余自主学习时间不具有显著的差异性(F 检验:$F=1.722,P=0.181>0.05$),可以认为学生课余自主学习时间受学生的年级影响不大(见下表 6-8)。

表 6-8 不同年级学生每天课余自主学习时间的方差分析

$n=203$	一年级学生 人数($n=85$)	二年级学生 人数($n=85$)	三年级学生 人数($n=33$)	F 值	P 值
课余自主学习时间	1.07±0.088 小时	1.12±0.079 小时	1.36±0.143 小时	1.722	0.181

上述数据分析结果,利用 SPSS 操作过程如下。

(1)启动 SPSS,点击 Variable View 进入定义变量工作表,分别用 Name 命名两个变量:"组别""自主学习时间"。如图 6-5 所示。

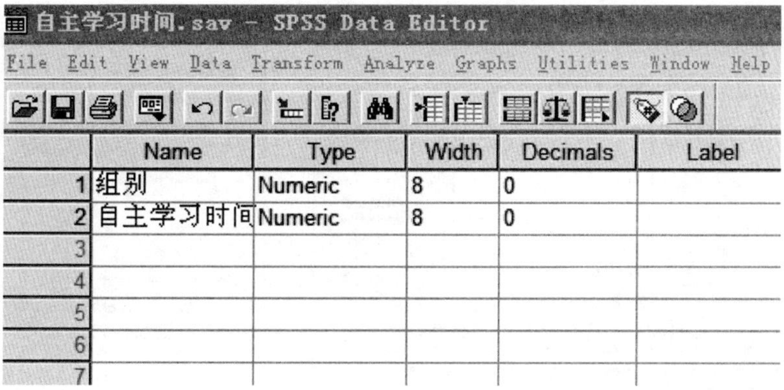

图 6-5 变量命名

(2)点击工作表下方的 Data View 命令,进入"数据视图"工作表,输入相应数据。其中,"组别"里的 1、2、3 分别代表一年级学生、二年级学生、三年级学生,"自主学习时间"中的数据来自原始调查数据。如图 6-6 所示。

	组别	自主学习时间	var
1	1	1	
2	1	0	
3	1	0	
4	1	1	
5	1	0	
6	1	2	
7	1	2	
8	1	0	
9	1	1	
10	1	1	
11	1	0	
12	1	2	
13	1	1	
14	1	2	
15	1	1	
16	1	1	
17	1	1	
18	1	0	
19	1	1	
20	1	0	

	组别	自主学习时间	var
82	1	2	
83	1	0	
84	1	1	
85	1	0	
86	2	1	
87	2	1	
88	2	1	
89	2	0	
90	2	1	
91	2	1	
92	2	1	
93	2	0	
94	2	0	
95	2	1	
96	2	1	
97	2	1	
98	2	1	
99	2	0	
100	2	0	
101	2	1	
102	2	1	
103	2	1	
104	2	1	
105	2	1	

	组别	自主学习时间	var
163	2	1	
164	2	1	
165	2	1	
166	2	1	
167	2	1	
168	2	1	
169	2	1	
170	2	1	
171	3	2	
172	3	1	
173	3	1	
174	3	1	
175	3	0	
176	3	3	
177	3	1	
178	3	1	
179	3	1	
180	3	2	
181	3	1	
182	3	1	
183	3	1	
184	3	1	
185	3	1	
186	3	0	
187	3	0	

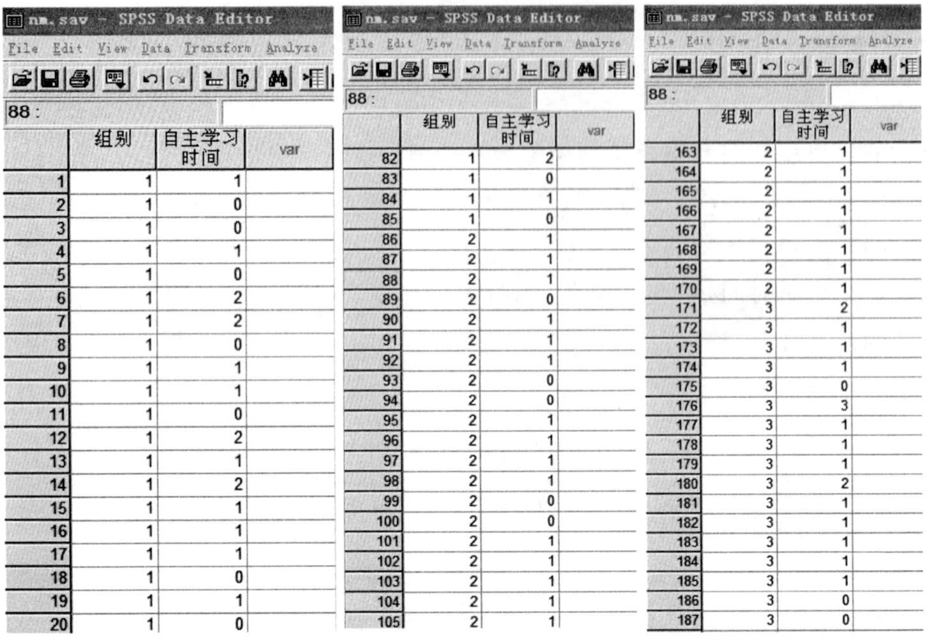

图 6-6 数据输入

(3) 单击主菜单 Analyze→Compare Means→One-Way ANOVA，则弹出对话框，将“自主学习时间”置入 Dependent List 框内，将“组别”置入 Factor 框内，如图 6-7 所示。

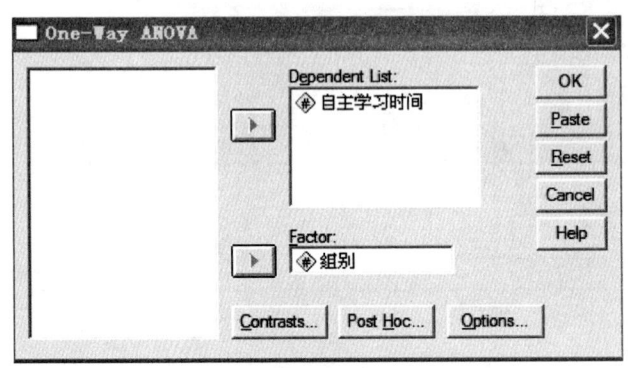

图 6-7 单因素方差分析主对话框

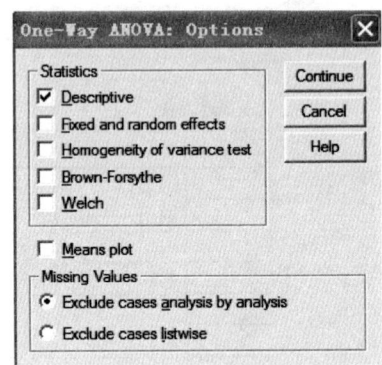

图 6-8 单因素方差分析中描述性统计指标

(4) 单击 Options...按钮，则弹出对话框，选中 Statistics 栏下的 Descriptive 命令。如图 6-8 所示。

(5) 点击图 6-8 右上方的 Continue 按钮，返回，再单击 Post Hoc...按钮，则弹出对话框，选中 LSD 命令。如图 6-9 所示。

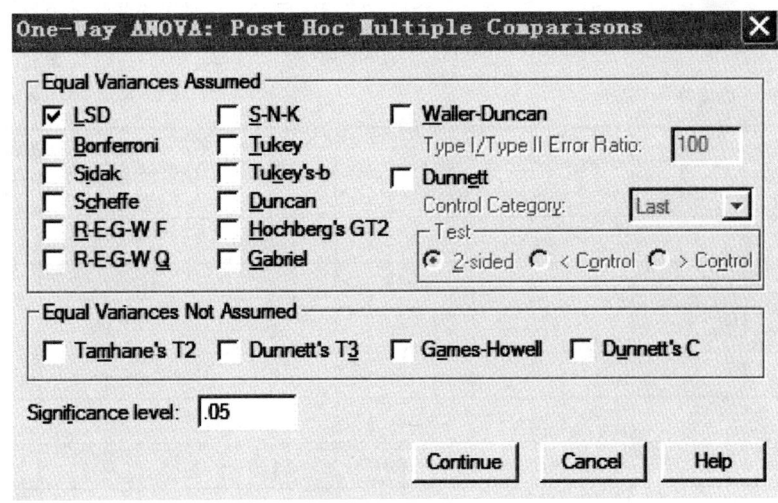

图 6-9 单因素方差分析中两两均数比较对话框

(6) 点击图 6-9 中的 Continue 按钮,返回,再单击 OK 按钮,则输出如表 6-9、表 6-10、表 6-11 等所示结果。

表 6-9 一年级、二年级、三年级学生课余自主学习时间描述性统计量

Descriptives

自主学习时间

	N	Mean	Std. Deviation	Std. Error	95% Confidence Interval for Mean		Minimum	Maximum
					Lower Bound	Upper Bound		
1	85	1.07	.813	.088	.90	1.25	0	3
2	85	1.12	.730	.079	.96	1.28	0	3
3	33	1.36	.822	.143	1.07	1.66	0	3
Total	203	1.14	.784	.055	1.03	1.25	0	3

表 6-10 一年级、二年级、三年级学生课余自主学习时间的方差分析表

ANOVA

自主学习时间

	Sum of Squares	df	Mean Square	F	Sig.
Between Groups	2.102	2	1.051	1.722	.181
Within Groups	122.036	200	.610		
Total	124.138	202			

表6-11　一年级、二年级、三年级学生课余自主学习时间的两两比较

Multiple Comparisons

Dependent Variable 自主学习时间

	(I) 组别	(J) 组别	Mean Difference (I~J)	Std. Error	Sig.	95% Confidence Interval	
						Lower Bound	Upper Bound
LSD	1	2	−.047	.120	.695	−.28	.19
		3	−.293	.160	.069	−.61	.02
	2	1	.47	.120	.695	−.19	.28
		3	−.246	.160	.126	−.56	.07
	3	1	.293	.160	.069	−.02	.61
		2	.246	.160	.126	−.07	.56

由表6-10所示，$F=1.772$，$P=0.181>0.05$。所以本题，通过方差分析，不同年级学生课余自主学习时间不具有显著的差异性，即一年级、二年级、三年级学生课余自主学习时间差异不显著。

表6-11是一年级、二年级、三年级学生课余自主学习时间的两两比较，可知一年级与二年级的$P=0.695>0.05$，差异不显著。一年级与三年级的$P=0.069>0.05$，差异不显著。二年级与三年级的$P=0.126>0.05$，差异不显著。

三、卡方（x^2）检验

例6-12　高职学生113人，课余时间能自己学习文化知识的有24人，课余时间主要是上网或看电视小说等的有89人。中专学生90人，课余时间能自己学习文化知识的有9人，课余时间主要是上网或看电视小说等的有81人。经卡方检验，高职学生课余时间能自主学习的学生数比率显著高于中专学生（x^2检验：$x^2=3.859$，$P=0.049<0.05$）（见表6-12）。

表6-12　不同学制学生课余时间活动内容的卡方（x^2）检验

$n=203$	选项	高职学生		中专学生		合计	x^2值	P值
		人数 ($n=113$)	比率	人数 ($n=90$)	比率			
每天课余时间安排	自己学习文化知识	24人	21.2%	9人	10.0%	33人	3.859	0.049
	上网或看电视小说等	89人	78.8%	81人	90.0%	170人		

上述数据分析结果，利用SPSS操作过程如下。

（1）启动SPSS，点击Variable View进入定义变量工作表，分别用Name命令设置三个变量："组别""内容""计数"。如图6-10所示。

	Name	Type	Width	Decimals	Label
1	组别	String	20	0	
2	内容	String	20	0	
3	计数	Numeric	8	0	
4					
5					
6					
7					
8					

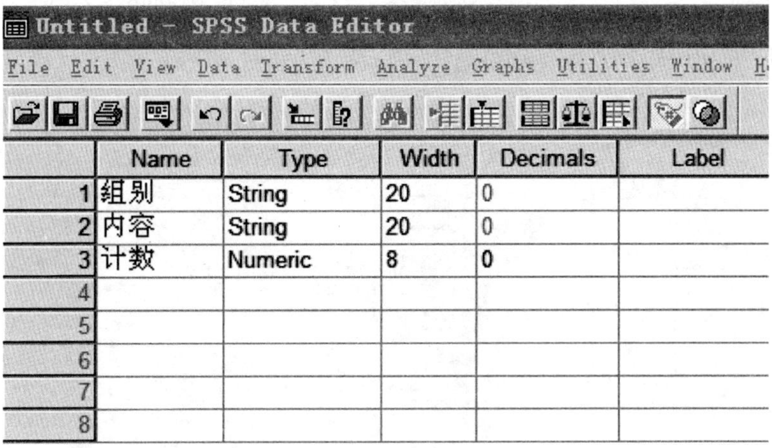

图 6－10　变量命名

（2）点击工作表下方的 Data View 命令，进入“数据视图”工作表，输入相应统计数据。如图 6－11 所示。

	组别	内容	计数	var	var
1	高职学生	自己学习文化知识	24		
2	高职学生	上网看电视小说等	89		
3	中专学生	自己学习文化知识	9		
4	中专学生	上网看电视小说等	81		
5			.		
6			.		
7			.		
8			.		

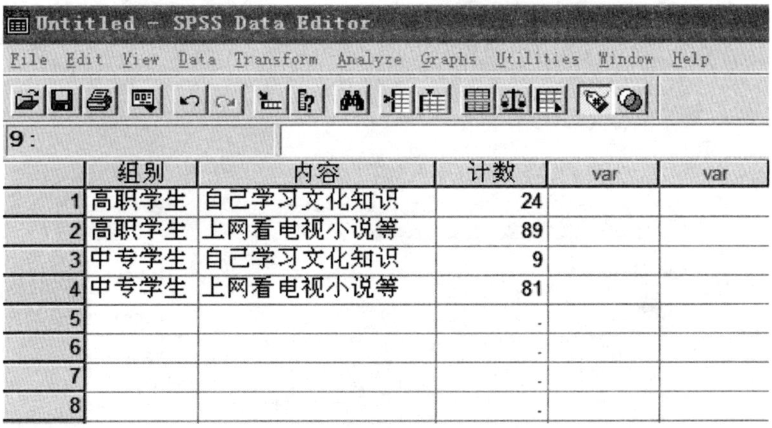

图 6－11　数据输入

（3）单击 Data→Weight Cases，则弹出对话框。选中 Weight cases by，将“计数”置入 Frequency Variable 框内，点击 OK 按钮。如图 6－12 所示

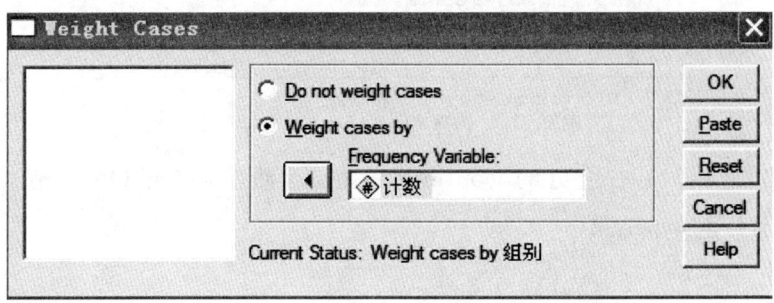

图 6－12　将“计数”转成“权数”

（4）单击 Analyze→Descriptive Statistics→Crosstabs，则弹出对话框，将"组别"置入 Row(s)框内，将"内容"置入 Column(s)框内，如图 6-13 所示。

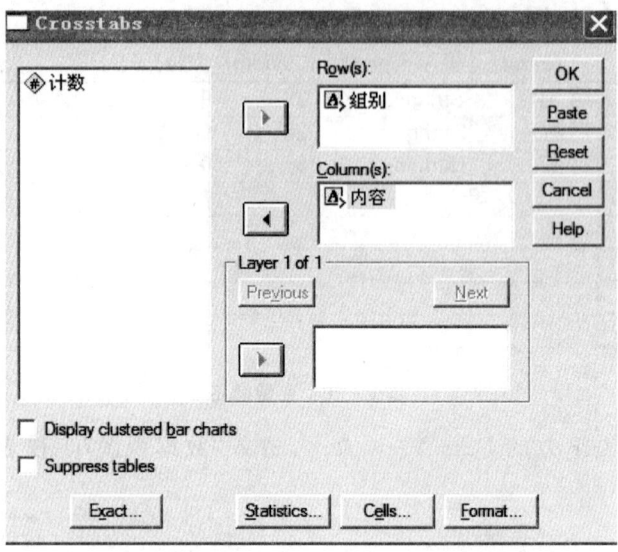

图 6-13　行×列对话框

（5）按图 6-13 下方的 Statistics…按钮，选中 Chi-square（卡方检验）。如图 6-14 所示。

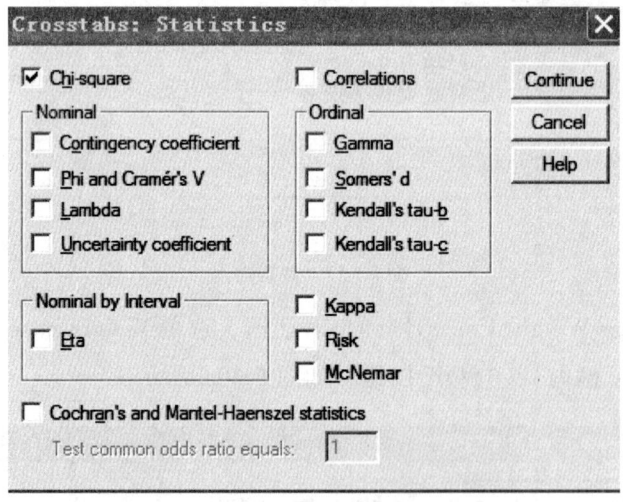

图 6-14　选择 Chi-square（卡方检验）

（6）点击图 6-14 右上方的 Continue 按钮，返回，再单击 OK 按钮，则输出如表 6-13、表 6-14 等所示结果。

表 6-13 高职学生、中专学生课余时间活动内容

Count

		内容		Total
		小网看电视小说等	自己学习文化知识	
组别	高职学生	89	24	113
	中专学生	81	9	90
Total		170	33	203

表 6-14 x^2 检验结果表

Chi-Square Tests

	Value	df	Asymp. Sig. (2-sided)	Exact Sig. (2-sided)	Exact Sig. (1-sided)
Pearson Chi-Square	4.648[b]	1	.031		
Continuity Correction[a]	3.859	1	.049		
Likelihood Ratio	4.840	1	.028		
Fisher's Exact Test				.036	.023
N of Valid Cases	203				

a. Computed only for a 2×2 table.
b. 0 cells (.0%) have expected count less than 5. The minimum expected count is 14.63.

卡方分布本身属于连续性分布,在分类资料的统计分析中,卡方检验只是一个近似的检验,当自由度 df=1 时偏差较大,需用连续性矫正公式计算。所以本题中,x^2 值=3.859,P 值=0.049<0.05,表明高职学生课余时间能自主学习的学生数比率显著高于中专学生。

四、线性相关分析

例 6-13 对学生未来发展目标进行调查,3 个调查选项分别是:A. 自己知识和技能都优秀,能学到真才实学,对未来有信心,有明确发展目标;B. 文凭不过硬,无真才实学,有自卑心理,未来发展目标不明确;C. 上职校没用,找工作都是靠父母或靠关系,对未来发展没有目标。对 A、B、C 选项分别赋值 3、2、1,并统计分析,分值越高说明学生未来发展目标越明确,分值越低说明学生未来发展目标越不明确。职业素养评价由"职业理想信念素养""职业人格素养""职业基本意识素养"及"职业基本能力素养"4 个维度构成,每个维度包括 5 个指标,共 20 个指标,使用 5 级李克特 Likert 量表:非常不满意、不满意、一般、满意、非常满意,相应赋值为 1、2、3、4、5。

表 6-15 为中职学生职业素养各指标与中职学生未来发展目标之间的相关性分析。

相关分析表明,中职学生未来发展目标与学生职业素养指标中职业信念($r=0.415,P<0.01$)、职业认同($r=0.510,P<0.01$)、职业目标定位($r=0.433,P<0.01$)、职业生涯规划($r=0.501,P<0.01$)、职业情感($r=0.383,P<0.01$)、职业性格($r=0.558,P<0.01$)、竞争创业意识($r=0.333,P<0.05$)指标之间存在显著或极显著相关性。

表6-15 中职学生职业素养指标与中职学生未来发展目标之间的相关性

维度	中职学生职业素养指标	中职学生未来发展目标	
		r	P
职业理想信念素养	职业信念	0.415	0.004
	职业认同	0.510	0.000
	职业价值观	0.238	0.112
	职业目标定位	0.433	0.003
	职业生涯规划	0.501	0.000
职业人格素养	职业兴趣	0.241	0.107
	职业情感	0.383	0.009
	职业性格	0.558	0.000
	职业道德	0.130	0.389
	职业敬业精神	0.125	0.408
职业基本意识素养	主体责任意识	0.228	0.127
	质量效益意识	0.084	0.577
	法律法规意识	0.129	0.393
	竞争创业意识	0.333	0.024
	团队合作意识	0.290	0.050
职业基本能力素养	创造思维与判断能力	0.163	0.280
	动手操作与实践能力	0.284	0.056
	语言表达与沟通能力	0.283	0.056
	信息处理与学习能力	0.216	0.149
	岗位适应与耐挫能力	0.163	0.278

上述数据分析结果,利用SPSS操作过程如下。

(1) 启动SPSS,点击Variable View进入定义变量工作表,分别用Name命令设置变量:"未来发展目标""职业信念""职业认同""职业价值观""职业目标定位""职业生涯规划""职业兴趣""职业情感""职业性格""职业道德""职业敬业精神""主体责任意识""质量效益意识""法律法规意识""竞争创业意识""团队合作意识""创造思维与判断能力""动手操作与实践能力""语言表达与沟通能力""信息处理与学习能力""岗位适应与耐挫能力"。如图6-15所示。

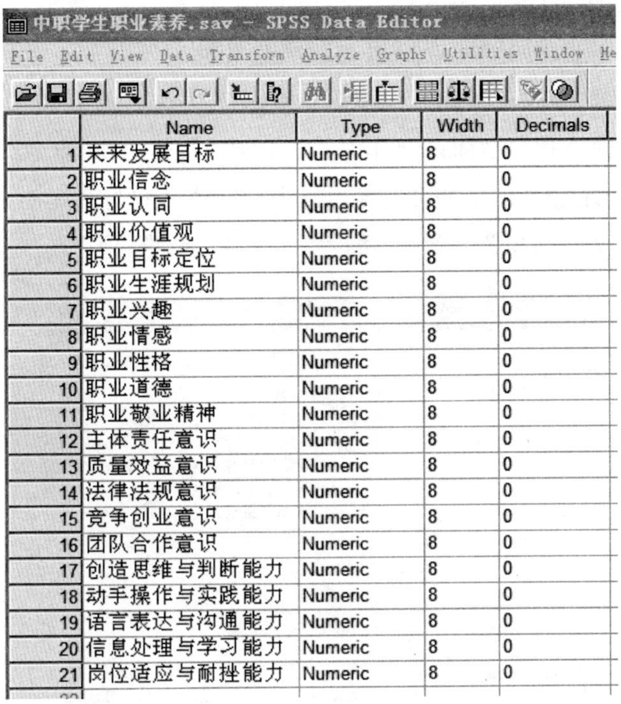

	Name	Type	Width	Decimals
1	未来发展目标	Numeric	8	0
2	职业信念	Numeric	8	0
3	职业认同	Numeric	8	0
4	职业价值观	Numeric	8	0
5	职业目标定位	Numeric	8	0
6	职业生涯规划	Numeric	8	0
7	职业兴趣	Numeric	8	0
8	职业情感	Numeric	8	0
9	职业性格	Numeric	8	0
10	职业道德	Numeric	8	0
11	职业敬业精神	Numeric	8	0
12	主体责任意识	Numeric	8	0
13	质量效益意识	Numeric	8	0
14	法律法规意识	Numeric	8	0
15	竞争创业意识	Numeric	8	0
16	团队合作意识	Numeric	8	0
17	创造思维与判断能力	Numeric	8	0
18	动手操作与实践能力	Numeric	8	0
19	语言表达与沟通能力	Numeric	8	0
20	信息处理与学习能力	Numeric	8	0
21	岗位适应与耐挫能力	Numeric	8	0

图 6 - 15　变量命名

（2）点击工作表下方的 Data View 命令，进入“数据视图”工作表，输入相应调查原始数据。如图 6 - 16 所示。

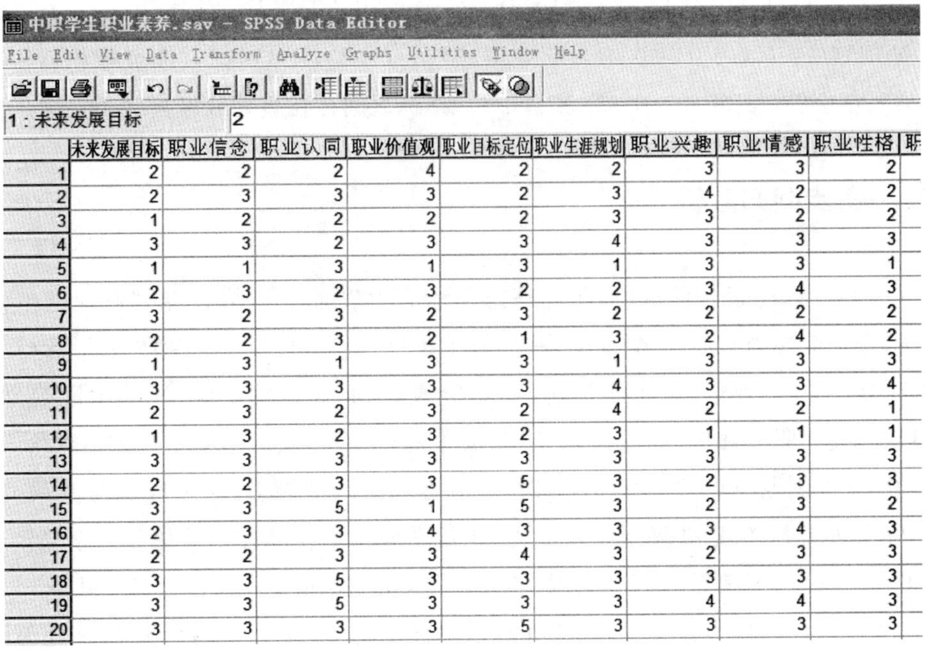

	未来发展目标	职业信念	职业认同	职业价值观	职业目标定位	职业生涯规划	职业兴趣	职业情感	职业性格
1	2	2	2	4	2	2	3	3	2
2	2	3	3	3	2	3	4	2	2
3	1	2	2	2	2	3	3	2	2
4	3	3	2	3	3	4	3	3	3
5	1	1	3	1	3	1	3	3	1
6	2	3	2	3	2	2	3	4	3
7	3	2	3	2	3	2	2	2	2
8	2	2	3	2	1	3	2	4	2
9	1	3	1	3	3	1	3	3	3
10	3	3	3	3	3	4	3	3	4
11	2	3	2	3	2	4	2	2	1
12	1	3	2	3	2	3	1	1	1
13	3	3	3	3	3	3	3	3	3
14	2	2	3	3	5	3	2	3	3
15	3	3	5	1	5	3	2	3	2
16	2	3	3	4	3	3	3	4	3
17	2	2	3	3	4	3	2	3	3
18	3	3	5	3	3	3	3	3	3
19	3	3	5	3	3	3	4	4	3
20	3	3	3	3	5	3	3	3	3

图 6 - 16　数据输入

(3) 单击 Analyze→Correlate→Bivariate Correlations，则弹出对话框，将"未来发展目标""职业信念""职业认同""职业价值观""职业目标定位""职业生涯规划""职业兴趣""职业情感""职业性格""职业道德""职业敬业精神""主体责任意识""质量效益意识""法律法规意识""竞争创业意识""团队合作意识""创造思维与判断能力""动手操作与实践能力""语言表达与沟通能力""信息处理与学习能力""岗位适应与耐挫能力"置入 Variables 框内，选中 Pearson，计算线性相关系数 r。如图 6-17 所示。

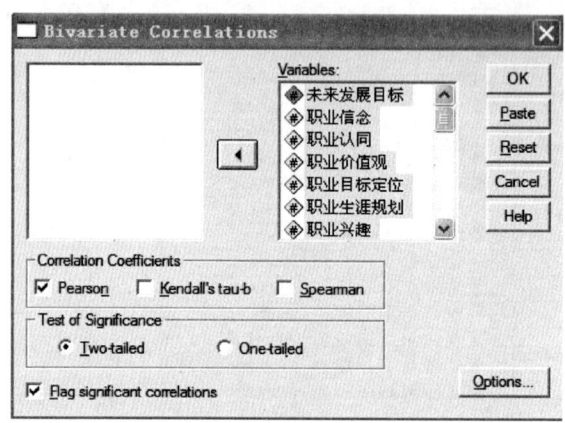

图 6-17 相关分析对话框

(4) 点击图 6-17 右上方 OK 按钮，则输出如表 6-15 所示结果。

由表 6-16 可知，中职学生未来发展目标与学生职业素养指标中职业信念（$r=0.415$，$P<0.01$）、职业认同（$r=0.510$，$P<0.01$）、职业目标定位（$r=0.433$，$P<0.01$）、职业生涯规划（$r=0.501$，$P<0.01$）、职业情感（$r=0.383$，$P<0.01$）、职业性格（$r=0.558$，$P<0.01$）、竞争创业意识（$r=0.333$，$P<0.05$）指标之间存在显著或极显著相关性。

五、逐步回归分析

例 6-14 职业素养评价由"职业理想信念素养""职业人格素养""职业基本意识素养"及"职业基本能力素养"4 个维度构成，每个维度包括 5 个指标，共 20 个指标（这 20 个评价指标具体为：职业信念、职业认同、职业价值观、职业目标定位、职业生涯规划、职业兴趣、职业情感、职业性格、职业道德、职业敬业精神、主体责任意识、质量效益意识、法律法规意识、竞争创业意识、团队合作意识、创造思维与判断能力、动手操作与实践能力、语言表达与沟通能力、信息处理与学习能力、岗位适应与耐挫能力），使用 5 级李克特 Likert 量表：非常不满意、不满意、一般、满意、非常满意，相应赋值为 1、2、3、4、5。建立一个以职业素养 20 个评价指标为自变量（记为 x），以职业素养 20 个评价指标累加总分为因变量（记为 y）的回归模型，进行逐步回归分析。

表 6－16 表明，影响中职学生职业素养得分的主要因素有主体责任意识、职业性格、质量效益意识、职业道德、职业信念、动手操作与实践能力、竞争创业意识、职业目标定位、岗位适应与耐挫能力等 9 个指标。根据逐步回归分析所得标准偏回归系数的大小，排出影响中职学生职业素养得分的前 3 位主要影响因素，分别为：主体责任意识、职业性格、质量效益意识。

表 6－16　对职业素养得分影响最大的 9 个指标（标准偏回归系数）

	质量效益意识	职业性格	主体责任意识	职业目标定位	职业信念	竞争创业意识	职业道德	动手操作与实践能力	岗位适应与耐挫能力
总分	0.114	0.136	0.137	0.093	0.096	0.094	0.097	0.096	0.093

上述数据分析结果，利用 SPSS 操作过程如下。

（1）启动 SPSS，点击 Variable View 进入定义变量工作表，分别用 Name 命令设置变量：“y”“x_1”“x_2”“x_3”“x_4”“x_5”“x_6”“x_7”“x_8”“x_9”“x_{10}”“x_{11}”“x_{12}”“x_{13}”“x_{14}”“x_{15}”“x_{16}”“x_{17}”“x_{18}”“x_{19}”“x_{20}”。小数位（Decimals）依题意均为 2（系统默认）。为了便于输出结果的观察，可单击这些变量相应的 Label（标记）单元格，对各自所代表的内容分别进行标记，如图 6－18 所示。

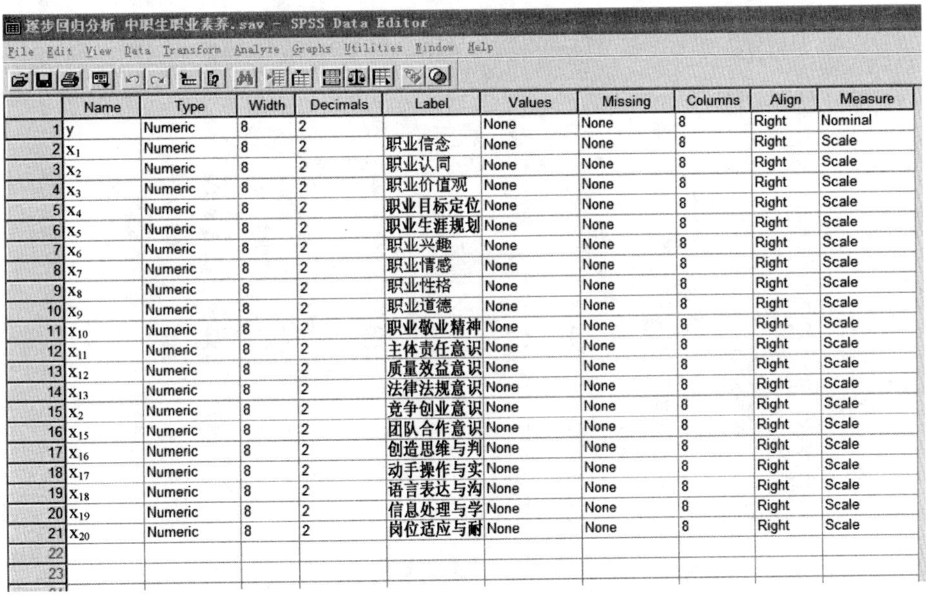

	Name	Type	Width	Decimals	Label	Values	Missing	Columns	Align	Measure
1	y	Numeric	8	2		None	None	8	Right	Nominal
2	x_1	Numeric	8	2	职业信念	None	None	8	Right	Scale
3	x_2	Numeric	8	2	职业认同	None	None	8	Right	Scale
4	x_3	Numeric	8	2	职业价值观	None	None	8	Right	Scale
5	x_4	Numeric	8	2	职业目标定位	None	None	8	Right	Scale
6	x_5	Numeric	8	2	职业生涯规划	None	None	8	Right	Scale
7	x_6	Numeric	8	2	职业兴趣	None	None	8	Right	Scale
8	x_7	Numeric	8	2	职业情感	None	None	8	Right	Scale
9	x_8	Numeric	8	2	职业性格	None	None	8	Right	Scale
10	x_9	Numeric	8	2	职业道德	None	None	8	Right	Scale
11	x_{10}	Numeric	8	2	职业敬业精神	None	None	8	Right	Scale
12	x_{11}	Numeric	8	2	主体责任意识	None	None	8	Right	Scale
13	x_{12}	Numeric	8	2	质量效益意识	None	None	8	Right	Scale
14	x_{13}	Numeric	8	2	法律法规意识	None	None	8	Right	Scale
15	x_2	Numeric	8	2	竞争创业意识	None	None	8	Right	Scale
16	x_{15}	Numeric	8	2	团队合作意识	None	None	8	Right	Scale
17	x_{16}	Numeric	8	2	创造思维与判	None	None	8	Right	Scale
18	x_{17}	Numeric	8	2	动手操作与实	None	None	8	Right	Scale
19	x_{18}	Numeric	8	2	语言表达与沟	None	None	8	Right	Scale
20	x_{19}	Numeric	8	2	信息处理与学	None	None	8	Right	Scale
21	x_{20}	Numeric	8	2	岗位适应与耐	None	None	8	Right	Scale
22										
23										

图 6－18　变量命名

（2）点击工作表下方的 Data View 命令，进入“数据视图”工作表，输入相应调查原始数据。如图 6－19 所示。

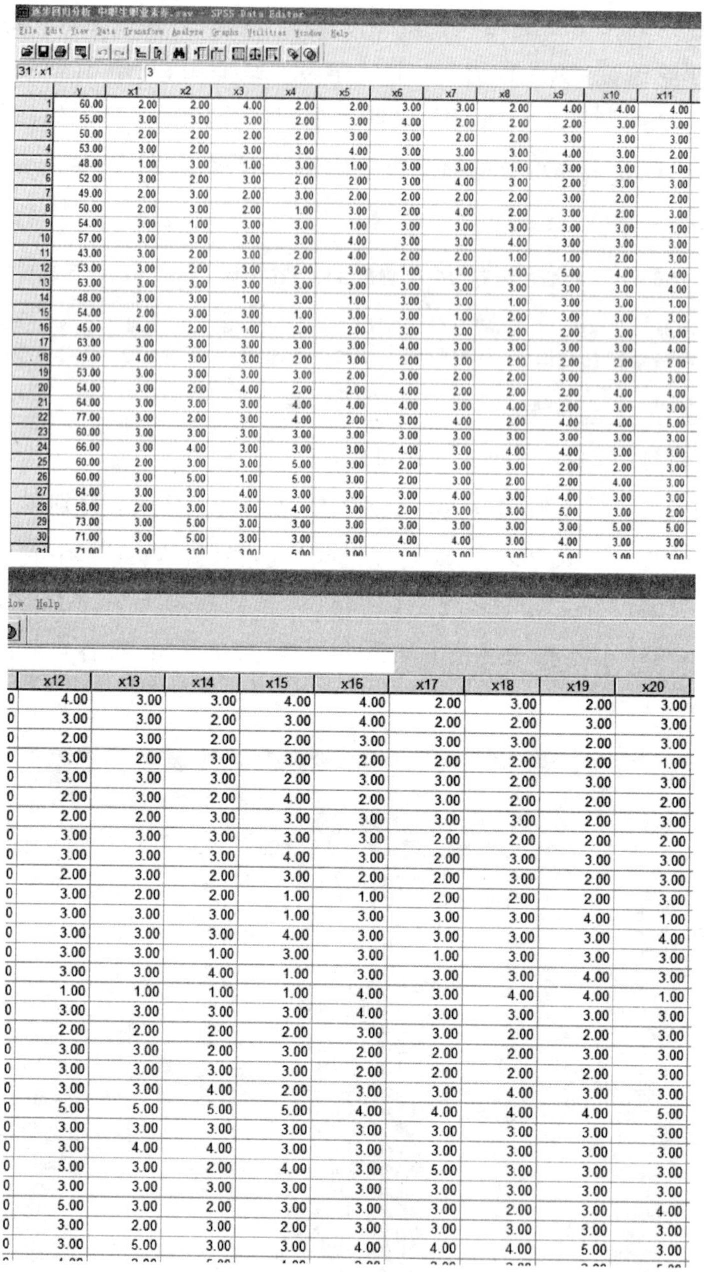

	y	x1	x2	x3	x4	x5	x6	x7	x8	x9	x10	x11
1	60.00	2.00	2.00	4.00	2.00	2.00	3.00	3.00	2.00	4.00	4.00	4.00
2	55.00	3.00	3.00	3.00	2.00	3.00	4.00	2.00	2.00	2.00	3.00	3.00
3	50.00	2.00	2.00	2.00	2.00	3.00	3.00	2.00	2.00	3.00	3.00	3.00
4	53.00	3.00	2.00	3.00	3.00	4.00	3.00	3.00	3.00	4.00	3.00	2.00
5	48.00	1.00	3.00	1.00	3.00	1.00	3.00	3.00	1.00	3.00	3.00	1.00
6	52.00	3.00	2.00	3.00	2.00	2.00	3.00	4.00	3.00	2.00	3.00	3.00
7	49.00	2.00	3.00	2.00	3.00	2.00	2.00	2.00	2.00	3.00	2.00	2.00
8	50.00	2.00	3.00	2.00	1.00	3.00	2.00	4.00	2.00	3.00	2.00	3.00
9	54.00	3.00	1.00	3.00	3.00	1.00	3.00	3.00	3.00	3.00	3.00	1.00
10	57.00	3.00	3.00	3.00	3.00	4.00	3.00	3.00	4.00	3.00	3.00	3.00
11	43.00	3.00	2.00	3.00	2.00	4.00	2.00	2.00	1.00	1.00	2.00	3.00
12	53.00	3.00	2.00	3.00	2.00	3.00	1.00	1.00	1.00	5.00	4.00	4.00
13	63.00	3.00	3.00	3.00	3.00	3.00	3.00	3.00	3.00	3.00	3.00	4.00
14	48.00	3.00	3.00	1.00	3.00	1.00	3.00	3.00	1.00	3.00	3.00	1.00
15	54.00	2.00	3.00	3.00	1.00	3.00	3.00	1.00	2.00	3.00	3.00	3.00
16	45.00	4.00	2.00	1.00	2.00	2.00	3.00	3.00	2.00	2.00	3.00	1.00
17	63.00	3.00	3.00	3.00	3.00	3.00	4.00	3.00	3.00	3.00	3.00	4.00
18	49.00	4.00	3.00	3.00	2.00	3.00	2.00	3.00	2.00	2.00	2.00	2.00
19	53.00	3.00	3.00	3.00	3.00	2.00	3.00	2.00	2.00	3.00	3.00	3.00
20	54.00	3.00	2.00	4.00	2.00	2.00	4.00	2.00	2.00	2.00	4.00	4.00
21	64.00	3.00	3.00	3.00	4.00	4.00	4.00	3.00	4.00	2.00	3.00	3.00
22	77.00	3.00	2.00	3.00	4.00	2.00	3.00	4.00	2.00	4.00	4.00	5.00
23	60.00	3.00	3.00	3.00	3.00	3.00	3.00	3.00	3.00	3.00	3.00	3.00
24	66.00	3.00	4.00	3.00	3.00	3.00	4.00	3.00	4.00	4.00	3.00	3.00
25	60.00	2.00	3.00	3.00	5.00	3.00	2.00	3.00	3.00	2.00	2.00	3.00
26	60.00	3.00	5.00	1.00	5.00	3.00	2.00	3.00	2.00	2.00	4.00	3.00
27	64.00	3.00	3.00	4.00	3.00	3.00	3.00	4.00	3.00	4.00	3.00	3.00
28	58.00	2.00	3.00	3.00	4.00	3.00	2.00	3.00	3.00	5.00	3.00	2.00
29	73.00	3.00	5.00	3.00	3.00	3.00	3.00	3.00	3.00	3.00	5.00	5.00
30	71.00	3.00	5.00	3.00	3.00	3.00	4.00	4.00	3.00	4.00	3.00	3.00
31	71.00	3.00	3.00	3.00	5.00	3.00	3.00	3.00	3.00	5.00	3.00	3.00

	x12	x13	x14	x15	x16	x17	x18	x19	x20
0	4.00	3.00	3.00	4.00	4.00	2.00	3.00	2.00	3.00
0	3.00	3.00	2.00	3.00	4.00	2.00	2.00	3.00	3.00
0	2.00	3.00	2.00	2.00	3.00	3.00	3.00	2.00	3.00
0	3.00	2.00	3.00	3.00	2.00	2.00	2.00	2.00	1.00
0	3.00	3.00	3.00	2.00	3.00	3.00	2.00	3.00	3.00
0	2.00	3.00	2.00	4.00	2.00	3.00	2.00	2.00	2.00
0	2.00	2.00	3.00	3.00	3.00	3.00	3.00	2.00	3.00
0	3.00	3.00	3.00	3.00	3.00	2.00	2.00	2.00	2.00
0	3.00	3.00	3.00	4.00	3.00	2.00	3.00	3.00	3.00
0	2.00	3.00	2.00	3.00	2.00	2.00	3.00	2.00	3.00
0	3.00	2.00	2.00	1.00	1.00	2.00	2.00	2.00	3.00
0	3.00	3.00	3.00	1.00	3.00	3.00	3.00	4.00	1.00
0	3.00	3.00	3.00	4.00	3.00	3.00	3.00	3.00	4.00
0	3.00	3.00	1.00	3.00	3.00	1.00	3.00	3.00	3.00
0	3.00	3.00	4.00	1.00	3.00	3.00	3.00	4.00	3.00
0	1.00	1.00	1.00	1.00	4.00	3.00	4.00	4.00	1.00
0	3.00	3.00	3.00	3.00	4.00	3.00	3.00	3.00	3.00
0	2.00	2.00	2.00	2.00	3.00	3.00	2.00	2.00	3.00
0	3.00	3.00	2.00	3.00	2.00	2.00	2.00	3.00	3.00
0	3.00	3.00	3.00	3.00	2.00	2.00	2.00	2.00	3.00
0	3.00	3.00	4.00	2.00	3.00	3.00	4.00	3.00	3.00
0	5.00	5.00	5.00	5.00	4.00	4.00	4.00	4.00	5.00
0	3.00	3.00	3.00	3.00	3.00	3.00	3.00	3.00	3.00
0	3.00	4.00	4.00	3.00	3.00	3.00	3.00	3.00	3.00
0	3.00	3.00	2.00	4.00	3.00	5.00	3.00	3.00	3.00
0	3.00	3.00	3.00	3.00	3.00	3.00	3.00	3.00	3.00
0	5.00	3.00	2.00	3.00	3.00	3.00	2.00	3.00	4.00
0	3.00	2.00	3.00	2.00	3.00	3.00	3.00	3.00	3.00
0	3.00	5.00	3.00	3.00	4.00	4.00	4.00	5.00	3.00

图 6－19　数据输入

(3) 单击主菜单 Analyze(分析)→Regression(回归)→Linear Regression(线性)，则弹出对话框，按三角形按钮，将变量"y"置入 Dependent(因变量)框内，将变量"x_1""x_2""x_3""x_4""x_5""x_6""x_7""x_8""x_9""x_{10}""x_{11}""x_{12}""x_{13}""x_{14}""x_{15}""x_{16}""x_{17}""x_{18}""x_{19}""x_{20}"均置入 Independent[s](自变量)框内，同时使 Method(方法)下拉列表选择框处于 Stepwise 位。如图 6－20 所示。

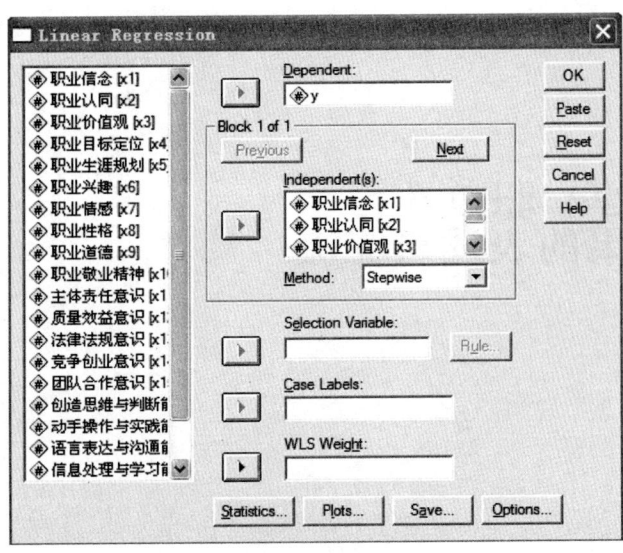

图 6 - 20　逐步回归分析对话框

(4) 单击图 6 - 20 右上方 OK 按钮，则输出如图 6 - 21 所示结果。

	职业敬业精神	.949	.201	.067	4.733	.000
	法律法规意识	.756	.186	.054	4.066	.000
	职业生涯规划	.743	.236	.052	3.143	.004
19	(Constant)	.946	.570		1.661	.109
	质量效益意识	1.497	.186	.114	8.034	.000
	职业性格	1.699	.178	.136	9.520	.000
	创造思维与判断能力	1.038	.151	.075	6.854	.000
	主体责任意识	1.389	.151	.137	9.207	.000
	职业目标定位	.909	.101	.093	9.006	.000
	职业认同	.900	.116	.083	7.733	.000
	信息处理与学习能力	.834	.133	.073	6.270	.000
	职业信念	1.410	.129	.096	10.911	.000
	语言表达与沟通能力	.780	.160	.054	4.869	.000
	团队合作意识	.879	.143	.082	6.158	.000
	竞争创业意识	.978	.097	.094	10.086	.000
	职业道德	1.098	.109	.097	10.083	.000
	动手操作与实践能力	1.019	.120	.096	8.518	.000
	职业兴趣	.990	.153	.073	6.472	.000
	岗位适应与耐挫能力	1.077	.124	.093	8.647	.000
	职业敬业精神	.895	.154	.063	5.805	.000
	法律法规意识	.801	.143	.057	5.611	.000
	职业生涯规划	.815	.182	.057	4.480	.000
	职业情感	.698	.156	.054	4.468	.000

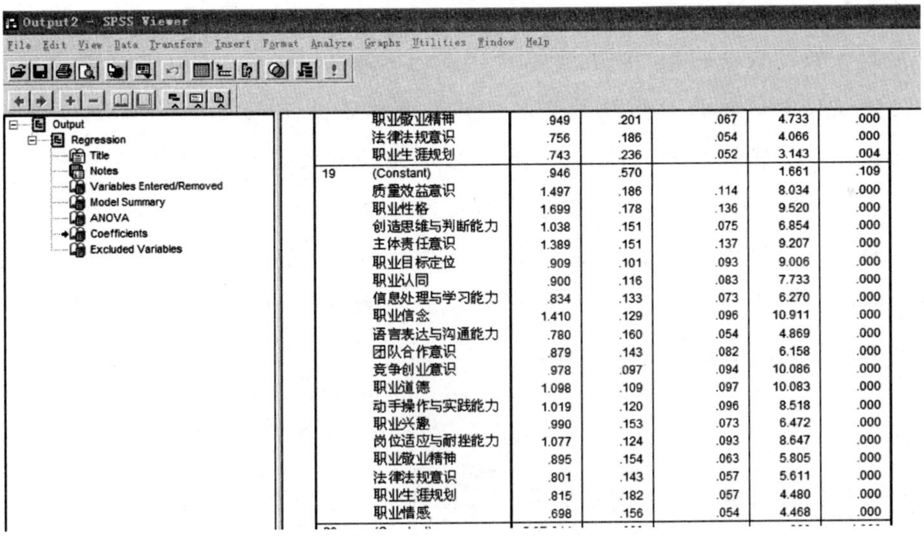

图 6 - 21　逐步回归分析结果

根据图 6 - 21 逐步回归分析所得标准偏回归系数的大小，影响中职学生职业素养得分的主要因素有主体责任意识、职业性格、质量效益意识、职业道德、职业信念、动手操作与实践能力、竞争创业意识、职业目标定位、岗位适应与耐挫能力等 9 个指标。排出影响中职学生职业素养得分的前 3 位主要影响因素，分别为：主体责任意识（标准偏回归系数 0.137）、职业性格（标准偏回归系数 0.136）、质量效益意识（标准偏回归系数 0.114）。

第七章

让智慧共享：职业教育教科研成果的表述与交流

◇一个科学家应该考虑到后世的评论，不必考虑当时的辱骂或称赞。——巴斯德
◇科学是没有国界的，因为她是属于全人类的财富，是照亮世界的火把，但学者是属于祖国的。——巴斯德
◇我们在享受着他人的发明给我们带来的巨大益处，我们也必须乐于用自己的发明去为他人服务。——富兰克林

【导读】

职业教育教科研成果是指研究者以所研究的问题为出发点，在认识问题、分析问题、解决问题的过程中形成的对问题的基本认识与思考和成熟的解决问题的策略与技术。研究成果既是对研究结论的逻辑展开，也是对研究过程的艺术再现，既是对研究结论的价值阐释，也是对研究水平的真实描摹。正是因为有了研究成果这一载体，研究结论的理论意义和创新价值才能充分展现出来，被人们所认识，为人类所共用。研究成果必须以合适的方式表达出来，进行公开的发表或交流，才能真正实现教育智慧的共享，才能最大程度地激励和促进教育改革与创新。

职业教育教科研成果的呈现是职业教育教科研工作最重要的环节，也是最后一个环节。是研究过程扎实科学、水到渠成的必然体现。既要做到概要精炼、内容丰赡、表述清晰，又要根据不同的类型，选择恰当的表达方式，在实践检验和反复的锤炼中实现教科研成果的应用推广价值，以此促进专业成长和职业教育事业的高位发展。

第一节 职业教育教科研成果呈现的基本类型与要求有哪些

正确认识教科研成果的性质，不仅能使研究与实践过程规范有序，而且有助于研究

者树立必需的成果意识,提高研究成果的质量。按照不同的标准,教科研成果可以分成不同的类型和与之相适应的形态。比如,有学者根据研究成果的名称划分,将教科研成果分为理论性成果、应用性成果、发展性成果、阶段性成果、教学研究成果、科学专著和较高水平的教科书等六种类型[①];有的根据研究类型划分为"基础研究成果、应用研究成果、开发研究成果、推广研究成果"等[②];有从成果表述形式划分为论文、专著、实验报告、调查报告、咨询报告等。

综合各种关于教科研成果的分类标准与方法,同时考虑到"将研究资料与研究成果相统一,成果形式与成果内容相一致,主要成果形式与其他成果形式相协调",可将研究成果分类情况统计如下:

表 7-1 职业教育教科研成果分类系统表

成果类型	成果内容	成果形式
事实性成果	教育文物考证、客观教育调查、教育统计资料、教育测量资料、教育咨询诊断资料、教育实验报告、教育史志考据资料	物质的 文字的 电子的
工具性成果	教育类工具性辞书、教育年鉴、教育文献综述、学术资料汇编、检索类资料、学术会议综述	
理论性成果	教育科学领域各分支学科的专著、论文、论文集	
政策性成果	法律法规汇编、规章制度文件、重大教育改革文件、政策决策的咨询报告	
经验性成果	各级各类教科书、教学参考书、主观性教育调查报告、教育教学管理经验介绍类文章、教育实验报告、教育随笔、教育札记、教育心得体会、教育文艺作品	

一般地,人们从研究成果的内容和性质来看,把职业教育教科研成果分为以下几类:教育理论类、教育事实类、教育探索与应用类。

一、职业教育理论类研究成果

教育理论类成果主要是指研究者对研究的问题的基本属性的认识与理解,主要表现为学术论文、专著及部分学位论文等。它是以深刻的理论分析和严密的逻辑论证来说明问题,以阐述对某一事物、问题的理论性认识为主要内容,能够提出新的观点或新的理论体系,并阐述新旧理论之间的关系。由于这类成果是由所研究的问题的内在矛盾所规定的,主要反映的是研究者对所研究的问题的本质的认识和把握、对研究的问题的内部诸因素关系与规律的揭示、对问题与相关背景的关系的认识,具有一定的深刻性和稳定性,是把握问题发展方向的基础,是指导具体的实践的直接理论。而在职业院校教科研过程中,研究者对课题的基本认识是引导其研究实践的重要前提和基础。因此,基本理论类

---

① 教育部人事司.高等教育学:修订版[M].北京:高等教育出版社,1999:311-312.
② 王铁军.中小学教育科学研究[M].武汉:武汉大学出版社,1997:110.

成果既是解决问题的基本出发点,也是解决问题的重要的、实际的理论指导。它集中表现为研究者对问题的现状的把握和所持的基本理念,常常包括研究的问题是什么、研究与实践的现状如何、有哪些类型与特点、影响或制约问题解决的因素有哪些等,并通过调查报告、论文等形态表现出来,要求论点鲜明、论据确凿、论述严密,清楚地展示理论观点、体系的形成过程和逻辑思维。基本理论类成果是课题成果的基本内核,是其他成果产生的重要基础。

二、职业教育事实类研究成果

职业教育事实类成果是指职业教育研究者用以解决问题的具体的策略、方法。它是基本理论类成果指导下的产物,直接作用于所研究的问题,并对其中存在的弊端进行革新,实施改造,具有典型的工具性、技术性,是基本理论作用于教育教学实践的主要载体,是课题研究思路的实际表现,是改造教育教学实践的工具。

关于教育事实的研究可分为描述研究和实验研究。描述研究亦即狭义的实证研究,它描述、记录、分析和解释实际的教育事实。实验研究回答在审慎控制或处理某些变量时将会怎样的问题,它将重点放在变量之间的关系上。教育事实的研究报告的具体形式有教育观察报告、教育调查报告、教育实验报告、教育测量报告和教育经验总结报告、教育文献研究报告等。教育事实的研究报告是以确凿的事实和科学(实验)操作方法作为其研究结论的基础。它一般表现为了解现状的工具(如调查问卷及使用说明、调查提纲等)、实施方案、实验内容(教材)、评估标准、监测评估量表等具有典型的技术性特征的材料,并共同构成直接作用于实验对象的内容体系,成为改造教育教学实践的重要基础。实践策略类成果既是某一课题在研究阶段的重要成果,又是该课题成果进一步推广应用时改造实践、优化实践的主要技术手段。

三、职业教育探索与应用类研究成果

教育探索与应用类成果主要是指立足于实践将某些认识或操作技术进一步具体化、个性化,以指导或反映具体的教育教学实践活动。它是认识与实践的结合,即认识的实践化、实践的认识化,具有初步抽象的特点。主要反映研究实践中的一些最基本的做法,即研究者改造具体的教育教学实践的具体做法或实际操作,常常是研究和教育实践的真实反映。其实质是实践性个性化案例,是基本理论类成果和实践策略类成果的具体应用,是研究者的革新理念与实践的生动再现。它是职业院校教师普遍认同和实践的成果形态,很多教育研究成果中,既有对事实的发现和报告,又有在此基础上所做的理论性分析和阐述，也有学者把此类归为综合性研究成果。是职业教育教科研成果如何实现其价值的集中表现。一般表现为典型案例分析、研究心得或随笔、经验论文等文字材料或活动的录音、录像等音像材料。

上述三类成果是职业教育教科研成果中不可或缺的组成部分。根据它们之间的逻辑关系，可以用"成果树"来表示，其中，"树根"代表教育理论类成果，"树干"代表教育事实类成果，"树冠"代表教育探索与应用类成果，三者作为一个整体共同扎根于教育实践这一沃土。这些成果，除了极少数是以实物形态（如教具等）展示出来的，大量的则是以文字形态和实践形态展现出来的。通过不同的表现形态，职业教育教科研成果不仅更容易被广大职业院校教师认可、接受，而且可以使其在更大范围内得以推广应用。

第二节 如何进行职业教育教科研成果的表达与交流

职业教育教科研成果表达是指在职业院校教育科研活动中，按照问题解决的特定逻辑结构，以一定的形态来反映对所研究问题的认识与解决策略。它是集中展现职业院校教科研结果的必需工作。从职业院校教科研实践来看，应根据职业院校教科研成果的基本特点与类型，从宏观和微观两个层面进行表达。宏观表达是指从总体上反映整个研究活动和解决问题的思路与方法，其关键是对成果的科学规划设计；微观表达是指从某个具体的问题出发，反映对其认识和解决的思路，其关键是对成果的有效提炼。在实践中，宏观表达是微观表达的前提，微观表达是实现宏观表达的基础。同时，成果的表达不是一蹴而就的。一般说来，它需要经历生成与呈现两个主要环节。生成环节是成果从意识形态转变为初步的物质形态，其关键性步骤是提炼与表达。呈现环节是成果以成熟的物质形态展示出来，其要领是组合与优化。概括起来，教科研成果的表达要求主要有以下几方面。

一、要把握"问题解决"的核心，突出创新

职业院校教科研活动是在课题的核心概念引领下的改造教育教学实践的活动。一切研究成果都要从实践出发并回归于实践。因此，职业院校教科研成果表达必须把握问题解决这个核心，使成果从问题与实践中生成，并在解决问题与优化实践中成熟与完善。成果表达必须抓住问题解决这一核心，加强对问题的多方面的分析和比较，从独特的角度对问题进行认识和分析，积极开展相关实践，形成确有实效的独特的解决问题的方式。对于基本理论类成果来说，就是应努力从揭示问题的本质入手，准确地揭示研究的问题

所存在的基本属性与内在矛盾,提出解决问题的策略;对于实践策略类成果来说,就是要从基本的认识出发,将解决问题的思路、策略具体化,使之真正具有现实操作性;对于探索应用类成果来说,就是要着眼于具体问题的有效解决,客观地反映对问题的认识与解决过程。无论哪类成果,都应有利于广大教育工作者顺利地学习、借鉴、利用,真正实现成果从实践中生成,在实践中优化。

二、要整体设计成果表达思路,突出重点

对成果的整体设计是以对问题的深刻认识与具体分解为基础的。它是职业教育教科研成果表达中的一项重要工作。一旦忽略了对成果的总体设计,那么,成果极可能变得零散、琐碎,难以全面反映问题解决的思路、方法。作为一项科学的、完整的研究成果,它是由不同的构件(单项成果)组成的。不同的构件(单项成果)按照特定的逻辑结构组合在一起构成一定的体系,共同促进问题的解决。成果表达者应当着眼于个人承担的研究任务和课题研究的总体任务的协调完成而思考具体的成果题目、观点及表达成果的策略。

首先,基本理论类成果要强调科学。科学地梳理出对课题的一些基本问题的认识,不仅可以使课题研究的成果立足于扎实的理论基础,而且有助于研究成果在更大范围内进一步推广应用。因此,对课题涉及的一些基本问题的理解、阐释、界定,是课题研究与实践得以进行的认识基础或理论基础。必须重视对课题的基本问题的系统梳理和总结,并结合研究的实际情况来恰当表达。

其次,实践策略类成果要突出实用。此类成果既是认识类成果的具体运用,又是实践探索类成果的具体指导,是二者之间的桥梁。表达要准确、通俗,力求体现教育规律,便于广大职业院校教育工作者理解、运用,以求在更大范围内发挥更大的效益。同时应当借助行政和业务部门的力量,把它转化为常规要求,并在实践中验证之、完善之。

再次,探索应用类成果要追求个性。教学有法,教无定法。不同的学科、不同的教育对象、不同的施教主体,决定了对教育实践的改造和优化是各种各样的,也决定了教育科研成果的构成是丰富多彩的。在表达成果时,每个研究者都应当总结和提炼出各自在实践中最得意、最擅长的成果,反映个体对所需解决的问题的独特认识与实践。

三、符合传播、交流的需要,形式规范

首先,要选择合适的成果表达形式。研究成果的表达实质上是为了传播研究结论。因此,成果表达应该选择最有利于结论传播的载体或媒体形式。比如,"专著"是在"论

文"的基础上发展而来的,当研究者探讨某一问题时,概括出了比较深刻的研究结论,如果继续用论文作为表达形式,就会限制研究结论的展开,束缚研究思想的发挥。一般而言,一种载体或形式,只适宜于某一类研究结论的传播,反过来,某一类研究结论,也只适宜以某种特定形式的载体来传播与交流。比如,事实性类型的研究结论,如果写成客观教育调查报告,呈现出确凿的数据资料,既能体现出研究结论的科学价值,还能给其他研究者以客观的参考,但如果以主观调查报告的形式来表达和交流,其可信度、参考价值就大大降低了。

其次,要严格按照选定形式的规范要求来表达。一旦选定了最适合结论传播的载体形式后,就应该按照特定的规范、格式要求,将研究结论转化为相应形式的研究成果。

四、要反映严密的逻辑顺序,结构合理

当确定了成果表达方式后,需要合理地选择论证和说明研究结论的逻辑顺序,形成研究成果表达的严密结构。一般而言,研究成果的结构由成果形式的结构顺序(比如,专著中的"绪论—本论—结论"的结构顺序,论文中的"论点—论据—论证"的结构顺序,研究报告中的"事实—分析—定论—讨论"结构顺序)、研究成果的逻辑顺序以及研究主体的认识顺序(比如有人喜欢从整体到部分的认识顺序,而有人喜欢从局部突破的认识顺序;有人喜欢分析式,而有人喜欢综合式)所决定。其中,最重要的是研究结论的逻辑顺序,成果形式的结构顺序以及研究主体的认识顺序必须服从于研究结论展开的逻辑顺序。研究成果的结构一般表现为提要或纲目的形式。专著、教材类的成果表现为章节标题构成的结构体系;论文、报告之类的成果往往表现为由分层次的大小标题构成的纲目提要。

五、要突出科学语言的文字特色,内容充实、准确

研究成果的表达,讲究内容的充实、丰富,同时要注意运用科学的语言来表达科学的问题,保证成果的科学质量。为此,行文的基本要求是真实性、准确性、坚定性、启发性、生动性、形象性,反对虚假浮华、夸大其词,坚持用客观事实说话。当然,描述研究过程时,要生动形象;逻辑推理时,要深入就里,尽量将深奥的道理剖析得通俗易懂,给人无可辩驳的力量。

六、 要体现严谨的学术态度,讲究学术道德,注引规范

研究成果的表达,还要注意规范引文注释的正确标注。比如,事实性的资料来源、工具性成果中的参考书目、理论性成果中的注引出处、政策性成果中的理论依据、经验性成果中的研究对象等,都需要给出正确的引用或出处的标注。成果注引规范,体现了研究者的严谨治学态度,同时表明对所引用资料的知识产权人的尊重。为此,在成果表达过程中,无论是全引、节引、意引,都要加注释说明,都要特别讲究求真求实的科学精神,要坚持严谨的治学态度,要本着尊重他人劳动成果的学者风度,坚守学术道德修养,自觉抵制抄袭行为。

七、 要反复推敲、斟酌,多元表达

每一项高质量的成果都不可能一蹴而就,它需要经历从实践中来、到实践中去、不断地验证与完善的过程。研究者应当结合实践,加强自觉的批判性反思,从成果的定位到表达、从内容到形式进行全面深入的推敲、完善、斟酌,使之不断接近并最终揭示问题的本质。而且,同一成果应该有不同的表现方式。研究者在提炼和总结成果的时候,一方面应当努力追求以文字、音像、实物、活动等不同的形式对成果加以表达;另一方面要用不同的方式对同一成果进行表达,譬如,用文字来表达某一成果就可以有论文、表册、案例、随笔、故事等。成果的不同表现形式,可以方便不同的读者更好地理解、运用该成果,进而使成果焕发更强的生命力。

教科研成果的推广与交流,是一个复杂的系统工程,它涉及教育科学研究和管理的各个环节,涉及学校、教科研工作者、教科研管理部门等各个方面。对研究者主体而言,首先是要加强成果的推广、交流意识,通过成果的公开发表和交流,检验成果的科学性、可行性,实现研究成果的转化与应用,将潜在的教育生产力转化为现实的教育生产力。其次是选择合理的交流方式。一般而言,教科研成果的交流形式包括:上报科研管理部门,参加科研成果鉴定;在公开发行的教育报刊上发表;在教育内部资料上发表;参加各类研讨会议交流;参加各类教科研论文评比;出版发行专著、编著或教材;出版发行电子形式的软件、课件;出版发行课堂实况录像,等等。选择何种交流方式,视具体课题及成果而定。

第三节　如何进行职业教育教科研成果的修改

不管以何种形式表达的教科研成果,都需要经过反复的修改和加工。由于职业教育教科研成果主要是通过文字形式来表达的,本节以职业教育教科研成果中的论文为例,探讨职业教育教科研成果的修改。古今作家在修改文章方面所积累的丰富经验,值得我们在修改和加工研究成果时借鉴、参考。

一、职业教育教科研成果修改的意义

教科研成果的修改是指初稿出来后对文稿做进一步的斟酌、调整、润色,使之更趋于完美的过程。成果修改是行文表达不可缺少的重要环节,是提高文章质量的有效保证。俗话说:"玉不琢,不成器。"好文章都是改出来的。当年,曹雪芹写作《红楼梦》"披阅十载,增删五次"。美国作家海明威把《老人与海》的手稿读过 200 遍才予以发表。丹麦物理学家玻尔写作《光与生命》,修改 9 遍直至认为每个字句都完全表达了自己的本意。如同任何事物诞生之初不可能完美无缺一样,作者最初的书面表达只能形成论文的雏形,只是草稿,多数情况下是不完善的,总是存在这种或那种错误或缺陷。只有通过反复修改才能使其思想内容不断提高,表达形式日臻完美。

教科研成果反映的是科研工作者对研究对象客观规律性的认识。客观事物是曲折复杂的,人们对其规律性的认识不可能一次性地完成。正如毛泽东同志论及修改的意义时所说:"现在的事情,问题很复杂,有些事情甚至想三四遍还不够。鲁迅说'至少看两遍',至多呢?他没有说,我看重要的文章不妨看它十多遍,认真地加以删改,然后发表。文章是客观事物的反映,而事物是曲折复杂的,必须反复研究,才能反映恰当;在这里粗心大意,就是不懂得做文章的起码知识。"在认识过程中常常会出现主观认识不能正确、全面地认识客观事物的问题。在复杂认识过程的任何一个阶段,只要稍有疏忽,就会出现片面性和主观性。只有反复研究,经历一个从表层到深层,从局部到整体,从片面到全面的过程,才能达到对客观事物规律性的正确认识和准确把握。

修改就是在论文完成,即研究者的思想得以全部表述之后,对研究对象的再次观察,再次研究。论文写作从确定选题到搜集材料到研究到构思到执笔成文,要经过相当长的时间。完成初稿后的修改是这一系列复杂的研究,是完成写作过程之后对研究成果所进行的一次全面、系统、清晰的审视。多一次修改就多一次重新认识自己思想的机会,也就多一次补充先前研究的不足,纠正失误的机会。通过反复的修改就可以使研究者逐步达

到对研究对象全面、深刻、准确的认识。因此,修改的过程其实就是科学研究的继续和深入的过程。只有反复地观察和研究才能使所写之论文逐渐深刻起来,不至于失之肤浅。在把研究者对客观规律的主观认识用书面语言加以"赋形"的过程中往往会出现"词不达意",写成的文章不能完整、全面地反映研究者的思想观点的问题。而修改正是使人们对研究成果的反映由不准确、不恰当转变为比较准确和恰当的必需环节。论文有多样的表现形式,同一个内容,可以用不同的表现方法与语言材料来表达。只有通过不断地修改才能找到最合适的表现形式。

在写作初稿时,为了思路的连贯,不可能对每个论点、论据都仔细推敲,言不达意、粗糙、不严密、不连贯之处在所难免。修改时,论文成了作者的审视对象,文本被客观化了,作者可以从既定的思路中走出来,以一个审读者的立场客观地、从容地对论文反复自评,既可以高屋建瓴地对观点、表达、结构、层次做总体审视,又可以对每个段落、每则材料、每个语句反复琢磨,从而使论文在内容和表述两方面都趋向成熟和完美。修改是提高论文反映科学研究成果准确度的必须环节,"文章不厌百回改",只有反复的修改才能使文章逐渐精美起来。

修改是表现技巧的锤炼。通过修改论文,可以使作者的思维能力得到锻炼,自我评价的能力得到培养,文体的自觉意识得到加强,文字的运用能力得到磨砺,从而全面地提高论文写作的水平。

二、职业教育教科研成果修改的内容与范围

教科研成果修改的内容和范围一般都包括:思想观点(包括主题在内)的修改、材料使用的修改、结构的修改、语言的修改等。

(一) 锤炼标题

论文的题目是论文的"眼睛"。如果题目短小精炼鲜明,就能传神生辉,使人一看就有兴趣。所以对初稿的题目进行斟酌、推敲和改动,是非常重要的。论文写作,文和题是互相作用、互相影响的。文要切题,题要配文,如果文不对题,题目过长或太笼统,都必须修改,使题目能概括地表达论文的中心论点和讨论的范围,起到画龙点睛的作用。

(二) 修改思想观点

写文章的主要目的是为了表达自己的思想,宣传自己的主张,如果自己的认识不深刻,甚至有错误,就不可能使别人得到教益,甚至会给人以坏的影响。文章的论点是文章的统帅,如果认识肤浅,见识不高,要想把文章的材料、结构等整理好,也是困难的。所以,修改论文,首先要考虑论文的主题和观点是否正确,立意是否深刻新颖。

第一,要综观全局,立足全篇,审视文稿的中心论点是否正确、集中、鲜明、深刻,是否

具有创新性,文题是否相符,若干从属论点与中心论点是否一致,某些提法是否全面、准确。如果中心论点把握不准确,不能把最典型、最具本质意义的思想和规律揭示出来,或者有某种失误和偏颇,就要动"大手术",进行一次大改写甚至重写;如果文章中的论点落后于形势的发展,缺乏新意,就要重新构思和概括,或改变论证角度,进一步挖掘和提高。

第二,对于文稿中出现的主观、片面、空泛的地方,要进行强化、增补等改写工作,使偏颇的改中肯,片面的改全面,模糊的改鲜明,粗浅的改深刻,松散的改集中,有失分寸的改恰当,陈旧的改新颖,立意太低的加以升华。

(三) 修改材料

主要指对文稿引用的材料进行增加、删节或调整。材料是文章中的"血肉",它是证明观点的论据,是论点成立的依托。因而对选用材料的基本要求是:一是必要,即选用说明观点的材料;二是真实,即所用的材料必须符合实际,准确可靠;三是合适,即材料引用要恰当,不多不少,恰到好处。在修改论文中,要看引用的材料是否确凿有力,是否有出处,是否能相互配合说明论点,是否发挥了论证的力量,是否合乎逻辑,是否具有说服力。要把不足的材料补足,要把空泛的陈旧的平淡的材料加以调换;要把不实的材料和与主题无关的材料坚决删除。

修改材料一般分两步进行:第一步是查核校正,即先不考虑观点、结构、语言,只查核材料本身是否真实、可信、准确,包括对初稿中的定律、论断、数据、典型材料、引文出处等进行核对,发现疑点和前后矛盾的地方,一定要搞清楚、弄明白,如果引用了经典作家的话,如有条件一定要核对原文,把一切失误、失实和有出入的材料给予删除或改写准确,保证论文建立在真实可靠的基础之上。第二步,根据论证中心论点和各分论点的要求,对材料进行增、删、调。对于缺少材料或材料单薄、不足以说明论点的,就要增补有代表性、有典型性的新材料,使论据更加充实,使论证变得更充分有力。对材料杂乱、重复或材料与观点不一致的,则要删减,以突出主旨,不能以材料多而取胜,应以适度为佳。

(四) 修改结构

结构是文稿表现形式的重要因素,是成果内容的组织安排。结构的好坏,直接关系着论文内容的表达效果。结构的调整和校正,关系着全文的布局和安排。调整结构,要求理顺思想,检查论文中心是否突出,层次是否清楚,段落划分是否合适,开头、结尾、过渡照应如何,全文是否构成一个完整的严密的整体。调整的原则和要求,是要有利于突出中心论点,服务于表现修改结构,应主要抓好以下三个方面。

第一,层次是否清楚,思路是否通畅。一般可以先从大小标题之间的关系来看文章的思路和层次。如果论文不设小标题,则必须从内容去判断。例如,文章在内容上是否符合"提出问题,分析问题,解决问题"的逻辑联系;全文的布局、层次和段落的安排是否有条理;层次的脉络是否分明、顺畅;各段的分论点是否明确、协调;对杂乱无章的阐述要疏理通顺；删去重复和矛盾的地方，补上缺少的部分，达到全文意思上连贯通畅。

第二，结构是否完整。论文要有一个完整的结构。一篇论文要有绪论、本论、结论三大部分并协调一致，即要有引人入胜的开头，有材料有分析的论证，有鲜明、正确的观点和深刻有力的结尾。同时还要审视各个部分的主次、详略是否得当。

第三，结构是否严密。一篇论文必须是论点与论据，大论点与小论点之间具有严密的逻辑性，如果论文结构松散，要加以紧缩，删去那些多余的材料，删去添枝加叶、离题太远或无关紧要的句段。为使结构严谨和谐，对全文各部分的过渡和照应、结构的衔接、语气的连贯等方面，也要认真地考虑和修改。

（五）修改语言和标点

语言是表达思想的工具，要使论文写得准确、简洁、生动，就不能不在语言运用上反复推敲修改。论文的语言修改，主要是在三方面下功夫。

一是表达清楚而简练。用最少的文字说明尽可能多的问题，是一篇高质量论文必不可少的条件。为了使文章精练，必须把啰唆、重复的地方，改为精练、简洁的文字。

二是文字表达的准确性。为了语言的准确性，就要把似是而非的话改为准确的文字。

三是语言的可读性。为了语言的可读性，要把平淡的改为鲜明，把拗口的改为流畅，把刻板的改为生动，把隐晦的改为明快，把含混、笼统的改为清晰、具体。

三、职业教育教科研成果修改的具体策略

（一）虚心征求别人的意见

一项科研成果，在初稿完成后，如果有条件就请别人帮助修改。这是一种较好的方法。俗话说："旁观者清，当局者迷。"自己写的文章，总认为"文章自己的好"，看不出毛病来，而别人站在比较超脱的位置，容易发现文章中的毛病。一个人写文章，难免有考虑不周之处，文章写完后请别人来看看，听听别人的批评，是一个很好的方法。当然，作者在听了别人意见后，要进一步消化、分析，集思广益，进而通盘考虑，摒弃自己的成见，吸收他人真知灼见，使论文达到比较理想的水平。

（二）冷、热处理相互结合

所谓"热处理"也可称"热改法"，是指初稿完成后，趁热打铁，立即进行修改的方法。这种方法的优点是：记忆清晰，印象鲜明，改动及时，避免遗忘。缺点是：由于作者处于写作兴奋状态，对需要删改的部分不易看出，往往难以割爱。

所谓"冷处理"也可称"冷改法"，就是初稿完成后，放上一段时间再修改的方法。这种方法可以避免热改法不够冷静、清醒的缺点。因为人脑的思维具有滞后性，初稿一写

成,作者的思想和情绪还难以从论文中超脱出来,按原来固定思路,难以发现初稿中的问题,也难以判断论文写作的得失、成败。只有把稿子搁上一段时间,作者头脑冷静了,原来的偏爱和偏见也淡薄了,重读初稿,就容易摆脱原来固定思路的束缚。特别是作者经过阅读有关资料和思索有关问题,产生新的感受,新的认识,再看初稿就容易发现不完善、不妥当之处,通过删除多余、增补不足,使论文水平有新的提高。

(三)巧用朗读法锤炼字句

无论是论文、论著还是报告形式的成果,初稿完成后,多诵读几遍,一定会发现问题,然后修改。这种修改方法,对论文中存在的一些毛病,如语句不通、衔接不紧、缺词漏字、情感不相称等语言表达方面的问题,光看不容易发现,但一诵读就读出来了,甚至有时仅凭"语感"也能发现不妥之处。古代一些诗人写作诗文,总是反复吟唱,直改到顺口为止。杜甫是"新诗改罢自长吟"的。他诗写完了,要反复长吟诵读,在诵读中发现问题,然后再改。写诗如此,作文也需如此。一些有经验的作家很重视这种修改文章的方法。老舍说:"文章写完之后,可以念给别人听听。念一念,那些不恰当的字句,不顺口的地方,就显露出来了,才可以一一修改,文章叫人念着舒服顺口,要花很多心思和工夫。"运用这种朗读法去发现问题、锤炼字句是非常有效的。

为了使语言准确、简洁、生动,不能不锤炼字句,而锤炼字句,必须要有正确的指导思想。对语言的锤炼加工,目的是为了更好地表情达意,所以锤炼不能脱离内容的需要,去孤立地雕琢文辞,追求华丽,这是在指导思想上必须明确的。另外,在修改中要注意以下三个方面:第一,要尽可能利用准确生动、简洁的语言,对生造词语、词类误用、词义混乱等用词不当、词不达意的毛病,要坚决改掉,坚决消灭错别字和不规范的简化字、自造词。第二,对结构残缺、结构混乱、搭配不当等不合语法的句子,要注意改正,使之合乎语言规范。杜甫说:"为人性僻耽佳句,语不惊人死不休。"唐代作家皮日休说:"百炼成字,千炼成句。"字句要好,就必须反复锤炼、反复琢磨修改。第三,要注意句子之间的逻辑联系,力求上下贯通,语气一致,通顺流畅。第四,检查标点、规范书写。标点符号是文章的构成要素之一,是文章的有机组成部分,用得恰当,能够准确地表达内容;反之,就会影响内容的表达,甚至产生歧义。检查标点符号,主要是看标点符号的用法是否正确,以及调整点错位置的标点符号。修改时,要按约定俗成的用法,严格按规定的格式进行书写。还有,在修改中,对论文中的图表、符号、公式要检查,要合乎规范,对比较复杂的容易出错的,更应仔细校正。

(四)运用规范的修改方法,养成良好修改习惯

教科研成果的修改工作,一般是在原稿上进行,因此必须尽量保持整洁,修改什么,怎样修改,应该在书面上有清楚的表现。有些老师在修改稿子时往往乱涂乱画,这样不但不整洁,修改一多,也容易造成文字混乱。正确使用修改符号,是避免这种缺点的重要方法。

表7-2 校对符号及其用法示例

编号	符号形态	符号作用	符号在文中和页边用法示例	说　明
			一、字符的改动	
1		改正	柳高出版物质量。 改革开放	改正的字符较多，圈起来有困难时，可用线在页边画清改正的范围。必须更换的损、坏、污字也用改正符号画出
2		删除	提高出版物质质量。	
3		增补	要搞好校工作。	增补的字符较多，圈起来有困难时，可用线在页边画清增补的范围
4		改正上下角	16=4² H₂SO₄ 尼古拉·费欣 0.25+0.25=0.5 举例 2×3=6 X：Y=1：2	
			二、字符方向位置的移动	
5		转正	字符颠倒要转正。	
6		对调	认真经验总结。 认真验结经总。	用于相邻的字词 用于隔开的字词
7		接排	要重视校对工作， 提高出版物质量。	
8		另起段	完成了任务。明年……	
9		转移	校对工作，提高出 版物质量要重视。 以上引文均见中文新版《列宁全集》。 编者　年　月 …… 各位编委：	用于行间附近的转移 用于相邻行首末衔接字符的推移 用于相邻页首末衔接行段的推移
10	或	上下移	序号　名称　数量 01　显微镜　2	字符上移到缺口左右水平线处 字符下移到箭头所指的短线处

续表

序号	符号	名称	示例	说明
11	(左右移符号) 或	左 右 移	⊢—— 要重视校对工作,提高出版物质量。 3 4 5 6 5 欢呼 歌 唱	字符左移到箭头所指的短线处 字符左移到缺口上下垂直线处 符号画得太小时,要在页边重标
12	(排齐符号)	排 齐	校对工作非常重要。 必须提高印刷质量,缩短印制周期。 国家标准	
13	(阶梯形符号)	排阶梯形	RH₂	
14	↑	正 图	(图:录音机示意图)	符号横线表示水平位置,竖线表示垂直位置,箭头表示上方

三、字符间空距的改动

序号	符号	名称	示例	说明
15	∨ ＞	加大空距	⊢一、校对程序 ＞校对胶印读物、影印书刊的注意事项:	表示在一定范围内适当加大空距 横式文字画在字头和行头之间
16	∧ ＜	减小空距	二、校对程^序 校对胶印读物、影印书刊的注意事项:	表示不空或在一定范围内适当减小空距 横式文字画在字头和行头之间
17	╫ ╪ ╪ ╪	空 1 字距 空1/2字距 空1/3字距 空1/4字距	第一章校对职责和方法 1. 责任校对	多个空距相同的,可用引线连出,只标示一个符号
18	Y	分 开	Good morning!	用于外文

续表

			四、其他	
19	△	保留	认真搞好校对工作。	除在原删除的字符下画△外,并在原删除符号上画两竖线
20	○=	代替	色的程度不同,从淡色到深色具有多种层次,如天色、湖色、海色、宝色…… ○=蓝	同页内有两个或多个相同的字符需要改正的,可用符号代替,并在页边注明
21	○○○	说明	改黑体 第一章 校对的职责	说明或指令性文字不要圈起来,在其字下画圈,表示不作为改正的文字。如说明文字较多时,可在首末各三字下画圈

总而言之,在修改教科研成果文稿时,正确、规范地使用修改符号,能够明白无误地标示修改的情况,避免造成文字混乱,可以使修改的稿子保持整洁,理清头绪。由于国家对科技期刊标准化、规范化的程度逐渐和国际接轨,所以每隔几年就会有一些新的变动。作者不应存在依赖思想,应主动学习新规定,改正原有习惯,对照将要投稿的刊物刊登的稿约,重新规范自己的文章,特别是要提高对文章修改规范的认识。有些作者认为,论文内容是主要的,其他标识自然有编辑在修改过程中给予纠正,这种思想往往造成一篇学术水平较高的论文,由于文中各种标识不符合规范化的写法,使编者无法看懂而被退稿。所以,作者有责任严格保证相关标识书写的正确性。在投稿前,一定要对文中的数字公式、量符号以及函数关系式、大小写、斜体正体等等进行认真审校,确保准确无误,做到对自己、对编者、对读者负责。

第四节 如何进行职业教育教科研成果的投稿、发表

"投稿是从思想到铅字的桥梁",研究者总希望把自己的教育教学研究成果通过报刊发表出来、通过会议进行交流或公开出版出来,其中,通过报刊公开发表是主要途径之一。但有许多初学者常常不能如愿,屡投不中,进而直接影响到自己的研究热情和积极性。究其原因,除了文稿质量的因素,还可能与作者对投稿与发表的一般知识了解不够有关。

一般而言,文章的发表需要一定的周期和过程。在文章发表前后通常要留意些什么

呢？"要成为作者，首先做一个读者"，要研究所投稿报刊的级别、性质、定位、特色、编辑风格、栏目要求、年度选题等，具体讲，有如下几方面。

第一，投稿前要仔细研究报刊的用稿特点。目前，全国教育类的报刊相当多，每一种报纸或杂志都有自己的定位，面对的读者群也不一样。在长期的运行过程中，有些报刊形成了独特的用稿风格。报刊一般可分为学术普及型、提高型和综合型，有的注重文章的理论性，有的注重文章的实用性，还有的理论性和实用性兼顾。我们要了解各种报刊的特点和要求，同时对其栏目及刊发的文章要经常留意。在此基础上，衡量自己所写文章的水平和特点，有针对性地投稿。为了投稿的方便，要从各种渠道收集有关报刊的邮政编码、通讯地址、电子邮件等信息。

第二，掌握当前报刊发稿的动态，"投其所好"。投稿前要综合几家报刊比较一下，投给哪家更好，以便做重点准备。对已"锁定"的报刊尤应注意它登载过什么文章，以免重复别人写过的内容，失去刊登的价值。还要留意该刊物近期登载的稿约，正在讨论的焦点、热点问题。如果所写的文章与这家刊物正在展开的争鸣或征稿有关，刊用的可能性就比较大。

第三，利用发表文章的机会，与编辑部建立经常的联系。通常比较正规的编辑部，在刊用文章前都会发一份"用稿通知"给作者。有的还把校样寄来，请作者仔细校对并作文字方面的润色加工。文章发表之后，会寄来赠刊，当然还有稿费。作为作者，应该抓住这种机会，与编辑部建立正常联系。编辑部信息来源比较广泛，对新的事物、学科前沿的信息比较敏感，作者如果注意与编辑部沟通，往往能及时获取信息，对自己的教科研大有裨益。

第四，事后反复比较，自悟得失。文章发表了，应该仔细地、反复地看一看刊登的文字和原稿有何区别，以便从中汲取营养。编辑通常会对文稿字斟句酌，增删损益。有的改动确实使文章增色不少。通过这种比较，对自己的提高是很有帮助的。

此外，一些擅长发稿的教师，在投稿时还努力做好了以下几点。

第一，抄写工整，最好打印。投出去的文稿一定要字迹工整，抄写清楚。跟一般的手工抄写相比，打印稿视觉效果更好。打印好后，一定要仔细校对，避免出现任何错误。如果有的刊物对稿件有明确的规定，作者必须严格按规定办理。为了让编辑对作者有更多的了解，可以在文后附上"作者简介"。

第二，格式规范，文摘、关键词、参考文献齐全，要标注清楚。参考文献是反映作者研究成果与他人研究成果的一种内在联系的表现形式，体现作者的著作权的法律意识，有利于促成相互尊重的自由讨论，有利于严谨的学风和朴实的文风的形成，培养严谨求实的治学作风，参考文献也能反映出科研工作及撰写教科研论文的起点。所以，在文章写作时有必要将其标注清楚。

第三,大胆外投,做好记录。对自己写得比较满意,改得比较得意的文章,要当机立断,敢于往外投稿,不能磨磨蹭蹭,延误良机,造成不应有的遗憾。尤其是针对某家报刊正在展开争鸣的某个问题而写的文章,或者同教材同步的文章,就更要讲究时效,及时投寄。投出之后,要有记录,写清文章标题、参考资料、投稿时间、刊物名称。两三个月后未接到用稿通知,可以改投其他刊物。

第四,持之以恒,百折不挠。一开始写作时,就要明确,写文章是持久战,稿件不被采用是很正常的事情。从失败到成功的一段距离,是绝大部分人难以避免的摸索过程,自己要准备在这个过程中经受一些挫折。另外,稿件没被采用,自己要反思其中的原因:是内容问题,还是写法问题;是时机问题,还是投稿对象问题。在吸取教训的基础上,对退稿要不断修改、充实、完善,坚定信心,不能怕苦畏难,浅尝辄止,轻易放弃。

第五节　如何进行职业教育教科研成果的答辩

有时重要的职业教育教科研成果,特别是学位论文或高级别的重大、重点课题成果,需要在一定范围内通过公开答辩的形式,接受专家组的鉴定和评议。答辩的内容和级别、规格可能不同,但基本程序和要求大同小异。下面主要以学位论文的答辩为例,谈谈成果答辩的基本程序与要求。

一、成果答辩的一般程序

(1)答辩人必须在论文、成果答辩会举行之前半个月,将经过指定专家或指导老师审定并签署过意见的需答辩论文一式三份连同提纲、草稿等交给答辩委员会,答辩委员会的主答辩老师在仔细研读学位论文的基础上,拟出要提问的问题,然后举行答辩会。

(2)在答辩会上,先让答辩人用10—15分钟左右的时间进行结题陈述,概述论文以及选择该论题的原因,较详细地介绍论文的主要论点、论据和写作体会。

(3)主答辩专家或老师提问。主答辩专家或老师一般提3—4个问题。提问完后,有的单位规定,可以让答辩人独立准备15—20分钟后,再来当场回答,也有单位规定,主答辩专家或老师提出问题后,答辩人当场立即做出回答(没有准备时间),随问随答。可以是对话式的,也可以是主答辩专家或老师一次性提出三个问题,答辩人在听清楚记下来后,按顺序逐一做出回答。根据答辩人回答的具体情况,主答辩专家或老师和其他答辩老师或专家随时可以有适当的插问。

(4)答辩人逐一回答完所有问题后退场,答辩委员会集体根据论文质量和答辩情况,商定通过还是不通过,并拟定成绩和评语。

(5) 召回答辩人,由主答辩专家或老师当面向答辩人就论文和答辩过程中的情况加以小结,肯定其优点和长处,指出其错误或不足之处,并加以必要的补充和指点,同时当面向答辩人宣布通过或不通过。至于论文的成绩,一般不当场宣布。有单位规定,对答辩不能通过者,提出修改意见,允许答辩人修改完毕后在规定时间内另行答辩。

二、答辩会上主答辩专家或老师提问的范围

一般而言,答辩会上,主答辩专家或老师对答辩人的提问事先保密,而这往往是每一个参加答辩者十分关心的。其实,因每篇论文内容的不同,主答辩专家或老师所提问的问题完全不同,即使同一篇论文,也因不同的答辩专家或老师提问重点不同而相异。但是,答辩专家或老师所提问的问题总是有一定范围且遵循一般规律的。作为答辩者,了解一下这方面情况,可以适当做些针对性准备,有备无患。

(1) 答辩的主要目的是审查作者的知识掌握的深度,鉴别论文的真伪,对论文质量和作者的知识能力做出合理、公允的评价。因此,主答辩专家或老师会围绕论文中存在的薄弱环节,对论述不清、不详细、不周全、不确切甚至相互矛盾之处提出问题,请作者在答辩中补充阐述或解释,要求作者当场回答。

(2) 主答辩专家或老师还会围绕论文的真实性拟题提问,用以检查论文是否为作者自己完成的,若作者抄袭或请人代笔,一般难以回答此类问题。

(3) 答辩会上主答辩专家或老师所提出的问题一般与论文内容相关,但不是对整个学科知识的考查,仅涉及论文的学术范畴或所阐述问题的范围。

(4) 答辩会上,主答辩专家或老师的提问方式遵循一定的规律。第一,提问总是先易后难。主答辩专家或老师给每位答辩者一般所提的第一个问题一般会考虑到是答辩人答得出并且答得好的问题。答辩人第一个问题答好,就会放松紧张心理,增强"我"能答好的信心,从而有利于在以后几个问题的答辩中发挥出正常水平。反之,如果提问的第一个问题就答不上来,答辩人就会背上心理包袱,加剧紧张,产生慌乱,这势必会影响到对后面几个问题的答辩,因而也难以正确检查出答辩人的答辩能力和学术水平。第二,提问总是逐步深入的。为了正确地检测答辩人的专业基础知识掌握的情况,主答辩专家或老师有时需要把一个大问题分成若干个小问题,并采取逐步深入的提问方法。

如有一篇《浅论科学技术是第一生产力》的论文,主答辩老师出的探测水平题,是由以下四个小问题组成的。① 什么是科学技术? ② 科学技术是不是生产力的一个独立要素? 在答辩人做出正确回答以后,紧接着提出第三、第四个小问题。③ 科学技术不是生产力的一个独立要素,为什么说它也是生产力呢? ④ 你是怎样理解科学技术是第一生产

力的？通过这样的提问，根据答辩人的答辩情况，就能比较正确地测量出答辩人掌握基础知识的扎实程度。如果这四个小问题，一个也答不上，说明该答辩人专业基础知识没有掌握好；如果四个问题都能正确地回答出来，说明该答辩人基础知识掌握得很扎实；如果能回答出其中的2—3个，或每个小问题都能答一点，但答得不全面，或不很正确，说明该答辩人基础知识掌握得一般。倘若不是采取这种逐步深入的提问法，就很难把一个答辩人掌握专业基础知识的情况准确测量出来。

三、答辩人在答辩前的准备

答辩人在答辩前要准备陈述词和应对答辩专家或老师提问的提纲各一份，均要求语言简明流畅、口语化，以便答辩时口头表达。

（一）准备陈述词

如前所述，在答辩会上，答辩人要先做10－15分钟的结题陈述，陈述词主要包括如下内容：为什么选择这个论题，简述研究、写作本论文的学术价值或现实意义，较详细地阐述论文的主要观点、论据和立论的基本依据，详细地说明写作体会，简述本文的优缺点。

（二）准备应对主答辩专家或老师的提问

答辩前答辩人要重点做好以下口头回答的准备，应对主答辩专家或老师的提问。

（1）论文提交答辩委员会以后，答辩人要经过自己重读或请他人阅读，努力发现文章的缺陷，并考虑如何解释这些缺陷；要仔细审查、反复推敲文中有无自相矛盾、谬误、片面或模糊不清的地方；文中有哪些本应该涉及或解决但因自己力不从心而未能触及的问题；还有哪些研究中发现的有价值的问题限于篇幅没有在文中呈现，现在需要补充的内容；等等。这些内容要重点准备。

（2）要了解和掌握自己所写的论文相关联的知识和材料，比如自己所研究问题的历史与现状，前人做过哪些研究，取得了哪些成果，有哪些问题没有解决，自己有什么新看法，文中提出并解决了哪些问题，等等。

（3）学术界和社会上对相关问题的具体争论以及自己的倾向性观点。

（4）论文中提出见解的可行性。

（5）论文中有哪些观点是借鉴或继承了他人的研究成果，哪些是自己创新的观点，这些观点见解是怎样形成的。

（6）要熟悉自己所写论文的全文，弄懂弄通论文中所使用的主要概念的确切涵义和所运用的基本原理的主要内容。

答辩人在答辩前应该对上述内容认真准备，经过独立思考，整理出一份提纲，这样在答辩时就会心中有数，必要时可以将答辩专家或老师的提问纳入到自己准备的框架中来。

四、答辩人答辩时要注意的问题

答辩人要顺利通过答辩，并在答辩时真正发挥出自己的水平，除了在答辩前充分做好准备外，还需要了解、掌握答辩的基本要领和答辩的艺术。

（一）携带必要的资料和文具用品

首先，答辩人参加答辩会，要携带论文的底稿、发言提纲（包括陈述词和应对提问的提纲）、主要参考资料，有条件还可以准备录音笔。如前所述，有的单位规定，在答辩会上，主答辩专家或老师提出问题后，答辩人可以准备一定时间后再当面回答，在这种情况下，携带论文底稿和主要参考资料的必要性是不言自明的。即使有些单位在答辩老师提出问题后，不给答辩人准备时间，要求当场作答，但在回答过程中，也是允许翻看自己的论文和有关参考资料的，答辩时虽然不能依赖这些资料，但带上这些资料，当遇到一时记不起来的内容时，稍微翻阅一下有关资料，就可以避免出现答不上来的尴尬和慌乱。

其次，还应带上笔和笔记本，以便把主答辩专家或老师所提出的问题和有价值的意见、见解记录下来。通过记录，不仅可以减缓紧张心理，而且还可以更好地吃透老师所提问的要害和实质是什么，同时还可以边记边思考，使思考的过程变得很自然。

（二）要有自信心，不要紧张

在做了充分准备的基础上，大可不必紧张，要有自信心。树立信心，消除紧张慌乱心理很重要，因为过度的紧张会使本来可以回答出来的问题也答不上来。只有充满自信，沉着冷静，才会在答辩时有良好的表现。而自信心主要来自事先的充分准备。

（三）聆听提问，思考作答

主答辩专家或老师在提问题时，答辩人要集中注意力认真聆听，并将问题摘要记在本子上，仔细推敲所提问题的要害和本质，切忌未弄清题意就匆忙作答。如果对所提问题没有弄清楚，可以请提问老师再说一遍。如果对问题中有些概念不太理解，可以请提问老师做些解释，或者把自己对问题的理解说出来，并问清是不是这个意思，等得到肯定的答复后再作答。只有这样，才有可能避免答非所问。

在弄清了所提问题的确切涵义后，要在较短的时间内做出反应，要充满自信地以流畅的语言和肯定的语气把自己的想法讲述出来，不要犹犹豫豫。回答问题，一要抓住要害，简明扼要，言简意赅，不要东拉西扯，使人听后不得要领；二要力求客观、全面、辩证，留有余地，切忌把话说"死"；三要条分缕析，层次分明，答在点子上，不转换论题，更不能答非所问。此外还要直接入题，不要绕圈子；注意吐字清晰，声音适中，使在场的人都能听清楚。

（四）对回答不出的问题，不可强辩

有时答辩委员会的专家或老师对答辩人所做的回答不太满意，还会进一步提出问题，以求了解论文作者是否切实搞清楚和掌握了这个问题。遇到这种情况，答辩人如果有把握讲清，就可以申明理由进行答辩；如果不太有把握，可以审慎地试着回答，能回答多少就回答多少，即使讲得不很确切也不要紧，只要是同问题有所关联，老师会引导和启发你切入正题；如果确是自己没有搞清楚的问题，就应该实事求是地讲明自己对这个问题还没有搞清楚，表示今后一定认真研究这个问题，切不可强词夺理，进行狡辩。因为，答辩委员会的老师对这个问题有可能有过专门研究，再高明的狡辩也不可能蒙骗他。这里我们应该明白：答辩人在答辩会上，某个问题被问住是不奇怪的，因为答辩委员会成员一般是本学科的专家。他们提出来的某个问题答不上来是很自然的，当然，所有问题都答不上来，一问三不知就不正常了。

当论文中的主要观点与主答辩专家或老师的观点相左时，可以与之展开辩论。答辩中，有时主答辩专家或老师会提出与你的论文中基本观点不同的观点，然后请你谈谈看法，此时就应全力为自己观点辩护，反驳与自己观点相对立的思想。主答辩专家或老师在提问的问题中，有的是基础知识性的问题，有的是学术探讨性的问题，对于前一类问题，是要你做出正确、全面的回答，不具有商讨性。而后一类问题，是非正误并未定论，持有不同观点的人可以互相切磋商讨。如果你所写的论文的基本观点是经过自己深思熟虑，又是言之有理、持之有据，能自圆其说的，就不要因为答辩委员会成员提出不同的见解，就随声附和，放弃自己的观点。否则，就等于是你自己否定了自己辛辛苦苦写成的论文。要知道，有的答辩老师提出的与你论文相左的观点，并不是他本人的观点，他提出来无非是想听听你对这种观点的评价和看法，或者是考考你的答辩能力或你对自己观点的坚定程度。退一步说，即使是提问老师自己的观点，你也应该抱着"吾爱吾师，吾更爱真理"的态度，据理力争，与之展开辩论。不过，与答辩老师展开辩论要注意分寸，运用适当的辩术。一般说，应以维护自己的观点为主，反驳对方的论点要尽可能采用委婉的语言，请教的口气，用旁说、暗说、绕着说的办法，不露痕迹地把自己的观点传达给对方，让他们明理而诚服或暗服。让提问老师感受到虽接受你的意见，但自己的自尊并没受到伤害。

（五）讲究文明礼貌

论文答辩的过程也是学术思想交流的过程，答辩人应把它看成是向答辩专家或老师学习，请求指导，讨教问题的好机会。因此，在整个答辩过程中，答辩人应该尊重答辩委员会的老师，言行举止要讲文明、有礼貌，尤其是在主答辩专家或老师提出的问题难以回答，或答辩老师的观点与自己的观点相左时，更应该如此。答辩结束，无论答辩情况如何，都要从容、有礼貌地退场。

此外,成果答辩特别是学位论文答辩之后,作者应该认真听取答辩委员会的评判,进一步分析、思考答辩专家或老师提出的意见,总结论文写作的经验教训。一方面,要搞清楚通过这次答辩,自己学习和掌握了哪些科学研究的方法,在提出问题、分析问题、解决问题以及科研能力上得到了哪些提高,还存在哪些不足,作为今后研究其他课题时的借鉴。另一方面,要认真思索答辩会上答辩专家或老师提出的问题和意见,加深研究,精心修改自己的论文,求得纵深发展,取得更大的研究成果,使自己在知识上、能力上有进一步提高。

第八章

凭事实说话：职业教育教科研报告的撰写

> ◇真正的科学精神，是要从正确的批评和自我批评发展出来的。真正的科学成果，是要经得起事实考验的。有了这样双重的保障，我们就可以放心大胆地去做，不会自掘妄自尊大的陷阱。————李四光
>
> ◇要学会做科学中的粗活。要研究事实，对比事实，积聚事实。————巴甫洛夫

【导读】

教科研报告是对教科研工作的全面总结和概括，也是研究人员研究素养的综合反映。通过教科研报告，我们可以较为全面地考察研究人员的知识基础、业务水平、创造能力和解决问题的能力。教科研报告一般包括了课题研究开题报告、课题研究工作报告、课题研究中期成果报告、课题结题研究报告、调查报告、考察调研报告、实验报告等。在撰写教科研报告的过程中，我们要善于对研究过程中取得的材料进行整理、分析，形成科学的结论，真实、准确地反映研究所取得的成果，发现和确定需要进一步探索的问题，及时使自己的研究获得同行的了解、帮助和指导，扩大教科研的社会影响，同时也为今后研究思路的开拓和研究水平的提升打下坚实的基础。

作为职业教育研究成果的表现形式，教科研报告的类型很多，写作的格式和内容虽然存在一定的差异，但都要体现规范化和学术化的要求。既要尊重事实又要力求创新，既要广泛阅览又要批判借鉴，既要不失个性又要严谨缜密，这样才能保证研究的品质和水平。

第一节　怎样撰写课题开题报告

随着现代科学研究活动的计划性不断加强和科研管理工作的规范化，开题报告越来越受到研究人员和科研管理部门的重视。作为科研工作的重要环节，开题报告犹如建筑师的蓝图，是对课题研究工作的总体规划，既是科研管理部门对课题研究进行管理和监控的重要材料，也是研究者有计划、有步骤、有组织地开展课题研究工作，保证课题研究质量的重要措施。

一、什么是开题报告

如果说课题的申请，主要是研究者表明研究的意向的话，那么开题报告的撰写，则是在课题申报成功，确定了研究课题的方向后，研究者对课题研究进行理性的再认识的过程。简言之，开题报告是研究者围绕课题研究的缘起、研究价值、目标定位、内容选择、研究方法、步骤以及成果预期等进行的论证性说明文字。开题报告的撰写意味着课题研究已经开始由设想阶段向实际研究行动阶段跨越。

一般来说，开题报告的撰写过程就是对整个课题研究的审视和整体规划。开题报告不仅是研究者自己对课题研究的理性认识成果，还是研究者提交给专家和同行，供其就课题研究思路进行评价并提出改进建议的重要材料。通过开题活动，进行开题报告的陈述，听取有关专家和同行的意见，从而达到进一步明确研究目标、理清研究思路等目的。正因为如此，开题报告的撰写本身就是研究活动的重要组成部分，最终形成的文本材料也将作为研究活动过程的重要佐证，成为申请结题工作的重要资料。

一个好的开题报告，可以使我们在研究过程中少走弯路，避免陷入茫然无序，手足无措的僵局，从而保证整个研究工作有条不紊地进行。可以说，开题报告质量的高低将直接决定着课题研究能否顺利推进。

二、撰写开题报告的准备工作

撰写开题报告要做好基础性的准备工作，这项工作最主要的是要开展调查研究，查阅文献资料。这虽然是开题报告的重要内容，其实应该是在撰写报告之前就应该完成的准备工作。

首先，了解研究的现状。虽然课题研究不都是历史研究，但我们应该尽量知道前人已经研究了什么,达到的研究水平,取得了哪些重要的经验。我们要像著名史学家陈垣教授所说的那样"竭泽而渔",尽可能多地占有和了解已有的研究成果,我们才不至于在重复别人走过的道路中浪费了自己的时间和精力。只有了解了研究的基本现状,我们才能在别人研究的基础上,进一步明确课题研究的价值,找准研究的突破口,从事更高层次、更有价值的研究。

其次,掌握相关基础理论知识。理论基础往往构成研究工作开展的指导思想和重要武器。通过文献资料的搜集,获得课题研究开展的认识基础,为研究目标的确定、内容的分解、方法的选择以及获取科学的研究结论提供具有说服力的、丰富的事实和数据资料,从而使研究报告和方案的撰写建立在坚实的基础之上,保证研究工作的科学性和深刻性。

三、开题报告的主要内容和框架

开题报告是用文字体现的研究总构想,并无统一的格式要求,但是任何一份开题报告都应该能够把"为什么研究""研究什么""怎样研究"等问题说清楚。一般说来,通常所见的"为什么研究"包括了研究的背景、研究价值等;"研究什么"包括了课题的核心概念、研究的现状、研究的主要目标和内容、主要观点及创新之处、预期成果等;"怎样研究"包括课题研究的思路、过程和方法、保障措施等。

在撰写过程中,可根据课题研究的实际情况,对以上内容做适当的调整,比如研究背景、研究价值,有时候可以合并起来写作,因为只有在充分介绍研究背景情况的基础上,才能正确认识研究的意义,看清楚研究的价值。并且有些项目名称还可以有所变化,比如"研究背景"有时候又可以称为"研究的缘起"或"问题提出","研究现状"又可以根据实际掌握资料的情况,称之为"文献综述"等等。当然,这些变化并不是随意而为,而应该根据具体内容的实际情况来表述,使之更为准确,切不可僵化一律,生搬硬套。

在撰写过程中,为了避免遗漏,我们可以先列出开题报告的整体框架,或是将每一项内容转换成表格的方式,这样可以很方便地把握要点,逐项填写,避免挂一漏万。

表8-1 开题报告的一般内容及框架结构

> ××省教育科学"十三五"规划立项课题(课题类型)
> ××××研究(课题名称)
> 开 题 报 告
> 课题负责人:×××
> 负责人所在单位:×××
> 课题起止时间:×年×月—×年×月
> 课题批号:××××
> (课题研究相关信息)
>
> 一、课题研究的背景
> 二、核心概念及其界定
> 三、课题研究的价值
> 四、课题研究的现状分析
> 五、课题研究的目标、内容(或子课题设计)
> 六、课题研究的思路、方法和过程
> 七、研究的主要观点和创新之处
> 八、预期研究成果
> 九、保障措施

四、开题报告的撰写

开题报告的撰写过程是以具体的语言符号来表述课题实施方案的过程,除了具有说明的性质以外,更是研究者对研究的原始材料和分析框架进行深入挖掘和澄清的过程,是对研究活动进行整体性建构的过程。

(一)精炼研究课题名称

课题名称即课题标题,以简洁平实的语言表达课题研究的主要内容。课题研究的标题强调用语的新颖、准确、简洁、具体,靠其科学性和新颖性来吸引研究人员的关注。在这个前提下,我们可以适当艺术化,以达到增强阅读的趣味、引发读者思考的最佳效果,切不可文饰太多,花里胡哨,引发歧义和误导。

一般来说,课题名称应能体现出研究的范围、对象、方法、途径。例如,"五年制高职和三年制高职质量效益的比较研究"这一课题名称,就直接表明研究的范围是"五年制高职和三年制高职",研究的对象为"质量效益",研究方法为"比较研究",指向明确,边界具体,让人一目了然。又比如,"中职学校'实践德育'模式构建的行动研究"这一课题名称,就直截了当点明研究对象和研究方法,划定了研究的区域和边界。有些太过宽泛的名称就不宜当作课题研究的名称,比如"当代职校生心理健康研究"这个名称,其中,"当代职校生"的指称显然过于宽泛,不是职业院校教师的研究所能承担得了的,"心理健康研究"

显得较为含糊,心理健康包含的内容非常丰富,我们只能具体限定,选取其中的某个问题作为研究对象。

有些课题的名称从研究内容与研究目标之间的关系入手来进行表述。例如"社团活动促进中职生全面发展的实践研究"这一课题名称,就明确了课题研究的内容为"社团活动",研究的目标为"促进中职生全面发展",其中"社团活动"既是研究的内容,也构成了"促进中职生全面发展"的条件,将其并置起来,暗含了研究过程中二者之间的逻辑联系。而名称中的"实践研究"也明确指明这项研究的性质,是属于理论向实践转化的操作研究,整个名称具体而清晰,反映了研究的实质问题。

课题名称不同于论文名称,表达时要抓住研究的重点以及内容的广度和深度,充分体现研究者的研究能力,应力求简明,引人注目,一般不超过20个字,必要时,可以使用副标题,以便于读者抓住课题研究的要领,发现课题研究的价值,从而产生阅读的趣味。

(二)交代课题研究背景

任何一项真正意义上的科学研究都不是靠"拍脑袋"能够"拍"出来的,它总是在一定社会文化土壤中产生,并经过研究者的关注和思考,发现、提升而来。对于一个研究的头脑来说,总是能够在看似平淡无奇的教育生活现象中把握住蕴藏研究创造的契机,发现具有研究价值的课题。这个课题的发现、提升和确认的过程本身,直接影响了研究者进行课题选择的结果和对研究的价值、目标的基本认识。因此,在开题报告的撰写过程中,还原课题产生的"情境",回溯课题"开始的地方",交代课题的"所来之径",可以表明课题与研究者之间的内在联系,进一步检验课题与研究者的知识经验之间的匹配程度,有助于专家同行进一步了解课题产生的过程,也为下一步课题价值的审视和目标的预设做好铺垫。

一般来说,职业院校教师的教育科研课题,往往离不开自身的教育生活经验和教育问题的敏感。在课题缘起部分,我们可以介绍自己在教育现实中遇到的障碍、冲突、困惑,从一些具体的现象入手,逐步过渡聚焦,引出自己的研究课题,例如,课题"中职学校'实践德育'模式构建的行动研究",这样表述课题研究的背景:

周一的下午,是学校的班会课,我总会去各个班级看看,有时候也会走进班级听听班主任们是怎么组织班会课的,但是大部分班主任都是将学校的"每周工作要点"对学生进行宣讲,之后讲讲班级上周的情况,最后向学生提出品德提升的要求或训诫,只有极少部分班主任能够将课堂交给学生由学生组织班会课。在与班主任交流后得知,班主任出于对学生素养的顾虑也很少组织学生进行德育活动,他们更希望通过德育知识的训诫、背诵和抄写,让学生学习良好的品德知识。但是,再看看在这样的德育模式下的学生状况:做操时有气无力,"青春的旋律"不见青春的踪影;班会课上如同打坐的僧尼,对老师的训诫无动于衷,个别德性基础较为薄弱的学生索性在下面"干私活"……

这就是当下中职学校德育工作中的窘境。由于德育工作长期受主智主义教育理念的束缚,实施"教育者灌输——受教育者接受"的单向德育模式,将受教育者作为品德教育的单纯接收者,忽视他们的主体地位,忽视道德品质在实践中体验与发展的形成规律,难以激发学生的共鸣,尤其是对于品德素养基础相对较弱,对正统的品德教育具有较强抵制心理的中职学生,这种忽视更难以激发他们主动提升自我素养。"灌输——接受"的传统德育模式对中职学校德育工作的瓶颈效应已经十分明显。

基于对当下中职学校德育模式的观察和反思,结合近年来中职教育工作"生本化"理念的推广,以及对中职德育课程和德育工作"三贴近"教学要求的落实,我们课题组决定结合学校的学情和校情,重新建构学校的德育模式,用学生自主参与品德学习的模式来构建"实践德育"的德育模式。[①]

这段文字从研究者教育工作中的实际感受入手,进一步开展调查研究,发现了问题的所在,由日常教育现象逐步聚焦到了"构建'实践德育'的德育模式",条理清晰地再现了从现象到问题,再从问题到课题的思维轨迹,显示了课题研究"扎根"教育实践大地的稳定感和强烈的现实针对性。

课题的背景虽然一般从教师的现实感受入手,但是应能体现研究者对教育现象的冷静思考和睿智洞察。在撰写中,我们要避免太多的细节渲染和个人情感的流露,要力排"偏见",即使在针对现实问题时,也要注意措辞的分寸,千万不能以偏概全,"只见树木,不见森林",给人以太过"主观"的感觉。

课题的缘起就相当于课堂教学中的导入部分,一个精彩的导入,可以使学生能够很快进入课堂情境,参与到学习活动中来。一个精彩的课题缘起,就是一项课题研究的序言,对于顺利地引导读者进入研究的情境和氛围之中,推动对课题的深入思考具有重要意义。

(三) 科学界定核心概念

需要界定的核心概念,主要指研究中有关的重要概念。这些概念通常出现在课题的名称和假设中。核心概念的界定,通常采用操作性定义和描述性定义。

例如,江苏省第二期职业教育教学改革重点课题"构建职业学校名师培养机制的实践研究",开题报告选定了"职业学校""名师""培养机制""实践研究""构建职业学校名师培养机制的实践研究"等概念进行界定。

职业学校:本课题指全日制中等职业学校。其招收对象为初中毕业生或具有同等学力者,基本学制为3至5年,学生完成规定学业后可获得相应的学历证书。

名师:本课题指在所属地区或领域内具有高尚的师德、先进的教育理念、高超的教学能力,取得良好的教育教学效果,为学生欢迎、同行认可的教师。本课题中的名师特指具

[①] 引自"中职学校'实践德育'模式构建的行动研究——以江苏省宜兴丁蜀中等专业学校为例""研究报告"。

有以上特质并获得市级学科带头人以上综合性荣誉称号的教师。

培养机制：机制是指事物内部组织和运行变化的规律。机制在任何一个系统中起着基础性、根本性的作用。本课题中的培养机制是指能推动教师专业发展、促进教师成长为名师的管理制度、培训平台、教研活动、激励模式等综合性的教师策略和方式。

实践研究：是就本课题的研究性质而言的，这里是指本课题由实际从事职业教育研究和职业教育教学工作的实践者，基于职教实际需求，立足并通过鲜活的职业教育教学实践行动，找到解决问题的策略，并将研究成果回归到教育教学实践中，在实际行动中进行检验的研究方式。

构建职业学校名师培养机制的实践研究：是指南京市职教教研室为了满足职教内涵式发展的需求，充分发挥教研、教管、培训、评估等职责，探究中职学校名师成长规律，搭建名师成长平台，优化名师培养、激励、保障制度，创新名师培养模式，激发教师成长的内驱力，以培养更多的职校名师的行动研究。[①]

对"职业学校""名师"两个概念，研究者采用了描述性定义的方式。"职业学校""名师"在本课题中指的是什么，具有哪些特征等，然后又从"获得市级学科带头人以上综合性荣誉称号"进行限定，将"名师"限定在特定范围之内，从而进一步明确了课题研究涉及的对象范围。在对"名师"进行界定的基础上，研究者又对"培养机制""实践研究"这两个概念进行界定，在界定时，研究者采用操作性定义的方式，从管理制度、培训平台、教研活动、激励模式等角度，提供了可以观察和操作的策略与方式，从而将概念明晰化和具体化了，也为课题限定了具体的研究范围，找到了研究设计的出发点。

（四）审视课题研究价值

通常来说，研究的价值与意义只有在研究之中或研究之后才能显现出来，但是，在开题报告中如果能够提供清晰的价值与意义预期，才能促进研究者产生研究的动力，进一步获得研究的关心者的高度关注。

研究价值与意义主要指的是课题研究对有关人员、有关工作的作用，通过价值与意义的撰写可以让我们进一步明晰自己开展课题研究的动机、原因和期望，我们可以从以下角度进行撰写。

（1）理论价值。在课题研究中，理论价值与意义主要指课题在理论上有什么贡献，比如，发现现有理论有哪些不足，在哪方面可以取得突破与创新，等等。对于职业院校教师来说，这个部分是最难撰写的一部分，甚至有人会回避这一部分的写作，这往往会使课题研究失去应有的"理论光泽"，开题报告也会因此给人以残缺之感。

在传统意义上，只有理论研究工作者才能创造理论，一线教育工作者只是进行应用

---

① 引自"构建职业学校名师培养机制的实践研究""开题报告"。

实践。事实上，随着对教师从事教学研究认识的逐步深化，人们开始发现教师也可能会有自己的"个人理论"，而且能创造出"个人理论"。教育科研工作不只是单纯的"公共性"的教育教学理论的简单应用，也是研究者调动自己已有的知识经验，对现有理论知识进行选择、判断、改造，乃至创造。在这个过程中研究者不断拷问理论的合理性，促进自己的个人见解不断向教学"真理"攀爬，以教育之思来提高自己的理论品质，进一步通过研究构建出能够促进教育教学实践提升和个人专业成长的教育教学理论，也为具有公共性的教育教学理论提供丰盈多样的智慧资源。只要我们认真思考，任何研究都会具有理论价值。只不过我们往往会由于一些错误的认识，自动放弃"理论话语权"，而导致理论思维的丧失和研究理论价值的埋没。

作为开题报告不需要也不可能将研究的理论成果表述出来，但我们完全可以将课题研究理论探索的领域交代清楚。

例如，针对目前职业教育极度缺乏有影响力的名师这种现状，我们可以在名师培养方面做一些研究。虽然职业学校教师专业化的发展研究方兴未艾，作为教师专业化发展重要内容的职校名师培养理论还有待丰富和完善，通过探索与研究，调研职校名师的现状，总结职校名师的内涵和外显特征，尝试提炼职校名师发展的规律，建构职校名师的一体化培养机制，这对于中职教师专业化发展理论是一个重要的补充，对职业院校师资培养理论的发展也具有重要的理论意义和价值。

对于职业教育研究者来说，不可能通过一项课题研究来建构教师专业发展的所有理论，但我们完全可以在某些方面争取有所突破。研究只不过是丰富和拓展教师专业发展理论，这样的研究可以给人以真实可信之感，觉得这一价值的确是这一课题研究能够实现的。

（2）实践价值。实践价值主要指所选的研究课题对解决某方面的教育实际问题有何帮助。由于教育工作本身的实践性特色，这部分价值的表述对于实践工作者教育教学工作的改进来说，具有的意义更为重大。我们可以根据课题研究的具体问题，从问题解决的角度有针对性地进行表达，以体现课题研究的特色。

比如，随着目前教育科研对教育发展的影响力和实际作用日益增强，教育行政部门和职业院校对教师的教科研表现出了极大的热情，教科研开始出现蓬勃发展的势头。然而，就在教科研呈现出轰轰烈烈之势时，也在不断暴露出越来越多的问题。由于不少教师教科研素养的发展难以跟上时代的步伐，对教科研存在着一些不正确的理解和认识，比如，研究动机重功利轻内需，研究内容重跟风轻创新，研究行为重形式轻过程，研究评价重浮华轻实效。如果我们针对这些问题，研究学校教科研管理的理念与策略，就可以这样来表述研究的价值：

通过研究促进学校教科研管理部门更新教科研管理的理念，转变教科研管理的思路，及时采取有效的策略，快速提升教师的教科研素质，保证学校教科研的健康发展方向,提高教科研的质量和效益,为促进教师的专业化成长,改善教育教学,创建品牌学校提供有力的支撑。

有时候,实践价值涉及的方面较多,我们也可以分条目进行表述。

例如:"构建职业学校名师培养机制的实践研究"开题报告中有关实践价值的表述:

(1) 推动职业学校师资队伍素质的整体提高。

(2) 提升我室教研、科研、教管、培训的质量和水平。

(3) 为职业教育名师培养工作提供有效的实践样式。①

其中,第一条主要着眼于地区教师队伍素质的整体提高,第二条着眼于教育主管部门教研机构教科研水平及教师培训管理水平的整体提升,第三条着眼于名师培养有效实践样式的提供,从三个角度分别陈述,揭示了实践价值涉及的具体方面,让人对这项研究向教育生产力的转化产生了很高的预期。

在价值陈述的过程中,我们应从具体的课题出发,实事求是,避免求全责备和好高骛远。通过自己的课题能够解决目前教育中的一系列问题,这样的愿望是好的,但并非科学研究的态度,无限扩张课题的意义,很有可能会使我们在盲目的乐观中失去研究的重点。

(五) 把握相关研究状况

研究现状主要指在课题研究的相关范围内,研究界已经完成的有关研究及其发现。研究现状的分析就是对相关课题研究信息进行识别、提取,并相互比照,发现内在联系,把握研究的已有状况的过程。在职业教育教科研领域,我们可以有自己的创造,但任何一项研究,都应该充分考虑已有的研究基础。这一部分的撰写,有助于我们识别前人在这个领域已经进行了哪些研究,我们的研究在这个领域中处于什么样的位置,能够从中获取哪些理论支撑,对于进一步强化研究的价值和意义,捕捉灵感,形成自己的课题研究观点,掌握丰富有力的论据和开拓研究思路等具有重要的意义。

我们要在充分阅读和分析所搜集到的资料,对资料进行归纳分析的基础上进行写作。为了能够展示一则相对完整的研究现状分析,下面我们不吝篇幅,以2006年度上海市教育科学研究规划项目"校长的课程领导研究"开题报告的研究现状部分为例进行说明。

1. 课程领导研究的缘起

"课程领导"(curriculum leadership),按照学者郑东辉考证,最早出现在哥伦比亚大学 A. Harry Passow 教授1952年完成的博士论文 *Group Centered Curriculum Leadership* 中。但是,"课程领导"这一概念未引起人们的重视,因为当时学者们关注的是课程的科学管理,并且,课程管理和课程领导被经常混用。也有学者(林一钢、黄显华)认为,Bradley 是目前所知运用课程领导一词最早的人,他于1985年出版了《课程领导与发展

---

① 引自"构建职业学校名师培养机制的实践研究""开题报告"。

手册》一书。

(1) 课程管理概念的出现。

1918年,美国著名教育学者博比特(F. Bobbit)出版《课程》(*The Curriculum*)一书,这是课程成为一个独立研究领域的标志。1923年,美国另一著名教育学者查特斯(W. Charters)出版了《课程编制》(*Curriculum Construction*)一书。至此,课程这一研究领域最先在美国比较完整地确立起来。博比特和查特斯等人的课程开发与实践,启动了"课程开发的科学化运动",他们的课程理论也因而被称作"科学化课程开发理论"。对博比特而言,课程开发就是一种"课程工程(curriculum engineering)"或"教育工程(educational engineering)",它是"效率取向、控制中心"的。如此一来,博比特等便使课程的编制与管理走上了科学化之路,"课程管理"的概念便随之诞生。

(2) 课程领导概念的出现。

20世纪70年代以后,各国课程与教学改革的兴起,推动了课程与教学的研究,引发了课程领域不同于"科学化课程开发理论"的呼声,促生了各种课程与教学研究流派的涌现,如布鲁纳的学科结构模式等。这些理论对"科学化课程开发理论"提出了挑战和质疑,它们强调教育的内在价值,倡导课程的不确定性和生活性,凸现课程编制的建构与对话,关注课程管理的多元性,力主课程研究的人文回归。这样,课程的科学管理化受到空前的威胁和批判。与此同时,世界管理学界也掀起了前所未有的对科学管理的批评浪潮。随着对领导研究的深入,新型领导学理论蓬勃兴起。人们发现,成功的领导不是去命令、控制,而是去倾听、合作。在这种背景下,"课程领导"便取代了"课程管理","课程领导"的概念也应运而生。

(3) 课程领导的定义。

课程领导内涵随课程变革历史发展的脉络发生着变化,课程领导发展至今,其内涵已相当丰富,课程领导既有对课程开发技术层面的要求,也有对学校文化层面的要求;既需要有对课程开发的规范与指引,更需重塑学校文化,转变学校教育的一些基本假定,形成一种合作、分享、探究的学习型组织,以此更好地保障课程开发,全面提升学校教育质量。中外学者尝试着从学生学习、教师专业发展、课程与教学、课程资源与学校文化等层面对课程领导做了不同的界定。笔者以为,课程领导是一个复杂的过程,是经由各种领导行为,以发展理想适切的课程为核心,以卓越的领导为半径,在课程权力共享和民主参与的基础上,指引、统领课程变革、课程开发、课程评价等活动行为的总称。

2. 课程领导研究的历程

(1) 按时间顺序。

台湾学者黄旭钧认为,课程领导的发展可以追溯到20世纪70年代,按时间顺序可分为四个阶段:要素确立期、概念发展期、模式建立期、实际应用期。大陆学者郑东辉将黄旭钧教授的划分调整为三阶段，依次为：要素确立期（20世纪70年代到80年代初）、概念发展与模式建立期（20世纪80年代初到90年代初）、模式应用与理论深化期（20世纪90年代中叶以后）。

（2）按研究途径。

课程领导的理论研究始于20世纪70年代的美国，截止到20世纪80年代末，课程领导研究侧重的是课程开发技术的领导，即对课程规划、课程设计、课程实施、课程评鉴进行规范和指导。进入20世纪90年代后，课程领导研究转向课程的文化领导，即关注学校的文化重塑，转变学校一些陈旧的基本假定，进而形成一种合作、分享、探究的学校文化氛围，使学校成为学习型组织。概括说来，课程领导研究有三条途径：一是从课程工艺学出发，主要探讨理性的课程领导过程和方法，包括课程设计、课程实施和课程评价等的过程和方法，例如格拉索恩的《课程领导》和《校长的课程领导》；二是从课程哲学出发，主要诠释理想的课程领导，辅以课程工艺学的分析，内容包括课程领导的性质、策略、方法和技能等，这类研究以布鲁克的《创新的课程领导》为代表；三是从教育领导观出发，着重分析学校情景下的教育领导的性质、意义、策略等，代表作有兰伯特的《建构主义领导者》。

3. 校长的课程领导研究现状

格拉索恩（Allan A. Glatthorn）在检视美国有关校长课程领导的研究情形时指出："尽管似乎有数以百计的文章和书籍讨论教学领导，但是，最近在ERIC资料库上搜索校长课程领导角色的文献，却仅发现极少量的文献资源。"但这并不意味着，校长的课程领导研究无迹可寻。在检索有关校长课程领导研究的文献时，笔者发现，对校长的课程领导研究涉及校长课程领导的定义、功能、角色、任务、策略、措施、原则等，国内外研究者们共同认为，现代的校长不应满足于"行政权威"，而应成为真正的"专业权威"。

传统的观点认为，校长只是一位行政人员。但随着时代的变迁，校长的角色也在相应改变。根据布鲁贝克（Brubaker）和西蒙（Simon）对17世纪以来有关文献的研究，校长的角色经历了这样的转变历程：首席教师（the principal teacher, 1647—1850）→一般管理者教师（the principal as general manager, 1850—1920）→专业与科学化的管理者（the principal as professional and scientific manager, 1920—1970）→行政人员及教学领导者（the principal as administrator and instructional leader, 1970—1986）→课程领导者（the principal as curriculum leader, 1986—现在）。香港学者黄显华参考多位学者的研究和分析，将校长课程领导的角色归纳为10项。布兰得利（Bradley）对课程领导做出深入的研究后，综合出了有效的课程领导10项指标。台湾黄旭钧强调在特定的学校情景脉络中，校长必须扮演合适的课程领导角色，执行适宜的课程领导任务。他在分析大量的课程领导文献后，罗列出了12条校长课程领导的重要任务。由此可见，校长扮演课程领导者的角色是一种趋势，但校长在课程领导中应扮演何种角色才能有助于课程领导功能的发挥,可谓仁者见仁,智者见智。

通过上述的文献梳理,我们可以看出:校长的课程领导研究都是从某一侧面或视角展开,如单独关注或浅层涉猎校长课程领导的策略、原则等。同时,研究者们没有把校长、家长、教师等利益相关人作为一个整体来研究,去系统深究他们的关系,因而,给人留下了"只见树木,不见森林"的遗憾。著名课程学者钟启泉先生在论及校长课程领导研究的缺失时,曾一针见血地指出:在校长的课程领导研究中,存在研究方法和研究焦点的问题。就前者而言,表现为经验科学研究(基于理论与实证的科学研究)滞后;就后者而言,研究焦点往往集中于校长的地位与作用,聚焦校长职务行为本身的研究极少。就是说,揭示校长的领导行为与组织效果的关系这些未竟或未触及的议题是今后校长课程领导研究的重点。①

首先,整体扫描,追溯来龙去脉。虽然是现状分析,但现状并不局限于目前的状况,而是对相关研究的一个整体扫描,以看清我们即将开展的研究在整个研究的历史长河中所处的位置和地位。因此,在撰写过程的开始,我们要对材料进行宏观的扫描,梳理出研究发展的"红线"脉络。

第二,钩弦提要,把握主要成果。对研究现状的追溯不是"淹没在历史的海洋中",把"陈芝麻烂谷子"都罗列出来,而是在广泛占有材料的基础上,把握来龙去脉,沉淀出其中主要的概念和主要理论成果,以精练的语言概述出来。前例就从纵向的维度对课程领导研究的缘起、课程领导研究的历程、校长的课程领导研究现状进行了宏观的扫描,并列举出每个研究阶段代表人物的主要观点,体现出了研究者很好的驾驭能力和提炼功夫。

第三,简要评析,渗透主体思考。研究现状的描述,不是让自己被材料牵着鼻子走,也不是让已有研究成果来占据自己的思考空间。在撰写中,我们还应注意通过自己的理性的思考,对这些材料进行客观公正,简明扼要的评析,也为最后阶段的总结做好铺垫,埋下伏笔,做到逻辑严密,前后照应。

第四,总结概括,直言得失偏颇。在对已有成果进行概述的最后,还要进一步总结概括,从研究思路、研究方法、研究成果等角度进行深入的思考,一方面要发现已有研究的贡献,另一方面也要敏锐地把握并恰如其分地表达出研究存在的问题,给自己的课题研究提供广阔的空间,表现应有的研究自信。

(六)准确定位研究目标和内容

研究的目标是课题研究指向问题解决的预期结果,内容则是对预期结果的具体和细化。

1. 研究目标的撰写

目标的表述主要有三种模式:一种是整合模式,一种是目标—手段模式,一种是对象模式。

(1)整合模式。该模式的表述往往是直陈研究的结果,较为概括。比如:"深度合作:

---

① 引自"校长的课程领导研究""开题报告"。

现代学徒制的校本实践研究"课题研究的目标为:

通过对国内现代职业教育人才培养质量的现状分析,研究学徒制创生的现实意义与育人范式,探索形成具有时代特点、本土特色的现代学徒制的校本实践模型;为进一步深化区域职业教育人才培养模式改革、促进构建现代职教体系奠定基础,并为中国现代学徒制研究提供参考素材。

这个目标就以整体的方式,从"现状分析"到"研究育人范式",再到探索"校本实践模型",再到最终实现"为中国现代学徒制研究提供参考素材",环环相扣,层层推进,概括而不含糊。

(2)目标—手段模式。该模式的表述则将研究的目标预期与达成目标的手段和策略一并表述。比如:"关于中职校与社区共建青少年德育基地的实践研究——以淮安市城区为例"课题研究的目标为:

正确认识并且客观分析当前淮安中等职业学校与社区共建青少年德育基地建设存在的问题;充分挖掘淮安中等职业学校与社区共建青少年德育基地的途径、内容和方法;在以区校共建青少年创业教育基地、心理健康教育基地、法纪教育基地、生存与安全素质拓展训练基地为主的实践研究基础上,探索并构建淮安中等职业学校与社区共建青少年德育基地的合理的激励约束机制和评价监督机制。①

这则目标中,探索并构建淮安中等职业学校与社区共建青少年德育基地的合理的激励约束机制和评价监督机制是其研究的终极目标,对于这一终极目标,研究者则提出了在研究实施的过程中,分析问题,挖掘共建基地的途径、内容和方法,是实现终极目标的重要手段。

(3)对象模式。该模式主要从研究活动作用的对象来考虑目标的表述。例如,"中等职业学校微型游戏项目多样化教学的实践研究"课题的研究目标如下:

(1)提供教学样式。通过"中等职业学校微型游戏项目多样化教学的实践研究",在实现游戏教学与项目教学有机结合的基础上,实现课堂多个微型游戏项目并存,既发挥项目教学"整体性""实用性"的优势,又发挥游戏教学"趣味性""娱乐性"的优势,赋予学生"有选择的自由",为深入推进中职教学改革提供可资借鉴的教学样式。

(2)改善教学生态。通过"中等职业学校微型游戏项目多样化教学的实践研究",一方面改变当前中职课堂教学项目单一、过于程式化的"通病",另一方面改变中职课堂过于"严肃"、趣味性缺失的"常态",实现由"做中学"向"玩中学"直至"有选择的玩中学"转变,改善中职课堂教学生态。

(3)实现个人定制。通过"中等职业学校微型游戏项目多样化教学的实践研究",学

---

① 引自"关于中职校与社区共建青少年德育基地的实践研究——以淮安市城区为例""开题报告"。

生可根据自己的兴趣、特长、学力来选择相应的微型游戏项目资源,为学生的个性化学习创造条件,实现了学习的"个人定制"。

(4) 提供教学资源。通过"中等职业学校微型游戏项目多样化教学的实践研究",加大微型游戏项目教学资源的开发,积累足够多的微型游戏项目,形成一批微型游戏项目多样化教学的课例,为多样化游戏在中职课堂中的常态教学提供足够多的教学资源。①

虽然这项课题更多地考虑了实践层面的一些目标,体现了职业学校教育科研对教育教学行为改变方面迫切的实践诉求,但是其从研究活动影响的角度,根据不同的对象进行分项表述,对于目标表达的清晰、明确还是具有启发意义的。

目标表述的具体方式,离不开研究者对课题研究个性和特色的深刻把握,在具体操作过程中可以有不同的创造,但不管怎么说,职业院校教师开展课题研究的目标应该与学校教育教学工作理论与实践的改善,教师和学生素养的提升密切相关,千万不能偏离教书育人工作的根本。

2. 研究内容的撰写

研究内容,一般是在明确目标的基础上细化出来的具体的研究问题,又可以称之为子课题。因此,研究内容的表述又被称为子课题设计。研究内容或子课题设计要紧紧围绕研究的目标展开,化"整"为"零",逐级分解,做到层次清楚。完成这一部分的撰写,研究者基本上就能对课题研究的成果做到了然于胸。

例如,课题"深度合作:现代学徒制的校本实践研究"就安排了这样的研究内容(子课题):

(1) 理论探讨:学徒制文献研究;国外现代学徒制研究;我国学徒制相关制度及文本的研究;我国典型现代学徒制人才培养案例研究。

(2) 方案设计:区域数控专业相关产业调研与人才培养现状调研;学校现代学徒制专业试点的可行性分析与方案设计。

(3) 模型构建:探索构建适应区域现代产业体系建设和学生全面发展需求、遵循技术技能人才成长规律的现代学徒制学校实践模型。

(4) 试点实践:建立"数控设备应用与维护"与"数控技术"专业现代学徒制试点;构建相应课程体系;开发人才培养系列文档;培育"双导师师资队伍";培养企业需要的现代学徒。

(5) 案例研究:反思试点工作,总结经验成果;撰写试点师生成长案例;对我国现代学徒制改革进行理性思考并提出对策建议。

确定研究内容的关键在于对课题目标的分解,这需要研究者对研究目标涉及的具体

---

① 引自"中等职业学校微型游戏项目多样化教学的实践研究""开题报告"。

方面有整体的视野,并且能够理清这些不同方面之间的内在逻辑,以一定的层级和顺序呈现出来。不难看出,研究者遵循了人们对现代学徒制认识的一般规律,从现代学徒制的理论探讨、现代学徒制方案设计、现代学徒制模型构建、现代学徒制试点实践、现代学徒制案例研究五个维度进行了分解,层递推进,对研究目标进行了具体的细化,基本上包含了课题研究可能涉及的方面。

在研究内容的撰写中,我们一般还要指出研究的重点和难点。研究重点往往指的是课题研究的核心部分、关键部分。比如,在"深度合作:现代学徒制的校本实践研究"这项课题中,重点部分应该是在中国现代学徒制的学校实践模型构建,这也是本课题的研究难点。在学校实践模型的探索中,课题将"专项学徒制"培养形式研究、课程资源平台建设、"工学互动技能超市"、"认知学徒制"教学模式改革、多元立体化评价方式构建和"工学组合师资培养模式"作为研究重点。这个部分是研究工作最需要投入精力和时间的内容,也是课题参与者能够做出成果,做出特色的地方,应该成为课题研究的着力点。研究的难点指的是研究中最为困难的部分。重点和难点可能是一致的,但有时也不完全相同。而且,难点具有不确定性,有的人认为问卷的设计是难点,也有人认为资料的搜集是难点,难点的确定往往与研究者的研究经历、学识背景,研究的复杂程度、实施的条件等相关,可根据具体情况而定。在表述难点时,一般要提出相应的解决思路和措施。

(七)明确研究的思路、方法和过程

课题研究总是按照一定的程序,通过一定方法来进行操作实施的。

1. 研究思路的撰写

所谓研究思路指的是对如何开展研究的宏观思考,具有对路经选取的指导意味。比如,课题"深度合作:现代学徒制的校本实践研究"的研究思路:

本课题的研究思路是现状把握→模型构建→行动设计→实践研究→总结提炼。把脉问题,确定研究生发点;把握现状,构建研究模型;围绕目标,设计行动研究方案;落实方案,开展实践研究;在研究过程中及时总结反思,根据需要及时改进、调整研究策略,以便更有效地进行下一步的研究。通过不断的学习、研究、实践、反思,推进研究工作,实现研究预期目标。

将课题研究与学校的专业建设、课程改革紧密结合,指明了研究的主要举措,体现了该项课题的行动本色,是具有较强操作性的实施指南。

2. 研究方法的撰写

对于研究者来说,研究的方法众多,但对于教育科研来说没有最好的方法,只有最合适的方法。首先,这个"最合适"是相对于研究的问题而言的。不同的研究问题只能采用相应的方法,比如说要了解新课程背景下某种教材的使用情况,可以采用调查研究的方法,要研究职业院校课堂教学中的对话策略,可以采用行动研究法,等等。其次,这个"最合适"是相对于研究者而言的。对于不同的研究者,可能已经掌握了某种或几种研究方法,那么在使用过程中,就可能得心应手,运用自如。但一个研究者不可能事先都掌握所有的研究方法,必须通过研究实践,在实践中掌握。

在一项研究中不可能只适用一种方法,而且在研究进入不同的阶段时,所采用的方法就会不尽相同,因此,在研究中,我们应尽量整合多种研究方法服务于课题的研究。

在撰写研究方法时,我们不能孤零零地介绍本课题采用的研究方法有文献研究法、调查研究法、实验法等,这种一笔带过的含混交代,只能显示研究者思维的粗糙和不严谨。最好要能与具体的研究内容结合起来表述,使研究方法与研究内容之间呈现完美的匹配组合。比如,"公开课文化现象研究"开题报告中的研究方法:

1. 文献研究:以"公开课"为核心词,搜集范围包括教学研究、教师发展,广泛查阅文献,深入调研,收集资料。

2. 政策分析:选用部分城市优秀教师评选和职称评定的文件,比照优秀教师成长经历,分析公开课与教师专业发展的关系。

3. 观察法:在公开课现场感受执教者、教研人员、专家、听课人、学生的状态,观察教师的教学语言、方法、手段,对突发事件的处理;学生的发言、参与度、情绪状态;师生的关系、互动方式;专家的评课内容;听课人的反应及与上述行为相对应的教学效果。

4. 访谈法:公开课文化主要关系教师、学生、学校领导、同事群体、教研员和教学方面的专家,其中主体是教师。本选题按教师的年龄、职称、性别、职务上的差异性和层次性进行了分层目的型抽样访谈,并抽取通过公开课实现专业化发展的教师代表进行典型个案访谈。了解执教者在公开课从准备到完成的全过程中所经历的心路历程,了解学生对公开课的看法和感受,了解听课者对公开课活动的需求,了解以公开课为载体的教学研究现状。[1]

3. 研究过程的撰写

所谓的研究过程是在研究思路的总体规划下研究实施步骤的具体安排。我们可以从课题的准备、课题的实施以及课题的总结三大阶段进行表述,明确地表述每一研究阶段的具体时间和内容安排等。我们可以以如下思路进行撰写。

第一阶段:课题准备阶段(×年×月—×年×月)。

这一阶段的工作一般为设计课题研究方案,收集、整理相关文献,形成文献综述,组建研究网络等,充分做好课题研究的申报和开题等准备工作。

第二阶段:课题实施阶段(×年×月—×年×月)。

这一阶段是课题研究的主要阶段,我们可以根据研究的具体内容细分出若干小的阶段。例如调查研究阶段、行动研究阶段、个案研究阶段等等,针对具体的研究内容进行阐述。

---

[1] 引自"公开课文化现象研究""开题报告"。

第三阶段：课题研究的总结阶段（×年×月—×年×月）。

这一阶段一般要对实施阶段的研究成果进行梳理和总结，撰写结题研究报告及相关结题准备工作。

研究过程的撰写要求条理清晰，每一阶段规定了研究的具体活动和具体的研究成果，从次序上来说不可随意颠倒。

对于在政府部门或教育行政和科研部门立项的课题，往往还有时间上的具体要求，在撰写研究过程时就应该根据规定的时间要求来统筹安排，以规范课题研究进程，督促研究者如期完成各项研究。

（八）呈现主要观点和创新之处

根据研究者提出的研究价值、研究现状分析、研究目标、研究内容等，我们已经可以初步领略课题研究的主要观点和创新之处，似乎没有专门撰写的必要，但是开题报告中对这一问题进行专门的探讨，有助于研究者进一步思考并提出自己的判断和认识，保证课题研究有所创新，有所突破。

来看这样一则例子：

1. 主要观点

（1）"做中学""教学做合一"是职业教育的核心理念。学徒制的本质就是"做中学"，它需要场景、资源、师资、考评作支撑。据此，现代学徒制校本实践模型将从培养形式、平台构建、教学模式、评价体系和师资建设五要素开展研究。

（2）传统学徒制指向"零距离就业"，其"工作现场教学"和"教产学一体"的特点为学徒的技能养成提供了重要保障。现代职业教育不仅要服务就业，更要满足受教育者的"自我实现"需求和现代社会终身教育发展需求。因此我们需要寻找两者的有机结合点，进行学徒制的创生研究，即"现代学徒制"研究。而该项研究真实有效的前提是校企的深度合作。

（3）西方发达国家在现代学徒制研究方面做了很多有益的探索。我们可以研究借鉴，但是不能生搬硬套，要结合中国国情进行研究，探索本土的、校本的实践模式。

2. 可能的创新之处

（1）研究视角具有创新之处。从我们搜集的资料看来，尽管中国现代学徒制的研究已经掀起热潮，但是研究大抵集中于对国外现代学徒制的分析和比较研究，如何构建符合我国国情的现代学徒制的研究尚不明晰，尤其是相关的实践研究相当缺乏。本课题研究将立足本土，立足实践，此为视角之创新。

（2）研究内容有创新之处。在研究方案中，我们设计了以下研究内容：培养形式研究中的"专项学徒制"，平台构建中的"工作过程系统化课程开发"与"工学互动技能超市"，师资培养中的"工学组合师资培养模式"，这些内容的生发点或非创新，但其实践研究是具有创新性的。

现代学徒制是现代职业教育产教融合、校企合作、工学结合的具体化,体现了职业教育主动服务经济社会发展的要求,符合深化职业教育改革的需要。但在江苏省,现代学徒制的实施尚处于试点阶段,现代学徒制试点需要本土化、中国式的表达。上述例子从职业教育的核心理念与现代学徒制的本质要求切入,从传统学徒制与现代学徒制的内在联系出发,探索本土的、校本的现代学徒制实践模式。从而明确地揭示了课题研究的理论价值和实践价值的具体内容。

没有哪一种现成的教育理论能够解释所有的教育事实,也没有哪一种"存在"就一定是"合理"的,我们完全可以结合已有的研究和实践进行推论,促进其拓展、加深和完善,在原来的基础上再前进一步,形成自己的教育教学观点,产生自己的有价值的实践和创造。

上述例子为了"突出创新之处",将创新之处进行了单独表述,但是我们千万要注意,这只是一种强化表达策略,而非另起炉灶。主要观点与创新之处是紧密联系在一起的,主要观点是对课题研究创新的理性表达,这就是开题报告中将主要观点与创新之处放在一起表述的原因所在。

(九) 合理预期研究的成果

课题研究的预期成果应该与研究内容以及研究的过程安排之间具有对应性。撰写时,对成果的预期要考虑切实可行,我们要从具体的研究着手,思考其相应的成果形式,课题研究的预期成果包括报告、论文、专著、影像制品、相关软件等形式。而且,这些成果的取得还应与课题研究的过程对应起来,按照一定的时序来进行安排,不可超前,也不能滞后,以体现开题报告的严整合理。

一般而言,立项课题对研究的预期成果有具体的要求,我们可以用表格的方式来呈现。例如"区域文化产业背景下电脑艺术设计专业课程开发与实施研究"开题报告中预期研究成果条目的撰写:

表8-2 "区域文化产业背景下电脑艺术设计专业课程开发与实践研究"开题报告中预期研究成果条目

	成果名称	成果形式	完成时间
阶段成果(限5项)	市场调研报告	调研报告	2014年3月
	课题研究报告	研究报告	2015年11月
	校本课程	校本课程	2015年3月
	文化创意产业相关课程成果	教材、设计作品	2015年9月
	校企项目课程实例	影像、网络课程资源	2015年10月
最终成果(限3项)	课题研究报告	研究报告	2015年11月
	校本课程	校本课程	2015年10月
	学生设计作品	设计作品	2015年10月

（十）把握完成研究任务的可行性

研究任务的可行性主要是就完成研究的保障条件进行的说明。可从主客观两个方面来进行分析。

1. 主观条件

（1）介绍课题主持人和核心组成员的学术背景、研究能力、相关研究经验和成果等。在撰写这个部分时，我们可以进一步围绕选题的原因，强调课题组成员的研究专长和研究能力对课题研究的重大意义。

（2）介绍课题研究的组织和分工，明确课题组活动开展的方式，课题主持人及相关成员在课题研究活动中的具体任务，做到责任到人，建立合作高效的研究团队。

（3）介绍课题研究的相关制度。比如，建立课题组成员的学习制度，课题研究的过程同时也是学习的过程，围绕课题研究开展专题学习，通过制度来保障每个成员的有效学习；建立课题研究例会制度，定期组织交流学习心得体会和关于课题研究的思考，分享研究经验，促进相互启发等。

2. 客观条件

（1）介绍学校或地区的科研条件。职业院校教科研课题的研究有不少都是与学校的教育教学和事业发展密切相关的，我们一定要从学校本身的历史文化资源入手，注重校本资源的开发和利用，从课题研究的角度挖掘其中的物质、精神等层面的文化内涵，推动课题研究的个性化和校本化。

（2）介绍已经获取的研究资料（文献、设备等）。这是课题研究的物质准备，虽说好像属于客观因素，其实这项客观因素与研究者的主观能动性密切相关，只有有着强烈的研究意识，我们才能抓住一切可能的机会，将文献、设备等研究材料集聚起来，为课题研究服务。

（3）介绍研究经费预算和来源。一般来说，课题获得资助，会有相应的经费拨款，有些学校和教育行政部门对教科研还会实行倾斜制度，应该争取多渠道筹措资金，以给课题研究提供较为充足的经费保障。

（4）介绍时间保障等等。时间保障一方面要考虑整个课题研究的阶段和完成的相应时间，充分考虑研究过程中各项活动的正常开展；另一方面还要考虑研究参与者的时间，合理安排教学和研究工作，做到二者互相促进，相得益彰。

研究的可行性条件有些并非先天就已经具备的，有些是需要在研究工作开展的过程中去努力实现的。以上只是对研究任务可行性分析的主要内容做一个简要的说明，在具体的撰写过程中，要根据课题及课题组的实际认真对照进行撰写。

最后，需要明确的是，开题报告的撰写只不过是课题研究设计论证过程的开始，在开题活动或后来的研究活动中，我们还应综合各方面意见以及研究的实际进行相应的调整。因此，开题报告又是一个开放的文本，需要在后续的研究活动中不断地调整、充实和完善。

第二节　怎样撰写课题研究工作报告

撰写课题研究工作报告，是课题研究具体工作中的一项重要内容。写好研究工作报告有助于我们对课题研究的每个阶段，乃至全部工作进行整体的回顾，清晰地展示课题研究的过程，可以让研究者和读者能够及时、全面地了解课题研究的基本情况，保证课题研究的顺利推进，使课题研究成为"真"研究。

一、什么是课题研究工作报告

课题研究工作报告就是研究工作情况的汇报，是研究者对课题研究的具体情况所做的事务性说明。课题研究工作报告以研究者对课题研究进程进行回顾和客观记录为基础，集中反映课题研究的基本情况和研究过程中的大事，具有高度的概括性。

课题研究工作报告一般分两种情况。

一种是课题研究年度或阶段工作报告。这是对课题研究中某一年度或某一阶段课题研究情况的总结性说明。年度或阶段工作报告一方面可以向读者介绍课题研究的进展，另一方面可以及时总结已有的研究成果和研究经验，及时发现存在问题，进行适当的调整，保证课题研究的正确方向和阶段任务的如期完成。

一种是课题研究结题时提交关于课题研究的总体工作报告。这是对课题从开题到结题整个过程中研究情况的说明和概括总结。

无论是哪种情况，在报告撰写的内容格式及框架方面并无明显的不同，只要我们把握了课题研究工作报告的实质，就可以根据不同的要求或针对年度（阶段）或针对研究的全过程进行撰写。

二、课题研究工作报告的主要内容及框架

对职业院校教师来说，课题研究是一个非常重要的教科研历练。通过工作报告可以促进研究人员回顾研究的经历，从研究实践的组织和操作的角度进行总结和提升，促进研究工作的规范化和正常化，从而保证自身研究素质和研究能力的不断提升。

因此，课题研究工作报告要能够清晰地反映课题研究的运作过程和脉络。

表 8-3 课题研究工作报告的主要内容及框架结构

××省教育科学"十三五"规划立项课题(课题类型)
××××研究(课题名称)
××年度工作报告/××阶段工作报告/工作报告
课题负责人:×××
负责人所在单位:×××
课题起止时间:×年×月—×年×月
课题批号:××××

一、课题的基本情况
二、课题研究的主要工作
三、课题研究取得的成果
四、研究体会和后续研究设想

三、课题研究工作报告的撰写

课题研究工作报告是在研究工作取得一定进展以后对研究工作进程的汇报,属于事实性陈述。在撰写过程中,我们要本着实事求是的态度,将课题研究的主要工作和经验教训呈现出来。

(一)撰写"课题基本情况"

课题基本情况,一般放在工作报告的开始部分,可作为工作报告的序言或者导语,可独立成块。在这个部分,要以简洁的语言陈述课题来源、起止时间、何时开题、课题研究的进度。

我们可以这样表述:

"×××研究"课题为××省"十三五"规划立项课题,于×年×月立项,研究周期为×年,×年×月×日开题,根据专家意见,我们对课题的实施方案进行了进一步的完善,顺利进入研究阶段。本课题研究的主要内容为……。目前课题正在实施第一阶段××的研究。现将前一阶段的研究工作报告如下。

如果课题主持人、核心组成员有所变化,可在这一部分加以说明。如:"由于主持人×××同志工作的变动,我们向课题管理部门做出申请并同意变更为×××同志。"

(二)撰写"课题研究的主要工作"

这是工作报告的主体部分,主要介绍课题组在研究过程中所采取的组织管理措施和推进的主要工作。一般包含以下内容。

1. 研究人员的组织分工

介绍主要研究人员及其分工。这一部分要尽量阐明主要研究人员在研究工作中的学术性贡献。

2. 关于建章立制的情况

课题研究关键在于行动,在于"做"。为了落实"做",我们需要在工作报告中介绍课题组建立的相应制度,可以是学习分享制度、活动交流制度、资料管理制度、成果展示制度、进展保障制度等。

3. 有关资料的搜集整理

资料是课题研究的重要基础,有些资料是文本性的已有研究资料,有些资料是需要调查研究才能获得的。工作报告要介绍通过哪些途径,搜集了哪些资料,对课题研究有哪些方面的作用。

4. 具体的学习研究活动

对于职业院校教科研来说,课题研究本身就是教师向理论书籍、向专家、向教育实践学习,通过多种渠道和途径丰富和提升自己的专业素养的过程。这是一个边学习、边提高的过程,在研究工作中具有重要的作用和地位。在这个部分,我们要介绍课题组围绕课题研究的哪些问题,以哪些方式,开展了哪些学习和研究活动。由于这个部分体现了研究过程中的具体工作,需要详细介绍。

以下是南京中华中等专业学校"基于校企合作的五年高职专业教学团队建设的实践研究"课题研究工作报告中关于主要工作的表述:

1. 准备阶段(2011 年 2 月—2011 年 12 月)

采用文献研究法,通过文献资料,研究国内外教学团队建设的背景和研究现状,寻找理论支撑。采用调查法,对学校师资队伍现状和社会对人才的需求做充分的调研,为研究提供依据。本课题在选题之前,南京市职业教育与成人教育研究室章宏主任给予了宏观的指导和中肯的选题方向建议,最终学校确定课题项目并对课题研究的理论依据和具体实施的可行性进行论证,申报课题。

2. 开题论证阶段(2012 年 2 月—2012 年 5 月)

课题立项之后,学校邀请省市专家进行开题论证,实施课题研究工作的指导。并且按照专家的论证意见,修改课题研究方案,成立课题组,确定了电子商务、数字媒体艺术设计(原电脑艺术设计)、服装与服饰设计(原服装设计)、人物形象设计四个子课题组,成立了四个专业教学团队,并召开课题组核心成员会议,布置课题研究任务,同时申报市级优秀教学团队。

3. 文献的再检索与再分析阶段(2012 年 6 月—2012 年 12 月)

一是在前期文献检索研究基础上,进一步搜索与本课题相关的文献资料,补充查找遗漏资料,力图提供最新相关资料梳理与分析,进一步拓展研究深度;二是重点寻找校企合作及团队建设的最新相关动态,课题组成员撰写研究论文。

4. 研究深入实施阶段(2013年2月—2015年7月)

根据课题研究实施方案,通过行动研究、个案研究和经验总结法,按照既定的研究目标和内容,具体深入实施课题研究工作。

(1) 校企合作实施阶段。

拓展新的校企合作单位,电子商务专业新增苏宁云商集团股份有限公司、中国电信南通分公司、南京德盈商业管理有限公司等;服装服饰设计专业新增江苏兰诗国际学生服饰有限公司;人物形象设计新增南京东霞美容集团有限公司、南京米兰尊荣婚纱摄影会馆;数字媒体艺术设计专业新增江苏原力电脑动画制作有限公司、艺德源动漫制作有限公司、南京喵呜生活文化创意有限公司、南京牧之艺装饰设计有限公司、南京能动力文化发展有限公司、南京新铭秩标识有限公司、南京金现教文化传媒有限公司、南京鼎帅装饰工程有限公司、南京九幺装饰工程有限公司、南京魔力多网络科技有限公司、南京郑云介文化创意有限公司;软件技术专业新增东软睿道信息技术有限公司、北京京北方信息技术有限公司、江苏省软件人才交流服务中心等。

(2) 课程开发阶段。

为了适应企业人才培养规格的需求,我校进行了校企双主体专业课程开发。如对现有数字媒体艺术设计专业部分课程进行重新整合和开发,着力打造手机软件绘画、数字绘画、动漫游戏等与区域经济发展结合度极高的软件课程。与艺德源动漫制作有限公司联合开发了爱绘数字艺术网络,并开发了"米塔尔"网络在线课程,依托专家工作室,为学生提供线上线下在线课程学习。目前,东南大学、南京林业大学、南京艺术学院相应专业的学生都在使用这个课程。服装服饰设计专业与舜天西服有限公司深度合作,课题组胡捷老师通过行动研究、案例研究,基于工作岗位,编制了符合我校五年高职服装与服饰设计专业学生实际的《立体裁剪》校本课程。一方面该课程注重与市场需求相结合,另一方面与技能大赛需求相结合,将技能大赛的相关技能要点和内容融入了课程之中。电子商务专业的何玲老师根据行业企业的要求,开发了《商务软文写作》课程,何玲老师结合目前软文营销职业人才需求,同时又从职业教育规律和教学实践出发,探索建立了一个商务软文理论教学体系和技能训练系统,给电子商务专业的高职和中专学生建立了一个学习模式和训练平台,以期培养优秀的适应电子商务发展和需求的软文写作人才。

(3) 课堂教学研究阶段。

每个学期,围绕课题研究目标,上课题研究课、振兴课堂示范课、青蓝工程诊断课,举办活力课堂大赛,基于企业岗位能力和要求,进行岗位任务分解,将实际的企业环境引入教学环境中,并将两者有机融合在一起,使学生在校内的学习过程就是不断生产产品过程、完成项目任务的过程,是实现理论教学与实践教学有机结合的教学模式。在研究中,要求专业课教师从建立以培养学生职业能力为核心的教学体系出发,突出工作过程与学习过程相结合,在教学设计中将课堂与实习地点相统一,采用"教、学、做合一"的行动导向的教学方法。要做到四个合一——"车间与教室合一、学生与学徒合一、教师与师傅合一、理论与实践合一",要基于企业的工作岗位,正确地找到专业所对应的员工正在做的工作任务,并将其转化为学校的教学任务。推行项目教学、场景教学、主题教学和岗位教学。注重因材施教,完善分层教学制、走班制、学分制和导师制。通过研究,课题组老师在教学方法的运用上,凸显校企合作,彰显岗位能力,特色鲜明。课堂教学行动研究有效促进了课题研究在提升教师课堂教学研究水平、促进教学质量整体提升、促进教师专业成长等方面的作用,进一步优化了以"双师素质"和"专兼结合"结构为主的教学团队结构,促进了师资队伍建设的可持续发展,并以此为着力点,全力打造基于校企合作的五年高职专业教学团队。

(4) 企业实践及培训阶段。

利用暑期,四大课题组按照学校实训处提供的校企合作单位和岗位,有计划有组织地组织团队成员下企业实践,团队成员根据所提供的下企业实践内容,不断接受新知识新技能,并且优先选派课题组成员参加各级各类培训。课题组成员中百分之百都参加了至少一轮的省级骨干教师培训。

5. 结题鉴定阶段(2015年9月—2015年12月)

总结课题成果,撰写工作报告、研究报告,邀请专家结题鉴定。

上例回顾了课题研究全程的主要工作,并分准备、开题论证、文献的再检索与再分析、研究深入实施、结题鉴定五个阶段来进行表述,呈现了课题研究不同阶段不同的工作重心和管理措施。在每项活动的介绍中,根据活动采用描述的手法,让读者对课题研究活动的开展一目了然。

如果研究课题较大,涉及的内容丰富,举办的活动较多,可以编制课题研究大事年表,以清晰展现课题研究的历程。

(三) 撰写"研究取得的成果"

职业院校教师的课题研究成果不一定都是以严谨的科学语言来进行表述的研究报告或重大论文,它可以体现为教师和学生行为方式的转变,也可以体现为教育教学内容的改革和完善,同样也可以是一些教育教学案例、论文等等。

在工作报告中,研究成果的表述从严格意义上来说,只能算是成果的目录,我们可以加上一些简要说明,但不必对研究成果进行详细的展开阐述,只要以概括的方式分类罗列出一些具体的条目,以"折射"课题研究的成果即可。

例如,"基于校企合作的五年高职专业教学团队建设的实践研究"课题工作报告的研究成果表述如下。

1. 学校层面

（1）子课题组"服装设计专业"教学团队和"电脑艺术设计专业"教学团队被立项为南京市"双师型"优秀教学团队，这两个市级教学团队已成为南京市明星团队。

（2）子课题组所在的服装设计专业被评为江苏省品牌专业，子课题组所在的美术设计与制作专业和美容美体专业被评为江苏省特色专业。

（3）"软件技术（服务外包方向）"专业成功申报为五年制高职新增专业，制定了实施性人才培养方案，首批招生40人。

（4）拓展了一批新的校企合作单位。

2. 教师层面

（1）3名课题组成员被聘为第四届江苏省职业教育教科研中心组发展战略组、语文组和纺织服装组成员；其中2名被聘为江苏省中等职业学校学生学业水平考试研究组德育组和纺织服装组副组长；团队成员中新增南京市学科带头人2名、南京市优秀青年教师2名、区学科带头人2名、区优秀青年教师3名、区教学功臣6名。

（2）3名课题组成员在江苏省技能大赛中荣获金牌，其中有2人被评为"江苏省巾帼建功标兵"，1人荣获"江苏省青年岗位能手"称号。

（4）6人晋升为高级教师，4人成为南京市职业学校教科研中心组成员。

（5）国家级教学竞赛中获得一等奖2人、二等奖1人、三等奖2人；省级"两课"中评比获示范课8人，研究课9人，位居南京市前列；省级微课大赛中获二等奖1人、优秀奖3人；省级信息化大赛中获三等奖2人；市级信息化教学大赛中获一等奖7人、二等奖6人、三等奖12人；市级"两课"评比中获一等奖3人、二等奖18人、三等奖14人。团队成员中，省级技能大赛中3人获金牌、2人获银牌、5人获铜牌，9人获优秀教练奖。

3. 教学改革层面

（1）课程建设：开发校本课程"手机游戏""动画制作""韩语"等选修课程。

（2）教材建设：课题组成员开发了校本教材《数字媒体》《电脑绘画技法》《数字媒体绘画技法》《Illustrator CC》《商务软文写作》《数字绘画》；《立体裁剪》等。

4. 发表论文

《服装教学团队教师信息化背景下专业实践与专业发展应用研究》《校企合作模式下的高职"双师型"教学团队建设新思考——以我校电子商务专业为例》《科研引领下的"1234"青年教师团队建设实践探索——以南京中华中等专业学校为例》《基于校企合作的五年高职专业教学团队建设的实践研究》《基于校企合作的五年制高职专业教学团队建设研究》《"双师"队伍建设在我校高职专业教学团队建设中的重点作用》《多措并举打造服装专业教学优质师资队伍——对五年高职服装专业教学团队建设的几点思考》《高职院校校企合作长效机制的构建》《基于校企合作的五年高职专业教学团队建设的绩效

评价研究》《电脑艺术设计专业优秀教学团队建设策略及路径》《五年制高职服装专业校企合作人才培养模式研究》等11篇成果在省级以上刊物正式发表。19篇研究论文在市级及以上评比中获奖。

在工作报告的成果表述中,最常见的问题是"课题是个筐,什么都好往里装",似乎只要是与学校教育教学工作相关的成果,都可以"拣"进课题成果中来。课题研究虽然有其推动学校教育教学工作的巨大功能和作用,也不排除会有众多副产品的产生,比如说学校的教风、学风等等,但是,一项课题不可能解决教育教学的所有问题,它只能在具体的理论或实践领域做出针对性的贡献。这需要研究者在工作总结和回顾中不时对这些"成果"进行仔细的审视和考量,既不能遗漏和放弃一些重要成果或可能成为研究成果的材料提升,更不能生拉硬扯,鱼目混珠,这都会影响课题研究的严肃性和科学性。

四、撰写"研究体会和后续研究设想"

课题研究实践是一个不断完善的过程。我们应及时总结反思,发现存在问题,进行相应的调整,并提出后续研究的打算和思路。这是课题研究中必不可少的环节,也是工作报告的重要内容。

下面是江苏省"十二五"教育科学规划课题"基于校企合作的五年制高职专业教学团队建设的实践研究"中的研究体会和后续研究设想。

本研究中,校企合作的机制与模式探析不清,界定不明,实质性的内容与形式还有待宏观规划与架控;校企合作模式下团队成员在校企合作中的角色定位不准,与企业的深度合作不够,还没有解决好企业盈利和学校公益性的关系;基于校企合作的团队建设整体与个体之间的关系厘定还比较欠缺;基于校企合作的专业教学团队建设的绩效评价还缺乏具体的评价指标。

在团队建设的过程中,如何处理常态化教学的超负荷和下企业实践的时间保障,这是所有职业院校面临的一大难题。安排企业实训、课程置换、课程嵌入、课程定制、专业共建等方面既是校企合作新的突破点,同时也是团队建设的内容,对教师的专业知识和技能也提出了一定的要求,如何让团队成员的知识结构和能力水平同步发展、与时俱进是团队建设实现整体目标的关键所在。另外,对于教学团队建设,如何制定具体的绩效评价指标是摆在我们面前的一大难题,如何让团队建设的目标愿景转化为团队成员内在发展的动力是值得课题组继续深入研究的课题。

可以看出,这则例子写出了通过课题研究之后,研究者对课题研究工作及课题本身的深刻认识,这种认识是只有在"亲历"之后才会有的体悟,既有情感的自然流露,也有理智的真切表达;既有认识水平的提高,又有对存在问题的透视和对未来的设想。

第三节　怎样撰写课题研究中期成果汇报

在课题研究的中期阶段,课题管理部门一般需要对课题研究的状况进行检查和考核,确保课题研究工作的开展。对于课题组来说,在进行了一段时间的研究之后,也有必要对课题研究进行一下总结回顾,梳理已有研究及成果。因此,中期成果汇报的撰写是课题组必需的一项重要工作。

一、什么是中期成果汇报

顾名思义,中期成果汇报就是在课题研究的中期阶段进行的成果总结汇报材料。中期成果汇报不仅可以用于课题管理部门的检查和考核,获得更多的帮助和指导,更主要还是研究者对课题的自我检查。通过中期汇报材料,课题组成员可以对照预定研究计划和目标,及时进行纠偏、补缺,进一步校准下一阶段的研究目标。同时,通过成果的总结,还可以鼓舞研究团队的士气,促进深入地沟通,以便于把课题研究推向纵深,争取如期完成研究,取得应有的成果。

二、中期成果汇报的基本内容与框架结构

中期成果汇报以课题研究的年度或阶段工作报告为基础,在结构和内容上有一定相似之处,不同的是,中期成果汇报侧重于整个研究进入中期阶段取得的进展和成果的描述。

表8-4　课题研究中期成果汇报的主要内容及框架结构

××省"十三五"规划立项课题(课题类型)
××××研究(课题名称)
中期成果汇报
课题负责人:×××
负责人所在单位:×××
课题起止时间:×年×月—×年×月
课题批号:××××
一、课题基本情况 二、课题设计思路 三、课题研究进展 四、课题中期研究成果 五、研究中存在的问题 六、结题前的研究打算

三、中期成果汇报的撰写

中期成果汇报的撰写,一方面要对课题研究工作进行中期的整体回顾,另一方面要集中笔力,对研究的成果进行适当的梳理,并能呈现已有研究的主要观点。

(一)撰写课题基本情况

这一部分与工作报告中的课题基本情况部分的地位一样,放在汇报的开始部分,作为序言或导语,主要向读者交代课题的来源、起止时间、何时开题、课题研究的进度等基本情况,好让读者对课题的基本信息有个大概的了解。

(二)撰写课题研究思路

作为中期成果汇报,读者所要了解的不仅是课题研究开展了哪些工作,更主要还要了解工作与课题研究的目标、内容和方法之间的关系,从而更好地判断研究的安排是否合理、科学,是否能够朝向课题研究的目标,因此在这一部分,不能只是一个工作的简单汇报,而应回顾一下课题设计时的思路构想,进一步明确中期研究的目标和任务,这也是进一步考察研究进展、研究成果以及思考存在问题和下一步研究打算的一个重要依据。

(三)撰写课题研究进展

这个部分,我们可以以课题研究的过程为线索,围绕课题的组织和主要学习研究活动来展开,在撰写时可以整体考察,对组织和学习研究活动进行适当的归纳、分类,为研究成果的取得提供过程和活动的事实基础。

课题研究不是一种个人行为,而是一种集体性的研究活动,它需要整个团队的协调行动。因此,在中期汇报时应就课题组织工作的有效做法进行总结,扼要交代课题的开题、学习组织、人员分工、规章制度的建设等等。

研究活动是研究进展部分的重要内容,撰写时我们要抓住研究过程中与研究内容密切相关的活动来写,而不能轻描淡写、一笔带过,更不能只在外围兜圈子。这一部分的写作要能体现真实而具体的研究活动,将活动的内容、方式呈现出来。这些活动不仅可以增进读者对课题研究的认识,而且可以让研究者对课题进行较为充分的中期回顾,以真正把握究竟进行了哪些研究。

(四)撰写课题研究的中期成果

这个部分是在研究过程描述的基础上,对研究取得成果的集中介绍。这种介绍具有一定的摘要和综述性质,我们可以从理论成果、文本成果、实践成果等方面进行分类介绍。

对于职业院校课题研究来说,研究成果的内容不应该仅仅只是一些发表的论文、教师教育教学实践水平的提升以及学生的成长与发展,还要有专业建设、课程与教学等方面的成果。这些在表述的过程中应该得到应有的重视和充分的体现。

（五）撰写课题研究存在的问题

进入中期研究阶段，研究队伍的研究能力和研究水平、组织管理的效益以及研究思路的合理性等等，都已经经历了实践的检验，其存在问题也开始逐步暴露出来，这时，研究者应该有明确的反省意识和自我批评意识，通过文字将存在问题揭示出来，这样才能更好地谋划和部署下一阶段的研究工作。

课题研究中可能存在的问题很多，有些是职业教育课题研究的共性化的问题，更有不少是一些具有个性的问题，可以体现出课题研究的独特性。在撰写时，我们可以运用发散思维，对课题研究状况进行多角度的考察，以深刻把握影响课题推进的重要问题。

对于存在问题要能做精要的分析，以抓住问题产生的原因，为开启下一阶段的研究思路做好准备。例如，江苏省教育科学规划"十二五"规划课题"基于校企合作的五年高职专业教学团队建设的实践研究"，这样分析研究存在的问题：

（1）校企合作的机制与模式探析不清，界定不明，实质性的内容与形式还有待宏观规划与架控。

（2）校企合作模式下五年高职专业教学团队建设保障与评价、管理与激励机制还有待进一步构建。

（3）团队成员在校企合作中的角色定位不准，与企业的深度合作不够，还没有解决好企业盈利和学校公益性的关系，教师下企业实践的时间不能得到有效保证。

（4）基于校企合作的团队建设整体与个体之间的关系厘定和可持续发展还比较欠缺。

这样的问题表述语言简练，切中肯綮，揭示了课题研究中普遍存在的关键问题。

（六）撰写今后的研究打算

研究打算的撰写，首先要考虑前一阶段存在问题的解决，要能提出具有针对性和实效性的解决措施和策略，与存在问题部分呼应起来，同时又不能完全局限于已有问题的解决，我们还要从课题研究的整体思路出发，对下一阶段的研究工作做出合理的规划。

仍以江苏省教育科学规划"十二五"规划课题"基于校企合作的五年高职专业教学团队建设的实践研究"中期报告为例，它这样表述今后的研究打算：

（1）进一步加大校企合作的力度与效度，拓展校企合作领域与模式，在企业实训、课程置换、课程嵌入、课程定制、专业共建等方面寻求新的突破点。以此深化五年高职课程与教学改革，提高教师专业技能和产学研能力。

（2）通过互利合作进一步探索基于校企合作团队建设的实践机制、管理模式、实践操作范式，在教师下企业实践中给予一定的时间保障和资金支持。

（3）进一步细化团队整体与个体发展的目标任务，建立灵活可持续发展的成长机制，优化适应五年高职教育的教学团队结构,创新"十二五"职业学校"双师型"教师队伍的培养模式。

(4) 制定好切实可行的教学团队建设发展整体规划,依据教学团队建设标准,注重教学团队过程性建设,逐步提升教学团队的整体教学与科研实力。

(5) 通过教学团队建设,形成创新工作机制,落实专业与课程建设任务,提升团队成员整体实力,同时加强对青年教师的培养与使用。通过优秀教学团队建设,谋求在教学名师、精品课程、品牌专业与特色专业建设以及教学成果等方面新的进展和突破。

(6) 教学团队作为一个实践主体,应切实履行如下职责。

① 牢记职业教育理念,在实践中不断创新教育教学模式。

② 加强调研,及时掌握行业及专业发展趋势。

③ 主动适应产业行业及用人单位对高素质技能型人才的需求,制(修)定实施性专业人才培养方案和专业课程标准。

④ 推进专业课程体系、教学内容、教学手段、教学方法、教学管理和考核评价等改革并取得成效。

⑤ 主动开展教育教学理论研究和实践探索,提高业务水平。

⑥ 提高编写校本教材、课件和实习指导书的能力,推进专业教材建设。

⑦ 提高推进校内外教学实习和顶岗实习基地建设的能力。

⑧ 主动参加有关职业技能大赛和行业职业资格证书考试和鉴定。

⑨ 切实提升团队成员对教学运行及质量管理与监控的能力。

⑩ 切实提升自身师德水平。

⑪ 积极组织申报品牌特色专业、精品课程、教改课题、教学名师以及教学成果奖等项目,提高教学团队的综合实力。

一般来说,课题研究进入中期以后,除了相应的实践研究以外,主要是进行课题研究的理论加工和提升的阶段,这是课题研究取得重要成果的关键时期,上例就结合问题的解决和结题工作,从研究人员的理论素养、课题管理、教师培训、专业建设、教学改革等方面进行了相应的谋划,并对预期成果进行了设想,为下一阶段的研究工作指明了方向。

第四节 怎样撰写课题研究结题报告

结题是课题研究进入结束阶段的最重要的工作,也是课题研究管理过程中的关键性环节。在这个阶段,课题研究承担者要撰写结题研究报告,对课题研究进行整体的总结,管理部门要建立专门的鉴定组织,组织有关专家对课题研究进行全面而合理的评议。

一、什么是课题研究结题报告

课题研究结题报告是研究者在课题研究活动基本结束后,对整个研究过程和研究成果进行的全面而客观的描述,它是在课题经过了文献研究、调查研究、实验研究等研究活动之后,以事实材料为依据而写成的课题研究的总结性报告。

课题研究结题报告是课题研究材料中最重要的材料,也是课题结题验收的主要依据。一篇好的课题研究结题报告,应该能够给读者较为完整和清晰地呈现课题研究的整体面貌。因此,研究报告要注意回答三个大方面的问题。

(1)为什么要进行这项课题研究?即介绍该项课题研究是在怎样的背景下提出来的,对教育教学理论的创新和教育教学改革有什么意义和价值。

(2)这项课题是怎样进行研究的?即介绍该项课题研究的理论依据、目标、内容、方法以及研究的主要过程。

(3)课题研究取得了哪些研究成果?即介绍该项课题研究取得的研究成果,对教育教学工作产生了哪些影响。

通过这三个方面,读者和专家组就可以较为全面地掌握课题研究的基本状况,从而可以对课题研究做出较为客观和公正的评价。

二、课题研究结题报告的基本内容和框架结构

在撰写正式的课题研究结题报告前,研究者必须对课题研究的相关资料进行认真的整理,精心设计报告的篇章结构,并且对每一部分叙述什么内容等做出缜密的思考,列出详细的提纲。

表8-5 课题研究结题报告的主要内容及框架结构

××省教育科学"十三五"规划立项课题(课题类型) ××××研究(课题名称) 结题报告 课题负责人:××× 负责人所在单位:××× 课题起止时间:×年×月—×年×月 课题批号:××××
一、课题提出的背景 二、课题核心概念的界定 三、课题研究的意义和价值 四、课题研究的目标、内容、方法 五、课题研究的过程 六、课题研究的成果 七、课题研究的社会影响 八、课题的后续研究设想

三、课题研究结题报告的撰写

如何评价一份课题研究结题报告的质量,没有一个公认的标准。我们可以从以下方面对课题研究结题报告进行考察:首先,课题选题是否有价值,研究过程是否周密完善,搜集的材料是否完整;其次,研究者的思想方法是否合适对路,对事实的概括、判断是否准确,立场观点是否正确新鲜;第三,研究者是否能够对材料进行由表及里、由浅入深的推理、论证,使之具有一定的理论性和学术性,是否联系教育教学工作实际,具有一定的实践指导意义。

结题报告的撰写格式不同于论文的撰写格式,要注意不要仿照论文格式来写,不要在研究报告的前头增设"内容提要""关键词""引文"等。结题报告也不同于经验总结,不要以经验总结的格式要求来撰写结题报告。在整体思考的基础上,我们可以按照一定的框架结构分步写作。

对于"课题提出的背景""课题核心概念的界定""课题研究的意义和价值""课题研究的目标、内容、方法"等,内容基本上与开题报告中相关内容相同,我们可以根据开题报告的内容,加以适当修改即可,而对于"课题研究的过程",我们则要根据课题研究的实际进行回顾、梳理、归纳、提炼。

下面,我们仅就"课题研究的成果""课题研究的社会效益"及"课题的后续研究设想"三个方面加以阐述。

(一)撰写课题研究的成果

"课题研究的成果"是展示研究是否达成预期目标的重要部分,是课题研究报告中的重点和亮点。一篇高质量的研究报告应该能够全面准确地反映课题研究的基本情况,才能凸显课题研究的推广价值和借鉴价值。如果说在工作报告和中期成果汇报中,对研究成果的表述只要求做到提纲挈领式的简单交代,那么,在结题报告中则要对课题研究取得的成果进行综述和理论的提升。

也许有人会认为职业院校教师不可能有什么理论发现,但只要认真总结,注意思考,我们往往能够从实践当中得出属于我们的新观点、新认识、新的教育教学策略或者模式,这些都属于理论成果的范畴。如果我们能够在实践的基础上提升出这些具有原创性的理论,那么课题研究就不会停留在经验的层面,而具有了普遍的借鉴和参考价值。

结题报告中的研究成果表述不能过于简单,我们可以对课题研究各子课题研究的成果和产生的学术论文进行整体的考察,从中提炼出主要观点,而且要理顺这些观点之间的逻辑关系,使研究成果的表达充分体现课题研究内部的严密性、相关性和逻辑性。

例如,江苏省第二期专业教育教学改革课题"构建职业学校名师培养机制的实践研究"结题报告中的研究成果部分分理论成果和实践成果两部分进行表达。

一、理论成果

（一）通过文献研究和理论思辨的方式，提炼出职业学校名师的内涵、特征及培养的建议

1. 职教名师内涵研究的界定

从建设现代职教体系的现实需要和长远发展的角度出发，职教名师的内涵建设应体现"文化课与专业课协调发展"的现代职教理念，融合高等教育的学术性和职业教育的实践性，培养工程思维能力、跨界思维能力和创新思维能力，在职教名师的评选和培养方面，尤其要重视教育科研能力的考察与提升，突出专业课教师开展技术研发、文化课教师开发人文选修课程的评选权重，彰显职教名师的"专业性、先进性"和突出的社会影响力。

基于以上认识，我们将"职教名师"的内涵界定为：在所属地区或领域内具有"高尚的师德修养、宽厚的知识背景、超强的教学技艺，突出的绩效影响"，为学生欢迎、同行认可的、获得市学科带头人以上综合性荣誉称号的教师。

2. 职教名师主要特征的阐释

特征是内涵的显性标志，"高尚的师德修养、宽厚的知识背景、超强的教学技艺、突出的绩效影响"这四大特征，是职教名师本质属性的显性标志，是考察选拔职教名师的重要依据。

（1）高尚的师德修养。具体表现为：① 热爱教育事业和教学工作，具有执着的理想信念、强烈的成就动机、追求技能极致化的大国工匠精神。② 模范遵守教育法规和制度，积极投身课程与教学改革，不断探索教育教学艺术，勇于承担繁难急重任务。③ 关心爱护学生和青年教师，能为学生成长、团队发展和学科建设无私奉献，甘当人梯。

（2）宽厚的知识背景。具体表现为：① 熟悉本学科的背景知识和本专业发展的前沿技术；了解经济社会发展与本专业或学科的内在联系。② 具备课程与教学论的思维视野，掌握主要教学流派的观点主张；掌握教育学、心理学、教育心理学等的基础理论知识和策略方法；了解中外教育史纲及教育家的思想观点、理论主张。③ 具备"以命题网络或图式的形式表征课程知识"的经验知识，具有"洞察教材的重点难点"、轻松驾驭组织课堂教学、敏捷处理实践问题的独特经验。④ 掌握基本哲学理论知识、现代科学技术的一般常识；具备文艺美学、企业管理、社会生活等人文教育和跨界思维的文化知识。

（3）高超的教学技艺。具体表现为：① 具备熟练的完备的教学设计能力；具有超强的教学组织监控和反思改进能力；形成个性化的成熟的教学模式或教学风格。② 能独立承担专业核心课程教学，开发适切性的课程资源；能主持或独立开发高水准的选修课程，具备精准的课程资源开发能力。③ 能主持高水平的学术讲座、教研活动或开设教学研究课、示范课；能主持高规格的教育科研课题或技术攻关课题；能运用系统思维和批判思

维、以研究的方式解决问题,并物化成研究报告、论文论著、课程教材等文本成果。

(4) 突出的绩效影响。具体表现为:① 在公开课和讲座、各项能力竞赛(含辅导学生)、指导青年教师或团队建设、课程教材开发等方面,取得突出成绩。②"课题—论文—教学实践"高度关联,形成成熟的个性化的教学模式,或形成自己的教学主张及教学风格,或出版高水平的教育教学专著(含文集)。③ 在参与企业技术研发或开发人文选修课程等方面,做出突出贡献,在校内外产生积极影响。

3. 对职教名师建设的思考与建议

(1) 构建简约的评价体系,服务名师培养选拔。职教名师的培养和评选工作,需要系统的理论观照和富有层次的、简约的评价体系。我们构建了《职教名师评价体系表》,整合各类名师评选和职级评定的核心指标,给出"一级指标"(内涵特征)、"二级指标"、"指标阐释"和"考察方式",有利于指导和推进"职教名师"培养及评选工作。

(2) 创设多样化成长平台,促进名师快速成长。从建设现代职教体系的长远目标来看,现有的职教名师队伍和人才高地建设基础薄弱,迫切需要创设多样化的名师成长平台。依笔者看,当前急需建立或完善"四大平台":一是教科研成果孵化及转化平台。二是建立完善"准名师"培训平台,开展针对性培训。三是搭建专业技能提升平台。四是创设区域交流平台。

(3) 确立科学的政策导向,实施动态名师管理。一是确立名师评选面向教学一线的政策导向。二是确立行政评价与社会评价相结合的政策导向。三是建立完善动态的职教名师管理机制。一方面,制订《职教名师管理考评办法》,对名师实行动态管理和综合考评;另一方面,对名师实施跟踪服务,从青年教师培养、开展校企合作科研项目、开设学术讲座、开展课题研究、参加出国培训以及学术交流等方面,为职教名师搭建跨区域的发展平台,充分发挥名师的示范辐射作用,促进"职教名师"向行业"领军人才",直至教育名家等更高层次迈进,创造出"名师引领,水平一流,人才纷涌"的职业教育新局面。

(二) 通过经验总结、文献研究等方法,提出了名师培养的基本概念

1. 教师人才观

(1) 树立科学人才观,构建教师生态成长环境。

我们今天所倡导的科学人才观,就是要清醒认识教师队伍建设的现状,充分认识"人才就是财富,人才就是效益,人才就是竞争力,人才就是发展后劲",确立教师在职业教育办学中的主体地位,充分发挥人才资源的巨大优势,就要疏浚人才培养的源头,构建可持续发展的教师成长生态圈,进一步增强忧患意识和责任意识,通过观念更新、制度创新等手段,切实加强教师队伍建设。

(2) 树立教师为本的观念,营造培养教师的良好氛围。

树立教师为本的观念,不仅体现在社会功能的变革上,也体现在以人为本理念树立

的社会新风尚上。特别是《面向21世纪教育振兴行动计划》中开始实施的"跨世纪园丁工程"和《关于深化教育改革全面推进素质教育的决定》以前所未有的方式突显教师职业的社会价值功能。《国务院关于加强教师队伍建设的意见》(国发〔2012〕41号)、《教育部、财政部关于实施中等职业学校教师素质提高计划的意见》(教职成〔2006〕13号)、《教育部财政部关于深入实施职业院校教师素质提高计划(2016—2020年)的意见》等文件的相继出台与贯彻实施,真正营造了一个鼓励教师干事业、支持教师干成事业、帮助教师干好事业的社会环境。

(3) 强化教师职业的专业化,推进教师专业发展。

教师是专业人员,教师专业化成为历史的必然。提高教师的专业水平,才能使教师职业成为受人尊敬的一种职业,成为具有较高社会地位的一种职业。教师专业结构应该包括专业理念、专业知识、专业技能、专业服务精神和自我专业发展意识。值得指出的是,教师专业发展的过程,不仅是教师自我完善的过程,也是教师通过完善自身而更好地促进他人完善的过程。强化教师职业的专业化,推进教师的专业发展,是落实教师科学人才观的必由之路。

2. 名师作用观

(1) 师德的表率。

名师对教育是由衷挚爱、执着专注的;对学生是充满爱心和富有高度的责任感的;为人师表、教书育人、自尊自律,以人格魅力和学识魅力感染学生。名师师德高尚,具有示范表率作用。

(2) 学习的楷模。

名师最大的爱好是读书,最享受的事情还是读书,几乎所有名师都非常重视知识积累和沉淀,在终身学习理念下不断学习,并在不断实践和反思中,积累了大量的"只可意会,不可言传"的缄默知识。追踪名师成长的足迹,无不皆是主动学习、与时俱进的典范,值得广大一线教师追随与效仿。

(3) 学科的示范。

名师思想深刻、见多识广、自成境界;名师学科知识重组、教材延伸与拓展的能力卓越;名师营造课堂文化高人一等,教学氛围轻松愉悦,富有审美特质。他们是学科的专家,在学科教学中,名师以独到的视角、精湛的技能引领着学科教学水平的整体提升。

(4) 研究的辐射。

名师在教学实践中都形成了自己的教育思想和教学方法,但在其成长过程中也经历着知困自反、否定之否定的蜕变。反思是名师的习惯,研究是名师的常态。名师以其研究成果的推广性、辐射化,发挥其在教育教学研究中的示范辐射作用。

(5) 团队的打造。

作为名师,打造教学团队是其肩负的重要使命。名师的团队打造途径主要有三条,即最传统的传帮带、加强专业切磋的研究共同体、成立实体的名师工作室。通过这三条途径,使名师的示范引领作用进一步得到加强。

(6) 办学的推动。

名师不仅仅是在自我管理上和打造团队上起到促进作用,同时,由于他们的名气和榜样作用,对于学校管理和校园文化建设也起到了巨大的推动作用。名师可以推动一个学校的发展,其影响力也可以辐射周边学校。名师还能使学校有名气。不仅如此名师还能通过名师的威望辐射一个地区影响几代人。

3. 名师发展观

名师发展,就是名师在一定的支持环境下,积极自主地持续提升自身专业素养,以达到最高教师标准的一个动态的持续的生成过程。

(1) 名师发展的特征。

一是名师的发展具有主观能动性。体现在名师特别注重育己。名师深深理解了只有做到育己,做到学而不厌,保证不断提升自己,才能做到育人,做到诲人不倦的真谛。名师还特别注重主动发展、内在发展和创造发展。

二是名师的发展有待环境的支持。名师发展既需要内因促动,也需要外因作用,诸如领导、教师、学生支持的人本环境的构建,物质层面支持环境的充足,制度层面支持环境的保障,观念层面支持环境的创新,习俗层面支持环境的转变,都会极大地促使名师不断前行。

三是名师发展的连续不断。名师的发展是一个持续的绝对的变化过程。前面的发展是后面发展的基础,后面的发展是前面发展的累积。任何一位名师时时处处都处于变化发展之中。"未成可成,已成可革",是对名师发展的最好表述。

四是名师发展促进专业提升。名师在其生涯发展过程中,无论是在职前培养,还是在职后进修中,都必须重视不断提升自己的整体专业素养:专业精神、专业观念、专业道德、专业知识、专业能力、专业潜质等,以使自己能够适应社会的发展、教育的变革与学生的变化,最终达到教育的最佳效果。

五是抵达巅峰的主体生存状态。所谓抵达巅峰性,就是指名师在经过艰辛的努力后,最终都能够抵达名师这一光辉的顶点。教育幸福的获得需要教师具有对幸福的感受力与创造力、具有良好的知识结构、具有高超的教育能力、具有审美的素养等。教育幸福是名师在历经了艰辛的努力与不断的攀登后,因专业素养与教育效果达到了理想的状态而自然生成的一种主体生存状态。

(2) 名师发展的全程阶段论。

第一阶段,酝酿期。酝酿期是名师发展的摇篮,也是名师为师理想萌芽时期。在这一阶段部分名师往往受到从教前的学校、教育专著、尊师重教的社会风气、家庭环境等特殊因素的影响,萌发了愿意为师的心理倾向。

第二阶段,预备期。预备期是名师接受正规或非正规师范教育的时期。绝大多数名师在这一时期接受了正规的师范教育。

第三阶段,适应期。适应期是名师走向教育工作岗位最初的一段时期。这段时期或长或短,短则只需几个月,长则需要几年。这段时期是名师将已经掌握的教育专业理论转化为教育实践行为的时期。

第四阶段,成熟期。成熟期是名师能够完全胜任教师工作的时期。这时的名师已经发展成为教育专业理论知识与实践性知识丰富,基本功扎实,教育教学技能与技巧娴熟,能够处理教育教学中非常棘手的问题,在学生中拥有较高的威信,教学效果显著,小有成就的教师。

第五阶段,成名期。成名期是名师在熟练的基础上大胆进行创造与革新的时期,也是有机会展示自己的教育才华并得到认可的时期。革故鼎新,而不是墨守成规;与时俱进,而不是因循守旧,是这一阶段名师的重要特征。这时的名师因为勇于创新,已经具有了独到的教育见解,形成独特的教学风格,成效卓著,得到领导赏识、同行公认、学生欢迎。

第六阶段,鼎盛期。鼎盛期是名师发展的巅峰时期,也是教育教学炉火纯青的时期。多数的名师能够进入这一阶段。这一阶段的名师造诣深厚,精力充沛,实力雄厚,艺术精湛,名气越来越大,魅力越来越强。从教育学的视角分析,此时的名师从教育教学中领略到了教育的真谛,体悟到了教育的奥妙,体会到了教育的乐趣,享受到了教育的幸福。有的名师开始重视总结经验,提炼精华,教育教学逐渐由必然王国走向自由王国。在这一阶段的名师,社会活动越来越多,名师效应越来越明显,知名度越来越高,影响越来越大。这一阶段的名师较易产生"名师效应"。

第七阶段,延续期。延续期是名师发展的保持与继续时期。在名誉延续阶段,创新已经难以再现,驾轻就熟,沿袭成规,维持原状,总结经验,概括规律,提炼精华等成为本段主要发展特征。

第八阶段,余热期。余热期一般是名师退休的阶段。

第九阶段,影响期。影响期是名师特有的对别人的思想与行为起作用的阶段。

二、实践成果

通过行动研究,概括出名师培养的实践操作机制。

1. 总结出本市名师培养与培训的模式

(1)以名师孵化为目标,以教师专业发展阶段为基础,设计阶梯式、模块式培训项目,展开名师成长梯队式培训。

第一层级的培训主要是新入职教师培训。这里新入职教师不仅指的是刚刚走上讲台的新教师,还有新进入职业教育领域的转岗教师,有的来自普通教育,有的来自企业。在新入职教师培训中师德规范、职业教育的新理论、职业教育教学的基本原则、课堂教学观摩学习、职业教育教学管理的基本规范和要求、职业教育教师素养等内容的培训,帮助这些教师迅速地积累教育教学实践知识和经验,尽快地站稳讲台,顺利完成各项教育教学工作。

第二层级的培训主要是青年骨干教师培训。这一层级的培训对象主要是教龄3年以上到8年以内的在教育教学工作中崭露头角的教坛新秀。在入职之后,经过3到8年的工作实践的磨炼,每个青年教师的发展进度和水平必然不同,每个教师的专业成长培训需求也产生差异。基于名师队伍孵化的需求,青年教师队伍中的有着优良工作业绩和表现的人成为第二层级培训的主要对象。

第三层级的培训为各专业学科的骨干教师培训。这一层级的培训项目的特点有三个:一是培训时间长,基本培训周期为一年,脱产学习与在岗学习交替进行,确保参训教师有足够的时间在培训过程中将具有针对性的培训内容在工作实践中内化;二是专业特色鲜明,这一层级的培训结合职业教育各专业最新建设发展趋势,针对各专业优秀教师专业素养的内涵要求,分专业学科展开培训,使得参训教师在培训中能针对自己专业发展的短板和需求获得最大帮助;三是实践性强,这一层级的培训项目更多的是现场化、情境化的培训,参训学员将在教学实践中遇到的问题带入培训中,在培训教师和专家的指导引领下探究出解决方案或路径,并即时在实践中进行行动研究,提升教育教学和理论研究的实践能力。

第四层级的培训为针对"准名师"即专家型教师的培训。对于各专业学科的专家型教师,我们视其为"准名师"并要创造一切条件帮助其在专业发展的道路上继续前行,为他们提供针对性强的高级培训,助推其从"准名师"向"名师"迈进。

(2) 以名师内在结构要求为导向,设计多元化、组合式结构的课程,促进专家型教师向名师成长。

在对南京市职业学校教师队伍现状调查分析的基础上,通过对职业教育发展和职业教育教师专业发展的研究,统筹开展教师队伍培训整体规划,确立了多元化、组合式结构的教师培训课程设计。在设计课程过程中我们遵循这样一个基本工作模式:第一步:以名师素养内在结构要求分析为起点;第二步:辅之以现状调查与分析,同时开展教师培训需求调查;第三步结合以上三种数据的分析确定课程的目标与内容设计;第四步:将课程目标与内容提交相关专家进行评审;第五步:根据专家组评审意见修正课程目标与内容;第六步:依据课程目标完善课程学习内容,明确考核评价方式,组织教学专家队伍等;第七步:培训课程实验实施后根据授课专家、参训学员意见对课程目标和内容进行进一步修正。

在推动专家型教师向名师专业发展的过程中,我们根据以上的课程设计模式设计出了师德水平、教学实践能力、教育科研能力、课程开发能力、专业操作技能、企业技术创新能力、信息化教学能力等提升培训课程,培训成效显著。

(3) 从教师学习的特点出发,以职业教育教学情境为导向,创新构建多样化的名师培训方式。

我们在名师培训中提出了以教育教学情境为导向,构建"做中学"的培训方式,并将其运用培训项目当中。"做中学"培训方式紧密地结合了教师的实际体验,以他们在教学实际工作中遇到的问题为出发点,将处理各种教育教学实践问题的技能和策略作为培训内容,有效地将实践运用的观摩、体验和操作融入培训,实现学用结合,克服传统教师培训中理论与实践脱节的弊端,提高了培训实效。

网络学习成为教师培训的一种有效补充形式。在传统的教师培训中,工学矛盾一直是难以回避的,在培训实践中我们尝试运用信息化手段解决这一矛盾。我们创设了职业学校教师远程网络培训平台,推出大量针对性强的网络课程,推进教师培训的信息化和现代化,远程网络培训为职业学校教师提供了专业学习的渠道,打破培训时空,有效助推职业学校教师专业发展。

模块组合培训方式针对培训时间跨度长的项目来说,不失为一种高效的培训方式。通过具有综合性、开放性、针对性的培训方式,将培训与团队建设进程紧密结合融为一体,培训内容在第一时间运用到团队建设中去,不仅有利于拓展团队负责人的辐射作用,促进专家型教师向名师的专业发展,更实现了培训与工作的优势互补,有利于培训与工作需要紧密结合,提高培训质量。

(4) 建构职业学校以需求为导向的名师培训模式。

以需求为导向的职业学校名师培训模式的实践运行机制如下。

第一步:分析培训需求。梳理近年来职业教育发展方针政策、制度、标准等,以及对教师队伍建设提出的基本要求,将其转化为名师培训内容,再通过自下而上的需求调查,找准教师实际需求,确定培训项目的目标和内容。

第二步:设计培训课程。将培训项目的目标和内容转化为可执行的课程,分解出学习领域和学习情境,设计开发出培训课程。

第三步:确定培训方案。在明确的培训目标和内容的指引下,在科学的培训课程设计的基础上,形成培训框架,细化出培训方案,进一步明确培训什么、如何培训、谁来培训、培训条件创设、培训评价等,将培训项目从设计层面落实到操作层面。

第四步:落实培训方案,实施培训。依据培训方案逐项落实,以确保培训取得实效。这一环节在培训模式运行中实践性最强也是对培训效果起着决定性作用的关键环节。无论是参训教师的选拔、培训方式的确定,还是培训教师队伍的建设、培训考核评价的设置,甚而至于培训地点等条件的创设,每一个节点都关乎培训的成效。

第五步:培训效果检验。主要从两方面展开,一方面是参训教师对培训的评价,从学员评价调查表的数据分析中可以获取最及时的对于培训效果的反馈;另一方面是参训教师回到教学岗位中,是否能够通过工作任务的完成体现出已经具备了对其专业素养的内涵要求,专业能力获得显著提升,这些跟踪调查也是最真实的对于培训效果的检验。

2. 探索出助推名师成长的教研模式

南京市职业教育在助推名师成长的目标过程中,基于"教研"这个中心,实施"金字塔型"主题教研模式,在推进教师群体专业化成长的基础上,助推名师的孵化与成型。

(1) 基于塔基的基层职业学校主题教研模式的开展。

教研是基层学校开展教学研究活动的重要平台,也是磨炼教师教学技能、提升教师研究水平,助推名师成长奠定基础的重要途径与载体。在南京市职业教育与终身教育研究室的宏观引领与指导下,全市各所职业学校开展了面向全体教师的立足课堂基于实践的主题教研活动。要求学校按年度制定工作计划,确立工作目标,拟定工作措施,提供教研保障。要求校级领导带头参加教研活动,发挥教学名师、学科或专业教学带头人、教学能手等的作用,要求学校要加强与行业企业的联系,在校企合作中提升教研活动的水平。

基层学校要求全体教师将备课、上课、说课、听课、评课全面提升到教学"研究"层面,整体推进教研工作的开展和教学管理模式的创新,彰显职业教育本质特色。为打造名师铺路奠基。

(2) 基于塔身的市级层面主题教研活动的全方位跟进。

在校级普遍开展主题教研活动的基础上,市职业教育与终身教育研究室根据学科和专业课程,每周开展面向全市各职业学校的主题教研活动,立足三尺讲台,由基层学校推荐骨干教师,面向全市开设研究课、诊断课,开展基于五个对接的深层次主题教研活动。集备课、上课、听课、说课、评课于一体。全方位打磨、提升骨干教师的教学技能和研究水平。

(3) 基于塔尖的各级各类大赛的全力组织与参与。

不论是国家、省、市级技能大赛、信息化教学大赛、还是两课评比乃至刚刚结束的课堂教学大赛,都是旨在以赛促研、以赛促学、以赛促教,提升技术技能型人才培养质量,从而促进教师专业化水平的快速提升。课题组充分把握各级各类参赛的机遇,把它构建成打造名师的最佳战场和舞台。现有的名师群体也无不都是各级各类大赛的参与者和佼佼者。

3. 提出了南京市职业学校名师管理制度

(1) 加强管理,统筹名师的专业发展。

依据我市职业教育现行的管理体制,名师管理应充分发挥市、区教育行政部门、教研机构及学校的作用,形成市、区、校三级管理网络。管理机构成员由市教育局分管局长及职能处室、教研机构、职业学校校长组成,并下设办公室,负责名师培养的日常统筹协调和组织管理工作。

(2)建立名师发展的立体化体系。

遵循教师专业成长的特点和规律,本着搭建平台、专家引领、个人主动发展、团队共同提高的原则,构建名师发展体系,实施高质量培训,高规格提升,高标准培养,造就一批专家型名教师。

(3)加强名师考评,让名师永葆生机和活力。

对名师的考核评价是加强名师管理的重要环节之一。通过考评能够防止名师高枕无忧、停止不前、无所作为或任其所为的消极状态,促进他们总结与反思,激发努力进取的生机和活力。名师考核在专业发展管理机构的领导下,由办公室组织专家对本市的名师和培养对象从示范、引领和辐射作用发挥、教科研成果、学习培训成效等方面进行年度考核。

4. 制定了南京市名师工作室建设方案

名师工作室是以学习为主导,以研究为主体,以工作为主线,以骨干教师为纽带,以提高教育教学、教育研究能力和促进教师专业成长为目的的研修共同体。工作室在信息化环境下开展活动,传播先进的教育教学理念和方法,充分发挥名优教师在教育强市建设中的示范、引领、辐射作用,促进我市职业教育高标准、高质量均衡发展,提升南京教育的知名度选拔采取教师自荐申报、学校评议推荐、县(市)区考核审查、市教育局审核认定授牌的程序。在相应岗位履行岗位职责的特级、正高级教师、市学科带头人,经市教育局和教研室批准可设置名师工作室。

这则例子分别从理论成果和实践成果两个方面来进行陈述,既展示了研究者理论水平和认识水平的提升,同时又展示了实际教育工作的改善,体现了职业院校课题研究的重要特色。

有些结题报告还会在这一部分附上成果目录,如果是理论文字成果,可分别从发表论文、专著、教材等方面进行介绍。例如:

(1)作者姓名:《论文名称》,《期刊名》,某年某期。

(2)作者姓名:《专著名称》,出版社名称,某年出版。

(3)编者姓名:《教材名称》,出版社名称(如未正式出版,须注明内部资料字样),某年。

如果是教学活动成果,可以注明某老师参与某活动,成果影响如何。如:某老师在江苏省职业学校课堂教学大赛中执教《××××××》,荣获一等奖。

我们可以对成果进行分类,并加上序号,这样读者或专家组就可以对成果有一个清晰的了解,同时也可以为前面的文字总结提供相应的佐证。

（二）撰写课题研究的社会效益

课题研究不是关起门来的研究。在研究过程中，我们不仅应该认真总结课题研究本身取得的成果，同时还应该考虑课题研究对学生、教师成长，对教师的发展，以及课题研究对学校、对社区、对地区教育教学的辐射作用。在撰写结题报告时，我们既不能遗漏重要的影响信息，也不能言过其实，而应该在尊重事实的基础上进行总结概括，以平实朴素的语言指出其社会效益所在。

例如，江苏省教育科学"十二五"规划立项课题，江苏省教育科学精品课题培育对象"深度合作：现代学徒制的校本实践研究"这样表述课题研究的综合效益：

1. 深化了实验学校的教育改革

一是促进了"对接企业、工学融合"的专业与课程建设。课题组探讨了现代学徒制专业建设及课程开发原则，构建了学校现代学徒制试点专业课程体系，开发了实施性人才培养方案及部分核心课程标准，主编教材4本。学校相关专业获准立项江苏省高水平示范性实训基地1个，江苏省品牌专业1个，无锡市重点专业群2个，无锡市精品课程资源1门。

二是促进了"情境认知、行知合一"的教学改革。学徒制试点教学团队开展校内交流教学研讨活动近百次，举办市级以上公开教学研讨活动计52节次，有效促进了教改研究。团队获全国机械实践性教学成果奖3项，江苏省示范课2节。

三是促进了"校企联动，专兼互补"师资队伍建设。提升了学徒制试点教学团队的"双师"素养，团队技师比例由45%提升至90%，高级技师比例由0提升至40%。团队参与生产咨询和技术服务项目17项，申获国家专利11项，其中发明专利1项。团队先后被评为江苏联合职业技术学院优秀教学团队、无锡市市属职业院校优秀教学团队。

四是促进了"双元育人，岗位成长"的学生培养。构建了由行业指导、学校和企业共同参与的多元教学质量评价体系，有效提升了学生的职业综合素养。学生在企业学习期间，用人单位满意率达100%。"宝玛"班学生参加"数控机床装调维修工"中级工及高级工国家职业资格鉴定，通过率达100%；"铁姆肯"班学生参加"数控铣"中级工国家职业资格鉴定，通过率达100%；"数控铣"高级工国家职业资格鉴定，通过率达91.3%。学生参加各级职业教育技能大赛、创新大赛、文明风采大赛等比赛，计获奖项50项，其中国赛金牌3项，省赛金牌7项。

2. 引领了区域职业教育的改革创新

课题组在江苏省率先开展了现代学徒制试点工作，引领了区域职业教育的改革发展。学校在专业建设、课程开发、基地建设、师资建设、学生管理等方面积累了经验成果，形成了具有校本特色的现代学徒制人才培养模式。两个试点专业合作项目先后被评为2013年、2014年无锡市职业教育校企合作示范项目。试点成果为区域职业教育推进现代学徒制试点提供了参考。

3. 提供了现代学徒制改革的实践蓝本

课题组围绕试点工作进行了总结反思,撰写现代学徒制人才培养模式改革案例5个,现代学徒制下师生成长案例4个,中国现代职教网、《现代快报》、无锡教育网等媒体先后进行报道。

应该说,课题研究的社会效益的撰写不同于工作报告中的研究体会,课题的社会效益主要着眼于课题研究的社会影响,研究体会主要侧重于研究者自身对课题研究工作的认识,两者有着不同的旨趣,在撰写中要加以区分。

(三) 撰写课题的后续研究设想

作为一项工作,课题研究必须在规定的时间内完成,但只要我们以科学的态度来对待它,就会发现课题研究工作是一项永远不会有止境的事业。正如教育工作本身就是"遗憾的艺术",课题研究不可能解决日常教育教学中的所有问题,而且随着研究的深入,我们对课题研究会产生新的或者更为深刻的认识。

因此,在结题报告中,我们一定要慎重考虑,勇于自我批评,反思课题研究的存在问题,做出合理后续研究设想,以体现研究者必备的理智品性,这样才能不断发现新的研究课题,取得新的成果。

仍以江苏省教育科学"十二五"规划立项课题,江苏省教育科学精品课题培育对象"深度合作:现代学徒制的校本实践研究"研究报告为例:

日本学者细谷俊夫曾如此评价中世纪的学徒制:"它既是一种真正理想的技术教育体制,同时也是一种卓越的社会教育组织。"探索现代学徒制正是向着职业教育理想前行的进程。如今,现代学徒制研究正在全国各地如火如荼地展开。应该说,现代学徒制的学校实践是一个正确的改革方向,其意义在于以学校为试点,逐步开展中国职业教育"由点及面""由局部到整体"的改革行动,从而逐渐建立并完善顺应区域经济社会发展要求的新职业教育人才培养体系。

反思研究过程,总体来说,课题研究达到预期研究目标。课题组在实验学校开展了现代学徒制的专业试点改革,试点的过程及其成果的积淀,都将为区域职业教育深入推进现代学徒制改革提供理论参考及实践蓝本。但受研究者视野和能力所限,以及部分客观条件制约,课题研究还存在以下不足。一是理论探讨深度还不够,课题组需要进一步梳理既有成果,着重对课题研究的"深度合作""双主体育人""四个变革"等关键概念做进一步思考,丰富并深化理论成果;二是实践探索创新度还不够,课程改革力度有待加强,现代学徒制课程体系也尚待进一步优化,校企双元育人,尤其是岗位育人的实施细节还需要进一步完善;三是研究视阈还需进一步拓宽,课题组应在现有研究的基础上,将视阈拓展至区域职业教育——或可开展集团化视阈下现代学徒制研究,进一步加强与行业、企业的多边合作,为促进构建中国特色的现代学徒制体系做更深入的探索。

虽然从上文我们已经知道该课题取得了丰硕的成果和广泛的社会影响,但任何一个真正的研究者都应能敢于并善于发现和揭示已有研究的存在问题。在表达中我们可以看出研究者清醒地看到课题研究中的理论探讨深度不够,实践探索创新性不够,研究视域还需要进一步拓宽等问题,并提出了进一步研究探索的举措,真正体现了研究者研究素养的不断提升以及课题研究的思维拓新作用。

第九章

以道理服人：职业教育教科研论文的撰写

> ◇把简单的事情考虑得很复杂,可以发现新领域;把复杂的现象看得很简单,可以发现新定律。
> ——牛顿
> ◇反复地推断,无休止地修正,就能在科学上取得毋容置疑的进步。
> ——杜克洛克斯
> ◇科学是人类的共同财富,而真正的科学家的任务就是丰富这个令人类都能受益的知识宝库。
> ——科尔莫戈罗夫

【导读】

教科研论文的撰写,是教师提高教科研能力和教科研素养的一条重要途径。本章重点介绍了教育随笔、教育案例、教育叙事、教育论文以及学术论文的写作方法和技巧。在学习本章内容时,要结合自己的实践,做到边学习边训练。这样有助于提高教科研论文的写作水平。

撰写教科研论文是职业院校教科研活动的一个重要环节,有着重要的意义。一方面,教科研论文是作者在认真研读教育科学理论文献基础上,结合自己的实践和体会写出来的文章,有助于对教育科学理论的有效理解和掌握,并能在一定程度有所发展;另一方面,作者在撰写教科研论文过程中,将会必不可少地对大量研究材料进行分析、去粗取精,实现由感性认识向理性认识的飞跃和升华,有助于建立对教科研的兴趣和深化对教科研成果的认识;再一方面,撰写教科研论文本身,也是科研工作的一部分,是作者从中获取直接经验的过程,而这个经验,当在论文中得到反映时,便将成为人类的财富,有助于推进教育改革的进一步深入。正因为此,撰写教育科研论文,也就成了广大职业院校教育工作者提高理论素养,提高专业化水平的一个重要途径。

第一节　怎样撰写教育随笔

如果说教科研论文是教育教学理论创新的结晶的话,那么,教育随笔就是实现这一创新的途径和渠道,写教育随笔与写教育论文,有着内在的关联。苏霍姆林斯基就曾说过:"随笔教给我们思考,教给我们创造。"叶澜教授也曾指出:"一个教师写一辈子教案不可能成为名师,如果一个教师写三年教学反思就有可能成为名师。"

一、什么是教育随笔

随笔又叫"随感"或"杂感"。所谓"随",有随手记下而非刻意为文之义。教育随笔,顾名思义就是谈教育思想观点的随笔。教育随笔,应该是自己对教育现象的看法、对自己教育活动的描述以及心得体会。它题目小、篇幅短;层次和结构比较简单;内容单纯,涉及面比较小,写作材料便于收集、整理和使用。

根据我们的经验,勤于写教育随笔有助于培养教师的教科研意识,促进教师专业成长。因为要写随笔,所以要阅读;因为要写随笔,所以要去做;因为要写随笔,所以要思考。可以说,教育随笔写作是一种拉动教师读、做、思的最有效的方法,是作为行动研究的最好依托,也是铺就学术研究大道的"基石"。

二、教育随笔的基本特征

教育随笔,得其真味或许就在一个"随"字:随和,随意,随缘。北京师范大学肖川先生说得好,教育随笔"没有居高临下的霸气,没有正襟危坐的俨然,没有煞有介事的虚假,没有耳提面命的烦闷。像朋友之间的抵膝而谈,不求全面,不求'客观',不求严谨,甚至也不求立论的'公允'、命题的'科学';只求谴一己之意趣,痛快淋漓地嬉笑怒骂"。教育随笔"不奢望成为重大决策的依据,也不企望成为学术积累的文献。它表达一种情怀,一种趣味,一种心境,一种追求"。教育随笔不是为了晋升职称而炮制的论文,也不是为了课题交差而拼凑的"成果",它是有感而发、不吐不快的大实话;它力图用感性的文字表达理性的思考,用诗意的语言描绘多彩的教育世界;它在轻盈、轻巧之中,透着一种内在的严肃与庄重。

三、教育随笔的写作技法

随笔不仅是一种写作的风格，更是一种生活态度的自然流露。教育随笔写作是一种随机写作，它没有特殊的文体要求。日常教育生活中的一个波折、一个跌宕、一段令人难忘的往事、一段激情难却的会议，都可以成为写作的对象。它不需要像那种合乎学术规范的研究报告，教育随笔写作关键在于描述"那一刻"的"霎那间的世界"——"我"与教育世界中的诸主体相遇时的那种身体感觉、那种心理状态、那种期待、那种震撼、那种想象……它是"意识流式"对教师内外生活"如其所显现"般地呈现。

教育随笔是最适合教师创作使用的一种写作样式，它有着浓烈的生活气息、生命气息，它是教师生活的确证与表征。教育随笔唤醒了教师的"存在体验"，让教师的自我存在得以彰显。教育随笔写作要注意以下几个方面。

首先，写作教育随笔立意要新。也就是你所写的教育心得体会，不仅自己觉得有新意，而且让别人看后也觉得耳目一新。从这个意义上讲，正如诗云："删繁就简三秋树，领异标新二月花。""看似寻常最奇崛，成如容易却艰辛。"

其次，随笔中列举事例要具体生动。在举例时一定要把事实讲明白，使读者看后能够领悟。要做到小中见大，从个别具体的事例出发，能体现出一般规律。要注意把中心思想集中到一点上来，反映较深刻的问题和道理，使读者透过现象看本质，通过个性看共性。

再次，教育随笔没有固定的限制。常见的有借事说理，夹叙夹议等形式。借事说理：作者要着力描写一个事件，不用太多的语言去发议论，做点评，把一件事情写清楚，文章的结尾有个简单的点题就可以了。读者通过读作者叙述的这件事，就能受到触动，明白一些道理，道理喻于故事之中。夹叙夹议：作者在叙述一个事件的同时，发表自己的见解，一边叙述一边评论。也可以是把事件先叙述完，再做评论。可以先简述文章的中心以及写此文的目的，再列举实例说清楚事实及过程，也可直描教育教学心得体会。

四、教育随笔与教育论文的关联

教育随笔随时可以思考、记写，具有适时、灵活的特点，应算"另类"论文。它与论文的关联：从文体和表述方式上来看，论文是以说理为目的，以议论为主的；而随笔则是一种散步、漫步，可以记叙，可以抒情，可以议论。随笔可以是讲一个故事，可以阐发一个感想、一个道理。从写作的思路和思维方式上来看，二者也有很大的区别。论文写作一般是一种演绎思维，思维的方式是从抽象到具体，而随笔则带有一种意识流性，它只求遣一己之意，或议论，或呐喊，喜怒哀乐皆可入文。教育随笔的独特之处就在于，它能够对那些司空见惯的，习以为常的现象以小见大,见微知著,以孔窥豹。正因为如此,教育随笔才有助于陶冶我们的情怀,激发我们的理论兴趣。只要我们留心生活,随笔素材就无处不在;只要我们真情体悟,教育随笔将丰富我们的情感世界。

第二节 怎样撰写教育(教学)案例

一、什么是教育案例

关于什么是"案例"至今仍然没有权威性的统一界定。从教育的角度,以下关于"案例"的阐述是值得关注的。

(1)案例是对一个复杂情境的记录。一个好的教育案例是一种把部分真实生活引入课堂从而使教师和全班学生对之进行分析和学习的工具,它可以使课堂讨论一直围绕只有真实生活中才存在的棘手问题来进行。

(2)案例就是一个蕴涵教育信息的故事,一个好的案例要含有需要解决的两难困境。

(3)所谓案例,就是包含有某些决策或疑难问题的教育情境故事,这些故事反映了典型的教学思考水平及其保持、下降或达成现象。

(4)一个案例就是一个包含有疑难问题的实际情境的描述,是一个教育实践过程中的故事,描述的是教学过程中的"意料之外、情理之中的事"。

(5)一个案例就是实际情境的描述,在这个情境中,包含有一个或多个疑难问题,同时也可能包含解决这些问题的方法。

尽管说法不同,却也有一定的共识,如果概括为一个定义,即:教育案例研究指的是通过对具有典型意义的某一节课、某一教育教学行为、某一学习行为、某一事件,依据科学性、发展性和可行性原则,进行全面的分析、解剖,归纳出利弊,提出新的教育、教学行为并付诸实施的一种活动。它通过对个性事件的分析,解决现实中的特殊性事件或问题,其本质在于通过对某一事件的分析,得出带有一般规律的普遍性结论。教育案例既不能像管理案例一样将专业判断完全留给读者,也不是像医学案例一样告诉读者一种问题解决方法。它是"请读者和我一起"参与专业思考,"我"写我思我行。一个好的案例,就是一个生动的故事加上精彩的点评。

二、教育案例的基本特征

教育案例是对具有问题性、典型性、故事性的教育教学的实例进行的理论分析,具有如下基本特征。

1. 真实性

好的案例首先是对某种真实的教育情境的记录,是对教育教学实践中真实发生的事件的描述。在这点上,案例要求对确定发生过的事实进行记录,在它的叙述部分,要求多用白描手法,不要掺杂撰写者个人的分析与评论。案例本身就是一个日常教育工作环境的模拟仿真,可以让读者置身于事件的情境之中,去体验处理问题的感受。

2. 典型性

教育实践是复杂的,任何单一的教育案例,都不可能涉及教育科学的所有方面、所有环节,只能解决较为有限的问题,涉及有限的方面和有限的环节。所以,案例必须具备典型性。要对原始案例材料根据一定的教育目的,进行叙述技巧的处理,将所要解决的教育问题展开,形成案例自身的个性。实例生动典型,叙述生动形象,整个案例就会引人入胜。

3. 故事性

案例必须是一个故事,故事有两个基本特征,一个是矛盾冲突,一个是问题情境。"故事性"就是要求案例具有可读性、完整性、具体性等,在叙述、描写一个案例时,要将整个事件发生的时间、地点、经过、结果讲清楚,一般要有一个从开始到结束的完整的情节。案例应体现对读者的"邀请性"以及给读者的思考空间,将读者置于一个特定的情境之中,需要交代特定的时间、特定的地点、特定的任务和特定的细节等等,这些对情境的描述能够为读者提供足够的信息,是读者理解案例的重要条件。教育案例的生命在于启迪教育工作者。

三、教育案例的撰写原则

好的案例要有鲜明的主题,清晰的案例背景,典型生动的案例事件,富有启发性的案例分析和启示,值得研究的案例问题。案例区别于一般事例的最大特点就在于有明确的问题意识,是围绕问题展开的。案例中要讲明问题是如何发生的,问题是什么,问题产生的原因有哪些。教育案例的撰写原则如下。

首先,要巧选实例。可以是完整的教育教学的过程,也可以是过程中的一个意义片断;要具有故事性,故事生动使得案例具有可读性;要具有问题性,真问题的解决使得案例具有教育意义;要具有典型性,典型性使得案例具有普遍意义。

其次,撰写案例要对案例做理性分析。实例往往停留在经验层面,停留在"是什么"的层面;而案例必须上升到理论层面,必须解释"为什么"。案例要内化教育理论,走出"技巧"误区,要把教育理论与教育实践融合起来。要能够帮助教师掌握个别教育想象在其特定的教育情境中的存在意义。要从教育学、心理学、哲学等角度,解释实例之"所以然",分析实例表现出的原理,使得实例可以借鉴和复制。要让教师明白在哪些情境下才适合使用这些技术,进而更明智地分辨时机,恰当地运用这些方法或技巧。要让教师认识到教育情境的复杂性,把那些只可意会不可言传的情感、态度、价值观等知识提升到教师发展的"意识阈"中来。

再次,要注意写作规范,关注谋篇布局。案例写作也需要注意构思精巧,精巧的构思能够让案例生动有趣,增强吸引力。要关注细节描述,案例往往叙述的是一个实例的片断,矛盾冲突的表现需要细节加以突出,对于典型案例分析要从教育学、心理学、哲学等高度来认识,不要"穿靴戴帽""贴标签"。要关注教育现场,在案例写作中,诚如法国人类学家克洛德·列维-斯特劳斯所说的,"一件一闪的小插曲,一个风景的片面,或者是一句偶然旁听的话,可能就是了解及解释整个区域的唯一关键所在"。如果说教师展示其生命价值的主要场所是在课堂、在学校、在与学生的交往中的话,那么案例在一定程度上就是教师生命之光的记载。换言之,案例就是把一个教师教育教学生涯中的点点滴滴的困惑、沮丧、兴奋、激动的人或事记录下来,从更深层意义上说,案例就是提升教师的生命感。

四、优秀教育案例赏析

老师,请理解我的"刁难"
南京中华中等专业学校　毛素洁

【引言】

根据江苏省五年制高等职业教育英语课程标准,五年制高职的外语教育要适应社会、经济发展的需求,为实现高素质、高技能人才的培养目标服务。着眼于这一目标,我一直在自己的高职教学中注重学生能力的培养,在课堂教学中采用灵活多样的教学方式,因而课堂也总能为大多数同学所喜爱。对于这样的成绩,我在教学之余也颇有些自豪,毕竟自己的付出得到了回报。而对于学生来说,我从教的高职班的同学已经进入了二年级,一年多的职校生涯让他们不再拥有了刚入校时的青涩和懵懂无知,而是多了几分成熟,知识面变广了,思维也比刚入学时更加活跃。学生的这种进步往往让我带着几分欣喜,又怀着一些压力。这个班级的学生思想相当活跃,经常会在上课期间提出一些和课堂教学内容有关,但又高于课堂的问题。作为老师的我已几次"中招",好在他们都还比较善良,每次都会适可而止。但是,接下来的一次我就没有那么幸运了。

【案例描述】

这是一节阅读课,课文中出现了一个常用词"CD",我刚提起,学生就对它充满了浓厚的兴趣,课堂立刻响起了七嘴八舌的声音:"VCD,DVD,EVD……"我示意他们停止,但并没有立竿见影的效果。于是,我灵机一动,把这几个英文的全称按照从上至下的顺序都写在了黑板上,班级中的声音立刻小了很多。这时,我向全班发问:

"Do you know the explanation of them(你们知道它们的意思吗)?"

"光盘!"是一个女孩的声音。

"What about VCD, DVD and EVD(那 VCD,DVD 和 EVD 呢)?"

班级中立刻没有了声音。我有些得意地把中文写在了黑板上,班级中很多同学跟着念了起来。考虑到这个班的专业是电子商务,以后可能会有大部分同学接触到相关词汇,我一想,又补充了一下这几个常用词的全称:

"Compact Disc(CD), Video Compact Disc(VCD), Digital Video Disk(DVD), Enhanced Versatile Disk(EVD)."写完之后,课堂中的声音又响了起来:

"哇!老师你好厉害啊,知道这么多!"

"就是啊,原来我都不知道呢!"

"老师,我好崇拜你哦!"

"……"

夸赞声如潮涌而来,我有些飘飘然了,正当我享受着学生的称赞的时候,班级中响起了一个与众不同的声音:"老师,CEO 的全称是什么啊?"CEO?!首席执行官!可是它的全称是什么?我只记得"C"是 chief,"O"好像是"officer",那个"E"?想不起来了!脑海出现了好几个以字母 E 开头的单词,但在心里都被我否认了。事实是,我根本无法说清这三个字母的全称。可这是一个常用词啊。怎么办?难道让我现在当着学生的面承认我连 CEO 也不知道是什么吗?不行,承认了一定会颜面尽失。我准备不予理会,继续讲我的课。谁知,那个声音又高高地响起:"老师,你说啊,是什么啊?"我的心里蹿出一股无名怒火,谁啊?竟然这么不识趣!循着声音看去,是一个男孩,脸上挂着一丝得意的笑容。"首席执行官!"我几乎是吼出了这几个字。班上的同学也意识到了问题的严重性,没有人再说话,他们看看我,又看看他。"这我知道,我是说它的全称!"他依旧不依不饶。怎么办?我再次努力搜寻着脑海中关于这个词的记忆,可是,大脑一片空白,别说这个词了,意外已经让这时的我忘记了下面的教学内容。我感觉出了自己的狼狈,脸上涨红,手心都是汗,杵在讲台前,一句话也说不出。多年的教学经验此时也救不了我,我只希望下课铃快响,好让我有一丝回旋的余地。班级里安静得可怕,同学们都看着我,我真恨不能找个地洞钻进去。正在这时,响起了一个女孩的声音:"老师别理他,你赶紧给我们讲下面的文章吧!"话音刚落,班级中立刻想起一片应和声:

"是啊,老师你别理他,他太烦了!"

"老师,你别跟他一般见识!"

"就是,我们都不理他!"

"……"

这些声音在当时的我听来宛如天籁。第一个说话的女孩是我的课代表,真是谢谢她,不仅给我解了围,还提醒了我下一步的教学内容。这些可爱的孩子们!我意识到了自己的失态,定了定神,重新理好了思路,回到了课堂。我略一思考,直接点了那个男孩的名字:"××,老师记不太清了,但我相信,你一定知道的,现在就请你来告诉大家吧!"他愣了一下,显然没有料到我会把球又踢回给了他。但是只一会儿,他就站起来对我说:"老师,我不会读,但是我会把它写在黑板上,可以吗?"果然是有备而来。我示意他可以,于是他在班上所有同学的注视下走上黑板,写下了"Chief Executive Officer"。我也立刻找回了脑海中这几个沉睡已久的词组。

"Who can read the expression(谁会把这个短语读一下)?"

同学们都没说话,看来他们都是比较陌生的,趁势我就读了一下,并领着他们读了几遍。这时,我看到课堂也恢复了往日的氛围,而那个男孩也再次露出了笑容,不过这次不再是得意的笑容,而是那种稍许带着歉意的微笑……

下课铃很快响了,我拿起书,准备回办公室,而那个男孩竟然跟着我。回到办公室后,他鼓足勇气来到了我的面前:"老师,对不起!"

"为什么?"我微笑着问他,此时的我早已是怒火全消。

"你上课几乎都没怎么叫过我回答问题,其实我的英语不差!"

"是吗?!"我愣住了,好像确实是。

"其实我挺喜欢你上课的风格,可你跟以前的老师一样,总是喜欢叫那几个女生回答问题。我就想让你知道,其实她们会的东西我也会!"这些话看来他已经准备很久了,一口气就说完了。

"那真是抱歉,老师没有注意到,那下周一的 *daily report*(每日汇报)你能准备一下吗?"

"我已经准备好了!老师你就等着看吧!"他有些得意。

此时的我心中百感交集,他对我的"刁难"只是想引起我的重视,如果每个老师都能够把自己对"乖巧"学生的关注分出一小部分放在这些同学的身上,那么,课堂无论对老师还是对学生来说都会是一个快乐的园地。

【案例评析】

反思一:教师如何应对班级中的"弱势群体"?

作为一名教师,我们不难在每个课堂上都会发现班级中的"优势群体"和"弱势群体",班级中总会有一些学生在课堂中显得比较强势,老师的问题他们能够对答如流,对老师的教学活动能够积极配合,这样的学生,是每个老师心目中的好学生,是容易被老师喜欢的学生。但不可否认的是，在职业学校这样的环境中，我们老师遇到比较多的则是"弱势群体"。这些孩子身上或多或少的有着一些毛病，他们多数时候不能集中精力听课，不愿配合老师课上的活动，成绩落后。那么，我们是不是因为这样的原因就要疏远他们，甚至于不管了呢？应该说，本节课中，这个男孩也给我上了一课。我在课后也向其班主任了解过，他是个知识面很丰富的学生，但是唯独英语成绩薄弱，也正因为如此，他才选择了职校。其实，在我们的课堂中，有很多类似这样的学生，某一门课或者某几门课比较差，但是，他可能是个运动健将，也可能是个手工高手，抑或是人缘特好，能吃苦，而这些，都有可能是被我们老师忽略的优点。著名心理发展学家加德纳在他的"多元智能理论"中也阐述过，学校在发展学生各方面智能的同时，必须留意每一个学生只会在某一、两方面的智能特别突出；而当学生未能在其他方面追上进度时，不要让学生因此而受到责罚。作为职业学校的教师，我们更多关注的不应该是学生某一门课的成绩，而应该是他全面的发展状况，各方面的综合表现，这也应该是职业学校的教学理念和最终的要求。

反思二：教师应该怎样应对课堂上的突发状况？

作为"太阳底下最光辉的职业"，教师的工作是"教书育人"，一个"育"字道出了我们工作的特殊性，因为我们面临的对象是在不断变化着的处于"心理断乳期"的青少年，这就需要我们有灵活应变的能力。在这节课上，发生了较大的突发状况，直接对我的课造成了大的影响。而这所谓的"意外"也是多次的"偶然"积累而成的。这个男孩对我平时的教学方式已经有了异议，但是因为身处这样的年龄阶段，他不愿意直接地表达，而是采取了另外一种旁敲侧击的方式。所以，如何应对这样的突发状况需要每名教师在长期的实践中摸索，课后积极地反思。

反思三：教师备课应该备什么？

古语有云："凡事预则立，不预则废。"作为教师，我们都明白，上课之前需要备课。可备课是不是仅仅把教材内容浏览一下，看一下参考书，并在备课笔记上留下些许痕迹就可以了呢？答案当然是否定的。在新课改的大趋势下，备课包含了备教材，备学生，备目标，备板书等多个方面。对大多数教师尤其是老教师来说，教材早已烂熟于心，可是我们的学生却是时刻在不断变化着的。所以于我而言，备学生从某种程度上来说比备教材更加重要。课前细细地构思，暗暗地揣摩都是为了课堂上的厚积薄发。在这节课上突发的意外让我措手不及，某种程度上也是说明了我的准备不够充分，还好状况在后来得到了妥善地解决，但作为教师的我也从此事中得到了教训，再次备课时便会格外注意。

记得刚开始工作时，曾经有一次机会去听南外老师的课。有位已有着十多年教龄的英语教师在上完课说课时告诉在座的所有听课教师，一般上课，她都会预设学生的两种情况而准备两个教案，当时年轻气盛的我相当不以为然，而经过多年的教学下来，却是从心底里佩服这位老师的敬业精神。

著名教育家魏书生先生说过,"尊重与发展学生的人性和个性,会使师生生活在一种相互理解、尊重、关怀、帮助、谅解、信任的和谐气氛之中,从而真正体验到做人的幸福感与自豪感,减少内耗,提高工作和学习效率。"作为教师,我们所做的一切应该都是为了学生,最终要促进他们的发展,这不仅是他们自身的要求,同时也是职业教育发展和社会发展的需求。

第三节　怎样撰写教育叙事

一、什么是教育叙事

叙事,通俗地说就是"讲故事",叙事研究又称"故事研究",它是人类的一种表达、交流方式。叙事研究源于人类种族经验延续的需要,是一种研究人类体验世界的方式。这种研究方式的前提在于"人是故事性的动物",他们过着故事化的生活。教育叙事是指研究者(主要是教师)以故事为手段,通过对有意义的校园生活、教育教学事件、教育教学实践经验的发生、现在的影响以及未来的期待的描述与诠释,发掘或揭示内隐于这些生活、事件、经验和行为背后的教育思想、教育理论和教育信念,从而构建教育生活意义的研究方法。教育叙事主要记录教育者在自己的教育实践、教育生活中发生的各种真实鲜活的教育事件和发人深省的动人故事,表述教育者在实践过程中的亲身经历、内心体验和对教育的理解感悟。"叙"就是叙述,"事"就是故事。教育叙事其实是一种叙事化的教育反思。教育叙事中,教师既是故事中的人又是故事的解说者,所叙述的内容涉及自己的日常生活、教育实践及某些教育问题的解决过程。教育叙事的基本诉求在于,它不只是关注教育的"理"与"逻辑",而且关注教育的"事"与"情节"。叙事研究是以"质的研究"为方法论基础的,是质的研究方法的具体运用。

1. 教育叙事重视了"叙事者"的处境与地位

"我们每个人也有一部个人的历史,有我们自己生活的故事,这些故事使我们能够解释我们是什么,以及我们被引向何方。"在教育叙事中,教师作为"叙事者"得到了充分的尊重。在以往的研究者与实践者的关系网中,实践者往往是作为被研究、被测试的对象而被长时间地保持沉默,教育叙事让实践者发出了自己的声音。教育叙事对于教师个人的自我理解和自我认识有着独特的意义。"好的"叙事研究要求教师从各方面揭示出自我当下的教育处境,包括教育困境,从而把教育过程中自我生命成长的感觉、味道、活法表现出来。正是在这个意义上,叙事研究具有本体性意义:敞亮师生的生命存在。诚如苏格拉底所言,"一种未经省察的人生是没有价值的",叙事研究使得教师自我的教育状态变得更加明晰、丰富;使得教师的教育生活"碎片"有机会用生命之"线"连接起来。

2. 教育叙事恢复了被科学话语遗忘和压制了的"故事的合法性"

教育叙事研究努力恢复被科学话语遗忘和压制了的"寓言"(指宽泛意义上的寓言,相当于"个案")的合法性。叙事研究与传统的科学研究的不同之处在于:它恢复了普通人的日常生活故事,且重视这些故事的情节,而不是以抽象的概念和符号谋害生活的"情节"与"情趣"。

教育叙事"面向事情本身",从自己亲身经历的教育过程中"理清""寻找"出自己的教育故事,同时提醒研究者在"理清""寻找"自己教育故事时形成自己的教育学眼光。

二、 教育叙事的基本特征

研究者以叙事、讲故事的方式表达对教育的理解和解释。它不直接定义教育是什么,也不直接规定教育应该怎么做,它只是给读者讲一个或多个教育故事,让读者从故事中体验教育是什么或应该怎么做。教育叙事主要具有如下特点。

1. 真实性

教育叙事研究是一种事实性、情境性、过程性的研究,显著特征在于"实"。教师的故事讲述的是教师个人亲身经历的生命故事,它既是教师自己教育实践成果、经验、收获的真实记录,也是教育教学实际遭遇、困惑、迷茫的真实再现。因此,确定性和事实性是教育叙事的生命力所在。它不以完美为诉求,而以事实本身为素材。这意味着教师要以参与者而非旁观者的姿态将自己放入真实的际遇之中,能够积极地敞开自我,不仅仅将自己的自信、豪言、成功,而且要将自己的卑微、私语、失误等等表现出来,避免公认的话语装扮,华丽的辞藻美化,需要有直面自我的勇气和胆识。唯其如此,教师的故事才会是具体的、独特的、个人化的,具有教师生命意义感的体现,而不至于叙述"常人经历",生产出"标准化"的文本。

2. 生活性

故事离不开生活。教师的故事,就是教师的生活事件,它不主张追求真理、民主等宏大叙述,而关注体现着意义、情感的"生活小事"、本土话题。这些以"生活世界"为根基的教育问题与话语,更多地保持了与"生活世界"的亲和力,富于弹性,充满张力,蕴藏着丰富的、独特的、感性的意义,不能以科学的方式来理性化、数量化,只能依靠教师的内在体验和感悟。教师叙述故事的过程,实质也是教师对生活的探询、体验、理解与建构的过程。记叙故事,我们进入了自我建构的状态。在写的时候,在读的时候,现实的我们与理想的我们在持续对话乃至交锋,我们倾听着自己内心深处的声音,站在自己的角度追问、挖掘自我，我们总是在以某种教育理念的眼光审视、反思自己的教育行为。教育叙事叙述的是已经过去或正在发生的教育事件，它所报告的内容是实际发生的教育事件，而不是教师的主观想象。它十分重视教师个人的处境和地位，尤其肯定教师的个人生活史和个人生活实践的重要意义。在教育叙事研究中，教师既是说故事的人，也是他们自己故事里或别人故事中的角色。

3. 情节性

教育叙事的故事都有一定的情节，它谈论的是特别的人和特别的冲突、问题或者使生活变得复杂的东西。教育叙事不是记流水账，而是记述有情节、有意义的相对完整的故事。

教育叙事研究非常重视教师的日常生活故事及故事的细节，不以抽象的概念或符号替代教育生活中鲜活生动的情节，不以苍白的语言来描述概括的教育事实。这种研究方式和成果表达形式对教师来说有着显而易见的优点，同时其局限性也是非常明显的。

表 9-1 教育叙事优点和局限性的对比

教育叙事的优点	教育叙事的局限性
● 易于理解 ● 接近日常生活与思维方式 ● 可帮助读者在多个侧面和维度上认识教育实践 ● 使读者有亲近感，具有人文气息，更能吸引读者 ● 能创造性地再现事件场景和过程 ● 给读者带来一定的想象空间	● 一旦与传统的研究方式混淆，容易遗漏事件中的一些重要信息 ● 收集的材料可能不太容易与故事的线索相吻合 ● 读者容易忽略对故事叙述重点问题的把握 ● 难以使读者有身临其境的"局内人"感觉 ● 结果常常不清晰明确

三、教育叙事的写作要求

教育叙事是教育的另一种言说方式，教育叙事的一个特点就在于以其生动的描述、丰满的形象、细腻的感受、轻松的笔调等特征，激起阅读者的共鸣，从而不断"点头"（现象学式的点头）认同，进而对其所承载的教育学意义有所领悟，正是在"点头"的过程中，实现了视域融合。与论文阅读相比，阅读叙事文本是一种"非正式阅读"，但其效果似乎更好：因为收获来自于"领悟"，而不是"接受"。

教育叙事往往采用"深描"的写作方式，即对特定的事件丰富、细致地描述（与摘要、标准化、通则化或变量相反）。它抓住对所发生事件的感觉以及事件中的那些冲突，从而获得多种解释的机会。叙事研究正是在这种真实、生动、细腻的描述中，使人与人之间、不同文化之间达到一种真正的理解。这即是说，深描的目的是使阅读它的人"能因此而像该社会或社群的成员一样恰当地参与和解释发生在群体中的事"，甚至能像该成员一样恰当地行动、感受、生活。

教育叙事的写作要求主要有以下几点：

（1）教育叙事必须基于真实的教育教学实践，绝对不能凭空杜撰或假设推论。

（2）教育叙事是对具体的教育教学事件的叙述，因此要有一定的情节性和可读性，叙述要有一个从开始到结束的完整情节，突出戏剧性冲突，有人物的语言、内心活动，要揭示故事中人物的内心世界，不是记流水账。

（3）叙述要具体、生动，讲究文笔的清新优美。不应该是对活动的笼统描述，也不是抽象化、概括化说明。它不同于教学之前的"教学设计方案"（或"教案"），也不同于教学之后的"教学实录"（或"课堂实录"）。

（4）每个"教育叙事"所叙述的教学事件必须具有一定的典型性，蕴含一定的教学理念、教学思想，具有一定的启迪作用。

（5）要有问题性，不是简单地把一天的事情原原本本记录下来，而应该是捕捉教育教学活动中出现的问题。如有意义的教学问题、教学冲突，反映以自己的方式化解教学事件之后获得的某种教学效果，也可以反映教师忽视了教学事件之后导致的某种教学遗憾。

（6）"教育叙事"的写作方式以"叙述"为主，夹述夹议。这种"叙述"可以是上课的教师本人在反思课堂教学的基础上以第一人称的语气撰写的"教学事件"。要尽可能地"描写"教师自己在教学事件发生时的"心理"状态，常常用"我想……""我当时想……""事后想起来……""我估计……""我猜想……""以后如果遇到类似的事件，我会……"等等句子。此类心理描写实际上是将教师的个人教育理念、个人教育思想渗透在某个具体的教育事件上，体现了教师在"思考"处理某个具体的教育事件时显露出自己的教育理念以及个人教育思想。

（7）一份完整的"教育叙事"必须有一个照亮整个文章的"问题"。这个"问题"常常是一个教学理论中已经在谈起、讨论的问题，这个"问题"是所叙述的教学事件中产生、蕴含着的，而不是将某个理论问题作为一个"帽子"放在上面。

四、优秀教育叙事赏析

假　如

南京中华中等专业学校　陈　莉

那是期末考试前的最后一堂语文课，面对着厚厚的一本还没有复习完的练习册，我倍加焦躁而沉重。上课铃响之后，我没有按照惯例进行雷打不动的课前三分钟演讲，而是直奔"复习"的主题。期待以最有效的方式发挥"复习"的最佳效果。画龙点睛的提示之后，是快速的记忆与测试，一步一环，学生跟着我的节奏紧张地复习着……扫视同学们渐入佳境的复习状态，我焦躁的心逐渐平息下来，暗暗地舒了口气。

又一轮测试开始了,同学们都进入了紧张的快速答题状态,我甚至能看见近处同学鼻尖上沁出的汗珠。我从前往后地巡视着,却发现小 A 同学坐在那里做着"手工",一张小鸟状的布艺在她手中穿针走线地翻飞着,面前的课桌上摊着练习册。为了不影响其他同学,我静静走到她身边示意她停下,示意她拿起笔做测试。可是她却充耳不闻,旁若无人般继续着她的"手工"。我心中一急,再次示意她,然而她不但依然我行我素,而且还将面前的练习册狠狠地摔到地上,又低头旁若无人地专注于她的"手工"了。摔书的声音立刻吸引了全班同学的眼球,大家都停了下来,好奇地张望着,复习进度显然被打断了。我的脸刹那间涨得通红,尴尬地僵在那里下不了台,为了能快速解决问题,不致影响全班同学的复习,我俯下身子将她手中的布艺拿了过来,谁知,这个动作却激怒了她,她"嚯"地站起身,冲过来抢她的"布艺",狂怒地冲我大吼:"你想干什么?"突如其来的状况让我防不胜防,眼见布艺仍然被我牢牢地抓在手中无望被夺回,她不顾一切冲出教室。上课期间,学生外出是重大教学事故,而且如此狂躁的她若离开教室发生意外,后果不堪设想。情急之中,我拦住了她,任由她推搡抓挠,全班同学面对这突如其来的状况显然呆掉了,只有一个反应灵敏的男生快速奔上讲台稳住她发狂挠向我的双手,班长也飞速奔向办公室叫来了班主任,随后负责学生工作的王主任和徐书记也闻讯赶来,将小 A 带离了教室。

犹如遭遇了十级台风狂袭下的教室虽然终于恢复了安静,但却凌乱萧条,学生的眼中明显地写满了不安、迷离与些许的惶恐。我站在讲台上,竭力压制着内心的汹涌狂涛,迅速稳定情绪,调整好状态带领学生继续进入了"复习"。然而,没有料到的是,已经被带出教室的小 A 几分钟后再次回到了教室,她的后面紧紧跟着班主任,徐书记也紧随而来,站在后门。为了不影响上课,为了不再发生激烈冲突,我只能无视小 A 的存在,继续着我的"讲课"……小 A 走到了她的座位,翻找着什么,然后又拿起剪刀剪着什么,班主任一直紧张地关注着她的动作,突然,出其不意地,她手持剪刀奔向我,歇斯底里地大吼着:"还我东西!还我东西!"班主任及时抱住了她,徐书记快步如飞挡在了她和我的面前……我一直稳稳地站在讲台边上,一直没有挪动脚步,一直带领着我的学生在"复习"着,最后任由她撕碎了纸片撒了我满头满身……直到她再次被带离了教室。

事后,我才知道,小 A 又不想上学了,已经在其他老师的课堂上闹过了,事发的当天上午学校刚刚请了家长来到学校,班主任和王主任已经跟家长做了沟通,希望其协助教育;事后,我才知道,小 A 频频在教室发作,摔东西骂人,搅得全班同学不得安生;事后,我才知道,近半年来,小 A 谈情说爱,不顾及影响,喜怒无常,状况不断,疑似心理有疾患;事后,我才知道,小 A 初中时就不想上学,一心想待在家里,做自己喜欢的事,有半个学期没有上学,是家长硬逼着她参加中考的,谁知,一下子就考上了高职……事后,我才知道,事发的当天,学校第一时间请了家长过来,家长把小 A 带走了,小 A 退学了……

假如,我能在第一时间得知小 A 初中时的学习和心理状况,我一定会对她加以关注,半个学期没有上学,却能以高分考入高职,这样的孩子是多么的聪明,多么具有学习的潜质,这样的孩子若一直在家长和老师的赏识中成长,相信她会逐渐爱上学习爱上学校;假如,我能在第一时间得知事发当天上午小A的家长就因为她的表现太糟来过学校,她已经受到了家长和学校的批评,心里正窝着一肚子火,我就会无视于她的"手工",让她安安静静地做完自己喜欢的事(毕竟,那个"手工"也是她的专业课程学习的一部分啊),然后再找个合适的时机,让她将课堂落下的复习补回来;假如,我能在第一时间得知如此长的时间她状况不断,疑似心理有疾患,我就会格外关注这个孩子,学会心理疏导,将她从歧路上拉回来,用关爱来消融她心中的块垒,让她在无边的温暖中逐渐健全已患上疾患的心理;假如……假如班主任、任课教师、家长能及时沟通形成教育的合力;假如教师能不断强化"教学具有教育性"的意识,懂得育人远比分数更重要的道理;假如每一位老师都懂得心理健康知识,能把握心理健康的要旨;假如身为人师的我们真正做到因材施教细心关爱,那么,"立德树人"就会落到实处,每一个学生的生命历程也都会在历经风雨中呈现出绚烂的风景,散发着生命的美的芬芳。

假如……

第四节　怎样撰写一般教研论文

教研论文的写作,既是对教研过程的审视和整合,又是对教研成果的概括和提炼,同时也是研究者本人对自我素质的提升。教研论文的写作在整个教研活动中处于非常重要的地位,这就是我们许多志在言教,志在乐教的朋友积极关心的原因,在现实的教育生活中,单就教研论文的写作而言,应该说是各人有各人的体会和经验,各人有各人的章法和套路。真可谓智者见智,仁者见仁。

一、教研论文的写作准备

撰写教研论文应该有必要的教育理论知识做准备,这种准备并非是指完全明晰了的具体运用,而是指科学的教育理论知识构成研究者整个知识背景中的一部分或大部分。这样的背景知识在教研论文写作中具有很大作用。

1. 理论知识是导航器

理论知识能把作者的兴趣,爱好,观察活动,心智方向,甚至行为方式都牵引到教育生活领域,使得身心活动对教育生活有种特殊的敏感和领悟。在实践中常有这样的现象,有的教师虽然感到自己有写论文的必要,而且觉得非写不可,但当稿纸一铺,复又会搁笔兴叹,不知道该写些什么。这时他们非常非常需要的,恐怕就是头脑中能够立刻闪现出一个特别灵光的念头来。念头是不会喜从天降的,其实它是研究者在平时不自觉的情况下,对教育生活不断地"敏感"和"领悟"而积淀的结果,研究者有了这一念头,他就会不断滋生写作的欲望和冲动。许多教师甘挨寂寞,勤于笔耕,言辞滔滔,落笔成文,不断有教研论文见诸报端,以至于他们在教育研究领域有自己的一席之地,并不断得到巩固。

2. 理论知识是动力源

理论知识能使作者看待并思考教育问题的层次不断爬升,角度不断转换。比如,我们对教育实践的理解,在有些教师看来,教育实践就是教育者在具体的教育情境中的行为,这是有失偏颇的。一般来说,实践是由三个不同的层次所构成的体系,第一个层次就是对整个教育实践领域的感知,尤以对教育原则,法则等方法论体系的把握为侧重;第二个层次是对教育系统中某一具体领域操作行为的感知,表现为对这一领域中教育实施策略及方式方法的驾驭;第三个层次就是教育原则,方法体系在具体岗位上的运用,表现为对方法与原则的体验和验证。这三个层次的划分,其实就是在教育科学理论知识的牵引下所做出的分析和理解。我们站的实践层次不同,所写出来的文章理论价值和指导实践的意义,甚或文章的层次和水平就会各不相同。这种不同,在一定意义上也折射出了研究者的教研视野和气象展现,恰如王国维的诗境所勾画的层次那样:"昨夜西风凋碧树,独上高楼,望尽天涯路",这是第一层次,论文取向高远,立意深刻,阅读该文大有阡陌纵横、广袤无垠的大地原野尽收眼底之势。"衣带渐宽终不悔,为伊消得人憔悴",这是第二层次,论文主题明确,意域宽阔,阅读该文,甚觉问渠哪得清如许,为有源头活水来之妙。"众里寻他千百度,蓦然回首,那人却在,灯火阑珊处",这为第三层次,论文立意新颖,文路清新独特,阅读该文有如柳暗花明,豁然开朗之感。我们平时为何感到有的论文读来有悟,读来有味,读来余音绕梁,其实就是研究者对科学的教育理论知识驾轻就熟的结果。缺乏科学的教育理论这一背景知识,要想写好教研论文难度是比较大的。

二、确定选题、提炼文题

写好教研论文的第一步是选题。何谓选题?说白点,就是研究者打算写什么领域里的东西,朝什么方向去确定写作的内容和范围。选题的确定,就是研究者意识到了,或感觉到了什么东西值得写,自己能够写好什么东西,写出什么东西。这样一种意识过程,实际上就是对想要写的东西做理论上的或实践上的价值判断,以及做出科学性的、有效性的意义衡量。有的老师能从教育生活中捕捉一些值得探讨的选题,有的老师,除注意从教学活动中确定选题外,还能从阅读文献资料中、网络信息中、社会实践中、教研会议中、领导报告中确定自己感兴趣而且认为有价值和有意义的选题。选题有了,也即找到并找准了自己所要写的题材了，便把精力集中到文题即对文章的题目精炼和提纯上来了。

文题很重要，它犹如人的眼睛，是窥视研究者思想、价值倾向、智慧水平、情感世界、风格气象的窗户。同时，文题也是判断论文的理论价值或实践价值的标尺，是归属于议论说理或经验陈述之类型的分野线，更是研究者笔力、功底和兴趣、研究取向的反映。当然，确定选题，同样是离不开前述的科学教育理论知识这一背景作用的。作为职业院校一线教师，还是应该扎根于课堂，通晓于教学，放眼于大教育，感受于时代变化，做到与时俱进，只有这样，才会不断产生新的写作念头，激起写作欲望。

三、纯粹观点，设计架构

文题确定了，如何落笔，对有些教师来说也是一件比较困难的事情，一般而言，在纯粹观点和设计文章架构上要多动些脑筋。观点是文章的统领，是文章的灵魂，是文章的精神支柱。纯粹观点，就在于把自己在论文中所要表达的思考、观点、看法、意见放到整个教育观念体系中去考察，从中发掘其角度、深度、价值或意义上的新颖独特之处。这一环节做得不好，便会使文章落入老套或滞留于重复他人成果的水平上。那些角度不新、深度缺乏、价值不大、意义不深的观点，其实也不能称其为观点了。论文本来就是为确立观点而写的，所以，研究者尤其是初学论文写作的教师应加强这方面的训练。设计文章架构，实际上就是为论文搭架子，它像是一个人的躯体，其高大、伟岸的程度与研究者对论文结构、文理思路驾驭有关。在这方面，应该说不同类型的教研论文其架构是不同的。

材料短论，即根据案例、教育生活中的具体事实和事件、自己或他人颇有价值的经验和做法，或则是对他人文论的不同看法等写成的教育短论。一般分为两个部分来写，第一部分是对"材料"进行深入的剖析，在剖析基础上提出自己的观点，或指出值得关注、促人深思、给人启迪的问题；第二部分便围绕观点展开有理有据有条理的论述，循据立理、博引旁征，以严谨的逻辑、规范有序的论证、深动且力求活泼的言辞达到自圆立述。

思辩论文的写作架构，一般是以专门探讨"是什么"，或"是什么"＋"为什么"，或"为什么"＋"怎么样"，或"是什么"＋"怎样"的组合来设计架构的，比如发表在 2000 年第 6 期《高等师范教育研究》上的《关于五年一贯制师范课程设置的研究》就是按"为什么"＋"怎么样"的组合来设计的。文章虽有三个部分，但第一和第二部分都是在探讨"为什么"，只是第一部分是从实践的角度，第二部分从理论的角度。文章的第三部分是探讨"怎么样"，编制了相应的课程体系。

具体的教研论文结构体系可参考表 9-2。总的来说，教研论文一般都是按照绪论、本论和结论来设计其架构的，但在具体操作中往往都是按照个人对教育问题的思考顺序组织的，因人因文而异。文章架构如人的躯体，纯粹了的观点如人的思想和灵魂，这两者达成了和谐,论文的气度自然会彰显出来。

表 9-2　教研论文写作要领

教育论文大致种类		概念	格式	语言特点	字数	文章类别特性	文章一般性写作结构
教育短文	教育随笔/教育叙事	借助具体的事件、事实、数据等材料,道出很一般的"问题"(道理)	陈述材料+将材料托为现象+生成问题(描述)	自由灵活,夸张比喻拟人等手法可用	1 000字左右	生成"教育问题",学会提出问题	三层:叙述事实材料(约500字)——托为一般现象并分析(约200字)——提炼出"教育问题"并阐述(约300字)
	教育杂谈/教育言论	运用事件、事实、数据等"道"出论点,适当展开论证	论点+材料论据+论述	叙述和论述,叙议结合			三层:由材料生成论点(约300字)——多用"材料"论据展开论述(约600字)——结论(约100字)(多为夹叙夹议)
	教育札记/后记/手记	记述自己的行动过程和推演合乎理论的行动发现	过程与经历+合乎理论论述	陈述论述			二层:对经历或行动过程进行条理化陈述(约800字)——有理论支撑的论述(约200字)(多指得到明晰了的教育问题)
材料论文	特定材料分析论文	对给定的某一件材料,自己确定一个角度、立场进行分析、说明	原始材料+外来材料+本人观点	陈述论述	3 000字左右	生成"我的观点",学会对"观点"的陈述	二段:用原材料蕴涵着的"理"对其进行归纳分析(约2 000字)——给予自己的启示(要分若干方面论述)(约1 000字)
	系列材料综述论文	在特定观点的统领下,对一系列材料进行梳理综述	观点统领+系列材料+引述论证	陈述论述	5 000字左右		三段:引言(研究动因)(约500字)——在特定观点统领下对系列材料进行归纳分析(要分若干方面进行归纳分析)(约3 500字)——启示意义(约1 000字)
思辨论文	概念思辨	对新建概念或某一需进一步认识的概念进行辨析	定义+特征(特点)	描述阐述	2 000字左右	论证"我的观点",学会思辨论证,达到自圆其说	二段:给予概念以定义(内涵与外延,按层展开)(约500字)——概括概念的本质特征(分角度)(约1 500字)
	观点思辨	明确提出自己的观点,运用科学理论进行辨析	"是什么(观点)"+"为什么(引经据典论证)"或怎么样	陈述阐述推理论证	3 000字左右		三段:引言(研究动因)(约300字)——解释观点(即核心概念)(约700字)——对观点在一定理论支撑下展开论述(或列出合乎观点的实施策略、要点等)(约2 000字)
	综合思辨	提出并论证观点,同时还要指出观点实施的途径、措施和方法	"是什么"+"为什么"+"怎么样(如何实施)"	陈述阐述论证演绎	5 000字左右		三段:引言(研究动因)(约500字)——解释观点(即核心概念)并在一定理论支撑下展开论述(约1 500字)——列出合乎观点的实施策略、要点等(约3 000字)

续表

教育论文大致种类		概念	格式	语言特点	字数	文章类别特性	文章一般性写作结构
研究报告	实验报告	根据自己实验所获得的数据、现象进行归因分析，并提出存在问题与解决设想	引言（实验目的、意图、方法等）＋实验过程及现象分析＋存在问题及解决设想	陈述分析归纳	新闻类：1 500字左右思考分析类：5 000字左右	现象的剖析，数据的比较，事实材料的系统化，不明问题的说明	三段：引言（目的、意图、方法、范围、对象等）（约500字）——事实报告即具体内容（按照不同方面进行）并归因分析（约3 000字）——思考与建议（存在问题及解决设想）（约1 500字）注：新闻类只取第二部分中的"事实报告"
	调查报告	根据自己调查所获得的数据、事实、例证等进行归因分析，并提出思考与建议	引言（调查目的、用途、方法、对象、范围）＋调查过程及数据、事实分析＋思考与建议	陈述分析归纳			
	经验总结报告	根据自己或他人比较翔实的经验材料，进行合乎科学理论和现代教育思想要求的系统分析	经验事实＋纯粹了观点归纳并上升到理论	陈述分析归纳			

四、再度审视，斟酌修改

论文写好之后，还有一件不可或缺的事情要做，那就是再度审视，斟酌修改。大凡有经验的老师常把写好的文章搁置一段时间，在这段时间里，重新审视一下自己所写的文章，从主题的确定、观点的提出，到文章思路的构建，看是否合规律、合目的、合价值。一般情况下，可以再度构建文章的写作思路，看能否想出比已经写好的文章思路更好、更妙的东西来。这样，当再次阅读文稿时，其中的不足或闪光的东西就会耀眼突现，不足的将给予弥补或删改，闪光的则给予进一步打造和完善。至于论文中的文字、语句，可反复阅读几次便会得到修饰和改善，最后觉得修改到位了、文章比较成熟了，便可投稿或上呈了。

五、统观全文，完善附属

作为一篇完整的论文，除了绪论、本论和结论三个部分外，内容提要、关键词、注释引用以及致谢等都是教研论文的基本要件，属论文的附属部分。这里先说说内容提要的写法。

内容提要是正文的附属部分，一般放置在论文的篇首，应该说内容提要是一篇完整的可以独立使用的小短文，其主要作用，是为了让读者对全文有个大体的了解，告诉读者本篇论文所研究的主要问题、成果或研究结论，力求让读者产生共鸣。就内容提要的类型而言，一般认为有报道性提要和指示性提要两种。报道性提要，重在介绍研究的主要方法、成果以及成果分析等，较为全面地提示文章内容。而指示性提要，则是较为简要地叙述研究的成果，包括对问题的见解、看法等，其他方面诸如研究的方法、运用的手段、研究的过程等均不涉及。就内容提要的写法而言，这是智者见智，仁者见仁的事情，一般来说，有这样几个方法。

(1) 强调式。如《略论高职高专教学计划制订中的两个基本问题》(《中国信息技术教育》2009年4期)一文的内容提要："教学工作是学校一切工作的中心工作，而教学计划的制订则又是教学工作得以顺利有效实施的先决性工作。针对高职高专教育来说，它对办学定位的显现、理念的落实、质量的生成都起到关键性的作用。因此，加强对高职高专教学计划制订中能级和配比研究，对提高高职高专办学效益有着十分重要的意义。"这个例子做了"三次强调"，第一次强调了教学工作的地位，是"中心工作"，第二次强调了教学计划的重要，是"先决性工作"，第三次则强调了本文所研究的问题：能级与配比。这"三次强调"是一个实质性的逻辑关系，让读者明白能级与配比在整个教学工作中的地位和作用。加上本文提出了"教学计划里的能级与配比"问题，比较新颖，故能引起读者兴趣。

(2) 界定式。以概括性的语言给予所要探讨的理论问题以界定，以便提示论文主题的要义，比如《试论黄炎培职业教育德育观的当代价值》(《职教论坛》2015年16期)一文的内容提要："在现代科技日益发展的今天，职业教育倍受关注，职业院校的人才培养和德育工作显得尤为重要，黄炎培职业教育德育观显现出了它新的生命力。黄炎培职业教育德育观的当代价值在于创新德育工作，彰显德育特色；发展学生个性，塑造独立人格；加强德育训练，适应社会环境；提高德育地位，满足社会要求；加强就业指导，树立职业'三观'。"这里突出地提示了该篇文章所探讨的重点问题。

(3) 阐述式。直接在内容提要中阐述所研究的核心问题的要义，比如《略论校企合作在高职教育实施中的基本功能》(《教育与职业》2007年7期)一文的内容提要："高职教育实际上就是就业教育，把可能的劳动力通过特定的专业实践训练转化为现实的掌握了一定技能的劳动力。而高职院校自身资源和技能培育能力相对来说都是有限的，通过与企业合作可以把企业生产性资源充分地转化为教育性资源，从而更有效地实现高职教育实施的基本功能。"该提要实际上就是简要地阐述了"校企合作的功能是什么"，提示读者思考：校企合作是如何实现可能的劳动力向现实的劳动力转化的。

在内容提要的写作要求上,一般都应强调要完整,不能遗漏论文中所阐述的主要内容,并要写成一篇小短文;要重点突出,把研究成果及结论呈现出来,并要简明扼要;要文字简练,每项内容不宜展开论证说明,并要表述精练、概括;要陈述客观,实事求是地介绍课题研究的工作过程、工作方法以及研究成果等,并不主张做主观评价,也不主张与其他研究成果作对比说明;要语言生动,词语润色、表达方法和章法结构上要尽可能体现文采,并能做到生动活泼,引人入胜。

再说说论文的引用。作为一篇论文,引用是必不可少的,引用一般有两种,一是对参考资料的观点引用,但必须要与本人在论文中的观点一致;二是对参考资料中的论据材料引用,但必须与本人在论文中的论点一致。不管哪种引用,都必须忠实于原文的本意,杜绝一切断章取义、全文全段照抄,特别是有本人主观性的参与来随意更改原文等不良形式的引用。引用的同时要注意读者的水平和理解能力,避免引用生疏的、冷僻的、晦涩难懂的内容,如因论文写作需要必须要引用的,则大多是通过附加说明或概括出要点的方式来处理。

第五节　怎样撰写学位(学术)论文

一、什么是学术论文和学位论文

(一)学术论文

学术论文的界定是什么,即什么样的文章称为学术论文?要回答这个问题,首先要搞清"学术"的含义。按《现代汉语词典》的解释,学术是"有系统较专门的学问"。学术论文所探讨的问题,原则上应是前人没有探讨过的问题,不是"人云亦云"之作。或前人虽已探讨过,但弥补了前人探讨不足之处,丰富或纠正了前人的结论,或用不同的方法,取得了殊途同归的效果。学术论文的价值在于:一是学术论文可以反映出作者的学术水平;二是写学术论文可以提高自身的科研水平;三是通过撰写学术论文,还可以不断地丰富自己的知识。

(二)学位论文

学位论文主要指学士学位论文、硕士学位论文、博士学位论文。学位论文撰写的过程,既是学生获得学位的过程,又是教师的教学过程,也是训练和提高学生研究能力的重要方式和手段。一篇优秀的学位论文是学生进入研究领域的"里程碑"式的文章。所以,所有攻读学位的学生,都应十分重视学位论文的撰写。学位论文是研究生的代表作,是研究生综合素质培养全过程的概括与总结,是培养研究生的重要环节,它集中反映了一名研究生的基础理论和专门知识的扎实性、宽广性、系统性和深入程度,具体反映学生在本门学科中掌握知识的深度和广度,也反映了学生灵活运用基础理论解决实际问题的能力和基本实验技能。由此来衡量学生从事科学研究和独立承担专门技术工作的能力以及是否达到研究生培养的目标。

在评阅学位论文中有一段规范性语言,即硕士论文"在本门学科已掌握了坚实的基础理论和系统的专门知识,具有从事科学研究和独立承担专门技术工作的能力,论文工作有所创新";博士论文"在本门学科已掌握了坚实、宽广的基础理论和系统、深入的专门知识,具有独立从事科学研究和承担专门技术工作的能力。论文做出了创新性成果"。这既是对攻读不同学位的研究生的要求,也是对学位论文水平的衡量标准。当然,研究生就要根据这一要求撰写论文。实际上凡是写过学位论文的学生都有体会,从选题那一刻开始就已进入了论文的撰写工作,在某种意义上可以说,整个攻读学位的过程就是撰写论文的过程。而导师的职责除了负责学生的综合素质培养外,主要精力都要放在学生的学位论文工作上。

二、学术论文的规范及其撰写

撰写学术论文最重要的是要有新意。研究领域要新,观点要新,论证的方法要新,资料要新。那么,如何撰写学术论文呢?

(一)标题

标题是论文的窗口,它应是论文内容的高度概括,论文通过它传神韵、显精神、见水平。好的论文标题能大体反映出作者研究的方向、成果、内容、意义,显示出全篇的格调、色彩等。论文的标题一般要简洁、精炼、概括、新颖、巧妙,便于索引,字数尽量在10—15字,最长不超过20字。若因字数限制,题名难以完全表达文献内容时,可以使用副题名(副标题),对题名作进一步的补充说明。副题名一般标示在题名的下一行相应位置,也可以紧接在(主)题名之后,两者之间通常用破折号连接。副标题是对标题的补充、解释、强调或限定。制作学术论文标题尤其应注意以下问题。

(1)标题必须确切。即能够准确地概括论文内容,限定论文的范围。每个词语需准确呈现研究课题的角度、核心或论文的基本观点。

(2)标题必须简明。即题名设计应惜字如金,要用最少的文字,简括、精当地概括论文,力求简洁明快,切记繁杂冗长。

(3)可以正副题结合。题名如果语犹未尽,可用副题补充说明论文中的特定内容,以使标题内容完整而明确。

(4)认真酌定每一个词语。标题所用的每个词语,必须考虑到选定关键词和便于编制题录、索引等二次文献。

(二)作者和作者单位

作者是指论文主题内容的构思者、研究工作的主要参与者和具体撰稿的执笔者,能对文章内容负责和解释,是论文的法定著作权人和主要责任者。署名应按每位参与者对该工作贡献大小排顺序;参加少部分工作或辅助人员不一定署名,可放在致谢部分。因此,论文的署名,第一,必须是论文的责任者,而与职务、职称无关;第二,如果为集体的研究成果,应按贡献大小确定署名次序;第三,对只参加少量工作而对论文不能负责的,不宜署名,可采用题注方式说明,或在致谢部分肯定他们的贡献。署名要写在题名下。在作者署名下要标明工作单位。例如:陈育中(南京高等职业技术学校 江苏南京 210012)

(三)摘要

摘要,亦称提要,是全文内容的不加注释和评论的高度浓缩,一般应说明论文写作的目的、对象、研究方法、结论等,用极简要的语言,加以概括和提炼。摘要置于标题和作者署名之后,正文之前。摘要有三个特点,一是独立性,是指它是一篇完整的短文,可以独立使用,即不阅读全文,不借助任何注释,就能获得必要的信息;二是自含性,是指摘要的内容应包括与论文同等量的主要信息;三是客观性,不宜用第一人称,也很少用第三人称,而多用表示客观介绍的"本文""本研究""作者"等类第二人称,一般不对论文做评价或与前人相比较。英文摘要一般置于文后。

(四)关键词

关键词,又称主题词。为了方便文献检索、信息贮存,应从论文特别是从题名和摘要中选取最能表达论文中心内容、标志论文主题的若干单词、词组或术语,以显著字符,排写在摘要的左下方。关键词应精当,每篇论文一般选择3—8个,应是各学科中规范的、有特定含义的、通用的名词术语,如有可能尽量选用《汉语主题词表》中的规范词。示例如下。

题目:教育价值观的历史变迁及其新走向

关键词:教育 教育价值 教育价值观 历史变迁 新走向

Key word:Education, Education value, Views of education value, Historic Changes, New trend

(五)引言

引言又称前言、导言或绪论。它的任务是简要说明研究工作的缘起、目的、范围及相关领域前人的工作和知识空白、理论基础等,提出研究课题,提示并限定论文的研究范围和研究途径。

写作引言要言简意明,说明背景,评述前人研究成果,不必列出篇名,不需引述原文,只需用自己的语言概括说明,但要加注序号,并在"参考文献"中注明出处以示言之有据,并表明自己确已把握了本学科、本课题的研究动向,有了较为广阔的知识视野。

写作引言常出现的问题:一是引言各层次之间缺少内在的逻辑联系,上下文承转生硬、跳跃性太大不易理解;二是用语虽多,但不能明确提出论文所要探究的课题,不能明确划定论文的研究范围和角度,不能提示研究方法和途径。引言的文字不可冗长,引言篇幅大小,并无硬性统一规定,须视整篇论文篇幅的大小及论文内容的需要来确定,长的可达 700—800 字或 1 000 字左右,短的可不到 100 字。示例如下。

论文题目:教育价值观的历史变迁及其新走向

教育活动是一种价值活动,它包含着教育的价值认识、价值选择和价值创造,体现了教育的价值引导和价值追求。在教育价值活动中,教育自身固有的属性是教育价值产生的基础,而主体(社会主体和个体主体)的需要是教育价值产生的前提。教育价值反映的是教育主体与教育这一客体之间的需求关系,是教育客体属性的主体化,同时又是主体需要的客体化。对这种需求关系的认识和评价标准就构成了教育价值观,它是主体与客体的需求关系在意识中的反映。教育价值观"受社会的、阶级的、认识的以及个体状态的制约"。不同的社会发展时期,有着不同的教育价值观,即使是在同一时期,由于人们认识的不同、需求的差异,也表现出多样的教育价值观。从历史上看,起主导作用的教育价值观主要是社会取向和个人取向两大类,这两种教育价值观在历史上一定时期内都曾产生过积极的作用,但又表现出自身的缺憾。当代社会政治、经济、文化等方面的发展,对教育提出了新的要求,原有的教育价值观将因社会的变迁失去其产生的基础而受到冲击;由于人类认识水平的不断提高,人们对教育属性的认识不断深化;同时,主体对教育的需求也日益多样化,因而出现了教育价值观的多元化。基于这样的原因,重新审视原有的教育价值观,继承其合理、积极的方面,结合时代的要求,重新构建新的教育价值观,显得尤为重要。

教育作为人类特有的一种社会现象,它必然要满足社会政治、经济、文化等方面的需要,从而表现出极强的适应性和功利性;但教育更是一种培养人的活动,教育应始终关注人的发展。"最佳的教育不仅应有助于我们在专业领域内更具创造性,它还应该使我们变得深思熟虑,更有追求的理解和洞察力,成为更完善、更成功的人。"因此符合时代要求的教育价值观应:不仅关注社会,更关注人的发展;不仅满足其现实的需要,更应满足其未来发展的需要。笔者试图以时间为线索,梳理出教育价值观的历史变迁过程,并在此基础上揭示出教育价值观的新走向:满足个人与社会可持续发展的需要。

(六) 正文

正文是学术论文的核心部分,占论文的主要篇幅。由于学术论文的学科不同、类型不同,所以正文部分的写作形式也有较大差异。正文内容要求实事求是,客观真实,准确完备,合乎逻辑,要层次分明,简练可读。为了满足这一系列要求,同时也为了做到层次分明、脉络清晰,常常将正文部分分成几个大的段落。这些段落即所谓逻辑段,一个逻辑段可包含几个自然段。每一逻辑段落可冠以适当标题(分标题或小标题)。

学术论文中用到的研究方法包括综合法、分析法、归纳法、演绎法、定性方法和定量方法、问卷调查法、SPSS(统计产品与服务解决方案,软件分析法)等。其中综合法是指从整体下手或从大的子系统下手,以便清楚地观察各个组成成分之间的相互关系。分析法指从最小的子系统着手,经过详尽研究之后,再把小的子系统"组装"成大的子系统,然后统观整体呈现的各种关系。而归纳法是指研究者可能没有理论指导或现成的假设,开始于对研究对象的观察和记录等,材料收集到一定程度时对掌握的材料加以分析整理,最后写成报告,把自己的观察加以详细描写,描写之中也可能提出某种假设。演绎法是指研究者已经有了一种或几种来自归纳法的假设,或者来自其他研究者的理论假设,也就是已经有某种看法,受假设驱使,目的是检验这种假设,最后形成理论。所以,演绎法又称为检验假设的研究。定量方法包括实验研究和相关研究两类,都用数量来表现研究结果,以客观性、系统性和可验证性作为科学研究的标准,使用相应的统计分析方法,比如多元方差分析、多元回归分析和协方差结构模型等。定性方法强调从被研究者的角度来真实地反映他们的做法、看法和体验,强调事件的整体性和情境性,强调随着资料的积累动态地调整研究问题和资料收集方法。问卷是印好的文字材料,上面印着问题或看法,让被调查者不记名地回答。问卷调查法既在定性研究中被广泛使用,也在描写研究和定量研究中被广泛使用,其区分就在于对被调查者的回答是否量化(设计时已经量化),是否做定量分析。SPSS 软件是一个由标准模块组成、整合紧密、全功能的产品线,分析过程包括调查设计、数据收集、数据存取和管理、数据分析、数据检验、数据挖掘、数据展示等,还有一系列附加模块和独立模块产品以加强它的分析功能。它的图形窗口界面使其非常简单易用但却具有满足各种分析要求的数据管理、统计分析功能及各种报表方法。

(七) 结语

结语是论文最终的、总体的结论,不是正文中各段小结的简单重复。结语应该准确、完整、明确、精练。该部分的写作内容一般应包括以下几个方面:① 本文研究结果说明了什么问题,得出了什么规律,解决了什么理论或实际的问题;② 对前人有关的看法做了哪些修正、补充、发展、证实或否定;③ 本文研究的不足之处或遗留未能解决的问题,以及对解决这些问题的可能的关键点和方向。

结语的写作要求是:措辞严谨,逻辑严密,文字具体,用语斩钉截铁,且只能做一种解释,不能模棱两可、含糊其词。文字上也不应夸大,对尚不能完全肯定的内容注意留有余地。示例如下。

论文题目:教育价值观的历史变迁及其新走向

教育价值观反映的是人们对教育价值的追求。只有在不断的教育价值追求中,才会有教育的超越和创造,才能出现教育的新发展,产生质的飞跃。人们应该具有什么样的教育价值观,这是多少人一直想得到的答案。然而苛求于一种答案或把某种教育价值观强加于人,都不是正确的选择。"如果想把事先确定的、不易被人接受的价值观强加于人,那么这种想法最终会使他们遭到否定,因为只有被个人自由选择的价值观才有实际意义。"未来社会的发展,预示着教育价值观的更新。新的教育价值观是多元的,在多元化的趋势下,应有一种主导的或核心的教育价值观,它代表着未来社会教育价值观的新走向,那就是促进人的可持续发展与促进社会可持续发展相统一的教育价值观。"只有完整的教育,才能促进人与社会朝着符合人性的方向和谐、全面地发展。"

价值生活是人生活的本质,价值需求是人生命本质所规定的东西,而教育是人类价值生命的中介。上述理论思考正是基于此而试图从价值论的角度来寻求教育的健康发展。

(八)谢辞

一项研究工作常常需要有关单位或个人给予指导、帮助和支持。谢辞用于对他们表示感谢,同时也肯定或说明他们对本项研究工作的贡献。谢辞也可以用题注形式出现。致谢对象应限于对本研究工作提供过指导性意见和重要建议者,提供实验材料、仪器和其他帮助的单位和人员。致谢对象不参加论文作者的署名,也不对论文资料承担责任。

(九)注释

1.注释的内容

注释是指对论文的引文标明出处,它包括:

(1)作者与书名(或文章名称)。所引的这段文字摘自哪位作者的哪本著作或哪篇文章。

(2)版本。因为同一著作可能有不同的版本,不同版本在语言文字上会有些出入,所以,为严谨起见,须注明出版社及出版日期。

(3)页码。所引文字居于所注明的著作的哪一页。

2.注释的方法

注释有页注、章注、附注三种方法。

(1)页注。也叫脚注,将每一页论文中直接引文注释于文本的下端。

(2)章注。也叫尾注,是针对著作而言,将每一章的注释集中注释于一章的末尾。

(3)附注。对正文中的一些词语或引文出处要做说明时,用"附注"。在要注的词语或引文右上角加"注码",如[1]、[2]。如果注释很少,也可用"注"或米花"*"标出。

(十)参考文献

在学术论文的写作中,一般需要引用、评述,涉及前人的论述、观点、数据等,都需要在"参考文献"部分——著录。著录参考文献一是为了表示尊重他人的研究成果,二是为了表明作者严肃、科学的态度,三是为了说明作者研究、评述的依据。学术论文所列参考文献必须是正式公开出版的刊物、出版物。有较多参考文献时,其顺序一般以引用的多少和分量排定。

作者引用的参考文献应是亲自看过的原著或文章,并忠实于原文。如果所引文献来自二手资料,一时又找不到原著直接引用,应在参考文献项目中注明转引自某文献,以示尊重所引文献的作者,也是对读者负责。引用参考文献是个严肃问题,代表着作者的治学作风和科学态度,也是作者对科学、对社会应有的责任心。

参考文献列于学术论文末,内容包括顺序,书刊名称、主要责任者、版本、出版地、出版者及年份等,以供读者查询。例如:陈莉.五年制高职大语文教育实践探索[J].学语文,2014(6).

三、学术论文撰写的一般程序

(一) 明确论文选题,拟定撰写内容

无论是撰写那种需求(投稿、参会、答辩)的学术论文,首先都必须明确选题或研究方向及内容。如何进行选题工作,我们已经在此前做了专门介绍,此处不再赘述。

(二) 拟订编写大纲,构架论文层次

这一过程实际上是对全文进行构思和设计的过程,是对论文的目的和主旨在全文中如何进行贯穿和体现的通盘考虑和有机安排。对论文的结构进行统一的布局,可以规划出论文的轮廓,显示出论文的条理和层次。大纲的编写一般是由大到小,由粗到细,一层层地思考拟定。先把论文的大架子安排好,再考虑每一部分的内部层次,然后在各层次下列出要点和事例,最后在提纲的各个大小项目之下记一些需要用的具体材料,以备行文时应用。

(三) 检索文献信息,全面掌握情况

现代科学的发展日新月异,而任何成就的取得无不建立在前人工作的基础之上,"巧妇难为无米之炊",不及时捕捉最新的文献信息,就不能掌握足够的资料,也就无法进行新的开发、研究。

(四) 综合分析研究,做出相关处理

进化论的始祖达尔文认为:"科学就是整理事实,以便从中得出普遍规律或结论。"对搜集来的专题资料进行综合分析、研究整理,去伪存真,去粗取精,筛选出值得利用的部分,进一步吸收、消化,对于研究活动的深入以及学术论文的完成是十分关键的。囫囵吞枣、人云亦云、拼拼凑凑是不可能成就一篇有价值的学术论文的。

(五)动笔行文成章,修改完善定稿

根据作者的研究、思考,按照拟订好并不断完善的大纲及已经掌握的比较系统全面的文献信息,可以撰写出论文的初稿。但是,论文的写作是一个复杂过程,一蹴而就、一气呵成的情况是极少见的,尤其是对于初学者更不可能做到这一点。所以,论文的修改是一个不可避免的过程。然而正是这一过程的多次循环,一方面使我们尽可能避免谬误和不足,另一方面又使得我们的认识不断深化、语言不断精练,从而使论文逐渐趋于完善。

论文的修改应着重考虑以下几个方面的问题:一是论点是否明确;二是论据是否充分;三是论证手段是否正确,推理是否严密,分析是否合理;四是条理层次是否清楚,结构是否完整、紧凑,布局是否得当,前后是否照应,各部分的联系是否连贯自然;五是题目是否贴切,字、词、句、标点符号是否正确,语言是否准确、鲜明、简洁。

另外,内容上修改完善后的论文还应该检查其形式上是否符合有关规范,避免因论文格式方面的问题造成读者或编审人员对论文水准的误会或不良判断。

(六)学位论文的形式规范

(1)学位论文应在导师指导下,由作者独立完成,论文内容应完整、准确。

(2)学位论文一般应采用国家正式公布实施的简化汉字。学位论文以中文撰写,并有详细的中、英文摘要,正题名必须包括中、英文。

(3)学位论文应采用国家法定的计量单位。

(4)学位论文中采用的术语、符号、代号在全文中必须统一,并符合规范化的要求。论文中使用专业术语、缩略词在首次出现时应加以注释。外文专业术语、缩略词,应在首次出现的译文后用圆括号注明原词语全称。

(5)学位论文的插图、照片应完整清晰。

(6)学位论文应用 A4 标准纸(210 毫米×297 毫米)打印、印刷或复印。

本书参考文献

1. 裴娣娜.教育研究方法导论[M].合肥:安徽教育出版社,1995.
2. 华国栋.教育科研方法[M].南京:南京大学出版社,2000.
3. [美]威廉.维尔斯曼.教育研究方法导论[M].袁振国,译.北京:教育科学出版社,1997.
4. 徐学俊.中小学教育科研实用教程[M].武汉:武汉出版社,1997.
5. 李洪曾.教育科学研究方法基础[M].上海:上海教育出版社,1991.
6. 张红霞.教育科学研究方法[M].北京:教育科学出版社,2009.
7. 王守恒.教育科学研究方法基础[M].合肥:安徽大学出版社,2002.
8. 杨泽国,程利玲.微型课题设计方案的基本要点[J].四川教育,2006(10).
9. 张利平.利用 Internet 网络获取原始文献[J].大学图书情报学刊,2000(3).
10. 狄俊安.因特网上获取一次文献的方法技巧[J].闽江学院学报,2003(5).
11. 李秉德.教育科学研究方法[M].北京:人民教育出版社,2001.
12. 王坦,张志勇.现代教育科研:原理·方法·案例[M].青岛:青岛海洋大学出版社,1998.
13. 周三多.管理学:原理与方法[M].上海:复旦大学出版社,1993.
14. 刘良华.教育研究方法[M].2版.上海:华东师范大学出版社,2014.
15. 杨小微.教育研究的理论与方法[M].北京:北京师范大学出版社,2008.
16. 杨晓萍.教育科学研究方法[M].重庆:西南师范大学出版社,2006.
17. 徐冰鸥.中小学教师怎样进行课题研究(五)——教育科研方法之个案研究法[J].教育理论与实践,2008(5).
18. 李春青.中小学教师怎样进行课题研究(七)——教育科研方法之教育经验总结法[J].教育理论与实践,2008(7).
19. 荆雁凌.中小学教师怎样进行课题研究(八)——教育科研方法之教育行动研究法[J].教育理论与实践,2008(8).
20. Paulo Rogério Miranda Correia, Bruno Xavier do Valle, Melissa Dazzani, Maria Elena Infante-Malachias. The importance of scientific literacy in fostering education for sustainability: Theoretical considerations and preliminary findings from a Brazilian experience[J]. Journal of Cleaner Production, 2009, 18(7).
21. Ian James Kidd. Feyerabend on politics, education, and scientific culture[J].

Studies in History and Philosophy of Science,2016,57.

22. 李广洲. 化学教育统计与测量导论[M]. 南京:南京师范大学出版社,1998.
23. 张厚粲,徐建平. 现代心理与教育统计学[M]. 北京:北京师范大学出版社,2004.
24. 李学农,王晓柳. 教育研究的理论与实践[M]. 南京:南京师范大学出版社,2001.
25. 卢纹岱. SPSS for Windows 统计分析[M]. 北京:电子工业出版社,2006.
26. 张力. SPSS13.0 在生物统计中的应用[M]. 厦门:厦门大学出版社,2006.